千年金融史

金融如何塑造文明，从5000年前到21世纪

Money Changes Everything
How Finance Made Civilization Possible

［美］威廉·戈兹曼（William N. Goetzmann）◎著
张亚光　熊金武◎译

中信出版集团·北京

图书在版编目（CIP）数据

千年金融史：金融如何塑造文明，从 5000 年前到 21 世纪 /（美）威廉·戈兹曼著；张亚光，熊金武译. -- 北京：中信出版社，2017.4（2025.1 重印）

书名原文：Money Changes Everything: How Finance Made Civilization Possible

ISBN 978-7-5086-7319-6

I. ①千… II. ①威…②张…③熊… III. ①金融－经济史－世界 IV. ①F831.9

中国版本图书馆CIP数据核字（2017）第 038613 号

Money Changes Everything: How Finance Made Civilization Possible
Copyright © 2016 by William N. Goetzmann
All rights reserved.
No part of this book may be reproduced or transmitted in any form or by any means, electronic or mechanical, including photocopying, recording or by any information storage and retrieval system, without permission in writing from the Publisher.
Simplified Chinese translation copyright © 2017 by CITIC Press Corporation
本书仅限中国大陆地区发行销售

千年金融史：金融如何塑造文明，从 5000 年前到 21 世纪

著　者：[美]威廉·戈兹曼
译　者：张亚光　熊金武
出版发行：中信出版集团股份有限公司
　　　　　（北京市朝阳区东三环北路27号嘉铭中心　邮编　100020）
承　印　者：北京通州皇家印刷厂

开　本：787mm×1092mm　1/16　　印　张：28　　字　数：458 千字
版　次：2017 年 5 月第 1 版　　　　印　次：2025 年 1 月第 28 次印刷
京权图字：01-2016-9503
书　号：ISBN 978-7-5086-7319-6
定　价：68.00 元

版权所有·侵权必究
如有印刷、装订问题，本公司负责调换。
服务热线：400-600-8099
投稿邮箱：author@citicpub.com

目录

MONEY CHANGES EVERYTHING

推荐序　III
前　言　V
导　论　IX

第一部分

从楔形文字到古典文明

第 1 章　城市、语言、法律、合同和数学：金融与文字　005
第 2 章　居民、契约和利息：金融与城市化　014
第 3 章　从苏美尔到美索不达米亚：金融架构的出现　025
第 4 章　美索不达米亚的黄昏　041
第 5 章　雅典的金融　047
第 6 章　货币革命　064
第 7 章　罗马的金融　073

第二部分

中国的金融遗产

第 8 章　中国的第一次金融潮流　106
第 9 章　大一统与官僚体制　124
第 10 章　金融大分流　144

第三部分

欧洲大熔炉

第 11 章　圣殿与金融　154

第 12 章　威尼斯：人口年金、政治危机与权力手段　166

第 13 章　斐波那契与金融　181

第 14 章　不朽的债券　190

第 15 章　从游戏到科学：接近必然的可能性　198

第 16 章　"看不见的手"：如何调节和对抗市场　213

第 17 章　欧洲，股份有限公司　223

第 18 章　航海探险：从私人企业到国家工具　235

第 19 章　"杰出时代"　247

第 20 章　法国的泡沫　268

第 21 章　"按照霍伊尔所说"　281

第 22 章　始于荷兰：新的世界金融市场　296

第四部分

全球市场的出现

第 23 章　马克思和市场　315

第 24 章　中国的金融家　330

第 25 章　俄国熊　344

第 26 章　凯恩斯的救赎　353

第 27 章　新金融世界　363

第 28 章　再造未来　384

第 29 章　金融的未来何在　392

结　论　405

注　释　407

译后记　425

推荐序
MONEY CHANGES EVERYTHING

改革开放近40年后,中国社会越来越"什么都要钱",货币化交易在生活中所占的比重不断上升。对于深受"钱财如粪土,仁义值千金"这一儒家文化影响的中国人来说,"向钱看"可能让人难以自在。一切都变成了冷冰冰的货币交易关系,叫人怎么接受呢?可是,威廉·戈兹曼教授在《千年金融史》中告诉我们:货币化和广义金融化发展不仅没有让人类社会变坏,反而使人类变得越来越文明,催生了个人自由,推动了生产力的提升,同时带来了精神文明和物质文明的双丰收!如果把这本书的英文书名"Money changes everything"直译的话,那就是"货币改变一切",也就是说,货币化并不可怕,因为在人类数千年的历史中,货币化不仅促进了人类的良性发展,而且还正面地改变了一切!

对于喜欢思考的读者而言,戈兹曼教授的这些结论其实不难理解,而且他会在这部著作的各个章节中通俗地讲解这些道理。为什么这样说呢?今天我们对信用卡和移动支付已经习以为常,走遍天下都不用担心是否带够了现金,有信用卡和手机就行。可是,不久前却不是这样。我出生于1962年,那时的中国处于计划经济时期,整个经济体制都反货币化,国家实行供给制,货币的流通性达到历史新低。那时我生活在湖南茶陵乡下,父亲作为生产大队干部,经常出差。但每次出差,他不是带上钱,更不可能带上信用卡或手机,而是带上几十斤米、几斤菜,还有被子、席子等。回头想想:当外出时必须自带粮菜、被子,而不是具有通货性质的货币,一个人怎么可能自由远行、远走高飞呢?由此看来，在一个不允许货币化的社会，人的生存会与具体的生活必需品捆绑在一起，而物品的重量及其易烂易损的性质使其流动性远低于货币，实质影响是限制了人的自由度，约束了每个人的选择空间，想要远走高飞也不太可能！相比之下，纯粹的货币，即钱，不仅仅是高流动性的价值载体，而且是"身份中性"、"地位中性"、非人格化的"通货"！货币不与具体的人捆绑在一起，这很关键：不管你是农民、地主、工人、资本家还是官员，一百块钱就是一百块钱，不会因你的身份而不同，也不能因为你的身份而不收！这就是为什么在全面货币化和"只讲钱"的社会里，人的自由度反而更高，社会阶层反倒不重要。

当然，上面谈到的只是货币化催生自由的一个视角。为了更详细更全面地认识这些道理，读者就得通读《千年金融史》。

我和戈兹曼教授已经认识三十余年。我们相识于1986年，那时我们一起在耶鲁大学攻读金融学博士学位。1990年读完博士后，我们先是分别去其他大学教书，后来又在1999年前后回到耶鲁一起共事。这些年里，我们不仅相互了解并成为好友，他也在职业上给了我多方面的影响，是他引发了我对历史的兴趣和思考。他的天赋和背景非凡。由于戈兹曼教授的父亲原来是耶鲁大学的考古与历史学教授，他就出生在耶鲁校园，从小受到耶鲁人文精神的熏陶。长大后他又在耶鲁读本科和博士，这些都进一步加深了他对于历史和人文的热衷。如今，他在主流金融学领域是世界著名的资深学者，影响力深远，在包括中国和世界多国的历史尤其金融史、艺术史方面，他也是世界上少有的权威。他的办公室几乎就是一个艺术馆和金融博物馆，收藏品既有《管子》等经典著作，也有中国商周硬币、明代纸币以及其他国家不同时期的钱币、债券、股票、期权真品。《千年金融史》综合了他多年的收藏、思考和研究，全面地反映了他的学术生涯和人生阅历，也展现了他对于知识和学问的痴迷。这部著作没有一般金融书籍所惯有的数学模型和公式，而是以基于真实史料的历史故事为主，娓娓介绍货币和其他金融创新在世界不同地方是如何出现和发展的，又是如何影响人们的生活和生产的。随着中国社会的不断货币化和金融化，认真阅读并领会这部著作的精华，其必要性和价值显而易见。

陈志武，耶鲁大学教授、香港大学冯氏基金教授
2017年3月

前言
MONEY CHANGES EVERYTHING

与其说《千年金融史》是一本为欧洲读者写的书，不如说是一本为中国读者写的书。中国在金融史上扮演了举足轻重的角色，但中国对金融所做贡献的重要性并非广为人知。原因在于大多数金融史学家将注意力集中于他们专门研究的特定文明，跨越由语言、学术传统造成的不同界线会令他们感到不适。作为一名金融经济学家，我较少受到这种限制，能够进行综合论述，在世界金融史中给予中国合适的位置。本书通过东方与西方的交叉叙事，比较和对照两者金融演化的路径，分析通过丝绸之路构建起来的东西方之间的联系。

中国的早期金融创新包括铸币、纸币、汇票、各种各样的纸质证券，甚至包括金融数学。这些金融技术在几个世纪之后才出现在欧洲。中国以自己独特的方式解决了许多其他的金融问题。例如，它通过组织设计、监管以及有关激励的经济理论，解决了大规模财务管理问题。中国先哲是最早一批清晰阐述"看不见的手"对于经济的促进作用的人。在近代，清朝的中国金融家创造了一种独特的政府参与其中的企业融资方式，用以满足国家对基础设施建设的需求。今天，这种创新性驱动力同样明显。中国能够很好地解决有关风险、储蓄和投资的金融治理问题，其在金融技术方面的全球领导地位不容忽视。

从个人角度来讲，本书在中国的出版对我非常重要。不仅因为它是一本关于中国的书，更是因为我毕生都对中国历史充满兴趣。20世纪70年代，我在耶鲁大学读本科时，选修了张光直这位传奇式汉学家的课程。这是一段对于中国考古学激动人心的探索之旅：宏伟的皇家陵墓重见阳光，商代的史学逐渐浮现，学者们追溯了中国农业的独特起源。张光直教授向学生们循序渐进地讲解中国文明起源的世界性价值，进而从历史、经济、文字、艺术、建筑和物质文化等角度探索这种价值，使学生们感到兴奋不已。

在后来的研究和教学过程中，张光直教授以及其他耶鲁大学的导师所带来的潜移默化的影响逐渐对我产生了作用。学问必须跨越国家和学科的界线，让自己暴露在不同的环境和研究模式之中，能够拓宽一位学者的眼界。从政治学、经济学、美学、心理学或宗教学等多种角度审视一个问题，能够发掘出更为丰富的解决方案。本书认为金融是一种技术———个工具和制度的网络，用以解决复杂的文明问题。这项技术关乎价值的跨时空流动，运用契约、制度和单据，来实现未来收益承诺这一本质上假想的东西。虽然这个高度抽象化的技术将自身引向了数理分析，但将金融局限于数学是一件危险的事。人们对某一问题的构想过于狭隘和抽象，是大多数金融危机背后的原因。文明的复杂性意味着人们创造的任何事物都会产生多种程度的作用。例如，在2008年美国金融危机之前，抵押贷款证券化最初被视作一个风险模型和数学问题。在某些情况下，金融家忽略了或没有考虑更广泛的社会环境——从投资者和房屋拥有者的心理状态，到关注金融机构命运的民族国家的政策主张。金融允许社会跨越时间对于价值进行计划、转移和保护，进而服务于社会。我们的社会越复杂，我们就越需要这种能力。虽然我们生活在一个高度复杂化的时代，但金融却时常被看作问题本身，而非问题的解决方案。我希望本书能够帮助人们改变这种误解。

在本书中，我尝试着提供一个更广阔的视角——将金融置于社会和文化的语境中。因为我相信，一个广阔的金融市场和金融制度的框架，以及金融的人文维度，对于形成应对金融挑战的稳健对策至关重要。诸如全球养老金储蓄、融资及增长形式的创新这些主要问题，我们必须考虑各方面因素，来让它们适用于社会的各个领域。在建立金融体系时，人的天性和社会制度必须纳入考虑范围之内。

我绝大部分与中国相关的个人经历都要归功于我的好友和同事——陈志武教授。20世纪80年代，我们在耶鲁大学共同学习金融学，并且花费了大量时间讨论金融在社会中所起的作用。本书的许多主题反映了这些讨论和共同发现。在我的职业生涯早期，陈志武教授鼓励我访问中国，去见证中国金融的飞速发展。我要感谢他安排我访问中国政界、学界和商界最有影响力的金融领导者。这些访问令我深感荣幸，也使我有机会目睹各行各业的领袖如何使中国实现飞速改变。这些领导者都以自己的方式处理着新出现的金融工具与休眠了整整一代人的时间的金融制度。我有幸能够听到管理者、企业家、银行家、律师、投资人、学生、研究员和知识分子的观点——所有观点都充分考虑了新的金融进步的重要性。我也非常有幸看到一些金融史上的重要地理标志：从上海外滩到世界上最早的金融理论家管仲的家乡山东临淄。这些访问不仅限于旅游。文化遗址和文化遗产提醒我们，文化是一项相互关联、多世代的事业，有着跨越数个世纪的主题。探访历史遗址会将你与那些产生重大影响的人的生命联系在一起。以史为鉴，可知兴替。金融的历史蕴含着过去的危机与成功的故事。访问这些事件发生地，让我了解到这些事件的经过和起因。

本书中的一些内容建立在我对中国金融史的研究基础之上。对于这些内容，我要感谢我的合作者。柯丽莎（Elisabeth Köll）教授与我一同研究了宋代金融和清代中国企业的诞生。这两个时期都是中国文化的重要转折期，也是引人注目的创新和文化全盛时期。矛盾的是，在这两个时期中国都面临着外部威胁。宋代的金融创新包括纸币、付款凭单制度和政府"创业"。清代，新兴公司资本主义和外来资金开始出现。在这两种情形中，金融都可以被视为对于外部压力的创造性应对。

与朱宁教授关于中国对世界金融市场参与的合作研究，也使我受益匪浅。朱宁、我和安德烈·尤科霍夫（Andrey Ukhov）研究了通过在伦敦和其他全球性市场发行债券，清代中国如何为大规模基础设施建设迅速融资。虽然全球化资本流动促进了中国的现代化，但也制造了根本性矛盾，最终引发了政治变革。我们的共同研究将金融视作国家的工具，从而帮助我理解债务资金增长更深层的含义。

其他诸多同事也为我了解中国金融的发展提供了帮助。在耶鲁大学，瓦莱丽·汉森（Valery Hansen）向我介绍了有关当前中国的知识，并与我合著了耶鲁版的金融史著作——《价值起源》。我要感谢史景迁、林毅夫、高平阳、邹玲、范文仲、史美伦、萧凤霞、万志英（Richard Von Glahn）、本杰明·艾尔曼（Benjamin Elman）、布赖恩·维维耶（Brian Vivier）和梁滨，他们通过多种方式帮助我将汉学引入本书之中。

我要特别感谢本书的两位译者——张亚光和熊金武。本书卷帙浩繁，语言佶屈聱牙，话题也多种多样，而他们乐此不疲地投入其中，我谨在此向他们致以深深的谢意。最后，我要感谢耶鲁大学历史上对于中国的投入。耶鲁大学一直将中国置于重要位置，每一代耶鲁学者都积极地参与到和中国相关的事务中。因此，我自然而然地从中国的视角看待金融史。若没有中国教师和中国学生参与到耶鲁这个大家庭中，我将不可能完成此书。

导 论
MONEY CHANGES EVERYTHING

在大多数人眼中，金融是一门抽象的数学学科，偶尔引起人们的关注也是因为那些严重的金融危机，或者说是因为金融被人们视作流动性过剩的象征。然而事实上，金融在过去的5 000年里一直是人类社会发展不可或缺的组成部分。金融对城市文明的诞生、古典帝国的兴起以及对世界的探索都发挥了关键的作用。

金融史是一部充满了传奇的故事，精彩例子可谓俯拾即是：人类最早的写作行为就是古代西亚地区的人们为了记录金融契约而发明的；人类社会第一个有关时间和风险的复杂模型也和金融紧密相关；金融诉讼对雅典黄金时代的形成起着非常重要的作用，堪比苏格拉底之于雅典的意义；如果没有复杂的金融组织，古罗马的财富传奇不可能持续数个世纪之久；古代中国文明更是发展了自己独特的金融传统，使得帝王们能够在广阔的区域内实现大一统。

在近代欧洲，金融活动催生了用数学方法量化分析风险的传统，使得史无前例的航海时代和地理大发现成为可能。一种全新的金融组织架构——公司，为了满足亚洲和美洲贸易聚集资本的需要应运而生。金融同时也是工业革命中极为重要的辅助因素。到了20世纪，资本市场使得投资趋于平民化，并且激发了解决社会问题的新方法——社会保险、主权基金和个人储蓄账户，它们都是旨在减少家庭经济风险的机制，而且也都根源于人类的金融史。

在对人类做出重要贡献的同时，金融也带来了一些问题：债务、市场泡沫、毁灭性的危机及崩溃、剥削性的公司、帝国主义、收入不平等……金融的故事其实就是一部技术的故事，在本质上，金融是一种做事情的方式。像其他技术一样，金融通过不断提高效率的创新得以发展。金融的本性并没有好坏善恶之分。

时间与金钱

  金融的力量之所以能够影响世界历史上诸多重要的转变，是因为它能够让经济价值的实现在时间上提前或延后。例如，抵押贷款可以将买房者未来30年按月支付的承诺转换成现期的一次性支付。抵押贷款在今天已经极为常见，人们并不会意识到它的非同寻常之处。然而，一个购房者居然能够奇迹般地"召唤"出一件自己不曾拥有的财产，这种伟大的力量来自哪里？它又是如何运作的？这个过程会出现哪些差池？凡此种种，都是本书所要解答的关键问题。

  抵押贷款将购房者未来的货币折现，但是对于贷款人而言，抵押也将货币转换到了未来。同样地，一个担心退休后生活无着的人可以在当下用较高的贴现率购买将来的生计。能够照顾好未来的自己对于人们来说是非常重要的，这种能力简直有点不可思议。它依靠的是一种复杂的技术结构，这种技术结构可以体现并实现跨越几十年甚至几百年的承诺。

  本质上，金融技术就是一个我们自己建造的时间机器。它不能在时间的轨道上移动我们的身体，但是可以移动我们的金钱。因此，金融技术改变了我们现在或将来自身所处的经济地位，也改变了我们的思考方式。金融拓展了我们想象和计算未来的能力。它也要求我们更深层次地理解和量化过去，因为历史是预测未来世界的基本依据。金融已经越来越让我们变成时间生物。金融架构存在于并且塑造了时间维度的可能性。

  本书将会探究金融在世界历史上演变的主要历程。本书的基本前提是人类文明的演进需要复杂的工具来管理有关时间和风险的经济问题。金融随着古代西亚地区第一批人类文明的产生而出现，从那以后，它在许多复杂社会的文明里都发挥了关键作用。过去5 000年内不同的人类文明都曾面临过一系列共同的问题，这些文明通过相互借鉴或独自发明出相似的金融工具解决了问题。

  确切地说，中国是本书的一个重要部分，因为它以自己特有的方式应对了文明社会在时间和空间上面临的各种复杂经济问题的挑战。尽管某些金融工具和方法通过贸易和信仰的交流在欧亚大陆得到过普遍的传播，但是中国的金融发展有其独特的轨迹。中国发展了自己的货币经济，自己的会计和金融控制制度，以及世界上最早的纸质证券——纸币。这种纸币早在欧洲出现印刷术以前的几个世纪里就已经开始流通使用，《马可·波罗游记》中有明确的记录。中国和欧洲在金融发展史中既有共通性也有差异性，这恰恰反映了多种可供选择的历史路径。由此我们可以看出金融技术的共同点是什么，创新是如何同步出现的，新的想法是如何被采纳、转变并在最后嵌入更广泛的社会、政治和文化的框架之中的。中国和欧洲金融发展史的比较反映了我个人过去20年的研究兴趣。但很遗憾的是，我遗漏了许多来自其他文明的证据。

过去5 000年人类和城市社会的显著扩张证明了一个事实，那就是金融极大地提升了人类减少生存风险和跨越时间配置资源以促进增长的能力。但是，文明的发展也引起了一些自身的问题，其中最大的问题是跨期均衡——现在与将来代与代之间的取舍——能否得以维持。

从某种程度上来说，本书是关于人物、地点和事件的个人化叙述。我更希望把金融历史描绘成一种技术文明，而非写成一本包罗万象的世界金融史。研究世界金融史是一件异常艰巨的任务，当然目前学术界正在集体努力开拓，也已经取得了一定的成果。本书不仅呈现了连接金融和文明之间关系的那些特定主题，同时还反映了我个人的特殊经历——我是一位金融经济学家，也曾经在考古界和电影制作领域工作过。这些经历为我理解金融在社会中的角色意义提供了完全不同的视野，也将我置于金融史中颇为奇妙的地位。我希望读者能够原谅我将书中的部分内容变得过于个性化。一种"置于何处"的分析框架或许可以引发我们思考更多的历史背景。不过，在进入正文之前，本书首先要对金融技术、一些关于文明的定义以及这两者之间的逻辑衔接进行总体的概述。

金融有4个关键要素：

1. 在时间上重新配置经济价值；
2. 重新配置风险；
3. 重新配置资本；
4. 扩展了资源重新配置的渠道和复杂程度。

让我对此逐一做出解释。

前述抵押贷款的例子反映了金融的第一个关键要素：通过时间重新配置经济价值。抵押贷款是一种金融契约，此外还有许多其他契约，它们都是现在对于未来行为的承诺。契约用一种使双方互惠的方式将现在与将来联结在了一起。

第二，金融重新配置风险。时间上的重新配置意味着金融契约必须克服"将现在与将来分离开来的不确定性"这个障碍。有些风险是我们必须承担的——比如流星撞击地球，而另外一些风险我们实际上可以采取措施来减轻或规避。金融契约将时间维度中的内在风险暴露出来，并在不同的参与方之间进行分配。例如，人寿保险可以将死亡的风险从单个家庭转移到一个大的机构，反过来，这些机构也可以将此契约与其他契约集中起来以分散风险。

第三，金融重新配置资本。例如，资本通过股票市场流入高效率的企业，而银行则贷款给那些具有赢利潜力的企业。从这个意义上说，金融也是一种促进经济增长的技术。

第四，金融扩展了资源重新配置的渠道和复杂程度。在金融的发展历程中，它提供了一系列越来越丰富的关于跨期契约可能性的选择。这种金融领域日益纷杂的现象和趋势，本质上反映了产生此类契约的社会的复杂性。有些时候，这种复杂性几乎接近书面语言所能描绘的极限。举例而言，一份现代的证券抵押担保合同可能长达 900 页，涵盖了各种极为庞杂的细节，比如条件、权利和责任。如此复杂化的优点在于扩大了契约各方的缔约"空间"，也就是缔约各方所拥有的谈判维度的数量。当你参与其中时，就能够达成某些在更简单系统里面无法达成的协议。跨期协议的丰富程度和复杂程度使得金融技术不断发展，这是其相当重要的贡献。如果没有这种多维度的缔约自由，人类社会许多根本性的、变革性的文明活动就不可能产生。

时间维度上的资源再配置

金融契约通常要在两种人中寻找平衡：一类是希望将价值折现的人，另一类是希望将价值转换到未来的人。那些冀图将财富折现的人主要出于两类考虑：消费和生产。消费的动因是人们需要现金来支付当前的费用、购买食物、支付医疗账单，或者应付其他不可预见的开销。

消费性贷款可被用来降低风险。在一个充满不确定性的世界里，短期支出有可能突然增加。金融契约允许你通过借贷或担保的方式应对临时的负面冲击。在诸如粮食歉收和突发疫病等极端情况下，紧急贷款是一种能够让饥者得食或患者得医的好办法——它消除了人们在顺境和逆境中的差异。因此，金融契约可以成为人类生存的必要工具。同样地，金融也会让政府从中受益。政府通过借款抵御外来的军事入侵和突发性灾难，并在将来用税收进行偿付，用经济学的术语来说这叫作"跨期消费平滑"。

生产性贷款与消费性贷款有所不同。生产性贷款在经济活动中扮演着特殊的角色，因为它们建立在经济增长的基础之上。生产性贷款不仅仅是简单地在当下与未来之间起到跨期平滑经济的作用，它们还使得未来具有不同的可能性。金融可以将资本聚集起来创办一个能够产生更高价值的企业。比如说，一个农民可以借钱购买种子，其最终收获的价值将远远大于最初购买种子的成本。如果这个农民不能借款，这片土地就不能被用来进行更高效的生产。

基于同样的原因，金融让人类的创造力得到了更有效的发挥。如果没有金融，那么只有那些已经积累了财富的人才能创业。金融则使得没有原始财富积累的人也能够成为企业家。金融让资本得以投入潜在回报率极高的项目，而无须考虑经营者是否富有。从这个意义上说，金融广泛地释放了财富的经济优势——它让生产性资本变得便利和大众化，消除了生产性项目融资的自然约束。这是联结金融和经济增长的最基本逻辑。

金融在消费和生产中的运用也引发了一些问题。有人批判消费性贷款助长了奢靡之风，同时让那些绝望的借贷者倍受盘剥。生产性借贷可能导致资本偏离正轨——低息贷款有时候会投资于赢利性的项目，但也可能被投入到毫无潜力的垃圾项目中。

利用不同类型的金融契约，无论我们出于消费性原因还是生产性原因，都能够将未来的财富折现到当前。最简单的就是贷款，当然还有其他种类的金融契约，比如股权或者合伙人机制提供了一种针对企业所有权的奖励措施，而不再是简单的预期固定收益；保险和期权契约提供了一种基于某个特定事件或情形而产生的未来支付。纵观历史，人们发明了各种各样的契约不断扩展自身参与生产性企业的可能性。我们将在本书中对这些契约进行详细的探讨。

投资：推迟满足感

消费和生产需要使用流动资本，而这些流动资本都是由投资提供的。投资是人们为未来进行储蓄这种行为背后最基本的技术特征，也是现代社会的养老金需要持有股票、债券或其他金融资产的原因。

比起消费而言，投资推迟了人们获得满足感的时间。没有人喜欢无条件地推迟获得满足感。对于投资者来说，一个主要的动因就是未来的高消费预期。在最简单的金融契约——借贷中，贷款方（投资者）希望在收回本金的同时获得一些额外的收益，即利息。贷款的期限越长，投资者需要推迟个人消费的时间就越长，因此，通常需要更高的利息作为弥补。

资本投资回报率可被看作时间的价格。它均衡了跨期财富的供给和需求，同时平衡了投资者和消费者、生产者之间的需求。例如，如果利率太低，投资者会选择花掉他们的钱而不是存起来；如果利率太高，生产者有可能放弃项目，因为他们所借资金的预期收益不足以偿还贷款。

虽然这些交易看起来很简单，但它们却有着世界性的意义。资本投资的生产效率在全球范围内的消费者、生产者和投资者中起着媒介的作用。通过金融机构和金融市场，投资者与消费者、生产者联系起来。这个均衡看起来既纤弱又精致。当金融市场崩溃时，投资者会马上缩减投入企业的资本。与此同时，人口因素在整个过程中起着基础性的作用。随着全球人口预期寿命的增加，储蓄的需求也会增加。而随着老龄化时代的来临，相对于消费者而言，生产者的比例会逐渐下降。因此，金融不仅调和了现在和未来的均衡，也调和了青年人和老年人的均衡。

同样地，只有在经济增长实际发生的时候，当前与未来之间的金融等式才能成立。这对于一个遍布商机的世界来说是好事，但是随着新兴经济体的增长速度放慢到成熟经济体的水平时，未来经济增长从何而来的问题就会赫然出现。对于经济学家和决策者而言，限制经济增长的因素以及由此导致的现期和未来经济价值关系的断裂等问题总是如幽灵般挥之不去。

文化与金融

金融很容易被认为是一种抽象的东西——毕竟穿越时间的概念本身就极为抽象。然而，金融深深地根植于人类的文化和行为之中。长期以来，人类社会一直在努力地将金融置于道德和文化背景中去理解。尽管金融能够解决一些重大问题，但它也对现实产生了威胁：金融决定了在面临危机时谁是求救者，谁又是施救者；它重新分配了财富，也埋下了社会流动和社会动荡的隐患。

从某种程度来说，最基本的跨期经济组织是家庭。打个比方，子女照顾逐渐年迈的父母的社会契约，就是一个养老金计划。类似的，家庭、朋友和社区成员间的互赠礼物也能起到类似于金融借贷的作用。然而与金融借贷不同的是，这种补偿方式是履行未来的社会义务，而不是支付利息。这使得社会网络更加紧凑而不是变得松散。

这些跨期行为方式的出现远远早于正式金融契约的产生。金融其实产生于跨期问题已得到某种程度的解决的文化背景之下。由此看来，金融契约不是一个完全新鲜的东西。相反，它不断地替代并更新着传统的跨期机制。因而金融也对现有机制构成了挑战。

在一些情况下，文化反作用于金融的发展，特别是在金融危机时期。这可能部分由于金融对传统的社会、经济和政治制度构成了威胁。比如，最早对金融家进行人身攻击的就是巴比伦的当权政治领袖。18世纪英国历史上出现的首次股票市场繁荣曾经饱受诟病，其中一个原因就是女性投资者在传统的、由男性主导的市场中赚到了钱。

由于金融具有潜在的颠覆性力量，因此社会总在试图对其加以限制。有时候这些限制是从道德角度出发的。《高利贷法》（Usury Laws）的口号是保护借贷者的利益；英国的《泡沫法案》（Bubble Act）则是打着禁止不道德投机的旗号限制商业公司的建立；创立于20世纪30年代的美国证券交易委员会也宣称是为了规范潜在金融工具的不当使用。在这些对于金融契约的限制背后，是一个隐含的、合理的推测——需要制定规则，以防精于金融之道的人剥削那些不擅此道的人。事实上，更深层的原因在于，金融可以重建权力的架构。一个善于权衡现在和未来利益的金融老手可以利用金融工具和金融市场为世界创造巨大财富，但这同时也意味着危险。金融会引起重大的社会变革，风险自然孕育其中。

金融：人类文明的特殊工具

金融为重新构建人际关系提供了异常丰富的途径，主要原因在于它扩大了跨时期交易的范围。金融能够集中经济力量，使其在不同的地域间迅速移动。金融既可以是战争中的武器，也可以被用作实现和平的工具。这种复杂性和可能性使得金融成为人类文明的一个特殊工具。在本书中，我将阐述金融出现在最早文明中的原因，以及复杂金融工具较少被用于传统文化之中的原因。

文明的标志包括城市化、社会分工细化、精细的符号系统和复杂多元的社会关系。文明也是一个吸纳和合成知识的开放系统。先父W. H. 戈兹曼（W. H. Goetzmann）是一位历史学家，他曾经说：

> 文化是互相联系的机构、语言、观念、价值、信仰和符号组成的系统。它们一般是排外的，甚至是族群性的。但从另一方面来说，文明与教化对于新的习俗和理念持开放态度。它们是融合而又混乱的，经常扰乱社会信息系统。它们随着人类社会经历的日渐丰富以及多样化和复杂化而持续发展。[1]

金融系统将这些社会关系的范围和本质拓展到了时间领域，同时跨越或长或短的距离。一个人口稠密的城市社会可以创造各种类型的关系。在城市中，你不只是和家人、老熟人打交道，还要和那些在其身上传统互惠关系并不起作用的其他人产生联系。城市生活可能需要与外国游客的一次性互动，或者需要与不能以传统互惠方式相处的商人进行重复的交往。

金属硬币、贷款和合作协议等金融工具拓展了人们的经济联系，但如果换作其他方式，这些人可能并不愿意与其他人产生联系。比起传统互惠安排，金融市场使得陌生人更有效地通过时间交换价值：他们不需要共同的信仰和文化规范，只需要契约文书和执行机制。金融工具拓展了人们达成协议的方式，这种扩展恰恰符合了一个复杂又多维的城市社会的需求。

文明不仅要求不同类型经济组织之间的契约，也需要能够解决复杂、多维问题的灵活性。金融契约允许各种新颖的支付和承诺方式。即使最初的金融家也要在一个精细复杂的机构和契约体系中活动，他们需要同像寺庙和王宫这样的组织打交道，同农民和其他生产者打交道，还要同来自其他不同文明的远途商人打交道。这些最初的金融家的活动取决于许多条件：政治决策、农业产量、海外贸易探险获取的财富、大宗商品的价格波动和雇员的忠诚度。复杂的生活需要从多个维度对各种未知结果进行交互、计划和承诺。金融发展的动力来源于人类对文明社会的需求以及经济活动的复杂性。

金融推动知识

金融在人类文明进程中还起到了另外一个重要的作用：推动知识的发展。人们对地球边界最早的认识就是通过跨洋远航的商人们获得的。远洋的商业贸易需要金钱和时间，那些希望获得远期更高收益的投资者们会提供相应的支持。从这个角度看，金融就成了文明扩张和延伸的辅助因素。商路将世界上距离遥远的各地联系起来，这种远距离的联系不仅仅是空间上的，也是时间上的。当长途贸易启程时，时间上的分割也就开始了：由于不确定性的存在，投资与收益之间产生了隔阂。哥伦布要为筹得首次航海所需的费用耐心地等待，随后他还要向资助者们许诺将来的未知收益。他与西班牙皇室签订的契约异常复杂：除了享受政治权力外，他还享有10%的从远洋贸易中获得的未来收益，此外，对于那些利用他的航海发现而建立的商业公司，他还拥有最高投资其1/8股权的权利。如果没有这种跨期契约，哥伦布恐怕永远不会开始远航。

我还将讲述金融如何改变了人们创造和保存知识的方式。各种金融问题促进了写作、记录、计算和印刷的发展，同时直接推动了一些人类历史上最重要的数学创新的产生，包括对数和概率论的发现，以及描述无穷数列以及将时间和变化过程无限细分成小区间的数学能力。

金融还促进了量化模型的发展。这些模型不仅研究未来，也利用已有的翔实数据研究过去。市场让人们意识到了很多事情，比如人的推理能力有限以及存在着错误计算的风险。这些复杂的概念性框架推动和刺激了问题的解决，但它们也同样导致了传统思想与量化模型之间的冲突。这些冲突在金融创新和金融灾难发生时体现得尤其显著。金融架构不仅挑战了传统制度，也挑战了处理未知事物的传统概念性框架和方法。在传统框架里面，机会和财富在文化层面的观念被包含在一套由符号、神话和道德观念组成的丰富系统之中。了解并掌握这种冲突对现代社会来说仍是一个巨大的挑战。

硬件和软件

金融有两个不同的维度,可以大体上理解为硬件和软件。硬件由金融契约、企业、银行、市场、货币和法律制度等组成,我概括性地称这些为金融架构。金融也是一个涵盖计数、记录、算法和诸如微积分、概率论等高级数学方法的分析系统。在更深的层次上,金融是一种思想体系,一种形成和解决有关金钱、时间和价值等复杂问题的方式。从本质上来说,这就是金融技术的软件。

本书将会突出金融硬件与软件的发展历程,这两个维度都被包含在一个更为广阔的社会架构之中。在演化过程中,不仅金融从其他领域的工作和技术中学习,其他技术也从金融中学习。

硬币的另一面

伴随着金融软件和硬件的不断创新,一些问题得到了解决,新的问题也随之产生。金融手段提高了人类创造城市、探索新世界、扩大和均等化经济机遇、控制风险以及提供不确定性的未来的能力。但与此同时,金融创新已经导致了全社会范围内的严重不平等,同时也带来了引发现代世界根本性冲突的社会分裂,并将继续影响未来的发展。我希望探索金融的两个方面:一是解决问题的能力,二是引发问题的倾向。

思考未来的多重视角

本书将从多个视角入手。第一个视角是从金融工具的发明者和使用者出发的视角。有些时候我们知道这些人是谁,但大多数时候他们是无名英雄。借贷是一个伟大的创意,但没人知道究竟是谁提出了它。金融家不是历史学家,资本市场也不是图书馆——金融技术的发明是为了赚钱,而不是让发明者出名。事实上,通常我们能够知道金融创新者是因为一些灾难。例如,卓有远见的银行家约翰·劳(John Law)现在仍为人们熟知,是因为他创立的密西西比公司最终破产——这家公司是在1720年资本泡沫形成之前的几年里,为了使法国免于破产而建立的。然而,无论声名远播的还是不为人知的,抑或是臭名昭著的金融发明家，他们都牢记金融是依赖民生、服务民生、关乎民生的。每个密西西比公司的股东都是出于私人原因而购买股权——或许是为了踏上一段神奇的冒险之旅，或许是因为他们相信约翰·劳的谋略，或者仅仅因为其他人都在做这件事情。不论是什么原因，搞清楚金融工具如何运作的唯一方法是询问人们为什么迫切需要它。最终来说，金融是一种个人的、具体的行为，而不是抽象的、理论的，它不仅仅与金钱有关，也与人及人使用金钱的方式有关。

第二个视角是从研究者出发的角度。历史就是探索发现，历史学家就是探险家。本书在很大程度上基于考古学家、古典学家、历史学家、经济学家和数学家的研究。同样重要的是那些致力于保存过去的人，比如图书管理员、收藏者和商人等珍藏了历史记录的人。我希望能够传达由他们的探索带来的激动与喜悦。他们浸淫多年的精心研究中充满着许多闪耀智慧火花的观点。比如，如果没有得克萨斯大学丹尼丝·施曼特–贝瑟拉（Denise Schmandt-Besserat）教授的研究，我们就不能够理解金融在古代西亚的起源，是她发现楔形文字的发明是与金融契约的起源相伴而生的；我们也要向上海的金融学家和货币史学家彭信威致敬，他毕生致力于中国金融史研究；而假如没有经济学家罗伯特·席勒出于个人意愿，研究如何帮助人们通过购买保险抵御经济风险，我们就永远不会明白最早的通胀指数证券是怎么回事。

第三个视角是经验主义视角：世界由无数的事物和空间构成。技术的产生需要实际的工具和地点。对于金融来说，这意味着硬币、文档、通信，以及能够制造和交换这些东西的地点。像硬币和股票一类的物品具有明确的工具功能，因为它们解决了诸如贮藏、价值表现以及在时间维度上传递价值等问题。它们由黏土、金属和纸莎草等许多不同的东西制成，或者被印刷在牛皮纸、树皮和纸上。了解金融的物质文化对评价其如何作为一项技术而起作用是非常重要的。

还有一个视角就是文化。虽然这本书并不是金融文化史，但在许多例子中，艺术家、作家、道德哲学家、戏剧家甚至喜剧家都对金融市场做出了解读，这种解读反过来也影响了这些市场的发展进程。从道德角度批判金融作为剥削工具的现象可以追溯到巴比伦时代。社会对复杂而抽象的金融工具的不舒适感催生了丰富的艺术创作，而这些艺术创作反过来也塑造了文化心态。我们有时候甚至会为了某种观点参考某种艺术品，或是询问艺术家对金融的看法：从17世纪的郁金香狂潮到20世纪纽约洛克菲勒中心关于商业的壁画，这些都描绘了在较为近似的文化符号体系下金融的表现与本质。艺术家的观点在本书中是个不可或缺的部分。

我关于金融的大多数研究是面向专业学者群体的，不过，促使我写作本书的一个动因是我希望更多读者能够感兴趣于我们共同使用的工具，以及一些看起来难以置信甚至不真实的理念体系。金融对于过好当下的生活很重要，但同样重要的是，它也会让我们仔细思考未来。

我个人认为技术创新的基本趋势主要是向上的，而且会持续地向上。我们已经拥有的金融手段整体上有助于生活水平的提高。虽然有时候金融导致的问题非常严重，不过从整个全球化社会的角度来说，我们看起来正是在处理各种问题的过程中取得进步。如果没有贷款、银行、债券、股票、期权、资本市场、保险和公司，我们生活的世界会更美好吗？也许会，但我对此表示怀疑。本书的论点是金融技术使得更加复杂的政治制度成为可能，提高了社会流动性并促进了经济增长——这些正是我们所认为的一个复杂社会的文明象征。归根结底，金融关系已变得相当重要，它将不同经济体连接并融入一个复杂的全球化文明之中。对于全球化文明而言，我们必须持续面对金融带来的基本问题：如何均衡现在和未来之间的需求，如何让金融带来的利益惠及社会中的每一个成员——无论他贫穷或富有。金融创新的历史轨迹也许能对这些问题提供有用的启示。

MONEY CHANGES EVERYTHING

How finance made civilization possible

| 第一部分 |

从楔形文字到古典文明

金融是随着第一批城市的兴起而出现的，相应地，金融也对城市的兴起有促进作用。本书第一部分将集中阐述城市文明和金融是如何并行出现的。金融和城市文明在古代西亚地区的同时出现告诉我们一件重要的事情——更高层次的政治和社会发展需要更为复杂的经济组织和技术。金融基础设施使得许多城市社会的发展演进成为可能，而且直到今天依然发挥着作用。在城市化进程中人类放弃了某种经济活动中的纯真，但与此同时也开启了从根本上改变人类经历的探索和创新历程的新篇章。

前四章将追溯古代西亚地区金融发展的辉煌历程。我认为，人们发明的跨期价值交换方式催生了一种全新的思维：它既可以预测未来的经济产出，也能够将过去、现在和将来的价值进行公平的处置。随着金融的产生，人们开始在一个精美清晰的时间架构中从事经济活动。采用这种定量的时间框架进行分析开创了许多新的可能，其中有一些是为了降低风险。例如，金融思想产生于最早的农业文明，因为农民要规划农业活动和耕作行为，要记录关于未来物品交付的承诺。然而，金融工具同时也是人类战争的一部分。历史上关于边界纠纷的最早记录中就包括带有惩罚性复利的赔款要求。

在金融和城市社会共同存续的最早的两个千年中，它们并不是一成不变的，关于古代西亚地区的章节将着重阐述金融工具不断适应贸易和农业生产的方式。从安纳托利亚文明到印度文明，金融成为向那些复杂的商业运作行为提供便利的机制。

有关雅典和罗马的章节将展示两种不同的文化是如何吸收并改造了西亚地区的金融遗产。我认为，实际上是金融活动才使得雅典和罗马的经济得以存续，因为二者都依赖于粮食进口。可以说，这两个地方金融体系的发展，部分原因是为了分配投资来支持商业贸易，同时分散贸易风险。

图I-1　恩美铁那①（Enmetena）锥体的细节部分，形成时间在大约公元前2400年。这个类似于菠萝型的物体是苏美尔人为纪念拉格什（Lagash）之王恩美铁那征服乌玛（Umma）留下的文字记录。这位统治者的战争索赔内容是目前已知的人类社会最早的关于复利的记载

希腊文明有两个值得强调的方面：法律和货币。雅典法院的存在导致了强有力的财产权的产生，并吸引了大量的投资者。我所要申明的是，法院还对知识的传播和人们认知能力的形成有着重要影响。贸易纠纷的判定会定期在由数百位公民组成的陪审团面前进行，这势必会创建一个高度金融化的文明社会。雅典经济的货币化也是同样重要的一个因素。近来一些学者认为，货币在雅典社会从初始阶段到拥有其最著名的政治标签——民主的过程中发挥了核心作用。货币成为共享雅典经济成功、凝聚个人对国家忠诚的工具。

这部分的最后一章主要是关于罗马，另外也将描绘一幅完全金融化的古代

---

① 恩美铁那，美索不达米亚王朝的早期统治者。——译者注

经济的图景。例如雅典作为当时世界上最大的城市之一，实际上是一个进口型的社会，通过商业贸易得以维系。在罗马，个人财富在政治权力中发挥了关键作用，它也通过各种直接和间接的投资机会得以持续。债务在罗马金融体系中扮演了重要角色，它在一系列的金融危机中留下了自己的痕迹。

　　罗马对金融最具创新意义的贡献之一，是为满足国家日益增长的需求而创造了人类社会最早的股份公司。这些公司的投资者们被称为公众团体，他们参与包税制度、公共工程建设，并为罗马军队提供军需品。公众团体是世界上最早的大型公众持股公司，有点类似于现代公司。公众团体的股份在价值上波动，由罗马的公民广泛持有。我认为这些金融工具在罗马历史上某一关键时刻对其政治结构起到了至关重要的作用，因为它们提供了一种途径，可以在那些主要政治团体间分配罗马扩张带来的经济利益和战利品。

第1章　城市、语言、法律、合同和数学：金融与文字

　　本章将探讨金融作为一种技术在古代西亚地区是如何出现的，以及它在世界上第一批大型城市社会中所发挥的独特作用。美索不达米亚产生了世界上第一批城市、第一种书面语言、第一部法律、第一份合同和最早的高等数学，其中许多都直接或间接来自金融技术。例如，楔形文字是古代会计制度和契约的一个意外副产品。巴比伦数学的发展要归功于金融经济的发展对算术和计算的需求。有关商业增长和利润的第一个数学模型出现在4 000年前。巴比伦人的法律体系几乎全部建立在确立个人权利义务的公证文件以及契约的使用基础之上，其中许多类似于现代的金融工具和合同。第一份抵押、契约、贷款、期货合同、合伙协议和信用证都是以楔形文字文件的形式出现的，可以追溯到公元前2000年或更早。简而言之，五千多年前开始的城市社会的巨大发展同时包含了各种新的制度和流程的发展，其中许多在本质上都是经济的和金融的。这些嵌入更大的社会和经济制度之中的金融实践，就是我在导论中所说的"金融硬件"。

　　本章还将探讨金融工具如何改变了人们的思维方式。金融技术不仅使金融契约，还使金融思想成为可能，这里的金融思想是指使用时间的金融视角构建经济互动的概念性方式。借款、放贷和财务规划形成了一个特殊的时间概念，它们以新的方式量化时间，而且为了计算的目的简化时间。反过来，这种思维方式和专业知识也影响和扩展了政府与企业的能力。这个概念框架就是我在导论中所说的"金融软件"。

　　金融依赖于量化、计算，以及数理推理能力。因此，本章的重点是古代数学工具的发展。金融的另一个基本组成部分是时间的维度。金融需要时间的度量和表达，因此本章会深入探讨时间技术。结尾处会谈及金融的记录、契约和法律框架，这是因为金融主要是关于未来的承诺，如果没有记录和实施的能力，承诺是毫无意义的。

有关金融工具的首个证据出现在古代西亚地区的早期城市与农业社会背景之下，大约与青铜时代的开端属于同一时期。古代西亚城市社会的历史起源大约可以追溯到7 000年前。公元前3600年，古代苏美尔城市兴起于底格里斯河和幼发拉底河的交汇处，即现在伊拉克所处的位置，那里很适合种植谷物和养殖牲畜，但缺乏其他必需品，如木材、铜和锡。最后两样东西尤其重要，因为它们是制造青铜的必需材料，而古代战争中所使用的武器基本上都是青铜材质的。考古证据表明苏美尔的城市依靠长途贸易获得这些重要商品。它们也交易一些外国的著名商品，如象牙和宝石。这些物品对强化社会和政治等级制度这一文明的标志起到了部分作用。

简而言之，古代西亚文明中的经济需要生产基本的粮食产品并分配给当地集中的城市人口，同时也需要从远处获得商品。金融的基本单元——跨期合约——能够同时满足这两种经济需要。随着西亚的古代城市社会在规模和范围（例如人口密度和贸易地理范围）上发展，它们越来越依赖跨时期的金融合约技术。金融的首次出现伴随着人类最伟大的发明——书写，即记录当下发生的某件事，使其能够在将来被明确地解读的能力。尽管书写也有其起源和先例，但它同样也是由于金融的需要而出现的。

我们以探索金融硬件的基本零件——计数、会计和契约工具来开始这一章。

神殿与陶筹

> 他建造了乌鲁克的城墙，羊圈的城市，
> 埃安娜神圣的庙堂，圣洁的宝库。
> 看那装饰着青铜一样的袋状物的墙！
> 凝视那举世无双的堡垒！
> 从古老的石阶，
> 接近埃安娜，伊什塔尔的宝座，
> 而后世无论君王或百姓，再也不可比及。[1]

有史以来最早的文学作品讲述了吉尔伽美什（Gilgamesh）的故事，他是一位前往遥远的土地获取木材并在他的城市建造了一座神殿的英雄。上面的诗歌摘自

《吉尔伽美什史诗》。[2] 它表达了对美索不达米亚文明的诞生地——乌鲁克（Uruk）的宏伟的城墙和埃安娜神庙的赞美。尽管文本是动人的，但是第一次把史诗记录下来的楔形文字却应更多地归功于商人和会计人员，而不是诗人。楔形文字并不是为了写诗而发明的，而是为了会计和商业，乌鲁克可能是这二者最初产生的地方。当然，目前很难精确地锁定任何技术发展的时间和地点，但是早期的一些残余书稿，甚至更早期的手稿是在乌鲁克被发现的。研究书写起源的学者相信，书写是由乌鲁克神殿中与经济相关的独特的符号性会计记录演化而来。

1929年，德国考古学家尤利乌斯·约尔丹（Julius Jordan）挖掘出古代城市的中心——乌鲁克的中央神殿。这次堪比《夺宝奇兵》的考古挖掘没有让约尔丹失望，他找到了传说中的"埃安娜神圣的庙堂，圣洁的宝库"，这是丰产女神伊南娜（Inanna）受到崇拜的地方，也是将货物和大宗商品分发给民众的地方。在神殿附近，约尔丹和他的挖掘队发现了神殿的石阶，正如《吉尔伽美什史诗》中所描述的那样。约尔丹仔细记录所有的发现，不仅包括不朽的建筑样式，甚至还有挖掘时出土的艺术品和人工小物件。在日记中，他记录了在神殿周围出土的陶筹（黏土制成的小物件），"形状像日常生活用品：罐子、面包和动物"。这些小物品很长一段时间内无人关注，直到得克萨斯大学奥斯汀分校的学者丹尼丝·施曼特–贝瑟拉教授开始以系统化的方式对它们进行分析。

图1–1　古代西亚地区的陶筹是经济商品的象征。它们被认为是某种记账系统，也被确信是世界上最早的书面语言的前体[Denise Schmandt-Besserat (http://sites.utexas.edu/dsb), courtesy Vorderasiatisches Museum, Berlin, Germany.]

施曼特-贝瑟拉在法国出生并接受教育，后来加入美国拉德克利夫学院一个专为有潜力的女学者设立的奖学金项目，开始做研究。她长期关注的问题是：在陶器被发明之前，制作黏土物品是否被当作一项技术。这个谜题第一次驱使她去博物馆的收藏品里寻找早期的黏土物件。她成了哈佛大学皮博迪博物馆西亚考古学的一名研究员，在那里她重新发现了考古学家约尔丹记录的小象征物中包含的秘密。丹尼丝于20世纪70年代搬到得克萨斯大学，在那里她继续研究这些黏土做成的小象征物，煞费苦心地跟踪西亚考古挖掘中每一条涉及它们的记录，并且参观了所有包含它们的博物馆收藏品。

我第一次见到丹尼丝是我在得克萨斯大学奥斯汀分校读艺术史研究生的时候，她当时是得克萨斯大学艺术博物馆馆长。她是我的老师，我能直接观察她的开创性工作。那时我还没有意识到，是隐含在那些陶筹系统中的金融意义而不是它的艺术性最终俘获了我的兴趣。

当其他研究古代西亚的学者正在探究诸如神殿建筑的演变、古代城邦的政治历史、古代气候如何影响农业和城市化之类的大问题时，丹尼丝专心致力于对陶筹的实验室分析和文件编制。她认为这些黏土制品比乌鲁克古城出现的时间还早，它们出现在公元前7000年整个西亚地区的史前遗址中。无论这些东西是什么，计数器、游戏符号或神秘的标记，它们在书写被发明之前的很长时间里被许多不同民族和文明所使用。

这些物体的大小跟游戏金币差不多。它们的风格简单划一，这表明它们被标准化以便识别——抽象、简单而不是写实。陶筹在形式和发现地点上的系统性使丹尼丝得出了一个令人震惊的新奇假说。她认为这些陶筹与在乌鲁克最古老的地方发现的泥板上最早的象形文字有关。

最古老的乌鲁克泥板大约是在公元前3100年由抄写员制成的，他们把潮湿的黏土做成菱形板，用木制笔在上面书写。笔的一端锋利，另一端圆润——一端用来画线，另一端用来画点。稍微倾侧笔尖，还能够画出三角形和圆柱形的标记。这些符号的组合形成了一本词典，学者们现在已经断定那是人类最早的书写作品。

丹尼丝最著名的发现是，这些早期泥板上的象形文字本质上就是陶筹上的图形。例如，她展示了布的象形文字可以追溯到一个圆形的、有条纹的陶筹，甜的标志由蜜罐形状的陶筹演变而来，食物的标志从像一盘完整的菜的陶筹演变而来。而这些陶筹中的大多数代表了日常生活中的商品——羊羔、绵羊、奶牛、狗、面包片、油罐、蜂蜜、啤酒、牛奶、服装、绳索、羊毛和地毯，甚至一些抽象的商品也被制成陶筹。显然，这些物品曾经包含在女神伊南娜"圣洁的宝库"之中。这些美丽的小物件并非艺术品，而是与经济有关，它们是苏美尔再分配系统中的商品。

泥板和陶筹之间的联系有助于解释各自的功能。几乎所有来自乌鲁克的最古老的泥板都是记录产品和大宗商品交易的会计凭证。这些凭证是中央管理经济当局——应该就是神殿——所使用的行政记录。

陶筹显然有着同样的用途，也许世界上第一个会计人员就是坐在神殿的宝库门前，记录着有多少收入和支出。在文字出现以前的社会，需要一种方法来记录经济交易，陶筹是可以与标准化的商品与服务一对一匹配的自然标记。符号记录和早期的书写记录之间的这种联系，让丹尼丝得出了人类社会书写演变的理论。[3]

在苏美尔经济的经典模型中，神殿起到了类似行政机关管理商品生产、收集和再分配的作用。从这些复合式建筑群中发现的有关管理工作的泥板表明，符号的使用以及随后书写的产生都是作为一种中央集权的经济管理工具演变而来。由于缺乏来自乌鲁克时期的考古证据，目前尚不清楚个人是否也将该系统用于缔结私人契约。就此而言，我们也不清楚最初读写能力的普及范围有多么广泛。在早期泥板上使用可识别的符号和象形文字，类似于统治者当局需要的一部可以使识字者和不识字者得以沟通的词典。随着楔形文字的字母变得越发抽象，读写能力必然变得越来越重要，这样才能确保人们可以理解他人的意见。

"书写"的想法很自然地传播到了底格里斯河和幼发拉底河流域的交界区。公元前4000年苏美尔地区的城市与苏萨城进行着广泛的贸易，并且很快将贸易范围扩展到苏萨城的东部（现在的伊朗西南部）。事实上，早在公元前5000年的后期苏萨可能就沦为了乌鲁克的殖民地。它发明了自己的泥板字母（称为原始埃兰语），使用的符号系统与在乌鲁克发现的相同。[4] 也许会计系统不仅用于本地商品的分配，也用于地区间的贸易协议。

楔形文字书写的发展理论中一个关键环节是另一个来自古代西亚地区的神秘黏土制物体：中空的环形黏土封套，称作印玺。法国学者皮埃尔·阿米耶（Pierre Amiet）发现一个印玺的外面有一组标记，与里面的符号的数量和形状完全匹配。阿米耶推测，乌鲁克的会计人员可以在不打开印玺的情况下利用外面的标记判断印玺内部包含的符号。丹尼丝以阿米耶的见解为基础，重构书写早期发展的进程。她认为这些印玺是象形文字泥板的前身，是代表日常生活的符号，随着模型本身被抽象成黏土表面的印记，它从三维模型演变为程式化的楔形文字。后来，程式化的象形文字变得更加抽象，从图画演变为尖笔的印记，也就是现在我们所谓的"楔形文字"。

丹尼丝的理论没有得到普遍认可，一些学者质疑从符号演变到书写这一基本思想，并指出从模型到符号这一不断演化的过程中存在概念上的差异。比如，符号在古代西亚地区使用了几千年，不只是在文字出现以前的时期。再比如，为什么印玺系统在书写发明以后继续存在？同样令人费解的是，各种各样的符号出现在书写首次出现之后，而不是之前——这表明符号和印玺系统同时存在且与楔形文字并行发展。虽然符号和印玺可能导致了书写的出现，但看起来书面文字仍然不能完全满足需求，符号和印玺不可或缺。

印玺：古代契约

为什么古代乌鲁克会计师会采用笨拙的印玺制度做记录，而且在他们能够简单地写下所需信息之后还在使用它？尽管从严格意义上说印玺不是会计工具，但或许可以说它们一直以来都是契约（合同）。所有我们今天认为的金融工具都是契约。例如，政府债券是政府和债券持有人之间的保证未来一系列支付的契约，股票是股东和公司之间签订的保证股东参与公司利润分配和管理权的契约。虽然契约在书写发明之前就存在，甚至在印玺发明之前就存在，但环形封套和陶筹可以说是有关契约的最早考古证据。

印玺清楚地表明某人许诺把一些商品献给神庙，例如几罐蜂蜜、羊、牛，甚至几天的工作。印玺之外的书写内容允许缔约双方查阅合同期限内应付的金额或者规定可以打开合同的人。印玺所含的符号则明确了双方的义务责任。这种解释或许可以使人明白印玺的其他古怪特征。一些信封完全被圆柱形的封条——美索不达米亚人签名的替代物——密封住，这表明缔约双方担心有人会开一个小洞并插入或删除符号。

楔形文字学者史蒂芬·利伯曼（Stephen Lieberman）指出印玺的关键功能不

是记录信息，而在于它们是某种有条件的核实机制。一旦双方围绕交易数量发生纠纷即可查看，就像现代的纸质合同可以在双方产生分歧的情况下被查阅。[5]

如果乌鲁克的泥板是原始书写，那么也许印玺就是原始的金融工具。当然，我们无法准确得知印玺里所载的义务究竟是贷款、税收还是向圣殿进献贡品，然而我们却确切地知道这是当时的人们对于未来支付的正式承诺。印玺是把两个事件之间的不确定的时间间隔连接起来的合同，从当事人履行一项义务的时刻开始，到义务被完成并可能需要核实的时刻结束。

印玺和符号系统出现在一个严重依赖于农产品生产和分配的社会中，不过这个社会里面并非每个人都是农民。在古代城市，有些人种植粮食、制作啤酒，其他人养羊、收集羊毛、制作纺织品，还有一些人参与贸易活动，从遥远的地方获取商品。虽然我们今天认为路过市场为晚饭买一些食物是理所当然的事，但是现代城市经济相当复杂，农场和餐桌之间涉及无数的中间商，如果没有采购订单、收据和报销这些工具，很难相信供应城市日常需求的经济链条还能存在。同理，这在古代乌鲁克也是一样。

象形文字的泥板：计数系统的证据

楔形文字的书写形式开启了无数的可能性。虽然确切的演变过程一直存在争议，但考古学家一致认为大约在公元前3100年的某个时候，乌鲁克以及西亚的其他地方——苏美尔和苏萨——的人们就开始使用象形文字泥板来记录经济交易。但乌鲁克的泥板是迄今为止最丰富的，而且似乎吉尔伽美什所在的城市还是一个早期且重要的书写中心。

在逐渐适应经济需要的古代金融体系中，泥板凭借自己的特点占据了重要的地位。印玺通常只包含最多24个符号，而象形文字的泥板却能记录更多的物品，因为它采用了一种具有独创性的方法——计数系统。

乌鲁克的许多象形文字泥板是有关抽象计数系统的最早证据。这是金融软件发展过程中的关键一步。一旦经济数量足够大，就很难再用陶筹甚至象形文字逐个地表示它们。乌鲁克泥板开始把商品的象形文字表示与抽象数字区别开来。例如，在一块泥板上，5只羊是由5个深刻的笔画（数字5）和紧接着的代表羊的符号（交叉的圆圈）这一组合来表示。一个圆形印记代表了数字10，因

/ 011

此，乌鲁克会计师可以用3个圆形标记和3个笔画来表示33。有趣的是，尽管商品的数量和类型由不同的符号表示，乌鲁克早期泥板上却没出现过独立的数字。数字总是伴随着列举的物体而出现。这个系统并不代表数字5的"概念"，而是记录5个东西。这表明早期的美索不达米亚人刚开始时只关心有形的商品而不是抽象的概念。

时间模型

时间在本质上是一个抽象概念，尤其是当它与季节周期和天文现象（如月亮的圆缺）分离开来之后。时间——更具体地说，一种普遍的度量时间的概念——是金融的核心。例如，对将来回报某物的承诺是没有用的，除非有一种方式使得各方对这件事何时能够发生达成一致意见。古代美索不达米亚的符号系统抽象地概念化了时间——它们只是象征性地表示时间，也许最有趣的是，人们还对大量的时间进行算术运算。虽然时间早在美索不达米亚人拥有金融之前就存在了，但他们的经济似乎影响了他们对时间的看法。

加州大学洛杉矶分校教授罗伯特·英格伦（Robert Englund）是楔形文字数字图书馆计划的主任。这座图书馆正在创建世界上所有的楔形文字文本的在线可视化档案，用于学术研究。他已经精确地解码了理想化的苏美尔人管理时间的框架。[6]英格伦研究了一系列刻有楔形文字雏形的泥板，这些泥板很明显地记录了历时3年的每日粮食配给——基于精确的有规律的原则，每天分配2.5升或5升。这些记录的有趣之处在于，它们不是基于"时间的自然周期，（而是采用）包含了12个月、每月30天的日历年"。[7]到公元前3000年后期，古代苏美尔人已经开始将经济时间与天文时间分离——他们创造了具有显著数学便利性的"年"：例如，360可以被2、3、4、5、6、8、9、10、12、15、18、20、24、36、40、45、60、72、90、120和180整除，而数字365只能被5和73整除，因此拥有360天的一年可以划分出很多不同的时间阶段——一年可以被划分成多个1/2、1/3、1/4、1/5、1/6、1/8、1/9和1/12，每个阶段都有可用整数来记载的天数。美索不达米亚人在这里显然考虑到整数和齐整的分数，而且他们认为数学工具是功利主义的而不是哲学性的。

拥有360天的一年也使利息的计算非常方便。事实上，即使在今天，企业债券和市政债券也是基于 360 天为一年计息的。人们很容易认为苏美尔人的行政年是一种理想化的、纯粹的、改良过的年——数学家和管理员可能会喜欢，但这与真实的天文所定义的时间截然不同。简而言之，苏美尔人发明了一种时间模型，它能够很好地为分析周期性的经济现象提供框架。这显然也是人类狂妄自大的发展结果：主张人类的时间凌驾于自然时间之上。

▲▲▲

大约在公元前 3000 年，古代西亚地区的城市开发出了基本的金融工具。那时，西亚地区的人们拥有一套高度适应当时经济数量的记录体系，这套体系由从符号到象形文字再到写在泥板上的手写笔迹发展而来。该体系可用于签订跨期契约，也可用作当事人双方核查货物的收据。金融最基本的单元就是跨期契约。苏美尔人创造了能明确量化跨期契约的工具，通过发明代表经济单元的符号和灵活的计数制消除了当事人之间的歧义或争论。书写和数字使得西亚经济体系所要求的经济安排变得相当清晰和精确。

也有证据表明，金融契约在发展的同时刺激了抽象概念的发展。由普通统治者管理的经济体想要提升城市密度，就需要一个记录系统和一个概念性的框架——用以表达较大的数字。早期楔形文字的证据似乎记录了这个书面表达上的飞跃，以及与之相伴的算术思维的转变。同样，学者们记录了从自然、天文时间中抽象出的便于管理的量化时间。这些都为抽象概念的进一步发展奠定了基础。对大数量的表达只会被人类的想象所限，就像人们后来也把时间划分成了无限小的时间段。我们可以把这两大概念上的飞跃视作现代数学的根源，而这种飞跃很大程度上归功于金融技术的出现。

金融的基础很可能出现在不同于城市农业社会的文化背景之中，古代西亚地区金融技术的特性与其特定的社会和政治结构相适应。既然苏美尔经济体系的特征对金融的出现如此关键，因此从更广泛的背景理解它就非常重要。我们下一步将探究使这些金融工具最终成熟的社会和政治环境。

第 2 章　居民、契约和利息：金融与城市化

2003 年 6 月 12 日，三个男人开着一辆红色小汽车设法通过底格里斯河大道上的安全检查点，到达伊拉克国家博物馆，他们唐突地递给博物馆警卫一块用毯子包裹着的石头。当人们打开包裹时，发现里面是乌鲁克祭祀瓶的一大块碎片。乌鲁克祭祀瓶是伊拉克战争期间从博物馆被抢劫的宝物之一。自从博物馆不幸被抢劫以来，除了乌鲁克祭祀瓶之外，没有一件艺术品被这个国家的人民如此强烈地怀念着。尽管无数的艺术品被盗，但没有一件艺术品能比乌鲁克祭祀瓶对这个国家有更多的意义。乌鲁克祭祀瓶的历史可以追溯到美索不达米亚文明的起点，出土于乌鲁克神庙区域。由于战争的洗劫，祭祀瓶已经完全破碎——大块碎片已经遗失，并且永远不可能再被找到。但对于科学研究来说幸运的是，在战争之前，关于乌鲁克祭祀瓶留下了大量影像资料。

乌鲁克祭祀瓶的历史可以追溯到公元前 3000 年，它是一个上宽下窄、三英尺①高、由雪花石膏制成的圆柱状物，装饰着三幅雕刻图案——每幅雕刻图案都代表着世界的不同部分。底部是水——波浪形的线条描绘的也许是乌鲁克所在的幼发拉底河河岸，水面上是一片雕刻的栽培植物，可以明显看出来这代表的是曾经包围着古城的灌溉农田，再上面一幅雕刻图案是正在行进的羊群。人类的世界占据了瓶的中央：裸体的男子——百姓们——成纵队行走，每人拎着一个篮子或双耳瓶，可以看出来里面装的是从下面饲养的动物和栽培的植物中收获的物品。这些人的形象缺乏个性，这表明他们本身就是商品——也许象征着不合人性的人类劳动。最后，瓶的顶部是神庙的世界——壮观的动物和人类队列顶端有一个神父，他正在给神庙的祭司或女神伊南娜赠送礼物，他手中拿的是一个细长的容器，就像这个瓶本身一样。

---

① 1 英尺 ≈ 0.304 8 米。——编者注

图 2-1 被毁前的乌鲁克祭祀瓶。这个拥有 5 000 年历史的、具有重要意义的雪花石膏瓶描绘了一次宗教旅行活动,这也被看作古代城市生活的经济结构的表现(bpk, Berlin/Vorderasiatisches Museum, Staatliche Museen/Art Resource, NY)

图 2-2 乌鲁克古城航拍照片(2008 年)(Photo © 2015 Crown/SAC Andy Holmes (RAF).https://commons.wikimedia.org/wiki/File:Uruk_Archaealogical_site_at_Warka,_Iraq_MOD_45156521.jpg.)

这件祭祀瓶显然描绘了一种宗教仪式,但同时也是古代经济活动的一种体现。统治者代表民众,向女神献上乌鲁克人的劳动果实。由于这些祭品大部分都不能长久保存，因此我们勉强可以猜测神庙会通过某种方式快速地对这些祭品进行重新分配。根据乌鲁克泥板上的数字可以很容易地判断，这是件不小的工程：需要按门类向民众征税，然后重新分配征收的产品。事实上，这种经济体系依赖于一个集中式的分配中心，这也许可以解释为什么民众会搬进城里，并且居住在更靠近神庙的地方。在公元前3000年左右，从乌鲁克古城鼎盛时期的城市规模来看，有超过一万人居住在这里。乌鲁克遗迹中发掘出的商品和各类物料表明，城中的居民大部分具有鲜明的职业特征——劳动分工已经出现。毫无疑问，有的居民负责放牧，有的负责耕种，城里有专门的面包师、酿酒师、纺织工人，甚至还有会计师、书记员和教师。乌鲁克祭祀瓶上的浅浮雕表明，个人对神庙负有重要的义务，而这正是农业生产和分配体系的基础。

一个基于大规模商品再分配的经济体系，仅靠良好的商誉是无法稳定运转的。事先的承诺很有必要：只有保证准时交货，才能让管理者们制订计划。如果不能记录个人对神庙的债务，就无法判断谁在辛勤劳作，谁在偷奸耍滑；谁在上季度少交了一次谷物，需要在下个季度补上；谁已经领取了这个月的口粮，神庙又欠谁多少粮食。在一个集中式的体系中，人变成了数字，会计结果至关重要。祭祀瓶上唯一缺少的画面是记录产品流动的会计师，然而乌鲁克古城遗留下来的泥板和标记提醒我们：这个古老的经济体系不但依赖于将市民的义务转化为神圣的承诺，而且还需要将这些义务以及履行情况详细地记录下来，这两者共同构成了城市生活出现的前提。

并不让人感到意外的是，在已知的最早的债务清单中，记录着一个个人名，以及他们所欠神庙的大麦数量。[1]一份来自公元前24世纪初的清单上记录的内容再现了乌鲁克祭祀瓶上的进贡场景——包括敬献者的姓名和他们应当献给神庙的贡品数量："卢吉德，征税人，864升大麦；基度，巴加拉人，720升大麦；伊齐兹，铁匠，720升大麦"等。因此，当建立在集中规划和再分配基础上的经济体系诞生时，债务和税务也随之而来。

这个经济体系要依赖这类承诺和交货机制养活一万人，就必须进行时间跨度较大的长期规划。一座城市想要自给自足，仅靠以年为单位的分配体系是不够的。举例来说，如何才能确保下一年会有足够全城人食用的肉类？要解决这类问题，规划者需要根据牲畜繁殖的速度来调整当前的肉食消耗。这是一个金融问题。在草场充足的情况下，自然繁殖的羊群会呈指数级增长，但在人类介入时，增长的速度还取决于宰杀以及消耗的数量。有关实际增长的计算可能会变得非常复杂。

复利的出现

耶鲁大学古巴比伦文物藏品中的一份文件很好地体现了这种复杂性（或者说，体现了指数级增长概念的逻辑极限），其记录的内容刻在一个大小和形状都很像菠萝的黏土制圆锥体上。锥体上所刻的苏美尔铭文记录了公元前2400年发生在两座古城——拉格什和乌玛之间的边境争端。这两座城市位于美索不达米亚平原的南部，彼此敌对。乌玛夺取了拉格什一块狭长的肥沃土地，并且占领这块土地长达两代人的时间。拉格什的统治者恩美铁那最终夺回了这块土地，并要求乌玛以"租金"加利息的方式进行赔偿。铭文记录中写道："乌玛的领袖应当将南舍和宁格苏的1古鲁大麦作为借贷。这会产生利息，总计864万古鲁。"[2]

苏美尔古城之间经常会因为耕地展开数十年的战争，因为谷物是古代经济的基础。这份文件的重要性毋庸置疑，因为它显示了当时的苏美尔人已经具有了高度抽象的概念，而且金融概念也开始在政治领域拥有了一席之地。

首先，这份记录的惊人之处在于它使用的数字规模。恩美铁那认为之前存在大麦借贷的情形，并宣称习惯上谷物的利率为33.3%。转换为现代单位，恩美铁那向乌玛人开出的账单相当于4.5万亿升的谷物，大约是美国最近几年大麦年产量的580倍。几乎可以肯定的是，美索不达米亚平原从开始出现文明到当时所收获的大麦总量远低于这个数字。有趣的是，即使不认识苏美尔文，你也可以轻松发现铭文中的这些巨大数字：三个圆形的凹陷标记，其中又有小型的凹陷标记，代表着一个大数字乘以另一个大数字。如果没有乌鲁克时期数学抽象的飞跃，要想象并表达出这种规模的数量是不可能的。只不过，锥体上的欠债方不再是一个人，而是一座城邦。

恩美铁那锥体的第二项重大意义在于，它是全世界最早的复利证据。复利计算导致债务呈指数级增长，而不是线性增长，这最终导致了一个天文数字的产生。

恩美铁那复利计算的基础是，今年获得的利润可以投入明年的生产之中。从逻辑角度而言，恩美铁那的要求是不可能达到的。谷物产量的复合增长不但需要越来越多的种子，还需要越来越多的土地来进行种植。拉格什的这位统治者当然明白，他的复利要求是荒谬的。他只是借助了数学和金融学的术语，夸张地表达了拉格什对于高额赔偿的要求。而事实上，根据锥体上的记载，由于乌玛无法偿付这笔巨款，因此乌玛的领袖是"欠"他们的。

图 2-3　耶鲁大学古巴比伦文物藏品中的恩美铁那铭文锥体

复利计算的想法来自何处？一种可能性是，它来自苏美尔经济体系中另一种具有内在指数级增长性质的基本产品：牲畜。无论是绵羊、山羊、奶牛还是公牛，其重要性都是不言而喻的：它们可以提供肉类、羊毛、乳制品，还有权力。

德莱海姆泥板：两千余年前的商业企划书

公元前两千余年前的一份楔形文字记载证明，养殖牲畜不但是一桩规模庞然、意义重大的业务，而且需要相当程度的数学技巧。从我们的角度看来，其中最有趣的一点是，它代表了金融软件的一次重要进步，即用一种数学增长模型制订一份长期金融计划。

这块泥板来自德莱海姆（Drehem）古城，这里是当时牲畜交易的重要地点。[3]泥板的制成年代为乌尔第三王朝（Ur III），该王朝始于公元前 2100 年左右，比恩美铁那锥体的时间略晚。罗伯特·英格伦教授在柏林与其他学者（包括一位考古学家和一位数学史学家）一同研究并解译了这块大型泥板。泥板的内容是一群奶牛在 10 年间的数量增长情况，描述的是在牛群数量呈指数级增长的情况下，与之对应的牛奶和乳酪产量的增加。泥板上还计算了产出食品的经济价值，采用的单位是古代西亚地区的通货——白银。

英格伦指出，铭文内容并不是牛群数量的真实会计记录，因为其中使用了一些不符合现实的假设，例如没有牛死亡，以及每对牛每年都会产下一头小牛；每年，每头母牛都会产下一头小牛，而雌性的小牛会在接下来的每年中也产下小牛，最初的一对牛就这样增长为一大群牛。

图 2-4　德莱海姆泥板［Photo © RMN-Grand Palais (musée du Louvre)/Mathieu Rabeau.］

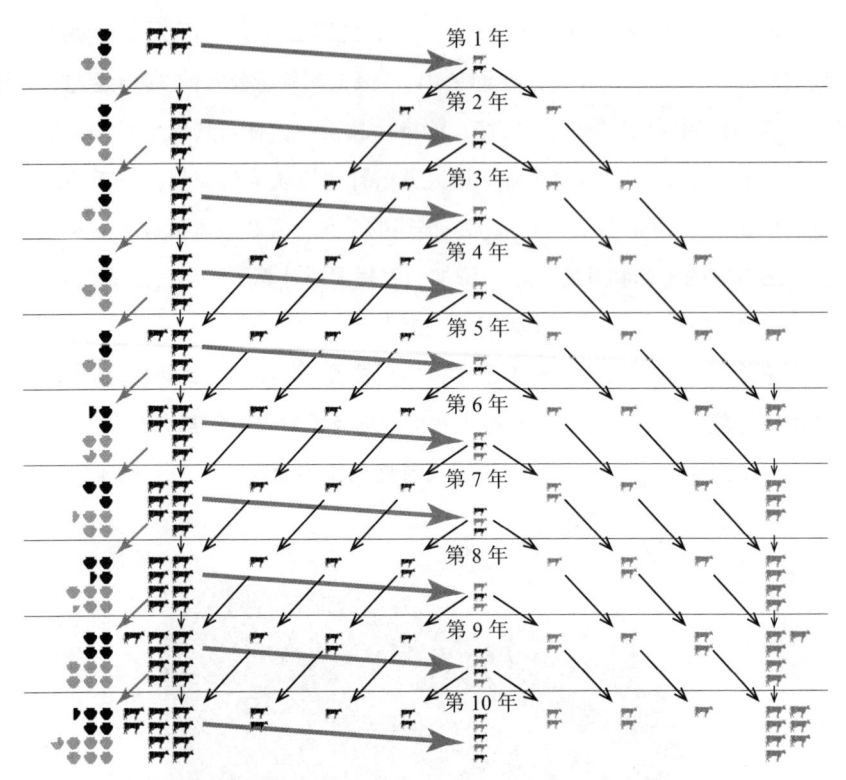

图 2–5　一群奶牛在 10 年中的数量增长示意图，其中显示了乳制品的未来利润
（Courtesy UCLA Robert Englund.）

铭文描述了一个抽象化的、使用了数学工具的几何增长模型。这也是一个投资模型，因其最终结果会转化为白银。从金融角度而言，这份文件类似于企业收入增长模型，其中牲畜代表了投资，乳制品销售额代表了年度收入。

德莱海姆的会计师们为什么会需要这样的模型？这会是一位数学家关于指数级增长的纯理论分析吗？这个标准模型是建立在理想条件下的：牲畜不会死亡，价格不会变化，产崽量可以准确预测。它揭示了购买一对种牛并在理想条件下进行养殖的潜在利润，我们甚至可以把这个铭文看作一份商业企划书。

德莱海姆泥板是古代西亚关于金融的文件中最令人激动的一份，因为它最准确地揭示了金融思维的发展。它的存在表明，对于未来企业的想象、定量分析乃至最终估值所需的基本工具，最晚在公元前两千余年就已经被完整发明出来了。

只有当人们需要以准确和数字化的方式预测未来时，这样的泥板才会出现。它蕴含着一种基本思想，即时间本身是有价的，其价值取决于经济的潜在发展——在这里就是指牲畜的繁育。这种抽象化的金融思考让人惊叹。德莱海姆泥板中隐含的"商业企划书"包括对于增长和变化的预期，不仅关乎牛群本身，而且关乎牛群所支撑的对象。当牛群数量增长时，以牛群为基础的人类社会也就获得了增长的空间。

借与贷：复杂链条的重要一环

无论是在城市还是在农村，所有人都会将东西借给他人，即使这样做的收益并不是立即可见的。在小型社区中，人们会将自己的工具和时间借给他人。虽然他们也许会期待在未来得到回报，但他们并不会签一份合同将其正式地表示出来。这类合作行为可以看作一种保险。如果你在有余力时帮助邻居，那么当你陷入困境时就可以寻求邻居们的帮助。

当人们开始在乌鲁克这样的大型城市生活时，他们交往的对象不但有朋友，还有陌生人。在稍大点儿的村庄，也许你可以认识所有人，但在乌鲁克这样的大城市，这是不可能的。邻里之间约定俗成的默契变成了陌生人之间白纸黑字的契约。当所有人掌握的技能都差不多时，邻居间的帮忙总是能以同样的方式得到回报。但当每个人从事不同的职业时，互惠式的回报开始变得困难起来。城市社区同样需要合作，但是由于邻里间的陌生感和合作行为难以量化，人们需要一种更加正规的方式确保帮助行为能够得到回报。剑桥大学的保罗·米利特（Paul Millett）追寻并研究了古代雅典城市化与有息借贷的关系。他发现了一种明确的关系模式：城市化催生了明文契约和利息，而利息是诱使他人借给你东西的激励手段。

邻里之间的合作看起来是一种社区应对危机时期的方式，而带有利息的借贷行为则会让出借人积累财富，即使在不需要的时候，出借人也会得到回报。约定俗成和明文契约之间的区别导致了市民对借贷的矛盾心理：向朋友或者邻居索要利息也许并不那么理直气壮，因为以德报德原本是在城市生活之前应对危机的一种方式。利息的发明无异于亚当吃下了智慧之树的果实，是人类堕落的"原罪"。事实上，明文契约、账簿档案以及对每个人付出和索取的记录，在帮助了古代城市发展的同时，也让人类远离了守望相助的伊甸园。然而，毫无疑问的是，这些工具为更大规模的城市和政治实体奠定了基础。

私人金融契约同样出现在古代美索不达米亚。公元前24世纪中叶的一份苏美尔记录可能是最早的个人借贷记录之一，而在此之前，所有这类契约都是与神庙签订的。这份文件中写道："40克白银和900（？）[①]升大麦，乌尔–加里玛施贷于普泽–伊什塔。"[4]

尽管这份文件缺失了很多必要内容，例如借贷日期、归还日期、签约双方的地位和组织关系以及证人姓名等，但它依然是普泽–伊什塔向乌尔–加里玛所做出的明确债务声明，而且是这次借贷的契据。不论最早的金融记录始于何时，至少在这份文件所处的时代，个人借贷和债务记录已经无可争议地成为古代美索不达米亚金融架构的一部分。

债务以及促进借贷的利息，是金融史上最重要的发明。债务可以让借方使用未来的钱满足当前的需求。例如，假设一位农夫（或农妇）发现储藏的食物坏掉了，而距离收获还有一个月。如果没有借贷和利息，他/她就只能饿上一个月的肚子，或者寄希望于虚无缥缈的好心人施舍。但是，债务在当前和未来的食物消费之间架起了一座桥梁，使巨大的消费落差变得平滑。从这个角度来看，它取代了坏掉的粮食，将未来的收成挪到了现在。

平滑消费仅仅是借贷的一项用途。事实上，古代美索不达米亚的借贷技术是建立在当时的主流经济体系之上的。例如，如果神庙或者统治者向民众征税，个人借贷可以弥补一时的亏空。而在其他体制下，例如购买商品并进行交易，美索不达米亚的借贷则是中间产品复杂链条中的重要一环，在商品供应领域起着不可替代的作用。

图兰–伊利泥板：商人的监督者

史蒂文·加芬克（Steven Garfinkle）是西华盛顿大学的楔形文字专家，他专门研究过公元前两千多年前的乌尔第三王朝的借贷契约。这段时期的大量金融资料得以留存，而当时的经济体系是建立在大型组织化的家族基础之上的，人们受到各种形式的组织的划分和约束。传统观点认为，这段时期只是允许相对较少的个人商业活动，大部分经济活动都是为大型组织服务，而非个人利益。

[①] 原文带问号。——译者注

加芬克指出，借贷行为普遍存在于乌尔第三王朝的社会各阶层，从下层农民到政府显贵都是如此。借贷对象既有白银，也有大麦；而契约类型则包括有息借贷、无息借贷，以及使用劳力支付利息的借贷。像上文中普泽－伊什塔的借贷契约一样，这些文件有时只是简单的声明，缺少背景信息，部分条款只能从大背景进行推断。某些借贷契约被封在黏土封套中，加盖了圆筒形的印章，并在外表面上铭刻了说明，让人想起封泥的传统。加芬克认为，当贷款还清后，这些封套会被销毁，而借贷文件本身并不会被销毁。

乌尔第三王朝时期，尼普尔城（Nippur）的商人监督者是一个名叫图兰－伊利（Tūran-ilī）的男人，耶鲁大学古巴比伦文物藏品中有一些关于他的商业档案。这些档案可以说明，当时的金融业在多大程度上是在为组织提供服务，而不是为个人。楔形文字专家们研究了超过60块图兰－伊利泥板，研究者中包括加芬克和哥伦比亚大学的马克·范·德·米鲁普（Marc Van De Mieroop）。他们的分析表明，在乌尔第三王朝的经济体系中，借贷活动起着举足轻重的作用。这说明，即使在一个高度受控、层次分明的经济体系中，借贷也发挥着十分重要的作用。图兰－伊利泥板记录的年代为公元前2042—前2031年。[5] 记录内容显示，他负责监督为大型"家族"（例如神庙、官员家庭甚至王室）服务的多名商人获取物品的账户。这些商人会在这些家族中设立账户，预支白银和羊毛，然后为其买回各种各样的其他商品，例如洋葱、鹰嘴豆、大蒜、大麦、茜草、葡萄干、椰枣、小麦，牛和山羊；还有其他生活必需品，例如明矾、石膏、碱土、磨石、沥青和牛皮，以及一些贵重物品，例如铜盒、黄金和香料。

这些商人会使用预支的白银进行借贷，并不时需要依赖图兰－伊利在他们的账户下进行预支或清账操作。这种商贸信贷系统不但为商人买卖商品提供了必要的流动性，还为金融利润的产生提供了空间。商人监督者本人就使用了一些信贷工具获取个人利益。他甚至还可以充当类似政府税务包收人的角色，在纳税人无钱缴税时为他们提供贷款，然后将税款收入作为一个账户，进一步为商人活动提供支持。加芬克和范·德·米鲁普从这些宝贵的档案中得出结论，即使经济中间人是更大经济实体的服务者，他们依然是受到经济利益驱动的代理人。到公元前2000年，利息的概念已经出现了10个世纪，即使在一个高度受控的经济体系中，也需要一种方法来管理复杂的跨期需求。乌尔第三王朝也许并不存在市场经济，但显然存在金融经济。金融活动满足了这座城邦复杂的外部中介需求。

/ 023

"利息"源自何处

是什么让古代苏美尔人产生了收取利息的想法？语言学研究提供了一种思路。在苏美尔语中，利息一词是"*mash*"，它也有牛犊的意思。在古希腊语中，利息一词是"*tokos*"，它同时也有牛繁殖的意思。拉丁文"*pecus*"（畜群），是英文"*pecuniary*"（金钱上的）的词根。古埃及语中的利息一词与苏美尔语类似，是"*ms*"，意为"生出"。所有这些词汇都表明，利息来自牲畜的自然增殖。如果你将30头牛借给某人一年，你会希望他还给你超过30头牛。牛群会增殖，牛主人的财富也就因此具有了与牲畜的增殖率相同的自然增长率。如果牛是标准货币，那么所有可类比商品的借贷也都理应具有"增殖"属性。对于一个农业或畜牧业社会，利息的概念非常自然，但对于一个以狩猎和采集为生的社会则并非如此。古代苏美尔社会（特别是被称为"羊圈之城"的乌鲁克）为有息贷款的诞生提供了理想的环境。本章前文所述的德莱海姆泥板就是这种思维的详细体现。

在本章中，我们探讨了古代城市中居民的密度如何导致了契约和利息的出现。支持古代城市的农业经济就好像一个坩埚，为日渐精密复杂的金融工具的发展提供了反应容器。农民需要为下次收成提前打算，每年都要决定消费多少、储存多少、种植多少。所以，在古代的西亚城市，人们发明了制订计划的方法，并形成了资产会有公平产量的观念。这些概念成为人们的思维基础，甚至国家之间的政治争端都会使用复杂的金融计算予以量化。

我们还讨论了金融技术在最早的城市中的发展，以及金融理论的出现。金融增长模型既有实际意义，又充满了各类假设。德莱海姆泥板使用奶牛的繁殖率表达了一个实用理论：关于未来的生产规划。与此相对，恩美铁那锥体则使用了复利计算将想象边界推到了谷物生产的现实之外。尼普尔城的图兰-伊利泥板表明，经济体系的复杂性催生了一门技术，用来管理商人采购和交货的时间差。即使在经济受到高度控制的时期，时间的经济价值也扮演着重要的角色。

第 3 章　从苏美尔到美索不达米亚：金融架构的出现

在第 2 章中，我们看到古代西亚最古老城市的居民苏美尔人不但发明了基本的金融工具，还发展出了金融建模的复杂模式。然而，苏美尔人仅仅代表着不断数字化的金融文明的开始。在接下来的 2 500 年中，越来越多的国家开始依赖金融契约、账簿记录和市场。在本章中，我们会深入探究其中一个文明，探讨金融在法律、贸易和商业领域中的作用。我们还会探访一座遗址，看看古代美索不达米亚附近的金融家如何在这里出现，并跟随一位现代学者重构他们的商业投机、法律纠纷、借贷和交易活动。这些古代金融家留给我们的书信不但阐明了他们的商业运营模式，也揭示了他们的生活和个性。

公元前两千纪之初，是中东地区政治动乱的时期，通常被称为古巴比伦时期。在这个时期，操着闪米特语的北方民族已经占据了大部分苏美尔人的地盘。闪米特语系中的阿卡德语是迄今为止所有消亡语言中规模最大的一种，无论是在遗留的文献数量还是词汇量方面。不过，除非你也是一名经济学家，否则这些文献的内容并不会引起你的兴趣，因为 10 块泥板中有 9 块是会计记录，其中包括相当数量的抵押、地契、贷款合同、本票和合伙合同。

这段时期最著名的统治者是汉穆拉比，其生卒年约为公元前 1792—前 1750 年。他最著名的遗产是《汉穆拉比法典》（以下简称《法典》）。这是一部铭刻在黑色玄武岩柱上的法律，如今收藏于罗浮宫。《法典》规定，白银的利率为 20%，大麦为 33.3%。《法典》最重要的意义不在于它的内容，而在于它代表的文明。它是整个古巴比伦帝国的统一法律框架。

《法典》中的法条涵盖了从刑法到家族法律，从商业规范到产权的一切内容，无所不包，详细规定了侵占土地的惩罚、解决纠纷的方式以及各种违法行为的责任认定。《法典》明确了法官、陪审团、证人、原告和被告的职责，指出并详述了各类产权，包括租赁权和政府土地征用权。《法典》明确了书面契据在契约债务中的作用、收据的必要性，以及在缺失这些文件时应如何处理。《法典》规定了法定货币，说明了商人、经纪人和代理商的信托义务，以及在遇到抢劫和偷盗时他们的法定义务和责任限制。它还规定了债务契约的期限（三年）。简而言之，《法典》为商业活动提供了一个统一综合的基础框架。

尽管早期美索不达米亚的契约证据已经暗示了当时法律体系的存在，其中应当包括法条、法庭、陪审团和证人，而《法典》的重要之处在于，它详细地描绘了这个法律体系的全貌。如果不存在法律，不存在法庭这样的司法机关进行宣判，不存在严肃立法和执法的政府，契约将失去意义。在封泥或者楔形文字泥板上写下的内容是有用的，因为这些文件被视为一种保证，如果违反，就会被发现并被惩罚。《法典》是古代西亚地区金融架构的重要组成部分，在金融领域的重要性不亚于借贷泥板、抵押泥板、租约、信用证和其他古巴比伦时代发明的一系列金融文件。《法典》的存在提供了一种制度环境，让越来越详细的契约得以发展。

乌尔：古代金融区

20世纪20年代，伦纳德·伍利（Leonard Wooley）爵士在发掘乌尔古城（传说这里是亚伯拉罕的出生之地）时，于城中心附近发现了一片中上阶层社区。他雇用的伊拉克当地发掘者们发现了一系列狭窄的隔墙和逼仄的房间，说明这里应当是一块民宅，而不是让西亚考古学家趋之若鹜的宏伟王宫建筑。一条通过城镇的主渠将一块区域和大量寺庙建筑分离开来，在这片区域上，伍利及其团队发现了房屋、商店、学校和教堂的土坯。他甚至发现了商业区以及配有桥墩和码头的海滨，这意味着乌尔是一个港口城市，是渔民、海上贸易商和农牧民们的家园。为了妥善保存财务记录，他们中的许多人把个人财务记录与他们的祖先一起埋在自家房子的地下。这些房子都建于乌尔的古巴比伦时期，因此尽管这座城市传承了苏美尔人千年之久的习俗，他们的文件却是用阿卡德语记载的。

哥伦比亚大学的马克·范·德·米鲁普教授是世界上研究古美索不达米亚经济的顶尖学者之一。他通过伍利爵士的挖掘笔记将几十块出土的泥板与他们发现的房屋相匹配，从中，他确认了古城的金融区——公元前两千纪乌尔城的贷款者和企业家所在的街道。根据这些记录，他重新构建了一个关于这个早期金融中心的引人入胜的故事。

图 3-1　公元前两千纪乌尔王朝的金融区详图，其发掘者为伦纳德·伍利爵士
（Courtesy Penn Museum, image #149979.）

大多数在金融区被找到的楔形文字可以追溯到国王里姆–辛（Rim-Sin，公元前 1822—前 1763）在位早期。他在汉穆拉比时期之前不久统治着拉尔萨（Larsa）的首都。在此期间，乌尔住着 24 000—40 000 人。伍利爵士的挖掘工作发现了大量住宅区，这些住宅区或大或小，环绕着一个中心广场。两座神殿面向这一广场，宽敞的主干道和狭窄的小巷将这个广场与人口稠密的城市其他部分分离开来。

乌尔的商人

利基巷三号（No.3 Niche Lane，所有这些街道的命名全部由伍利借用自英国坎特伯雷小镇）是商人杜穆兹–贾米勒（Dumuzi-gamil）的住处与办公之处。尽管他除了财务信息外没有留下任何个人记录，我们仍可以了解到一些关于杜穆兹–贾米勒性格的信息：他受过教育，自力更生，谨慎用钱，亲自记录着自己的账户而不是雇用一个抄写员。尽管杜穆兹–贾米勒接受过专业训练，可是他避免奢华散文的文风，这样的行文符合范·德·米鲁普所说的"用语简洁"，让人想到了本杰明·富兰克林。

杜穆兹–贾米勒和乌尔金融区的其他居民的活动揭露出金融家在古代两河流域发挥的许多作用。公元前1796年，杜穆兹–贾米勒和他的伙伴舒米–阿比亚（Shumi-abiya），从商人舒米–阿布（Shumi-abum）那里借来了500克白银。杜穆兹–贾米勒借了250克白银，他承诺会在5年后归还297.3克白银。根据美索不达米亚人计算利息的方式，这相当于3.78%的年利率。这笔贷款的期限相对较长，达5年。舒米–阿布把这笔贷款转卖给了几个知名商人，他们在公元前1791年成功收回了欠款。

范·德·米鲁普怀疑杜穆兹–贾米勒扮演着银行家的角色——以低利率吸收存款，在此期间，将资金用于生产用途。事实上，杜穆兹–贾米勒尝试了很多商业风险投资并取得了巨大成功。他主要作为一个面包分销商从事贸易。他投资了供应寺庙的面包店，这项生意享有制度上的保证。事实上，他甚至可能向乌尔以北一天路程之外的拉尔萨的首都供应面包。他也是国王的粮食供应商，他的记录板中有一块是关于向里姆–辛每月发出超过5 000升粮食的收据。[1]

毫无疑问，杜穆兹–贾米勒的贷款代表着将资金的时间价值用于生产性用途。当他向舒米–阿布筹借商业资本时，显然有一个增加自身财富的计划，也许就是他建立那家有制度保证的面包店的创业理念。像杜穆兹–贾米勒这样的乌尔企业家手中的债务看起来可能是一种实现社会和经济流动性的手段。如果没有在不同时间转移金钱的能力，即用未来的收入借今天的钱，杜穆兹–贾米勒可能没法创建面包店。我们对他的贷款人不甚了解，但由于他收取利息，贷款人一定不只是一个邻里的姿态了。

杜穆兹–贾米勒至少将一部分借来的钱作为短期贷款借给其他人。根据范·德·米鲁普所述，杜穆兹–贾米勒经常把白银借给渔民和农民。对于其中部分贷款，他索求单月20%的利息。按照这个利率，1迈纳（一种古老的重量单位，约等于1.25磅）白银在两年半的时间内可以增值为64迈纳。保存下来的15笔杜穆兹–贾米勒贷款记录中，大部分是超短期的，借期只有一两个月或是三个月。公民向乌尔的高利贷者借钱的时间成本是很高的。

借给杜穆兹–贾米勒的长期贷款与借给渔民的短期贷款之间的差异很重要。短期借款显然是用于消费用途的贷款，而杜穆兹–贾米勒取得的贷款则是用于生产目的——为了发展烘焙生意以及贷款给其他人。实际上，在进入到公元前两千纪时期的乌尔城，大多数贷款是用于消费而不是生产的。借款是应对突发事件的典型反应，但鉴于杜穆兹–贾米勒收取高利息，他可能不是很受债权人的欢迎。

抽象财富

和其他商人一样，乌尔城的古代金融家们保持着账户的持续流转。杜穆兹–贾米勒的记录表明，某些支付被计入个人名下。虽然不像信用卡那么复杂，但在不同商人和金融家之间，这些会计记录减少了对于硬通货的需求。这种会计制度可能已经反映了寺庙记账的特有办法，它被用于个人交易，这在金融思想上是一个微妙但重要的进步。这意味着人们承认"纸上的利润"。你可以很富有而无须囤积白银去证明。这是我们目前的金融体系所依赖的无形财富发展的第一阶段。这些无形资产的收益只有当人们相信它们存在，并且存在一个法律体系，确保债权人对他们出借的财产拥有安全权利的时候才存在。

美索不达米亚时期就存在裁定财产纠纷的法院，那种长达几十年的诉讼并非闻所未闻。显然，公证或见证像销售契据这样重要的文件的起草，是杜穆兹–贾米勒所处时期当地小教堂的部分功能。即便是小块的土地财产，契据也是必要的。范·德·米鲁普发现了一个关于 4 平方码①土地的交易。邻里间的借贷在公元前两千纪的乌尔城似乎已经减少，但与此同时，甚至兄弟之间的买卖行为也被记录下来。几乎所有买卖行为都是以白银计价的。

当人们对黏土上记载的利润予以承认时，金融家的债务甚至可以作为财富。如上所述，乌尔城的文件揭示了个人承兑票据存在显著的流动性市场。杜穆兹–贾米勒的贷款人舒米–阿布，把票据卖给了另外两个投资者——努尔–伊利舒（Nur-ilishu）和辛–阿沙尔德（Sin-ashared）。显然，杜穆兹–贾米勒及其伙伴的债务很容易就被转移了。其他几份有关乌尔城的记录显示，出售贷款是一

---

① 1 平方码 ≈ 0.836 平方米。——编者注

种常见的做法。看起来乌尔城已经有了一个正常运作的二级贷款市场，在这个市场里，还款的承诺可以被视作通货。尽管我们还没有发现更多的能够衡量乌尔城古代金融家影响的宏观证据，但他们的借贷活动很可能促进了其他各种类型商业的发展。

债务和风险

进入公元前两千纪的乌尔城可能已经孕育着早期的资本主义企业，然而对于那些深陷债务泥潭的借款人这又意味着什么？有趣的是，我们注意到《美索不达米亚法典》对于产权的保障，在很大程度上要高于其对现代意义上的人权的保障。例如，一个人有权把自己卖为奴隶或将自己的自由作为贷款的抵押。这看上去是残酷且带有剥削性的，但它可能确实是十分有效的。经济学家M. 达林（M. Darling）是研究印度旁遮普邦现代农村经济的专家，他揭示了人性中一件比较令人困扰的事情——当人们欠债时，他们会更努力地工作并生产出更多的产品。[2] 达林发现那些欠债农民的粮食产量通常都超过那些不欠债的农民的产量。旁遮普邦的农民可能面临丧失抵押品赎回权的风险，但对乌尔城的古代居民而言，激励更大——债务人往往被迫出卖自己，沦为奴隶。

人们很难回避这样一个结论：尽管迫使他们努力工作的贷款合同和法律体系可能使得美索不达米亚的经济变得更有效，但也使得工作的男人和女人的生活变得苦不堪言。正如历史学家保罗·米利特认为的，借贷作为农村社会邻里间互惠的一个进程，一旦开始，便会演变成完全不同的东西。在巴比伦时代，短期债务是一个用来向人民征税、增加神庙土地生产力的工具。通过允许个人将他们的金融债务转移到将来，政府好像找到了从经济中获得商誉残值的方法。

尽管古代乌尔城借贷的一部分作用是应急所需，而且这些紧急情况中十有八九是由政府造成的，但另一方面，某些杜穆兹-贾米勒这样的企业家，通过借贷积累了财富。因此，尽管这个体系对广大民众而言是苛刻的，却鼓励了富有创造性和生产性的企业，并奖励了那些拥有理财技巧的人们。

独立代理人，还是为国家工作？

古代美索不达米亚时期的贸易商和其他商人们究竟是独立的代理人还是为国家工作，在学术界有相当大的分歧。杜穆兹–贾米勒住所的拐角处生活着一个与他志同道合的企业家埃亚–纳西尔（Ea-nasir）。埃亚–纳西尔靠着组织和资助从乌尔到迪尔蒙（Dilmun）的海上探险发了财。考古学家认为，迪尔蒙是美索不达米亚铜贸易路线中的关键转口港。

早在苏美尔时期，前往迪尔蒙以及波斯湾和印度洋南部沿岸港口的海上探险似乎就已经存在了，而在埃亚–纳西尔所处的时期，迪尔蒙的交易商成为美索不达米亚和南部贸易节点之间的关键中介商。事实上，迪尔蒙人就像是他们所处时代的威尼斯人，他们在一些遥远的港口建立起自己的商业团体以便控制贸易。后人在处于公元前两千纪的乌尔城的各处发现了他们独特的签名——体现印度河文明风格的圆筒图章，上面有神圣公牛的图案。虽然没有直接证据表明埃亚–纳西尔是迪尔蒙人，但他显然是迪尔蒙贸易中的主要参与者。在一次大型探险中，埃亚–纳西尔聚集了51个投资者，他们以白银出资，还有各种贸易商品，包括这个城市最令人向往的手工艺品：乌尔城的篮筐。这些白银和贸易商品被用来与迪尔蒙的商人交换铜、宝石和香料。

埃亚–纳西尔的泥板表明，公平划分从迪尔蒙贸易中获取的利润需要相当多的交际手段。不同于杜穆兹–贾米勒的债务，支持迪尔蒙探险的很多出资是股权投资。一旦探险成功，出资人有望从中获益。尽管债券契约为放贷人的回报限定了一个确切的金额，但如果幸运的话，埃亚–纳西尔背后的出资人通过探险获得的利益并不会有什么限制。他们按照各自投资占比分享收益。乌尔合作契约的另一个特点也很有意思：出资额度是损失的上限。事实上，在一些契约章程中，有限责任是投资的规定条件。

一件令金融史学家感到兴奋的事情是，这些股权契约是有限合伙关系的具体证据——其中，有限合伙人对超出实缴资本的价值不承担任何责任。这是由投资者们组成的合资企业，投资者们可能默默无闻，但他们做出了资金上的贡献。今天人们为石油钻探及房地产等高风险行业融资采用的正是这种方式。据推测，由于埃亚–纳西尔是承受了最大风险的一般合伙人，他也获得了最多的利润。

合资：政府与个人

许多被马克·范·德·米鲁普和其他亚述学家[①]破译的泥板表明，像贷款、抵押和有限合伙这些融资手段都属于合伙投资。埃亚-纳西尔与合伙人共同前往迪尔蒙购买铜，这表明当时的投资往往超出了单一投资者的方式。金融工具使大型项目的建设成为可能，并提供了便利，比如这个时期巴比伦国王建造的大型纪念宫殿式建筑，其资本来源就非常多元。

有趣的是，宫殿本身也对迪尔蒙人的探险做出了贡献。政府参与南部海路的商业冒险并不是什么新鲜事。在埃亚-纳西尔所处时代前至少5个世纪，埃安娜神庙就已经开始参与迪尔蒙人贸易的融资。有意思的是，在埃亚-纳西尔的合伙人记录中，那些只有少量贡献比如一两只手镯的普通公民，也可以分享投资利润。投资不仅仅是为了财富或政治权力，在公元前两千纪的乌尔城，融资的技术使得社会各界感知并利用了时间的力量。

正如现代的共同基金投资者一样，埃亚-纳西尔的投资者们无须通过成为铜贸易的专家来从中获利，也无须将全部财产投入单个风险项目中。这种投资结构对个人财产的影响必定是重大的。人们可以确保自身免受个人利益的损失——如果他们自己的投资失败了，他们投给埃亚-纳西尔的投资可以帮助他们渡过难关。通过对乌尔城的核心产业，即迪尔蒙贸易的反复投资，他们都为城市的总体经济增长做出了贡献。

类资本主义

参与迪尔蒙贸易的埃亚-纳西尔和其他投资者有点像资本家——这一术语的传统意义是指，他们的钱是被用来再生钱的。关于公元前两千纪美索不达米亚资本主义的普遍性，我们并没有统计数据，但这类资本主义对社会结构产生了重要影响，尤其是经济上能够独立的个体开始作为阶层出现，他们可以凭借投资资产来保障未来的经济安全，而不是依靠国家或家人在他们晚年时提供保障。

让我们考虑一下美国的社保体系。当数以百万计的公民们失去工作能力后，

[①] 此处的亚述学家指研究古代美索不达米亚地区的学者。——编者注

他们需要依靠国家管理机构提供的社保体系安度余生。在传统社会，大家庭代替了政府的养老金，老人通常和他们的子女与孙辈们住在一起。有相当多的证据表明，在古巴比伦时期的美索不达米亚，人们利用投资和融资契约，甚至利用法律对家庭的定义，来为他们退休后的生活筹集资金。

亚述学家安妮·古德里斯（Anne Goddeeris）对公元前2000—前1800年古巴比伦时期的美索不达米亚北部主要城市的经济契约进行了全面研究。她追溯了古巴比伦时的西帕尔城（Sippar）一些妇女的经营活动。这些妇女在经济上都是独立的，甚至当她们成为一个管制她们结婚生子能力的宗教组织的成员时——就像后来的天主教修女——也是经济独立的。这些被称为纳迪亚图姆（Nadiatum）的女人们，比自己的兄弟更早地开始了自己的事业，她们的兄弟在继承家业成为独立的经济个体前通常会在家族企业工作一段时间。[3] 纳迪亚图姆女人拥有土地并通过出租土地获利。有时，她们以合作伙伴关系进行工作。与一位名叫库木-西利（Kumu-silli）的女人有关的一系列楔形文字记录就是例证：

> 由寺院官员现场见证：库木-西利在与哈努布图姆和阿乎辛娜分家后，继承巴布姆中部4依库（iku）31萨尔（sar）的田地和另外2依库的田地以及一名叫作里巴图姆的奴隶和一片宅基地。
>
> 库木-西利将位于灌溉区的4依库田地租给穆达杜姆之子哈塔鲁姆，租金为4.1.3侯尔（kor）大麦。哈塔鲁姆负责三个节日的食物以及耶伽那姆节所需的小猪崽。
>
> 由寺院官员现场见证：耶矢提亚之女库木-西利购买了1/2萨尔的宅基地，卖主为尹娜巴图姆——泊-辛和哈苏图姆之女，哈苏图姆是卡拉撒姆亚之女。库木-西利出售了属于哈苏图姆和尹娜巴图姆的2/3萨尔1/2 NE（古代面积单位）的宅基地。
>
> 由寺院官员现场见证：哈努布图姆（库木-西利的妹妹）收养拉玛西并指定拉玛西作为她的继承人。哈努布图姆留给拉玛西在纳谷姆的8依库田地，一所属于伊拉布来特-恩纳姆的位于西帕尔的房子，一处位于寺院的宅基地，以及哈努布图姆的全部财产。只要她（哈努布图姆）活着，她就能享受财产的使用权。柳什·伊彼苏被指定为拉玛西的继承人。[4]

这些文件记录了一系列既不同寻常而又世俗平凡的交易。说不同寻常是因为这些文件展示了巴比伦妇女的财产权以及她们作为房地产企业家的活动，她们不仅仅是农田和住宅的继承者和出租者，也是产权交易的参与者。上述最后一段文字也展现了纳迪亚图姆女人是怎么为养老做打算的——通过收养一位继承人换取经济支持的契约承诺，实际上，也就是基于财产收益的终身年金。而在某种意义上，这些文件又是平凡的，因为它们很轻松地刻画了今天的产权交易和合作伙伴关系。土地交易和租赁的法律架构只不过是那个时代的人们用以养活自己、调整投资组合，并颐养天年的技术的一部分。

从这个方面看，金融可以用一种微妙的方式削弱国家的力量。投资资产给了人们创造自己经济未来的权利，而不是依靠政府或家庭机构。古代美索不达米亚的投资者受到法律框架的保护，其财产免受国家的扣押。如果这种投资的数量达到足够大的规模，不难看出，人们对政府的依赖程度，甚至国家的力量，都可能会被削弱。

"所有贷款无效"

让我们回到乌尔城。在里姆–辛统治的上半叶，杜穆兹–贾米勒、埃亚–纳西尔和其他金融家们通过借贷和贸易活动获利，但他们的金融交易也是有风险的。事实上，公元前1788年发生了一场金融灾难：里姆–辛颁布了一道敕令，宣称所有贷款都是无效的。债务人们一定很欢喜，但是债权人必然极为恐慌。杜穆兹–贾米勒和其他放贷人似乎已经全军覆没。在里姆–辛的敕令颁布之后，除了诉讼外，范·德·米鲁普几乎没有找到任何有关金融交易的证据。在敕令颁布后，许多当事人起诉索取贷款抵押品的财产权，但很明显他们没有获得成功。

贷款赦免法令在里姆–辛统治前后都很常见。位于罗浮宫的中东展览馆中的一块锥形板，记录着民粹主义改革家乌鲁卡基那（Urukagina）颁布的一项法令。大约公元前1900年，这位统治者承诺恢复美索不达米亚城邦拉格什普通公民的权利，在此之前拉格什的公民们一直承担着宫殿和庙宇的苛税。公告废除了税务员的同时，还驱逐了城市中的放高利贷者、强盗和罪犯。这不仅废除了债务，还妖魔化了金融家——将放高利贷者和犯罪分子一起赶出城市。

尽管财政是国家的一项基础工具，而且私人借贷者对贸易和税收而言是必不可少的，但是古代西亚地区政府与金融部门间的关系却始终若即若离。金融家间接向寺庙和宫殿提供白银,但这种行为是以较高的社会成本进行的。实际上,政府创造了一个可能无法完全依靠其经济力量掌控的部门。尽管对于铜贸易这样的经济体系究竟掌握在独立企业家手里还是国家代表手里,学者们仍然无法达成一致,但毫无疑问,直接个人投资意味着有些人做得很好而其他人做得糟糕。这样一来,人们的财富就不再完全取决于他们对国王或寺庙的忠诚度。

对收取利息的法律限制的存在表明,里姆-辛打算限制放贷者获取的利润,并且可能想对迅速增长的金融业实施一些控制。然而他只取得了部分成功。

里姆-辛的法令向深陷债务的民众们伸出了援手,但全盘债务免除是唯一一种放贷投资者无法通过多样化投资保护自己免受损失的风险。举例来说,通过借钱给杜穆兹-贾米勒,让他投资于面包烘焙生意,埃亚-纳西尔可以确保自己不会因前往迪尔蒙的船只沉没而蒙受损失。但是如果所有的贷款都被免除了,这种多样化的投资也于事无补。

事实上,继埃亚-纳西尔之后的 1 000 年里,几乎没有任何与迪尔蒙贸易相关的文件。乌尔城不再如往昔鼎盛,显然不再是兴盛的海上转口港。学者们认为导致长途海上贸易萎缩是政治因素,或许他们也应该着眼于经济原因。在某些时候,远距离贸易企业的收益无法抵消投资者债务豁免可能导致的潜在损失。在这样一种经济环境中,贸易以及短期贷款都可能陷入停滞。

我们只能推测里姆-辛颁布敕令废除所有债务的原因:也许他本人或者他身边的人都陷入了债务,也或许这是一个为了修复与臣民关系的政治举动。这种有利于王室和寺庙攫取银铜的金融创新好像突然变得更像负债而不是资产。无论他持有何种理由,废除所有债务的敕令对乌尔城金融区的影响是永久性的。马克·范·德·米鲁普推测,随着经济权利转移到拉尔萨的首都,乌尔城金融的黄金时代走向尾声。也许杜穆兹-贾米勒和他的商人同伴们安然渡过了公元前 1788 年的金融灾难,因为他们对于金融机会的出现时刻保持警惕并紧紧跟随。

商人之城

古代西亚地区的贷款和投资契约可以用粮食,甚至以单位劳动来计价,不过它们中的很多都还是以白银计价的。这很奇怪,因为白银并不是美索不达米亚当地的物产。白银是从哪里来的?它又是如何演变成了金融体系中的计价单位？正如第1章开篇所讨论的，古代伊拉克的天然条件只有中等水平，像木材和铜这些基本的东西不得不通过国外贸易获得。早在公元前4千纪，乌鲁克在遥远如安纳托利亚（也就是现在的土耳其）及苏萨（也就是现在的伊朗）的国度就已经建立起了贸易前哨站甚至是殖民地，用来进口石碗这样的货物。乌尔王陵上美丽的琉璃镶嵌饰品几乎可以肯定来自与现在是阿富汗的地区的贸易；而美索不达米亚用以制作铜器的大量原料，则来自经由迪尔蒙和南部地区的贸易。埃亚-纳西尔和其他远距离海上贸易商在乌尔城的经济发展中发挥了重要作用。如果没有铜，就没有铜器，没有铜器就没有武器，没有武器就不会有帝国。

然而，白银与铜不同，它是一种美丽的可锻铸金属，但几乎没有什么实际用处。在美索不达米亚，白银被用于借贷、投资、支付及征税。古代美索不达米亚人视其与其他用于消费或制造的货物一样重要。但白银的价值是抽象的。因为它有价值，所以它是贵重的。[5]

马克·范·德·米鲁普认为白银能在美索不达米亚发展成一种计价单位和交易媒介，是因为直到公元前两千纪末，政治结构割裂形成各大城邦，它们不得不相互贸易以从外部获得关键的物资。白银很重要，因为它在早期西亚政治相对有限的边界内是被广泛接受的通货。特别有意思的是，虽然白银被用作货币，但它往往在虚拟意义上扮演这一角色。账户上的价值以白银为单位记录下来，但不一定用白银来结算。白银变成了一种计价单位，在一个单一的货币维度中表现许多不同种类的货物的价值，白银作为交易工具的同时也是人们心中衡量货物价值的工具。

古代美索不达米亚城邦不得不通过贸易获得白银。在公元前两千纪早期，与里姆-辛统治时期及乌尔城贸易商活动大致处于同一时代，美索不达米亚北部的一个名为亚述（叙利亚的名称由此而来）的城市，成为主要的白银贸易转口港。

亚述这座城市在古代西亚的历史长河中可圈可点。在公元前两千纪的头两个世纪，它实质上是被商人统治的。[6]市议会在市政厅外工作，领袖从亚述精英层的市民中抽签产生。在某些方面，亚述的政治体制有点类似于中世纪意大利地区从事贸易的共和政体。历史学家克拉斯·维恩霍夫（Klaas Veenhof）花了大量时间根据原始档案研究亚述商人的活动，包括他们做什么贸易，怎么组织交易，城市治理是如何促成亚述在与安纳托利亚的贸易中保持主导地位的。

一些偶然保存下来的档案追溯了亚述作为一座商人之城的故事。这些档案是在安纳托利亚中心地区卡纳什（Kanesh）的挖掘中发现的，卡纳什是亚述的主要贸易前哨基地，同时也是白银生产和贸易的重要场所。卡纳什和亚述的关系十分亲密，许多亚述的商人家庭甚至将亲属送到卡纳什及两座城市间商路上的小殖民地定居。这些外商殖民地被称为卡茹姆（kārum），而亚述的商人被称为提姆卡茹姆（timkārum）。这个时期，许多像卡茹姆这样的地区被记录下来。维恩霍夫还指出，卡茹姆地区出现的商业纠纷能在亚述城内得到进一步审理裁决。

亚述贸易的资金来源于贷款以及经过多年发展而变得复杂的股权交易合作伙伴关系。这些合伙关系是在一场有见证者出席的仪式上发起的，并被记录在泥板上。仪式包括投资者将他们的出资款装在"*naruqqum*"（字面意思为"一个麻袋"）里，然后将其委托给一个商人。卡纳什贸易中的一个合作协议为我们提供了一个清晰的案例：

> 阿穆尔−艾格塔的袋子里总共装有30米纳斯（minas）的黄金。从苏萨雅地区成立开始算起，他将开展12年的贸易。他将获得1/3的利润，他也将承担1/3的责任。
>
> 若有投资者在12年贸易结束前想要收回他的钱，投资者只能以4∶1的黄金白银兑换率取走白银，而且将不会获得任何利润。[7]

30米纳斯黄金相当于37.5磅黄金，它被委托给阿穆尔−艾格塔12年，其中的1/3是为了他的个人消费。此外，他还承担着1/3的责任——很显然这意味着如果他失去了一切，他个人将欠投资者10米纳斯的黄金。最后，如果任何投资者想早于12年撤回投资，他们将得不到任何利润，还不得不接受一个非常高的白银对黄金的兑换比率。

就像埃亚−纳西尔的迪尔蒙合伙投资，起源于亚述时期的麻袋契约记录了古代西亚在金融工具方面的重要发展——将来自多个投资者的大量资金聚集到一起的资金池。一方面，它给商人提供了资金来源，否则，商人无法进行大规模交易，或者无法解决配备商队的高额的固定成本；另一方面，就像埃亚−纳西尔的迪尔蒙合伙投资，它让投资者投资多样化以分散风险。与把钱全部投入一次不幸失败的远征致使失去一切相比，把钱投给10个像阿穆尔−艾格塔这样的合伙投资是一个很好的避免失去全部家当的方式。

这一时期，美索不达米亚大部分的白银来自安纳托利亚，亚述则是关键中介。亚述商人组成商队，用驴载着美索不达米亚的纺织品（很显然，美索不达米亚的纺织品很受安纳托利亚人青睐），从亚述平原向北运到托罗斯山脉。在卡纳什遗址中挖掘到的信件，介绍了设置在重要城市中的商路站点，在这些站点亚述的贵重货物是受到保护的。亚述商人与商路上的当地统治者和王国们达成协议：为他们的商品缴纳税款、保证独家代理权并将其他亚述竞争者拒之门外。他们甚至追捕与其来自同一城市的灰色市场的出口商。当贸易商们返回美索不达米亚时，除去自己商队所剩的大多数驴之外，他们更带回来了白银——美索不达米亚的经济命脉。

亚述的贸易路线中很重要的一站在当今的叙利亚东北部区域，位于哈布尔河的山谷位置。有文件证实那里有一个卡茹姆区[8]。在公元前三千纪的晚期，尽管具体的归属并不确定，这座城市可能已经成为阿普曼（Apum）王国的首都。幸运的是，在我成为教授前的日子里，我加入过一支探险队去寻找这个古老的贸易前哨。

白银：连接世界的媒介

1979年，我在美索不达米亚北部花了几个月的时间进行考古挖掘工作，其间住在一个名叫基布尔–阿尔–贝德（Qibur-al-baid）的偏远集镇。那时，我与一支由考古学家和库尔德劳工组成的国际工作队伍一起，在一个叫作泰尔雷兰（Tell Leilan）的巨大古代城市遗址上从清晨工作到黄昏。耶鲁大学的考古学家及探险队队长哈维·韦斯（Harvey Weiss）把泰尔雷兰选为研究古代商路记录的地方，它位于一个被河道和土堆穿插分割的地方——古城镇及城市的遗址一望无垠。

泰尔雷兰不是这些遗址中最大的一个，但根据韦斯的推测，它应该是商队一路向北的路途中曾经停留过的一个站点，因为它具备哈布尔平原上大部分其他遗址所不具备的显著特点——显而易见的城墙遗址。通往遗址的土路仍然能够穿过已经倒塌却依然庞大的城门，穿过这座古城的下城区（也就是卡茹姆所在位置），然后到达城堡的所在地——一座即使在公元前两千纪也可以称得上古老的小山。这座位于泰尔雷兰的城堡主要由一座金字形神塔、一座上千年的宫殿以及与宫殿叠加而成的庞大的寺庙建筑群、复杂的街道、装饰建筑及涂上泥灰的雅致院落构成。

1979年在泰尔雷兰的考古挖掘工作从几方面着手。在城堡处的挖掘侧重于揭示公元前两千纪的古代宫殿制度。从沟槽中挖到的泥板使得韦斯以及项目中的金石学者本·福斯特（Ben Foster）和马克·范·德·米鲁普猜测，泰尔雷兰就是历史上的舒巴坦−恩利尔（Shubat-Enlil）——亚述国王沙姆希−阿达德（Shamshi–Adad，公元前1813—前1781）所在的首都。沙姆希−阿达德是汉穆拉比的竞争对手之一，他突然暂停了亚述贸易并征服了美索不达米亚北部。亚述学家认为沙姆希−阿达德接手了阿普曼的首都，并且控制了极有价值的商业贸易优惠。

事实上，从金融角度看，真正令人兴奋的证据可能来自城堡下面的非政府街区，也就是商人和高利贷者生活工作的卡茹姆区。经过数年的考古挖掘，韦斯和他的团队在下城区发现了广阔的住宅区，毫无疑问这正是商队停留并进行交易的地方。1987年，挖掘队在下城区发现了另一个纪念碑式的结构，同时还发现了大量记录着公元前三千纪晚期阿普曼王国政治的外交档案。[9]舒巴坦−恩利尔城在商业和金融上与其他美索不达米亚城市的联系，同政治、宗教活动一样多。事实上，后者可能是伴随着前者产生的。阿普曼，也就是泰尔雷兰所在的位置，毫无疑问是白银贸易中重要的一站，贯穿着亚述商人的统治时期。

亚述贸易与其后续影响间的关联性，并不仅仅在于形成了一个广泛的贸易网络，或者说城市政治可以围绕商业原则来组织，它还使得白银被视为经济生活中必不可少的投入。美索不达米亚对钱的需求，与其对食物、衣服和住所的需求一样多。虽然我们倾向于认为贵金属是"奢侈品"，将它们看作象征上层阶级声望的物品，但正是金银看似可以任意配置的属性使它们成了有用的通货。担任通货或计价单位的白银的特殊用途在于，它作为通货的角色在古代西亚被广泛接受。它的价值是全球性的，而非局限于地方。它允许遥远的城市间，甚至是敌对城市间可以有经济互动。谷物可以视为一个家庭系统内的通货，这一系统在内部自行生产并在当地分发生活用品给它的成员。相比之下，白银是连接美索不达米亚城市和更广阔世界的交易媒介。

本章重点在于说明公元前两千纪金融技术有了显著的制度性发展。大量且丰富的有关于此的文献资料得以幸存，其中有些处于良好的考古环境之下，允许我们对美索不达米亚的金融架构有一个详细的了解。美索不达米亚的政治组织中有围绕某一重要建筑——例如使商人服务于政治领袖的寺庙和宫殿——而形成的城市，也有几乎被商人统治的、出于贸易目的运行的城市。在这两种环境下，金融在经济中都担任了重要角色。短期贷款平滑了由收入和消费给家庭造成的大大小小的冲击。借贷也解决了存在于任何一种贸易中的收入和固有支出的时间性问题——商人被提前配置好了资源以便在适当的时候可以进行交易。个人通过商业运作积累资本，他们将资本放贷出去不仅促进了贸易，而且能够实现个人财富增值的目的。许多这样的贷款都是短期且高利率的，这导致现代学者揣测这些贷款在某种意义上具有掠夺性，因为它们要么使得有借款需求的人成为债务奴隶，要么剥夺了地主的财产。短期债务不是借款的唯一形式。低利率的长期贷款似乎为那些时机成熟了才能赢利的合资企业提供了必要的资金。

债务并不是这段时期内被使用的唯一金融工具。长途贸易的资金支持来自股权资本投资。从中我们看到了两种合作伙伴关系：第一种是经由海上探险前往迪尔蒙进行的铜贸易，第二种则是与安纳托利亚进行的白银交易。这种形式的投资使得资金聚集成资金池并使风险得以分散。这些行为对于那些利润前景高度不明朗的大型企业来说是必要的。因此，股权合伙关系适合高风险的国际贸易。

第4章 美索不达米亚的黄昏

金融并没有随着古巴比伦时代的逝去一起消失,但几百年之后的美索不达米亚城市却鲜为人知。然而我们知道,金融技术在远古西亚时代的一系列政治风波中幸存了下来,而且后来在波斯帝国时期(公元前626—前330)扮演了非常重要的角色。在西亚出土的一些最有趣的金融文献就是这一时期的。在本章中我们将深入探讨两件发生在楔形文字使用时代末期的事情,它们主要关乎戏剧性的政治变化,突出强调了金融和市场在制度变革期和稳定期扮演的不同角色。

尼普尔庙位于乌尔和乌鲁克的古遗址北部。与其他的美索不达米亚城市一样,尼普尔也曾被占领了几千年。1889年,美国考古学家沿着隧道深入尼普尔遗址,复原了一份不同寻常的档案:一份跨越三代人的借贷和财务管理的金融交易记录。这个家族的合同和账单记录、交易事项以及诉讼活动,贯穿了整个美索不达米亚文明最终的鼎盛时代。利用这些丰富的文献资源,亚述学家马修·斯托尔珀(Matthew Stolper)拼凑出了关于玛瑞苏(Murašu)家族的历史故事。[1] 他发现这个家族在后美索不达米亚时期金融界和政界中的故事读起来就像一个现代神话,充满着阴谋、丑闻和一个最终推翻了政府的金融交易网。

在波斯帝国时期,尼普尔是波斯国王治下的一个繁荣发达的保护国。波斯国王在苏萨和波斯波利斯(Persepolis)建造了大型的皇宫。玛瑞苏家族就住在一座可以俯瞰尼普尔寺庙区的大型私人住宅之中。跟古巴比伦的金融区一样,它与宗教区之间隔着中心城运河,这也许象征着神圣与世俗之间的区别。

几乎无人知道出生在约公元前500年的玛瑞苏家族的族长是谁,但他的三个儿子和三个孙子都是地主、农业管理者以及尼普尔其他地主的主要借贷人。通过认真经营这些业务,他们积累了相当多的财富,直到约公元前417年,家族企业仍然在其有效的控制之下。部分年份他们比别人殷实,但有段特殊的时期对于玛瑞苏家族来说尤为重要。

公元前423年是政治动荡的一年。国王阿尔塔薛西斯一世（Atraxerxes）在仲冬死亡后不久，宫廷阴谋便开始了。长子薛西斯二世（Xerxes II）登上王位后45天，就被他同父异母的兄弟塞基狄亚努斯（Sogdianus）谋害，此叛举让塞基狄亚努斯掌握了整个波斯帝国——从扎格罗斯山脉到地中海的广袤疆域。正当塞基狄亚努斯夺得王位之时，阿尔塔薛西斯一世的另一个儿子得到了一些波斯最强大的地主的支持。当他的同父异母兄弟即位的时候，担任南美索不达米亚总督的俄丘斯（Ochus），巴比伦王妃科斯玛蒂杜丝（Costmartidus）的儿子，正住在位于巴比伦的租来的奢华无边的住所里。塞基狄亚努斯登基后的第一件事，就是把俄丘斯这位握有实权的同父异母弟弟召回苏萨皇城，也许目的就是要将他掌控在自己的剑弩之下，以此来巩固自己的权力。

当皇家信使把用楔形文字写成的指令带来的时候，俄丘斯不得不加快速度来应对。他的支持者催促他迎战，但无法立即为他提供武器——他们拥有丰富的土地，但现金短缺，可是雇用士兵和武器补给只能通过现金实现。在塞基狄亚努斯迫切需要答复的压力下，他们向玛瑞苏家族寻求帮助。俄丘斯的支持者抵押了他们在幼发拉底河河岸的巨额财产，利用这笔钱雇用了一支军队，不满塞基狄亚努斯统治的波斯叛军很快加入了他们。当俄丘斯骑马进入苏萨城区的时候，不是以塞基狄亚努斯囚犯的身份，而是作为他的继任者。王位就此被篡夺，俄丘斯获得了大流士二世的冠冕。

塞基狄亚努斯的垮台可能是我们所知道的第一次用借来的钱打下的战争，但它肯定不是最后一个。大流士二世之后的波斯统治者动辄以征税挑起金融战争。金融中介在其中是一个关键的环节，它可以让一个公司或者机构通过签署合同迅速变现。早在公元前15世纪，玛瑞苏家族就开始提供这种信贷服务，这种做法可能改变了不少战争的结果。但命运女神并不总是仁慈的，支持俄丘斯的土地所有者仍然深陷债务，甚至面临着抵押品赎回权的丧失。

玛瑞苏家族的故事非常重要，因为它展示了金融如何快速而有力地在短期内集中经济能量来谋取政治利益。战斗不只是在空间维度里的两军互抗，也是在时间维度里的较量。大流士二世，或者至少他的政治支持者，为了军事利益而抵押了他们的未来。

价格、周期、市场和模型

已知的最后一份楔形文字档案是耶稣出生之后公元 75 年在巴比伦城以白银计价的商品价格记录。这个时期的巴比伦早已失去了其作为美索不达米亚中心的地位，但它依然是重要的贸易中心和天文观测中心。这份楔形文字档案是七百多年来记载着价格和天文现象的系列文件中的最后一份。该档案针对 6 种常见的商品每个农历月记录一次价格（实际上记录的是数量），以一枚古希伯来银币可以在巴比伦街市购买到的商品数量来衡量。爱丽丝·斯罗特斯基（Alice Slotsky）是布朗大学的楔形文字学者，她是第一个尝试全面编译并研究巴比伦日记的人。据她介绍，该日记记录了以 12 个月为周期的典型的价格波动和天文观测数据。

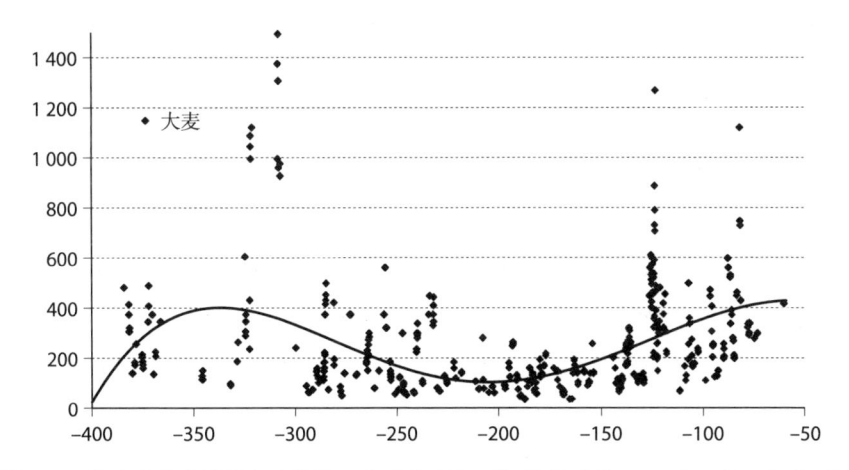

图 4-1 古巴比伦市场的大麦价格，公元前 380—前 60 年（Courtesy R. J. Van der Spek.）

通常一部半年日记由六七个时间段组成，每个时间段约为 1 个农历月，然后在一个月中记录下每一天的天文和气象观测数据。每一部分都包括行星位置的概述、6 种商品的市场价目表、幼发拉底河的水位，偶尔还会有一些历史记录。[2]

被记录的商品有大麦、椰枣、芥菜、水芹（或小豆蔻）、芝麻和羊毛，这些记录已经保存了几个世纪之久。日记没有解释它们本身存在的原因——也没有记录解释它们为什么会被保存下来。斯洛斯基推断它们是"世界上某些宏伟的数学计划的碎片"。[3] 考虑到古巴比伦对天文现象以及美索不达米亚对经济问题都曾经有过高度发达的模型化知识，这个推断是相当合理的。

最近几年，这些大量的古代价格数据正在成为研究古巴比伦经济的实证分析基础。学者们运用一系列复杂的数学方法来分析楔形文字的记录从而检验古代市场的运行状态。

阿姆斯特丹大学教授伯特·范·德·斯派克（Bert van der Spek）花费了数年时间梳理巴比伦日记中的数据，从编译版本中发现问题，与其他古老的价格表进行对比校正，并提供给其他的学者进行研究。[4]

范·德·斯派克教授及其团队中的其他经济学家分析了这些令人震惊的数据。他们的努力已经揭示了很多关于古代商品市场本质和作用的内容。商品，尤其是食品的价格变化相当之大。由于粮食的月度价格变化太过剧烈，要想预测古巴比伦每月的粮食成本走势是非常困难的。有学者观察到，美索不达米亚是一个孤立的农业区，那里的饥荒无法通过从周边地区进口粮食缓解。甚至在美索不达米亚内部，南北市场也不均衡。[5]虽然存在某种跨期的普遍增长趋势，但是美索不达米亚后期的农业自给程度仍然和早期一样，还是局部性和本地性的。早期的寺院经济可以适应更加复杂的市场和金融机构，但民众显然只能吃当地出产的食物。这使得美索不达米亚的经济受到气候剧烈波动的支配。有些时候，大麦价格会因此翻高二倍、三倍甚至四倍。如果市场经济和金融体系的功能之一是平滑收入震荡的话，这些天文日记表明这个体系还不够完善。

对于古巴比伦的消费者来说，最痛苦的时期实际上源于政治危机。公元前321年，亚历山大大帝在巴比伦去世，他的死亡也被记录在上述日记里面。亚历山大之死颇令人意外，当时他只有32岁，还是一个年轻威武的统帅。他在病倒后的两周内就去世了，没有留下任何确定的接班人。亚历山大死后，巴比伦的食品价格迅即翻了一番，并在高位延续了30年左右。这段时期亚历山大的军事对手也乘机夺取了政权。价格上涨是因为食物被士兵征用，还是因为战争破坏了作物？或许粮食的供给并没有改变，而是白银大量流入市场导致了价格的疯涨。人们甚至可以想象在战争时期统治者们打开国库维系和平的场景。这段困难时期一直延续到塞琉古帝国政治秩序的建立，不过此后国内武装冲突和价格混乱之间依然存在着很强的相关性。[6]尽管市场在政治危机时期波动很大，但它也继续发挥着作用。巴比伦的日记记录者们非常有耐心地追踪市场变动，甚至用这些记录理解驱动经济的因素。

这些天文日记出现在人类文字文明诞生的末期，开创了以定量模型解释自然现象的先例，对于数字在经济生活和政治生活中应该发挥何种作用也开启了新的思维模式。金融只是美索不达米亚社会中的一个方面，但纵观美索不达米亚的历史，金融却发挥着核心作用。对经济问题的关注激发了人们在计算、定量记录和签订契约方面的创新需求。科技创新也反哺其本身。在一个已经精通使用数字符号和能够将陶筹作为真实货物计数符号的社会，再向前跨越一步发展出抽象概念和详细具体的数学模型是自然而然的事情。德莱海姆泥板——一个预测牛群数量呈指数级增加的理想化的数学预测模型——表明，数学计算技术和随着象征性描述发展起来的抽象概念可能是早期美索不达米亚记录与表示过程衍生的副产品。

金融工具不仅对思维、沟通和缔约方式的演进很重要，对美索不达米亚地区国家的发展也不可或缺。如果没有会计技术，个人无法赚钱（无论是用白银还是粮食）支付税赋，大规模的中央规划也不可能存在。令短期借贷成为可能的法律框架和明确了私人债务资产关系的详细规范，最终成就了私人企业的出现。最后，金融技术还嵌入了政治活动之中。战时金融最早出现在美索不达米亚，这一实践直到今天仍然与我们相伴而行。

金融契约使得美索不达米亚人可以跨期移动价值，并为其增加了成本属性。时间不仅是一个维度，它本身也是一种商品，能够产生利润。实际上，预测牲畜数量增长的德莱海姆泥板模型表明人们已经意识到了不断增长着的预期收益——未来能够得到更多。在巴比伦最终衰落2 000年后，古代人推算的乌鲁克国土又会有多大呢？

▰▰▰

美索不达米亚文明进化了三千多年，在这段非凡的历史中，发展出一系列复杂的经济和金融机构——构成了计算、会计、契约和法律的基础。在如此丰富的内容里，却没有一个能够描述金融与国家之间关系的简单模型。金融技术有时服务于中央决策者的利益，有时则服务于私人企业的利益，当然它也会同时服务于两者。

第1—4章的主要目的是通过古代文档考察金融在硬件和软件方面的早期发展，包括第一份金融契约的出现，以及金融数学工具与金融思想的发展。第二个目的是展现它们在美索不达米亚社会中发挥的不可或缺的作用。金融发展源于跨期契约的需要，这是产生第一个城市的经济基础。它也使远程贸易的有组织性及其不断强化的趋势成为可能。虽然这种贸易所在的社会中的金融体系还不完善，但在古代西亚出现了基于银币的货币体系、公平的合作，以及强制的法律制度，它们足够稳健和灵活，使得哪怕是规模小、战争又频繁的城邦也能够接触到广泛流通的商品和贵金属。一个有趣的问题是，这样的专有技术知识是如何经历了数千年并延续至今的呢？

技术是一组不断发展的方法和理念的集合，由文化维系。没有人天生知道如何计算复利。技术依靠的是可以将其跨期传递下去的能力。最早发明和使用美索不达米亚黏土板书写系统的人们可能不会想到，他们在某个时刻写下的内容会在几千年后被发现并阅读。复杂的金融技术已经在古西亚文明中存续了3 000年，即使城市变为废墟、过去的知识已经丢失，它们也会永久地流传下去。幸运的是，古代的抄写员把文字写在黏土上而不是纸上。其中一些内容被保留得比较好，比如《吉尔伽美什史诗》，人们为这类文献制作副本并储存在古代图书馆中；还有一些已经丢失的文件被美索不达米亚学者经过重重挖掘而重新找到。通过这样的方式，一整套抽象的概念性技术，如数学、测量、天文和金融工具，得以在起起伏伏的时间长河中留存了下来。

在过去的一个世纪中，学者们从美索不达米亚文献和考古挖掘中获得的城市化起源和远程贸易的资料只是这丰富复杂的经济体的冰山一角，还有几十万甚至数百万的文献有待研究，但它们早已经表明：金融在文明发展中所起的作用是巨大而不可估量的。

第 5 章　雅典的金融

五谷不分，不可御民。

——苏格拉底

　　希腊罗马古文明孕育出了以货币与市场为基础的、十分成熟的金融经济。希腊人设立了银行、货币制度和商业法庭。罗马人则以此为基础，新创了公司企业、有限责任投资以及某种形式上的中央银行。与美索不达米亚那些以当地生产分配为主、长途贸易为辅的古代城市不同，雅典和罗马当地的农业不足以支撑城市的迅猛发展，必须代之以海外贸易。雅典的小麦大多进口自遥远的黑海地区，罗马则依赖肥沃的尼罗河三角洲供给谷物。要想让这些大胆的经济模式成功运作，少不了一个新颖的金融结构。雅典和罗马必须将谷物向中心引流。这种经济必须鼓励海外农民种植粮食以供出口，鼓励水手和船长就算是冒着生命危险也要将粮食运载回城，鼓励对船只和商品贸易的投资，还必须创造出一个足以与国际贸易的不稳定性相抗衡的支付系统。解决方案包括发挥市场自发的力量、应对海洋不确定性因素的金融科技，以及一种建立在全世界都普遍接受的价值体系上的货币经济。

　　我们对古希腊金融系统的了解大多来自仅存的一些法庭陈述。法庭本身在金融系统中就起着举足轻重的作用。雅典的法庭系统通过审判和陪审团等机制解决原告与被告之间的纠纷。每次审判，法庭会随机选择 500 名陪审员，审判过程最长可能持续一天。原告与被告分别代表自己，但有时著名的演说家也会受雇替他们发表一些言论。发言时间由水钟控制。审判员不会一起商讨，而是各自投票，裁决由投票的多数结果而定。[1] 当一天的时间结束时，纠纷就会被解决。这个系统也被广泛用于解决商业纠纷，其中就包括很多雅典的谷物贸易。海事专门法庭设立的时间是当年 9 月至次年 4 月，在此期间船只不用出海，并且还会商讨下个航海季的事宜。我在本章中将阐述一个观点：雅典特有的法庭制度创造出了一个高度金融化并具有敏锐的抽象思维能力的文明社会。这些抽象的议题包括风险的价格、货币的时间价值，以及整个商业企业的流通性与抵押性等。

图 5-1　公元前 322 年的银金矿硬币，正面是雅典演说家德摩斯梯尼（Demosthenes）的肖像（Courtesy Yale University Art Gallery/Christopher Gardner.）

雅典与谷物

公元前 386 年，雅典的一群谷物交易商面临着死刑的惩罚。他们因为垄断价格与囤积谷物而接受审判。他们表面上的罪行是与进口商勾结，串谋谷物价格。但这种经济合作产生了什么风险？为什么就足够判以死刑？到了公元前 4 世纪，雅典城市的迅速发展已超出了自身农业的供养能力，雅典的平原以及周围地区更适合种植橄榄树和养蜂，而不适合种植谷物。人口成百上千地增长，粮食供给成了一个基本的问题。

雅典人通过法律的方式部分地解决了这种地域上的限制。譬如，法律规定 2/3 的进口谷物必须送入雅典城内；若雅典城民有向其他任何港口私自运送粮食的行为，将被视为重大犯罪。法律同时规定海事贷款仅限于海外谷物贸易。谷物被运入雅典城内，法律还限制了谷物交易的利润。交易商只能贮存一定数量的谷物，转售时的利润也被规定了一个上限。所有的法律法规都在专门的市场监管员的监督下执行，对于遵纪守法者以及举报不法行为者还会给予鼓励。[2] 事实上，这些法律上的限制带来了另一个问题：向雅典城供给谷物有什么动力呢？

其中一个答案是市场价格。谷物有时会很昂贵并且难以获得，进口商的成交价格根据供求上下波动。价格可能会成倍增加。有时雅典人会为了做早餐蛋糕所需的大麦或晚餐面包所需的小麦而花费很多钱。航海投资者如果将货物运往雅典的比雷埃夫斯港口，基本上都可以获得丰厚的利润。

这次审判的导火索是谷物价格出现短期大幅震荡，这或许是由对雅典谷物主要供应商的航海封锁导致的。而交易商对自己的辩护是，他们的串谋是在雅典市场调控员阿尼图斯（Anytus）的授意之下进行的，其目的是获得最低的成交价格。然而，他们并非将谷物直接供给采货者，而是囤积谷物，在高价时售出，因此违反了禁止屯粮的法律条文。[3] 也就是说，他们的密谋同时损害了供货商和消费者的利益。

毋庸置疑，阿尼图斯的本意是好的，他希望这一串谋可以让交易商在与供货商的议价中处于一个更有利的地位。不过，公诉人在审判中提出，这种调控员与交易商的串谋会产生十分不利的长期影响。如果不能保障一个相对公平的市场价格，商人们又怎么会愿意向雅典供给谷物呢？正如古希腊雄辩家，同时也是公诉人总结陈词的作者利西阿斯（Lysias）所言：

> 如果你谴责他们，你就站在正义这边，谷物会更便宜；
> 如果你赦免他们，谷物只会变得更贵。[4]

利西阿斯的论点是，在市场的"看不见的手"的调控下，这些谷物中的大部分会流向别处，而留在雅典市场上的谷物的价格会变得更高。并且，如果谷物在码头的成交价格过低，投资者将不会给运输谷物的航行提供贷款。如果利润空间过低，船长们也不会愿意冒着生命危险出海运输。

关于这次审判的文字记录并不完全，这些谷物交易者的命运如何，我们也无从知晓。我们只知道，这场著名的审判是最早关于反垄断的证据。这一论证所体现的，是利西阿斯认为雅典只有通过建立市场激励才能存活的深刻理解。法律不能强制谷物价格降低，而规范再出口以及当地价格的法律力度也十分有限。唯有市场，能够通过利润引导企业家在谷物交易中的一切行为。

金融与海域

公元前4世纪，黑海的大部分海域已被希腊化，而包括克里米亚半岛在内的大片地区已经成为希腊的永久殖民地。每年，约有一半的雅典城谷物都是从黑海地区进口的，大概有13 000吨小麦。牛津大学的历史学家阿方索·莫雷诺（Alfonso Moreno）通过计算得出，如此数量的谷物可以供养超过5万人口。[5]事实上，按照他的计算，至少1/3的雅典人口依赖于进口粮食。这意味着每年会有数以百计的希腊船只因此而穿梭在爱琴海海域。

2002年，罗伯特·巴拉德（Robert Ballard）和一支《国家地理杂志》的水下探险家队伍在黑海的瓦尔纳海岸（保加利亚共和国境内）的深处安放了一根探针。海床上一些极为显著的不寻常现象激发了他们的好奇心。他们穿过清澈或浑浊的海水，用无人潜水器接近这片异常的水域。在昏暗的海底出现了一排排双耳瓶，这是古希腊时期贸易商船里的货物。探险家们成功地拿到了一个双耳瓶做进一步分析研究。从其形状可以辨认出它是在一个叫锡诺普（Sinope）的城市制造的。锡诺普是古希腊时期的一个贸易中心，位于现代土耳其北海岸一个被古希腊人称为本都（Pontus）的地区。

本都的双耳瓶经常被用于果酒的贸易之中，所以当科学家在实验室中打开双耳瓶的封口时，里面的填充物让他们感到有些惊奇。容器里盛有被称作六须鲶的淡水鲶鱼的骨头。根据放射性碳定年法计算，其年代为公元前3世纪中叶。六须鲶来自第聂伯河三角洲，直到今天鲶鱼片仍然是当地的一道美味佳肴——这显然说明希腊的船只在黑海附近不止运送了谷物。那么假定经由瓦尔纳的航线是有商业价值的，是谁出钱资助了这些航行？船和货物丢失会有什么后果？对于这些十分有趣的问题，我们可以利用一份保存下来的古代诉讼文本推测出答案。

海上的风险

在流传下来的公元前4世纪的德摩斯梯尼的著名演讲中，有一份为航海而设立的契约合同。这份契约大致产生于公元前352年，是为了资助在雅典与黑海间往返的商业航程设立的贷款合同——航程目的可能是用酒交换谷物并运回雅典。这笔贷款最后没有被偿还，因而引起了法律诉讼。德摩斯梯尼的这次演讲是为了诉讼中的原告而写，原告起诉了两位年轻商人的长兄拉克利图斯（Lacritus）。这两位商人一个叫亚提蒙（Artemon），另一个叫阿波罗多罗斯（Apollodorus），共同借了3 000枚德拉克马①银币来资助他们从雅典到黑海再向北到第聂伯河（毫无疑问是瓦尔纳船只失事的地点之一）为止的航程。德摩斯梯尼在演讲中详细阐述了雅典商人为商业航行而借贷的流程，他们怎样对待海上航行的风险以及他们如何明确了贷方的要求。由于这段话展示了雅典人处理海上贸易复杂风险的方式，因而值得详细引用：

> 司菲都斯的安德鲁克里斯和卡利斯托的那乌斯克雷特斯借给了法赛利斯的亚提蒙和阿波罗多罗斯二人3 000枚德拉克马银币以资助他们从雅典航行到门德或者赛欧尼，再到博斯普鲁斯，如果他们愿意的话，再向左到布雷斯赛斯[6]，最后返回雅典，以每1 000枚德拉克马银币支付225枚德拉克马银币为利息——如果他们在大角星出现前还没从本都驶向赫尔如姆，利息升至每1 000枚德拉克马银币支付300枚德拉克马银币。航程以3 000坛门德果酒作为担保，果酒将由一只20桨船从门德或赛欧尼运回，由希布莱修斯担任船长。他们承诺，以此为担保，不会欠下任何债务，也不会借此获得其他贷款。以出口收益在本都购买的全部货物将由相同的船只运回雅典。
>
> 如果在天狼星出现后他们在赫勒斯旁特等待10天还没有进入本都，那么他们就应在任何雅典人不会扣押货物的地方卸货，且从该地返回雅典后，应该按上一年合同所定的利息额偿还贷款。如果装载货物的船只遭遇了不可挽回的损失但约定的货物被保留了下来，那么贷方应享有部分保存下来的货物。在这些问题上其他任何事物都不具有强于本书面协定的效力。
>
> 见证人：比雷埃夫斯的弗尔米翁，维奥蒂亚的凯菲索多托斯和皮托斯的赫利奥多罗斯……来自阿那几洛斯的阿基达玛斯的儿子阿基诺米德斯宣誓说：安德鲁克里斯、那乌斯克雷特斯和亚提蒙、阿波罗多罗斯兄弟，4位当事人曾经将合同文本交给他管理，目前仍在他手中。[7]

这份合同的一个关键特征是如果船只沉没，那么借方不需要偿还贷款，贷

---

① 古希腊银币名。——编者注

方——而非借方——需要承担船只失事的风险。如果兄弟二人的货船面临和瓦尔纳船只残骸一样的命运，他们就会被免除债务。这种形式的出借契约用术语描述为"船舶抵押合同"，在这种合同中船和货物都被抵押给贷方，但只有船只幸免于难时贷方才有权获得偿还。

关注风险如何从进行贸易的商人身上转移到投资者身上，对双方而言都有意义。船舶抵押合同中的贷方可以通过在大量航程中针对每一个航程都贷出少量财产以分散海上灾难的风险。从黑海区域的谷物贸易规模来看，当时发生海难的概率是很大的。因而若以这种方式放贷，如果一艘船失事，整体而言贷方也不会有太大损失。

相比之下，那些真的要在海上航行的商人们会将全部鸡蛋放在一个篮子里。他们拥有充分的动机通过在本都购买便宜的谷物并在比雷埃夫斯高价卖出赚取足够偿还贷款的钱。但面对超出他们控制的情况——比如天气，他们却不能保护自己免受其害。不同于贷方，在不寻找商业伙伴的情况下，商人们无法通过多次航行的方式分散风险。

即便贷方能够分散投资，他们仍旧会要求为船只失事的风险进行补偿。亚提蒙、阿波罗多罗斯两兄弟承诺向两位出借人支付22.5%或30%的利息。如果两兄弟没有在大角星升起（也就是秋分左右）、天气开始变得恶劣之前开始穿过博斯普鲁斯返回，利率就会升高。22.5%和30%之间的差额即是为海上灾难风险设置的额外的保险费用。

另外一个风险管理的关键是抵押物。合同指明3 000枚德拉克马银币会被用于在爱琴海北部的一个港口购买3 000坛门德果酒。这个港口离今天的塞萨洛尼基不远。如果船只发生事故，但部分或者全部的货物保存了下来，那么这些果酒就会变成贷方的财产。这看上去考虑得很周到，也很谨慎。但是贷方无法监督抵押物的动向，甚至无法核实抵押物是否存在。事实上，兄弟俩一回到黑海，他们购买的抵押品显然就被商船的船长用作另一笔贷款的担保了：

> 这位来自法赛利特的船长想在本都向一个来自凯奥斯的人借一笔额外的钱财，因为凯奥斯人认为除非能在征得原先拥有者的同意后将船长放置在甲板上的全部物品给他作为担保，否则他将拒绝借款。所以他们（商人）同意将我们的钱作为凯奥斯人的担保并把全部物品的控制权交给他。[8]

德摩斯梯尼辩称亚提蒙和阿波罗多罗斯两兄弟没有购买作为约定货物的酒，反而转手将他们借到的钱借了出去。尽管他们显然到达了黑海，但他们却两手空空地回到希腊并声称作为货物的咸鱼以及果酒都因为船只在潘迪卡皮厄姆（Panticapeaum）和费奥多西亚（Theodosia）（希腊在克里米亚半岛的两个殖民地）之间失事而丢失了。兄弟俩对其货物的描述与巴拉德及其合作者在水下的发现如出一辙。

在以上引文中，凯奥斯的出借人提出的要求比安德鲁克里斯和那乌斯克雷特斯提出的要求更"高级"，尽管不能简单地比较合同的内容。很难想见两兄弟是如何成功付清这两笔贷款的。在这个类似于百老汇音乐剧《金牌制作人》剧情的阴谋当中，两个年轻的流氓显然向投资者承诺过多，而唯一能使他们摆脱债务的希望就是船和货物的丢失。或许瓦尔纳的船只也是为了摆脱对船舶抵押合同中贷款的偿还而被蓄意毁坏掉的，谁知道呢？

从更广泛的意义上讲，船舶抵押合同说明雅典有一套将希腊世界每一个民众的经济生活都联系起来的商业行为准则。借方来自一个位于小亚细亚半岛上的临近利西亚的城市，贷方来自雅典外部，维奥蒂亚东北部城邦中的一个城市，雅典则作为双方建立契约的法定会场。如果交易被打破，法律诉讼将在雅典法律下进行。借贷双方共同使用一套按照具体规则进行判决的机制。雅典在处理纠纷上公开透明的规则吸引了大量外部和内部资本。

雅典的法律体制可被认为是一种金融技术。贷方针对黑海发生事件发起诉讼要求赔偿的能力，以及拉克利图斯作为借方用双方同意的条款作为证据保护自身的力量，共同使得远距离的交易成为可能。希腊到乌克兰的商业航行毫无疑问包含着巨大风险，爱琴海的底部散落着与上述案例中类似的失事船只残骸。但海事贷款以及法律效力这样的技术降低了简单骗局带来的不确定性。雅典的比雷埃夫斯港有许多吸引人的特征——一个天然良港且周边围绕着大量的码头和市场——但港口最为重要的组织架构是法律，是运用契约与商法的传统。

银行家和投资者

希腊世界的金融在实践中似乎并没有得到太大的发展，与我们在古老的乌尔城看到的那些做法比较类似：主要就是借贷活动和围绕商业航行的融资。然而，历史学家爱德华·科恩（Edward Cohen）认为，一种特殊的希腊思维模式——基于广泛存在于语言和世界观中的二分法的思维模式，导致了一种新型金融体系的产生。[9]一方面，有形的财富，如土地，是人们都能看到的，是物质世界的一部分；另一方面，抽象的财富，表现为银行存款、账户和合同的形式。这些资产以受法律保护的权利、双方之间的契约或被一个银行家以信托形式保有的账户的形式存在。在古希腊时代之前，抽象财富就已经存在——我们可以看到，金融家把他们的贷款凭证存放在乌尔这座古老的城市中。科恩认为，雅典的银行从概念上将金融与其他企业分开，使它具有足够的灵活性，从而适应远距离海上贸易并最终满足一个帝国的需求。

金融财富的抽象性使得对银行业的考古学研究更加困难。开始探索的最佳地点是位于比雷埃夫斯的现代港口，这是雅典的一个海港，考古学家已经确定了这个海港的古老布局。此处的商业中心沿着海港的东北侧向外延伸，它也曾经是古希腊的国际贸易中心。在古代，（像大多数希腊地区一样）它的边界是用石头堆砌出来的。商业中心是商人、投资者和银行家进行黑海贸易的地方。考古学家已经发现了这个商业中心和它的柱廊——人们就是在这里进行商业活动。这些遗迹随着19世纪80年代现代城市比雷埃夫斯的建造而被人们发现。[10]

图5-2　图中再现了大约公元前5世纪比雷埃夫斯中心港口和商业中心的全景，这里活跃着希腊最早的银行家的身影（Eon Images.）

马科拉柱廊（The Makra Stoa）是港口最北端的建筑物，也是最有可能进行古代粮食贸易的地点。中央柱廊面向的区域叫作迪格玛（Deigma），这里是用来展示和出售进口商品的。这些地方和其他三个柱廊的碎片是在比雷埃夫斯现在的海关和市政厅附近发现的,这表明现代城市及其构造完全位于古代城镇之上。沿着海湾东侧在比雷埃夫斯的现代街道上散步,实际上就是围绕着希腊最早的银行区的一次旅行。

希腊语中表示银行的单词是"*trapeza*"(在古希腊语和现代希腊语中都是),意思是银行家开展业务的桌子。[11] 这个单词意味着银行不是一个地方或一座建筑物,而是一种发生在一件简单家具上的业务操作。这种业务操作是把钱点清,或者更加可能的是,一些算数计算会在其中进行。基于科恩关于真实和抽象财富的假设,"银行"最早的称谓实际上源自活动得以发生的中介而不是它的地理位置。

我们不知道比雷埃夫斯的银行桌子到底是什么样子,但我们可以把它们看作对尚未发掘出来的巴比伦计数泥板的模仿。一件被称作萨拉米斯算板(Salamis tablet)的工艺品很可能是希腊银行桌子的一个模型。19 世纪,一块 5 英尺长、2.5 英尺宽的罗马年代的大理石板在塞浦路斯的岛屿上被发现。它的表面有两组和大理石板长边垂直的线,坐在这张石桌后面的银行家会面对这两组竖线。桌边的数字集代表了与希腊货币相一致的分数和倍数。人们推测,萨拉米斯算板和计算器一起使用,算珠可以在线上或者两条线中间的空隙移动,从而进行算数计算。这种计算方法贯穿了整个文艺复兴时期,几乎延续到了中世纪。算盘——一种希腊的而不是中国的发明,就是萨拉米斯算板的便携式版本:算珠用线被系在算盘上,而不是在一块板上移动。

现在已知的在比雷埃夫斯最早的银行家是安提西尼(Antisthenes)和阿切斯特亚图(Archestratos),他们在公元前 5 世纪末从事与银行相关的业务。公元前 394 年,他们把自己的银行转给了被他们释放的奴隶帕西奥(Pasio),而帕西奥又在公元前 370 年,在死之前把银行转给了他的自由奴隶弗尔米奥(Phormio)。因此,这种跨越代际的银行成为公元前 4 世纪雅典的主要金融机构。这种通过传给自由奴隶而完成代际传递的做法也使得我们更深入地理解了当时的奴隶制度——财产权是高于人力资本的,这样就允许商业所有者和银行家通过专业化和技术性的训练来积累资本。商业天赋通过一次简单的交易就会被发现并流转下去。银行的业务是吸收存款和发放贷款。真正的资产不是现金的储备库、雄伟的大厦或者众多的柜员。相反,真正的资产是银行家敏锐而善于发现机会的眼睛、对于风险的精准评估以及诚实的信誉。人类天赋的组合加上一张简单的计算桌和一个谨慎的记录系统，共同组成了古雅典的银行。

很多学术著作都在讨论雅典的银行是否精确地符合银行的标准定义。一般意义上的银行是指吸收短期存款、发放长期贷款的机构。在21世纪，这个定义已经被认为是非常有局限性的了——今天的我们都知道金融服务可以以多种方式捆绑或者分离。我们要抵制给遥远的过去强加现代制度观念的想法，如今的雅典银行仍被称为"trápezes"。历史证据清晰地表明雅典银行家吸收存款，也有证据表明他们发放贷款。德摩斯梯尼声称帕西昂（Pasion）贷出了50塔兰特（talents）的资金。另外据学者们估计，在城市的富人阶层中，使用银行贷款是很普遍的行为。[12]

银行贷款可以用于生产性目的，例如进行航海冒险和建立商业企业。同时，银行贷款也可以用于平滑消费。雅典精英们的定期职责之一就是承办礼仪活动——礼拜仪式，而这种仪式是非常昂贵的。政府需要税收来提供支持，但税收是一种对财富的不可预知的冲击。在这样的情况下，从其他精英阶层成员那里借款或者银行贷款之类的金融工具就会被用来平滑特殊的跨期资产的冲击。实际上我们很难将此类做法称为"消费借贷"，因为消费借贷本身暗含着非生产性的意思。历史学家保罗·米利特在他关于希腊银行的研究中把这种支出叫作"信誉支出"，这意味着它对于精英阶层维护其在雅典社会和政治层级中的有利地位是非常必要的。[13]

银行家在维持商店的财富和平滑对顾客财富造成的冲击中所起到的作用是非常重要的，但与此同时他们还成为投资过程中的关键中介。他们不仅仅使用自己的钱财进行投资（例如，帕西奥拥有一个大型的制盾厂），而且还帮助他们的客户进行监督，并且指导其直接投资。我们知道帕西奥冒着风险，使用自己的资本发放贷款，同时他也冒着风险用银行资本来发放贷款。或许他在经济中也为借款人和贷款人的匹配发挥着中介作用——海上贸易合同中已经隐含了这样的暗示。

我们注意到，黑海上的第一单船舶抵押贷款的见证者是比雷埃夫斯的银行家弗尔米昂（Phormion）。他可能是一个在场的旁观者，但是更可能的是，他是在发放贷款时以借款人身份参与其中的银行家。作为比雷埃夫斯的主要金融家之一，他处在一个非常理想的位置，知道谁在把钱借给谁、哪些商家需要钱以及谁拥有什么。也许他正是利用这样的优势来给客户提供建议,甚至是把能够发放船舶抵押贷款的人聚集在一起提供辛迪加式的财团贷款。现代观点认为这里有雅典人所需要的一整套金融服务:从吸收存款(让老百姓翻出压在床垫下的硬币存到银行)的基本机构,到一个可以在交易中为买卖双方转移大量资金的实体,再到一个面对经济冲击时可以紧急提供现金缓冲的资金来源。银行家们也为经济投资提供了便利——要么是由于他们在经济上的盈利,要么是由于这加强了他们的声誉和人脉。当商业机会和个人投资需求随着雅典的经济发展而按比例扩大的时候,对金融中介的需求也同样不可避免地按比例扩大了。

金融素养

当德摩斯梯尼还是一个年轻人的时候,他起诉了自己的亲戚。在他父亲去世后,他的叔叔们被任命为他的监护人,但是叔叔们夺走了他的遗产。在庭审中,财务部分的细节十分复杂,总共涉及了两起生意以及若干存货、贷款和其他资产。像其他的所有案件一样,审判在一个从雅典公民中随机选出的陪审团的监督下进行。德摩斯梯尼面临的挑战不仅是要使陪审团确信他失去了合法的遗产,还要准确地说明它价值多少以及合理的定价原因。他的财务评估方法展现了难得一见的普通雅典人关于金融财务问题的认识和思考。

老德摩斯梯尼是一位企业家,他的生意包括一家可能是为军队浇铸和完成武器制造的铸剑工厂和一个加工豪华沙发的家具厂。其中,家具厂是一笔贷款的抵押品,老德摩斯梯尼在贷款人偿清其欠款之前将一直拥有这家工厂。

这些企业的实力都很雄厚。铸剑厂雇用了 33 名奴隶,而沙发厂雇用了 22 名(全盛期超过 50 名)全职熟练工人。除了这些企业之外,老德摩斯梯尼还有存款和贷款的投资组合。他在银行家帕西翁那里存有 2 400 枚德拉克马银币,在银行家皮拉得斯(Pylades)那里存有 600 枚德拉克马银币,对克苏托斯(Xuthos)有一笔 7 000 枚德拉克马银币的航海贷款,对他的侄子德莫米莱斯(Demomeles)有一笔 1 600 枚德拉克马银币的贷款,以及大约 6 000 枚德拉克马银币的小额无息贷款。[14] 此外,他还有一栋房子和他妻子的首饰珠宝之类的私人物品。

在德摩斯梯尼的演说中,他用两种方法来评估这些资产:首先根据市场价值,然后根据这些资产所产生的年净收益来计算。这两种方法都已经被陪审团成员完全熟知——雅典的审判尤其重视简洁和清晰。

> 陪审团的各位,我的父亲留下了两家大型的工厂。一个是铸剑厂,雇用了大约32或者33名奴隶,他们中的大部分每人值5或6迈纳(minae),并且不会有人的价值会低于3迈纳。从他们身上,我父亲每年能够得到30迈纳的净收入。另一个是一家沙发制造厂,雇用了20名奴隶,这个工厂同时作为一笔40迈纳欠款的担保抵押物,它每年会给我父亲带来12迈纳的净收入。在钱财方面,他以每个月1枚德拉克马银币的利率留下了1塔兰特的贷款,而这些贷款的利息加起来一年超过7迈纳……现在,如果加上所有这些资产10年所能产生的利息,仅仅以1枚德拉克马银币的利率来估算,所有的本金和利息的总和将达到8塔兰特和4枚德拉克马银币。[15]

注意他的最后一句话,德摩斯梯尼会以12%的单利来考虑在他达到主张继承权利的法定年龄之前所放弃的收入在这十几年里的时间价值。就像苏美尔人在恩美铁那锥体(见第2章)上所提到的资本化利息,德摩斯梯尼想要获得对他被夺走财产的时间价值的补偿。

在上述价值评估中有两件值得注意的事情。第一点,这表明当时一个中等富裕的雅典商人的典型投资组合是相当多元化的。老德摩斯梯尼不仅投资于他的主要企业,也从事储蓄和房贷业务,以每年大约12%的回报率把资金投资在其他产业上,包括船舶抵押贷款。他的投资组合包括奴隶、设备、存货、贷款和银行存款。其中一部分资本用于生产,而另一部分资本则被推迟到将来使用。雅典显然为两种方式都提供了充足的机会。

第二点更加引人注目,雅典已经到处都有了对财务计算和长远的资金规划具备深入理解的人。我不知道在今天有多少随机选取的市民能够清楚地理解德摩斯梯尼的财务逻辑,但公元前4世纪雅典人的金融素养平均水平显然是极高的。重新阅读上述引文会告诉我这是一个非常简单明确的结论!

金融和土地

> 他们拥有真正的银币来源，一个在他们土地里的宝库。[16]
> ——埃斯库罗斯（Aeschylus），《波斯人》

在埃斯库罗斯关于傲慢自大的波斯统治者薛西斯的著名悲剧中，薛西斯的母亲阿托莎（Atossa）询问雅典有哪些优点，合唱队为她描绘了一幅等待开掘的宝藏的图景。公元前472年，雅典卫城内壮观的狄俄尼索斯剧院中的每一位听众都清楚地知道合唱队的回答指的是什么。因为，在距离雅典西南部几公里的一个叫作劳里恩（Laurion）的地区，坐落着古代世界最富有的银矿之一。

雅典人可能没有种植农田的自然禀赋，但他们天然地拥有白银。从青铜器时代起，劳里恩地区的白银已经断断续续地被开采。不过直到公元前6世纪，雅典才开始集中开采那里的矿石并且铸造数量越来越多的银币供国内外使用。劳里恩地区的矿石帮助雅典成为经济强国。在公元前5世纪的生产巅峰期，矿区每年生产出736塔兰特——相当于20吨的白银，雅典从中收取1/24（每年30塔兰特白银）作为矿产税。[17]

历史学家吉尔·戴维斯（Gil Davis）认为，即使每年生产出如此大量的货币，但这与银钱流通带给雅典经济的乘数效应相比仍然是非常小的。700塔兰特白银可以造出400万枚德拉克马银币。当时，1枚德拉克马银币大约是劳动力一天的报酬。不难看出，劳里恩地区的白银本来是能够负担雅典卫城建造宏伟建筑的经费的。但劳里恩地区的白银很明显地从矿山流入了私人金库和公共金库，然后，作为通用的货币经由地中海和黑海流出了比雷埃夫斯港口。这些外流白银的数量巨大，自然也就形成了贸易顺差。根据色诺芬（Xenophon）的观点，雅典的白银使得其在国际贸易中具有一个明显优势：

> 在其他大多数港口，商人不得不运送一船回程货，因为当地货币无法在其他国家流通；在雅典，他们有机会交换货物并且出口多种有需求的商品，或者，如果他们不打算运一船回程货，他们还可以出口白银——因为，无论他们在哪里卖出白银，他们一定能够从资本投资中获利。[18]

雅典人不需要在其他港口交换商品，因为他们的白银无论在哪里都会被接受。

劳里恩银矿：商业冒险的复杂性

在劳里恩地区的银矿开采活动中，国家占有一定的份额，但它却不是国有性质的。相反，与雅典的粮食贸易类似，它们是由私人投资来提供资金的。企业家从国家手中租用未开发或以前被弃用的土地，然后投入资本开采银矿。如果采掘成功，他们就会投入更多的资本在当地开展冶炼业务。银矿里含有大量的铅，分离两种金属需要粉碎、煅烧、重新加热矿石并使用大量的水——矿区附近不一定刚好有水可用。这些活动同时面临技术和融资方面的挑战。投资者冒着巨大的风险寻找矿石，一旦矿石被发现，他们就不得不募集更多资本投入其中。

对劳里恩银矿的研究揭示了这些充满不确定性的商业冒险是如何得到许可与资助的。[19] 向外出租矿区的雅典地方行政机关被称为普泰（poletai），其职责是专门管理和拍卖市政租用权。普泰是雅典政治体系中重要的组成部分，其存在历史可以追溯到公元前7世纪。它是由10位地方行政官组成的委员会，这10位行政官每年从雅典的10个城邦中任命。他们的工作是负责国家财产的拍卖，比如劳里恩地区白银矿区租赁权的公开拍卖。有限任期制度阻止了腐败的发生，而且由于这些委员在雅典人民中具有广泛的代表性，公平交易的意识得以形成。委员会的决策会被公示，所以不会被指责有幕后交易。

一个很偶然的机会，围绕雅典集市的考古工作者发现了许多刻有劳里恩地区矿山开采权记录的石碑。它们中的大多数是在雅典古代集市的西南角被发现的，因此学者们不太确定地把一座带有中央庭院和相邻房屋的小型梯形建筑认为是普泰的所在地。[20] 2004年，在这座建筑内发掘出了400多枚雅典四德拉克马银币——这是目前在对古代集市挖掘中发现的最大一笔古代货币贮藏。被发现的货币表明了普泰制度在雅典公民生活中所发挥的显著作用。[21]

劳里恩石碑在某种意义上展现了金融安排的复杂性。针对银矿的租赁协议被分为三大类：未开发的、已开发的、已开发但被弃用了的。每类协议都有自身的风险并要求不同的回报率作为补偿。学者们注意到，三个风险等级的价格是不同的——这反映了在风险与要求的收益之间权衡取舍的敏锐意识。就像他们在资助远洋航行中所做的一样，雅典投资者会合伙租赁采矿权以及租用奴隶和采矿所必需的工作设备。这些合作关系显然是为了分担勘查开采的风险，同时也可以将剩余资本用于生产活动。这些围绕劳里恩矿山的金融交易与雅典的船舶抵押贷款合同的复杂程度不相上下。

一个银矿的交易：万物皆可交换

在德摩斯梯尼的所有诉讼请求中，最复杂的一个环节就是关于采矿作业租赁的纠纷。公元前346年，一位名叫潘塔依内特斯（Pantaenetus）的企业家从普泰那里租用了一座矿山，然后借了100迈纳（10 000枚德拉克马银币）加入一个拥有奴隶和工场的合伙企业进行采矿作业。

潘塔依内特斯将奴隶和工场的合伙份额作为贷款担保抵押了出去。他原以为自己能够继续租用矿山，所以将他和合作伙伴拥有的奴隶与工场都卖给了另外一个财团。但是接下来，潘塔依内特斯无法继续偿付普泰批准给他的矿山的租金。麻烦随之而来。

该财团扣押了资产，却发现它们已经作为潘塔依内特斯的原始贷款的抵押品被抵押。但抵押品仅仅是企业的一小部分，而不是全部。各个债权人都提出了各自的要求，控告逐渐演变成了人身攻击和恩怨纠缠。潘塔依内特斯责备每一个人——特别是债权人，他们都是专业的金融家。

这场官司揭示了一个令人惊讶的制度框架。在雅典，几乎所有东西都是可以用来交换的——所有东西都可能被用作抵押，甚至是奴隶、采矿权和整个工场。对于采矿一窍不通的投资者可以通过购买一群受奴役矿工的专业知识的形式参与这一业务。当存在资金需求时，整个业务可能被全部转手，同时资源也发生了转移。

雅典的金融体系不仅促进了远途贸易，海洋上的金融技术——契约、担保、合伙和外部融资工具——也同样适用于其他企业的融资。与海上航行的风险相似，矿山开采风险被分散在一个具有特殊的流动性和适应性的金融体系中进行管理。国家受益于私有化制度，因为它可以通过一个透明且被巧妙设计的公开招标系统来获得最高的租赁回报。由于机制设计的原因，国家可以获得最高的出价。工场的流动性和转移财产权利的能力鼓励投资者进入采矿业务，同时满足了国家和个人的需求。

我们可以从残存的古代文献和法律记录中推断，雅典在金融方面的贡献是由这个城市对粮食进口的高度依赖所推动的。

在公元前4世纪以前，雅典是一个私人市场，私人资本是市场里可供出售的商品之一。雅典的法律制度使得一个新奇的机构——私人银行的出现成为可能，它可能作为为贸易中的私人投资进行沟通、监督和核算的媒介而产生。这种制度发展既是古希腊人有能力认识有形财富和无形财富之间二元关系的原因所在，也是其影响结果的体现。

如果爱德华·科恩关于希腊思想的观点是正确的，这种简单的划分将使得融资朝着越来越抽象和复杂的结构演化。有关这种复杂性的证据保存在德摩斯梯尼的演讲中，其中一些反映了由当时的金融架构所造成的法律上的无所适从。当生意失败时，谁的要求应该优先得到满足？债权人之间的排序是怎样的？受托责任是什么？陪审团需要根据一连串的法律逻辑而非几何证明来论证并解决这些问题。这些关于合同的法律纠纷——其中一些涉及非常大量的钱财，与雅典银行体系贫乏的实物残存形成了鲜明对比。整件事情是通过人际关系的连接、对法律的依赖和信任关系而展开的，被银行所使用的桌子只是保留记录的一种简单方式。

陪审团制度使得当时数以百计的雅典公民得以参与到有关交易、合伙、贷款、继承甚至是市场串谋的纠纷中来。因为陪审员是随机分配的，演讲者必须与每一位雅典公民进行十分清楚的沟通，并且依赖于他们对于争议问题的一般常识。像货币的时间价值和风险补偿的概念会经常出现在庭审记录中。因为每一个陪审团都包含了几百人，因此大量的雅典人通过商事法院系统流动。他们一定听说过并且能够理解复杂的金融论证，然后投票选择支持其中一方。陪审团制度本身可能教会了雅典人关于贷款、银行、合伙、贸易、收入报表、抵押品和欺骗的知识。至少，对于古代演讲的现代解读清楚地表明，雅典人对于复杂金融事务的理解能力十分令人惊讶。

为了获取粮食而去往黑海的远航有很高风险，而且装配一个带有划桨手、商人、船长和船员的船也是十分昂贵的。没有国家的资助，这样的远航是否能够进行都存在疑问。那些十分富有并且有能力承担这些花费的人可能更倾向于安全和舒适地待在雅典，而不是横跨几百英里的海洋去冒险。一个可以引导投资者为这些完全不认识的陌生人投资几千银币，以期从中获取 20%~30% 收益的金融体系是一个伟大的创新。事实上，雅典的经济完全依赖于这个金融体系。同样，雅典能够通过争议解决机制和国家公正透明地分配财产权利的办法引导投资者进行勘探和采矿的冒险。这种激励结构意味着投资者不仅可以通过海上航行，还可以通过产业投资和采矿作业的方式来使其投资更加多元化。雅典这样的金融体系，能够促进投资和风险分散，对于这个伟大城市所需要的复杂的、依赖进口的经济也有很强的支持作用。

第6章 货币革命

雅典作为民主发源地而闻名于世。虽然雅典政治机构的发展长期以来一直是学者们研究的焦点，但民主制度的经济基础直到最近才引起了一些研究兴趣。民主是一个人们共同参与治理的体系、一个全新的组织结构，它需要一个制定决策的复杂机制，以及与对传统家庭、部落和君主的忠诚度不同的个人忠诚。在雅典逐渐形成的民主，通过类似于第5章中提到的普泰制度来实现公共利益的联合和控制权的分配。这需要凭借一个能贯穿到最底层民众的机制来实现。

从公元前7世纪末的梭伦统治时期到公元前5世纪的伯里克利时期，演化了超过两个世纪的雅典体系从根本上调整了个人与国家之间的关系，这正是依靠一个容纳了众多崭新元素的公共金融体系实现的。没有金融创新和独一无二的金融资源，古雅典的民主实验可能不会成功。

英国伦敦大学学院的教授、历史学家汉斯·范·威斯（Hans Van Wees）是研究古希腊国家发展方面的专家。他的观点是：雅典第一个伟大的政治改革家梭伦，为雅典创建了一个基于中央基金的财政架构，中央基金主要用于资助战争和提升其他的人民共同利益。梭伦建立了一个强制而明确的税收体系来支持中央基金，此外，他还改革了度量衡制度——这大概是建立统一、公平的金融体系所必要的一个步骤。[1]

梭伦禁止雅典公民沦为奴隶，确立了天赋自由的原则（这一原则被选择性地适用于雅典公民，而没有适用于他们的奴隶）。他通过全面减免抵押贷款来重新平衡贫富阶层之间的权力关系，这些都是雅典民主进程的预演。

在雅典民主的发展过程中有一个特点极具讽刺意味，梭伦之后一些最重要的金融创新都是由君主进行的。暴君庇西特拉图（Peisistratus）从公元前561—前527年间歇性地统治着雅典，而接下来他的儿子希庇亚斯（Hippias）和希普亚库斯（Hyparchus）一直统治到公元前508年。根据范·威斯的观点，这段时期的雅典进入了货币经济的阶段。

图 6-1 雅典的四德拉克马银币，公元前 449 年之后（Classical Numismatic Group. http://commons.wikimedia.org/wiki/File:SNGCop_039.jpg.）

庇西特拉图引入了银币体系，用银币来支付日益增长的市政工作人员、法官和军队的工资。法院系统需要随机挑选几百名陪审员，他们中的每个人都有强制参与的次数限制。为什么要这样做？答案就是他们可以感受到来自国家工薪补贴的政治利益。法院和其他机构的工作人员经抽签选定，或者只能在有限时期内担任职务。这是一种可以在雅典居民中公平分配财富的方法，居民对国家的忠诚度也就因此提高了。为了支付这些经费，雅典从它的保护国征收贡税并对居民征收累进税来形成稳定的收入流。这是一种逐渐使公民和国家建立直接经济关系的财政体系。

民主的根源：货币和希腊思想

作为金融素养的基本内容，计算成本收益的能力被希腊人视作雅典特殊的政治结构的一个重要支柱。根据公元前 4 世纪毕达哥拉斯学派哲学家阿契塔（Archytas）的观点：

> 计算的发现结束了民事纠纷，增进了和谐。哪里有计算，哪里就有平等，也就不会出现不当得利，因为我们通过计算在交易中达成一致。[2]

谁能猜想到民主的根源在于金融素养呢？德摩斯梯尼在评估其父亲财产时

展现出来的计算能力是高度概念化的，这种能力被阿契塔认为是政治制度得以建立的基础思想工具。定量评估的原则是增加共识和减少民事纠纷的"软件"。雅典人的计算能力不只是商业成功的必备技能，还是民主进程中的根本依靠。民主所面临的挑战是调和观点的多样性并在治理中融合那些不和谐的音符。尽管标准可能存在巨大分歧，但数字是很难驳斥的。

希腊文学领域的专家、《货币和早期的希腊思想》(Money and the Early Greek Mind)一书的作者理查德·西福德（Richard Seaford），提出了一个很深刻的命题：货币对古雅典社会的思想体系具有重要作用。雅典的货币化不仅对民主的出现至关重要，也是促进希腊哲学发展的因素之一。在西福德看来，货币化塑造了抽象思维。货币可以和无穷多种事物进行交换，但本身却不能满足人类的任何基本需求。

西福德甚至认为货币经济影响了柏拉图和亚里士多德对个体这一概念的理解。当经济交易的潜在价值被量化指标定义时，人们变得更加自主，更少地依赖传统社会互助机构，而更多地依赖于最终由利润来衡量的激励结构。

苏格拉底认识到了这一点，但他并不表示赞同。他旗帜鲜明地反对伯里克利——公元前5世纪著名的政治家，从根本上完成了雅典的民主化进程。伯里克利提高了陪审员的报酬，进一步提升了他们对公共救济金的依赖程度，并使他们适应于来自货币的激励。在苏格拉底看来，这种货币化相当于对灵魂的行贿。用他的话（或者至少用柏拉图的话）说："伯里克利用一种公共收费系统让雅典人变得懒惰、怯懦、饶舌和贪婪。"[3] 民主制度并没有提升个人美德，至少苏格拉底是这么认为的。

猫头鹰银币：伟大的政治和经济发明

雅典在公元前6世纪后期，大约是暴君希庇亚斯统治期间，开始铸造著名的猫头鹰银币。雅典的四德拉克马银币是历史上生产量最大的硬币之一，数量达1.2亿枚之多。同时它也是使用周期最长的硬币之一，铸造期从公元前5世纪一直到公元前1世纪。[4]

硬币的正面是雅典娜的头像，背面印有她的圣鸟猫头鹰，同时还刻有一根橄榄树的树枝以及代表雅典的字母"AΘE"。一枚雅典四德拉克马银币的价值与 4 枚德拉克马银币相当，它轻重合适，两侧图案清晰。即使它最早出现在君主统治时期，硬币也特意未使用任何特定统治者的肖像或标志。硬币正面的雅典娜女神是这个城市的代名词，硬币因而成为城邦的标志。崇敬雅典娜女神就如同崇敬她的城邦一样。

硬币的背面同样拥有丰富的含义。刻画的内容包括：象征着雅典娜智慧的猫头鹰、书写笔迹以及雅典最主要的出口商品——橄榄油。这样一来，商业、智慧以及知识都被描画在了硬币上。

雅典的四德拉克马银币是雅典的永恒广告，同时也暗示着货币收益源于雅典娜女神及其代表的真理。它最终形成了一种条件反射：当公民辗转于法院系统和市政服务机构并获得货币补偿时，仅仅看到一枚闪闪发光的雅典四德拉克马银币就必然会形成对国家资助的期待。民主的挑战来自对个人身份认同的调整，从家庭、部落等传统机构向更大的集体企业的转移。使用民主国家的象征物，如雅典的猫头鹰货币，是实现这一目标的有效方式。

硬币最重要的功能之一是为雅典政府提供流动的、即时的价值储藏工具。据修昔底德（Thucydides）的看法，雅典最强大的军事优势之一是拥有能够支付军队和舰队花销的银币储藏。

> 他们（雅典人）也对他们的同盟保持了一种严格的控制——雅典的优势来源于通过支付而流入的货币以及依靠指挥和资本所取得的战争上的成功……雅典卫城一度拥有 9 700 塔兰特白银的财富，现在仍有 6 000 塔兰特之多。这些钱被用来修建雅典卫城的门廊，以及其他公共建筑，还有波提狄亚。[5]

这笔财富被保存在希腊最著名的建筑——帕提侬神庙中。在伯罗奔尼撒战争的前夜，这座雅典卫城之上的雅典娜神庙共存有 3 600 万枚德拉克马银币。

今天，当一位参观雅典卫城的游客抬头望向帕提侬神庙，看见那宏伟的三角楣构件时，会认为它只是一座庙宇。不过古代的雅典人也将其视为他们的国库，这是他们用来抵抗侵略的强大的货币武器。帕提侬神庙的前门通向一个奉有巨大雅典娜神像的房间——神像是镀金的，一旦形势危急，这些金子可以被剥落并铸成货币。帕提侬神庙的后门则通向国库。雅典娜将庇护的目光投向下方那座因她得名的城市，然而她的保护背后是财政力量的支持。货币制度不仅仅是一项杰出的经济发明，同时也是一项伟大的政治发明。

猫头鹰银币的使用范围远远超出了雅典。雅典的四德拉克马在地中海东部以及更远的地方都有发现，这表明它们曾被用于远距离的贸易。更有趣的是，在埃及、阿拉伯半岛、巴比伦，还有部分古希腊殖民地——大希腊（Magna Graecia）地区的小城市如塔伦特姆（Tarentum）、珀加蒙（Pergamum）以及小亚细亚的一些希腊化城市，都在铸造猫头鹰硬币的仿品。这些仿币的质量参差不齐，但都保留了基本的形制：正面的雅典娜和背面的猫头鹰。有些时候城市的名字会被替代；不过，公元前5世纪在埃及、阿拉伯半岛和巴比伦仿铸的猫头鹰银币都保留了"AΘE"字样，这表明它们已经被视作雅典四德拉克马的货币等价物。

事实上，雅典猫头鹰银币的形制也成为货币本身的标志，就好像现代的一些商标名，比如舒洁和施乐被用于泛指整个产品类目一样。更重要的是，这种硬币变成了一种由雅典垄断的国际通货。这种状况同时也刺激了通过技术模仿进行的竞争。地中海东部以及西亚世界之所以注意到雅典，部分因为其提供了国际交易所需的货币。就像几个世纪前的尼普尔白银贸易一样（见第2、4章），很多交易无法重复记账，也无法通过当事人的声望和法律途径获得支持，货币作为一种技术工具解决了这些问题，因而本身价值也越来越高。通过钱币进行合法的支付规避了交易对手的风险，而且相当快捷和精准。雅典的猫头鹰银币不仅适合雅典内部的政治需要，也满足了雅典体系范围之外的贸易网络的需要。

硬币从哪里来

以弗所（Ephesus）曾经是一座喧嚣的港口城市，也是小亚细亚海岸最重要的港口之一，在罗马时期就已经成为古城。它因古代世界七大奇迹之一的阿尔忒弥斯（月亮女神）神庙而闻名。神庙是一座巨大宏伟的建筑，曾遭受过毁灭性地震的破坏，在公元前6世纪得以重建。新的神庙是在传奇的吕底亚（Lydia）国王克罗伊斯（Croesus）的资助下完成的。

1904年，大英博物馆的考古学家们在挖掘阿尔忒弥斯神庙的地基时发现了一批用银金矿制造的小硬币，银金矿是一种银和金的天然合金。这些古代硬币上带有一些标记：船体几何线形、交叉影线，甚至狮首。硬币的重量有规律地间隔，说明存在某种货币单位。这些可以追溯至公元前6世纪中叶的硬币，向我们提出了金融史上最有意思的谜题之一——造币之谜。后续的发现和进一步的研究将这些硬币的年代向前推至了公元前6世纪的开端。[6]也就是说，这些银金矿硬币的出现比雅典开始铸造猫头鹰银币还要早几十年。这些发现引出了一个基本的问题：货币从哪里来？

亚里士多德对此的解释是国际贸易：

> 通过进口他们需要的货物，出口他们过剩的货物，人们变得依赖于更加遥远的地方，基于这一需要，货币的使用就被发明了。由于并非所有他们需要的东西都能被方便地运输，出于交换的需要，人们之间达成了某种约定，他们约定了这样一类事物：它自身就是有用的东西之一，并且在日常生活中容易运用，比如铁或银，或者任何类似的其他东西。在最开始的时候，这些东西只是简单地通过尺寸和重量来定义，但是后来又被加上了明显的标记，这个标记被作为代表数量的符号印在上面，这样人们就不用再去称量它。[7]

一些学者拒绝了亚里士多德的解释，因为远距离的贸易要早于造币制度的发明。而且，这些来自以弗所的早期的银金矿硬币并没有广泛地流通，所以，国际贸易中的流通并不能成为它们存在的理由。

现代学者则对造币制度的选择性出现提出了两种可能的解释。戴维·夏普斯（David Schaps）是以色列巴伊兰大学的一名古典学教授，同时他也是一名货币和古典经济专家。他指出，硬币是在交战城邦的政治背景下出现的。而公元前6世纪的美索不达米亚和埃及帝国都是大规模的经济体，有着有效的分配制度。夏普斯指出，第一批硬币是在相当不同的情况下出现的。他认为，造币制度的出现与国家日益信赖市场以及需要政府去刺激市场的时代趋势是相联系的。[8]在他的观点里，造币制度是相互竞争的古希腊城邦的统治者们用以增加货币供应的一种方法。夏普斯提到，造币制度的存在，潜在地反映了政府已经意识到市场在经济中的核心作用。最后的这一点是难以辩驳且非常重要的。不管是什么样的灵感火花创造了硬币，政府参与货币铸造的事实暗示着，它开始了扮演市场管理者和"偿付人的偿付人"这一新角色的历程。

另一个由芝加哥大学的阿兰·布雷松（Alian Bresson）提出的相关解释则

/ 069

关注到了吕底亚银金矿币的一些特征。[9]既然它们是由银金合金制成,那么对使用者来说精确的混合比例是未知的。布雷松指出,通过重量和体积来分析银金矿是一项专业而昂贵的技术。对于小面额的钱币而言,称重的花费达到了币值的 10%之多。解决问题的办法是只称重硬币一次,这一次称重也许会由政府出资,然后用一个标记来证明它的重量,并且通过政府法令强制人们接受认证结果。上述被布雷松理论化了的过程和夏普斯的观点是完全一致的。夏普斯认为造币制度的出现源于政府想要通过控制货币供给来维系市场的良好运转。因此,造币制度产生于对小额零钱的需求,而其生产过程则反映了最有效的供给手段。

这些理论也可以与亚里士多德关于造币发明的解释达成一致,这些理解或许可以帮助加深对于公元前 6 世纪爱琴海经济演化以及国际贸易在其中所起作用的理解。

让我们再次回顾巴比伦市场价格的长时间序列。先考虑一个最基本的问题:当巴比伦人走到街上去买水芹、谷物或椰枣的时候,他们如何支付?是用铜手镯,还是他们携带的银块?也许都不是。尽管他们使用一个基于银的价格系统,但更有可能的是他们会将小额支付或债务记录在账户上,比如在当地的商店记账。他们把白银作为表示账户的一种"语言",但是当一个杂货店售卖大麦、水芹和椰枣时,不太可能频繁又不出差错地称量只有几舍客勒[①](shekel)的白银。

通过信用的小规模延展来进行账户支付有一些前提条件,比如对于记录保存系统的共同信任和当事人诚实的名声。同时还需要一个有利于交易的环境:人们相互熟悉,交易足够频繁,这样才无欠款之虞。缺少其中任何一点——记录、名声,或者重复的交易,都会使承担货币职能的小额账户体系分崩瓦解。

接下来考虑亚里士多德所描绘的国际贸易的场景。想象一下来自雅典、埃及、塞浦路斯、黎凡特地区[②]以及黑海的船队停泊在以弗所港口的石码头边,正在装卸货物:成罐的油和谷物、家用器皿、纺织品和其他来自遥远地中海世界的大宗商品。船长、船员和商人想要吃饭、睡觉,想在几十天的海上生活结束后放松一下自己。他们还必须为随后的航程修整船只。这些花费该如何支付?出售物品和服务的商人凭什么为他们中的任何一个人设置账单?俗语说:"我们

---

① 以色列货币单位。——编者注

② 黎凡特地区指中东托罗斯山脉以南、地中海东岸、阿拉伯沙漠以北和上美索不达米亚以西的一大片地区。——编者注

只相信上帝,其他人都要用现金支付。"再也无法见到某个船员的风险是很高的。与此同时,进行物物交换并不便利,而且在经济上也缺乏效率。再者,交易额太小,远远不值得为其拟写一份正式的合同。这样看来,售出一些商品来获取当地货币是一种让外国人在未知土地上能够消费的简单方法。在以弗所港口码头边各种各样的货摊中,货币兑换点一定是第一站。

当然,地中海地区的交易开始时间远早于6世纪。比如在公元前15世纪,希腊大陆上的迈锡尼城邦就开始与埃及和克里特岛交易了。希腊最早的成文记录是一些用B类线性文字书写的小板,这些板上记录了宫廷商品交易的细节。不过这种有政府赞助的交换也许并不要求那些分散独立的小企业采用同样的支付技术。不同政体间的朝贡与交换贸易很可能采用了其他的验证手段。信任一个外国的政府与信任一个外国的船长和他的船员是两回事。硬币赋予了个人与政府不一样的交易权力。

假如造币的传统伴随着诸如吕底亚金币那样的银金矿小块的使用戛然而止,一代代的学者就不会如此为之着迷。事实上,希腊硬币的浓厚魅力在于它们是象征国家的符号。公元前6世纪晚期,造币发展成了一种卓越的艺术形式——每一个城邦有它自己的与众不同的设计:雅典有猫头鹰,埃伊纳岛有乌龟,科林斯有长着翅膀的马。这些设计被雕刻在称量过的银块或铜块上,留下了浮雕的形象。它们是一个城市的象征,一份货币价值的证明,也是一件古典艺术品。

然而,这些硬币不仅仅是一种象征。雅典诞生了第一个民主政体,因而雅典的猫头鹰银币是我们回溯民主社会根源的桥梁,是与古代政府的有形连接。造币,作为一种金融工具,成为一个国家不可或缺的利器,一种促进和规制商业的手段。如果亚里士多德是对的,那么它还是一种在国际贸易中极为有用的工具。

对海上贸易的依赖和独特的政府治理系统的发展,是雅典区别于大多数更早期古代社会的两个主要因素。古代的雅典与那些早期的苏美尔城邦有很大的不同。尽管拥有雄伟壮观的卫城,雅典并没有在一个基于庙宇的本地农业再分配系统上集中起来。海外的谷物交易部分依赖于"看不见的手"来吸引风险资本——不论是财富还是人力风险的资本。"看不见的手"推动形成了一个激励机制，使得谷物流向这座城市以弥补它自身所不能生产的部分。即便如此，我们也不能说雅典是一个简单的自由放任的社会。严格的监管限制了谷物的再出口以及对非雅典谷物交易的融资，针对谷物的二手交易及贮存也是被限制的。在此过程中，法律和监管架构起到了关键的作用。

资本投资在交易中的分散意味着证据本身是分散和碎片化的。和在早期美索不达米亚城邦中的发现有所不同，雅典并没有主要的国家档案来记录经济活动，没有泥板留存至今，只有一小部分最值得记忆的法庭演说和辩论、海外贸易的考古学证据、关于希腊戏剧的一些文献，当然，还有硬币。我们很难根据这些信息来量化金融活动的程度，只能够确认某些合约和机构的存在。致力于研究古代金融的现代学者们努力尝试将这些分散的信息联系起来，因为雅典的经济从地中海东部一直延伸到黑海，这是非常值得注意的。它证明一个基本依赖于国际贸易的社会，不管多么庞大和复杂，只要具备有效的金融结构，就有可能存在并延续。

雅典的民主和雅典的金融是共同进化的，这呈现了一个悖论。交换经济通过分散基本投资以及允许"看不见的手"来配置谷物贸易中的资本，从而实现正常运行。雅典的民主同样要求一个分权制的治理结构，同时，它又通过抽象的国家制度实施某种手段来统一公民。公民要愿意向国家缴税，要欣然拥护公共服务的需求。民主不仅是一种政治结构，同时也是一种经济结构。它需要一种能在许多层面上进行操作的技术，这些层面有时包括宗教象征。雅典的造币制度将公民的忠诚从诸如家庭和部落这样的传统群组中重新集中到了一个新的结构——国家。它将雅典娜作为国家的象征，将货币作为一种媒介，通过这种媒介，这个国家不断地积累着经验。货币是一种奖励体系，一种度量体系，也是集体财富的储备。

第7章 罗马的金融

罗马的金融系统比它之前的任何一个都要复杂。根据某些研究，其复杂程度超越了工业革命之前出现的任何事物。[1]罗马的金融架构与这个帝国的经济复杂性相匹配。它的重要功能之一——就像雅典的金融系统那样——是为发展程度超过了当地农业承受水平的大都市提供食物。罗马的贸易网络包含了很多今天的欧洲和北非国家，它的远距离联系甚至延伸到了印度和中国。这个巨大的网络离开了金融是无法运作的，就像古代雅典那样，商人需要资本、贸易信贷，以及对抗风险的保险。

罗马通过四处征服成为一个帝国，而征服本身也是金融的功绩之一。军队需要报酬，需要食物，需要被运输并驻扎在跨越三个大洲的地域上。罗马不得不发展货币经济以担负军队的开支。一旦某个区域被征服了，就必须提供赋税并且服从统治。为了强化这样的逻辑，罗马私有化了国家的各种功能，包括税收、军需和建设。

在本章，我们会通过一些关键的例子来探索罗马的金融体系。这些例子将阐明金融在罗马扩张过程中发挥了何种作用，复杂的经济制度在贸易和罗马的生物链中扮演何种角色，以及金融中介在政治权力斗争中具有怎样的影响。许多例子都表明，古罗马拥有一套高度现代化的金融工具组合，这些工具被用于处理跨期交换、资本形成以及对风险和不确定性的控制。这些例子也展现了一个遭受着金融危机和通货膨胀等常见现代化弊病的体系。信用紧缩和恶性通胀危机有时会突然降临于罗马经济，这提出了一个问题：一个复杂的金融系统——无论其处于古代或现代——是否必然会遭遇系统性的冲击？

使罗马在金融史上脱颖而出的关键特征是它发展出了一个维持其统治阶级巨额财富的金融体系。在罗马，不存在缺乏财富的政治力量，而财富又通过投资不断增长。罗马的金融体系逐步发展，为资本投资提供机会，这些资本投资对维持罗马少数寡头的财富来说十分必要。为了在上层社会中划分征服而来的经济收益，同时也是为了解决复杂的政治权力斗争，罗马出现了一种灵活性和策略性很强的金融交易方式。

图 7-1　位于古罗马城市广场的卡斯托尔和波吕克斯神庙。在神庙的台阶上，会拍卖众多古罗马公司的合同。公司的股份也会在这里交易。这里是世界上最早的股票市场

罗马社会：没钱是万万不能的

在罗马的历史上，一个显著的社会特点是明显的阶级分化以及政治等级对财富的依赖。钱财是迈入统治阶级的必要非充分条件。纵观罗马的历史进程——从君主政体到共和政体，再到帝国——罗马总是被一小部分能够长盛不衰的寡头所统治，这里所说的统治阶级是根据继承和财产来定义的。在最极端的时期，大概10 000人统治了一个拥有6 000万人口的帝国。

罗马的统治主体——元老院的进入门槛包括如下条件：25万便士（古罗马

货币）的财富，由元老院议员选举产生，到罗马帝国时期还需要有皇帝的批准。在罗马共和国期间，实行了常规的人口普查，通过调查和评估家庭地位与财富将国民分为不同等级。没有达到财富标准的元老院议员将被剥夺职位。每年，元老院的议员席位都会对外开放，元老院议员的家人们此时会互相竞争来捍卫自己亲人的地位。

在有资格被任命为元老院议员的两个社会阶级中，最排外和最有特权的是贵族阶级，他们是罗马最早的统治家族的世袭后裔。接下来就是"马背上的阶级"——罗马骑士，其高贵的地位源于罗马军队中的骑兵大部分出自此。划定骑士阶级的财富标准是 10 万便士，这个标准反映了他们拥有马匹（因此他们被叫作"马背上的阶级"），或者拥有足够资源来为马匹和士兵付钱。尽管成为骑士阶级的条件首先是继承，但是人们也能通过积累财富最终跃入这一阶级。平民和自由民（比如，曾经的奴隶）构成了罗马社会中地位较低的阶级。

正是由于财富和阶级之间的这种联系，金融合作、竞争和欺诈成为政治策略中的重要表现，这导致了对政治家从事企业活动的法律限制。比如，《克劳迪法》（the Lex Claudia），一部于公元前 218 年被元老院通过的法律，限制了元老院议员所拥有的商船的运载能力。它冀图阻止元老院议员利用他们的政治优势来获取经济利益。元老院议员可以通过土地赚钱：在大片土地上种植麦子、葡萄和橄榄，最后在当地卖掉它们。没有大型商船，那些产自元老院议员土地上的出口产品就会被有效地控制住。

一旦某个骑士成为元老院议员，理论上他会被限制直接参与帝国广阔而利润极为可观的贸易活动，除非通过借贷这样的间接投资方式。元老院议员需要足够富有，但是他们的流动资产又被严格地限制着，即使财富是他们获得被选举资格的明确条件。

总而言之，元老院议员需要在不能直接投资于有利可图的事业的情况下保持巨额财富。因此，进行委托金融业务的能力——这是个看上去似乎没有参与商业逐利的好办法——以及将所有权和控制权分开的能力是非常必要的。正如我们将要看到的，罗马金融体系发展出的制度恰好赋予了元老院议员们这样的机会。

再往下一个阶级，罗马骑士及其家人——与元老院议员不同——可以参与到商业活动之中。他们管理着主要商业活动的进行，并且操纵着重要的政府职位。骑士阶级最终发展成了与现代公司相似的一种金融组织形式。公司结构给了骑士阶级进行股权投资的能力，但它同时也保留了罗马的寡头结构特征——投资于这些公司的骑士有效地与合伙投资人分享了业务风险和回报。

因此，罗马的金融是和政治密不可分的。创新和复杂的金融制度反映了罗马统治的特性。毕竟，罗马最值得自豪的地方就在于它作为一个政治实体存续了1 000年，在巅峰时期，它统治了世界上相当大比例的人口。这个非凡的政治均衡就建立在一套独特的金融工具集合之上。

信贷：金融力量的缰绳

让我们从一场金融危机开始来认识罗马的金融。无论从哪个方面来说，这场金融危机都会彻底破除人们认为罗马是一个原始经济体的误解。从历史深处再现公元33年的这场危机将会清晰勾勒罗马帝国早期的金融机构，也会解释它们最终是如何从罗马政治的复杂性中衍生出来的。

罗马在从由元老院管理的共和制向由皇帝统治的帝国的转变过程中爆发了一系列的内战，这些内战以公元前31年著名的亚克兴（Actium）海战而告终。在这场战役中，安东尼和克娄巴特拉（埃及艳后）的舰队被屋大维击败，而屋大维就是后来的奥古斯都·恺撒。他的养子，将军提比略（Tiberius），在奥古斯都死后的公元14—37年统治了罗马。当提比略开始统治时，他向元老院开具了罗马权力之位的空头支票，然而，提比略统治的最后5年是以权力斗争——一场早有预谋的政变以及随之而来的迫害为特征的。

在提比略去世的4年前，罗马发生了一场由抵押及违约行为引发的金融危机。与他的恣意挥霍的继承者卡利古拉（Caligula）不同，提比略在公共支出方面是保守的，所以国库中有充足的货币。公元33年的这场金融危机发生在私人部门，但是它最终需要政府通过对信贷市场的介入来解决。

这场危机是以公元31年的一场清洗为先导的。在这一年，提比略的挑战者塞扬努斯（Sejanus）被执行了死刑。暮年时期的提比略因为杀害了很多政变的支持者并将他们投入台伯河而闻名。两年后的金融危机正是一场失败政变之后的清洗活动的延伸。

多年之后，历史学家塔西佗（Tacitus）、戴奥（Dio）和苏维托尼乌斯

（Suetonius）描述了这场危机。[2] 在危机发生前几十年，恺撒颁布了一部监管贷款和规定在意大利持有不动产条件的法律。公元33年的危机显然是从当局重新执行这部法律开始的。恺撒的监管条例是对公元前50年代开始的一场金融危机的反应，这场金融危机在公元前49年恺撒进军罗马后发展成熟。那时，为了应对信贷紧缩和财产减值的问题——也许同样是由政治不确定性导致的——元老院设定了12%的利率上限，但之后被证明并没能解决信贷危机。恺撒继而采取新的措施，允许按照危机前的价值用土地偿还债务，他还取消了抵押贷款的应付利息，禁止囤积现金，同时要求放贷者以不动产的形式持有他们的一部分财富。[3]

这些相同的补救措施，在80年之后再次被应用于解决公元33年的信贷危机。恺撒的法律被罗马的护民官（人民的代表）重新启用，但是他们的行动实际上受到了提比略命令的影响。护民官们将利率调低至5%，并堵上了用以逃避高利贷和土地法律的漏洞，这明显是对参议员资产的打击。据报道，颇有权势的元老院议员涅尔瓦（Nerva）在和提比略及护民官们的冲突中绝食而死——表面上是因为他坚信这是一项灾难性的政策，但是事实上也许是因为他遭遇了灾难性的财务破产。

根据塔西佗的说法，几乎所有的元老院议员都是放债者。商业贸易被法律所限，放债是元老院议员维持他们财富的主要手段。罗马历史学家纳森·罗森斯坦（Nathan Rosenstein）所做的关于参议员财产的经济学研究表明，至少对大部分元老院议员而言，农业耕作并不能为其提供足够的盈利。[4]

元老院向提比略请求将法律的执行日延后18个月作为缓冲期。提比略答应了他们的请求，但是这个宽限期并没有起到什么作用。由于信贷消失，借款者绝望地试图通过变卖地产来筹集现金用以偿债，紧随其后的就是银根紧缩。地产价格的危机加剧有可能是由于皇帝清算了从塞扬努斯支持者手中没收的地产。

随后，元老院试图通过要求3/4的贷款资本必须由位于意大利的土地进行担保，从而支撑起地产价格，此举是为了将抵押贷款强加给土地持有者，这和恺撒早期的政策类似，但是显然也没有起到作用。放贷者直接退出了抵押市场，将资本投资作为副业，直到土地价值的不确定性问题被解决。塔西佗描述了这些后果：

很多东西被彻底地摧毁了。对私人财富的破坏促成了阶级和名声的下降，直到最后皇帝通过银行的分配将1亿塞斯特斯①(sesterces)投入了他的救援行动，并且允许借款人拥有取得三年无息贷款的自由，前提是借款人向国家提供土地抵押并保证使收益翻番。信贷因此慢慢恢复，也逐渐能够找到私人放贷者了。[5]

为了对公元33年政府抵押救助的规模有个直观的感受，请看以下数字：当提比略在4年后去世时，他留下了27亿塞斯特斯的财富。这次紧急救助大约使用了4%的政府资金，是共和国早期成为元老院议员的财富标准的100倍。[6]

尽管历史记录是简短的，公元33年的危机仍然为我们展示了罗马金融的巨大总量。主要放贷者之间的相互关系带来了系统性风险。到公元33年，罗马已经有了以信贷收缩和贷款违约为特征的金融危机的前车之鉴。当新的危机发生时，统治者会以早前危机的应对措施作为指导。那时候罗马的国库在面对危机时以和美国财政部一样的方式运行——通过贷款缓解信贷的缺失，并利用中介机构来实行这一解决方案。

公元33年的这场危机也展现了古罗马政治和金融之间的紧密联系。危机是紧随一段政治不确定时期出现的。事实上，它更像是一种伴随政治清洗而来的金融清洗。如果是这样，波及面会超出预期。实际上，提比略或许利用了这场危机作为对抗元老院的武器，但他也不得不打开国库以阻止更严重的金融的甚至是政治上的崩塌。

帝国时代，随着元老院权力的削减，金融体系爆发危机的可能性越来越大。在帝国时代，意大利不动产的价值已经和元老院座席的价值牢牢地联系在一起。或许提比略对皇权的控制和对元老院议员领袖们的暴力迫害造成了财产价值的减少。在他开始执政的时候，还装模作样地承认元老院在罗马统治体系中占主体地位；到了晚年，提比略让世人看到：通过信贷体系，他已经握紧了金融力量的缰绳。

---

① 古罗马货币单位。——编者注

广场上的金融

威廉·哈里斯（Walliam Harris）是研究古代经济的顶尖学者之一，他在关于公元33年危机的分析中提出了一个简单而重要的观点：被转手的数量巨大的货币并不是以银币的形式被交换的，而是通过一个复杂的金融中介体系——银行家们来进行转移。[7] 注意，塔西佗曾提到过皇帝"通过银行"分配救济金。政府利用了多家银行以1∶2的价值率发放一笔三年期的无息抵押贷款。[8]

艾米利大圣堂矗立于罗马广场的东边，面对着神圣之路（Via Sacra）。除了其他一些人，这里住着银行家们，他们的店铺面朝雅努斯神庙，雅努斯是罗马的天门神——他的脸被印在了罗马最早的黄铜硬币的背面。可以推测，这些银行和提比略在危机救助中用作中介的银行是相同的。当资金从国库中释放出来之后，这些银行必须发放财产贷款，并且要继续监督和服务，不管是以政府的名义还是为了它们自己的利益。

实际上，当年真实的紧急救助行为大概就发生在罗马广场上。在艾米利大圣堂的对面，罗马的国库就建立在不朽的萨图尔诺（农业之神）神庙的地基上。就像雅典的帕提侬神庙，它拥有这个国家的货币资产以及金融账户。在经济危机期间，罗马的国库或许并不会打开大门拿出成袋的塞斯特斯，穿越罗马广场送到艾米利大圣堂的银行家手里。他们很可能是通过账簿转移来进行操作的。当然不管怎么样，艾米利大圣堂的银行家们确实也会处理现金。参观者现在仍然可以看到410年一麻袋罗马铜币烧毁后留在大圣堂地板上的痕迹。紧急救助的实施几乎可以肯定是通过账簿转移来进行的：政府承诺和保证提供资金，随后银行可以基于这一承诺来发放抵押贷款。政府保证银行家从国库获取现金的承诺和硬通货一样好用。

一件在罗马广场发现的宏伟雕塑也为我们研究当时的金融危机及其应对方法提供了一些线索。

图拉真石栏（Balustrade of Trajan）描述了一次后来的金融救助，即101年罗马皇帝图拉真实行的税收和债务豁免。那一年，图拉真在意大利建立了一个巨大的慈善基金会系统——投资于抵押贷款——来支持贫穷的孩子和借钱给小农阶层。他还取消了罗马诸省的税收欠款。由于这两项金融法令，他受到了意大利平民的爱戴，同时也获得了外地人的感谢，这些外地人显然正在

/ 079

遭受征税者的压迫。

图 7-2　图拉真石栏，描绘了债务豁免的场景（© Ron Reznick.）

在这件雕塑上，图拉真正站在萨图尔诺神庙前，监督对税收记录的销毁，这些记录原先大概是存放在国库里的。这些账簿被装订成大的折叠起来的册子，官员将它们背在背上，随后堆叠起来进行焚烧。显然，图拉真并没有把货币拿出来，他是在审查账簿——其价值在于形成契约的税收记录。这是一个表现帝国宽容的金融政策的场景，是对 70 年前提比略慷慨给予宽宏大量的效仿。政府的紧急救助被认为是举足轻重的，以至需要铭刻在公共纪念碑上加以纪念。

罗马以及后来的银行家们

在第 5 章我们看到，世界上第一家银行是在公元前 5 世纪的雅典作为存款机构和金融中介出现的。公元 33 年金融危机发生的时候，银行业务在地中海地区已经是一项历史悠久的实践了。事实上，埃及马其顿的统治者早在罗马进行统治收税之前就建立了国家银行。令人惊奇的是，这些金融记录的碎片幸存了下来。

举例来说，有一个名叫皮东（Python）的埃及银行家，他居住在鳄鱼城（Crocodilopolis），活跃于公元前 255—前 237 年。皮东的银行是希腊管理埃及的一个基本工具。他和其他的银行家们收集并转移政府的收入，同时也向埃及人提供个人金融服务，比如存款业务、货币账户核对、支付，以及提供信用证明。西塔·冯·雷登（Sitta von Reden），研究埃及托勒密王朝金融问题的主要权威之一，重现了这些银行家的部分交易行为。她相信，古埃及银行家们的服务延伸到了实质的信贷活动领域。在她的一个研究案例中，一个银行家以包税合同作为担保物借出资金。[9]

在罗马，私人银行家被称为钱庄主，他们早在公元前4世纪中叶就出现在罗马的历史中。"钱庄主"这一称呼暗示了他们是以货币交换者的身份开始发迹的，雅典的银行家们大概也是这样。钱庄主提供各种各样的银行服务，包括吸收存款、通过支票或账户转账、预提资金给客户、在拍卖中借钱给投标人，以及通过汇票转移资金。[10] 他们有自己的工会，在罗马广场上沿着圣道开办店铺。就像在雅典一样，银行家们可能也会在离码头更近的地方经营业务，比如在罗马的例子中，家畜市场就在屠牛广场上。一个小的拱门——货币兑换者之门（Arcus Argentariorum）现在仍然屹立在屠牛广场的入口处。门上的铭文显示它是一份放贷者和商人工会准备的礼物，大约在203年被献给当时的皇帝塞普蒂穆斯·塞维鲁（Septimus Severus）。

然而，总体来看，罗马的银行家并没有像当地的政治家那么著名。也许最著名的是蒂图斯·蓬波尼乌斯·阿提库斯（Titus Pomponius Atticus），骑士阶级的成员之一，也是西塞罗（Cicero）的朋友。阿提库斯之所以留下声名，一方面是因为他出版了西塞罗的作品，另一方面也是由于他的金融活动。银行家们并没有在罗马社会扮演很重要的角色——至少直到古典时代晚期。但至少我们知道有一些银行家能够赚足够的钱来享受奢侈的生活——银行家卢修斯·凯基利乌斯·尤库恩度斯（Lucius Caecilius Iucundus）的乡间庄园是庞贝城最漂亮的房子之一，屋子里面装饰着与附近邻居相似的奢华的壁画和马赛克镶嵌画。值得注意的是，他与客户之间的部分交易被记录在了密封的蜡板上，后来埋在了火山灰里。

有关古罗马时期银行家的证据总是时隐时现。公元3世纪，在货币兑换者之门设立后的几十年间，关于银行家的传统证据数量有所减少，这令金融史学家非常困惑。然而一个不争的事实是，即使是在410年罗马陷落之后，银行都一直保持着高盈利的状态并在商业界扮演重要角色。

位于意大利东海岸的城市拉韦纳（Ravenna）是众多保存最为完好的拜占庭

艺术品的来源地。罗马陷落之后，港口还未淤塞的拉韦纳成为繁忙的海港，也是东哥特王国（Ostragothic）的首都。547年完工的圣维塔教堂是一座装饰着耀眼的镶嵌画的高大的八边形建筑。它被用于庆祝拜占庭帝国皇帝查士丁尼一世（Justinian）设立拉韦纳为帝国西部新首都的仪式。其中一幅镶嵌画描绘了查士丁尼一世及其军队和教会仆从，皇帝左边站着一位胡子略微有些蓬乱的男人，学者们普遍认为他是银行家朱利安·艾金塔留斯（Julian Argentarius）。在被拜占庭帝国征服后，显然是朱利安·艾金塔留斯承保了拉韦纳境内圣维塔教堂及其他一些大教堂的建设工程，仅圣维塔教堂的建设就耗费了26 000金索里迪①（solidi），相当于260磅黄金。[11]

朱利安的生平并不为人所知，但他可能是查士丁尼一世的随从。这一事实证明了帝国皇帝依赖于军队力量、教堂合法性、顾问的智慧以及银行家的支持。鉴于财力在战争中的重要作用，学者们同样认为朱利安在对拉韦纳的成功军事占领中扮演了重要的角色。其他证据表明查士丁尼极为依赖银行家管理政府财政，比如有可能让他们担任政府的包税商。若真是如此，查士丁尼统治下的东罗马帝国的扩张就为银行家创造了机会。没人知道朱利安到底有多富有，但其后没有任何一位银行家能留下如此悠久且宏伟的建筑遗产。

在十字路口的发现

1959年春，由于在挖掘中发现了古废墟的遗迹，那不勒斯（Naples）到萨勒诺（Salerno）的高速公路施工暂停。此次停工并不意外，因为这条路位于庞贝古城以南半英里的地方，靠近罗马古路的一个十字路口，这条沿着海岸线的罗马古路现在已经被掩埋了。人们在废墟中发现了一个保存完好的庭院，四面围绕着装潢精美的会议室，这些会议室中有三面墙内置长条形软座，中间还有一个石质的矮桌。考古学家在其中一个房间发现了一个装满木质折叠片的篮子，这是银行世家苏比奇（Sulpicii）的法律文件档案室。公元79年维苏威火山爆发，当地居民在混乱中放弃了房子。在房子附近还发现了一艘小船的残骸，说明这间房子并不是苏比奇家族位于庞贝的度假别墅，而是靠近古港口的商业

---

① 一种古代罗马金币。——译者注

经营场所。文件记录了数年间的贷款、诉讼和其他交易,这表明苏比奇家族是银行世家,这座房子也许是他们的营业地点。经济史学家彼得·特曼(Peter Temin)观察发现,苏比奇家族可能提供了当下银行业所能提供的全部甚至更多服务,他们经营存款、转账付款、借贷、促成投资、为拍卖会竞拍成功者提供预付款等业务。[12]

尽管档案是在庞贝古城被发现的,但实际上它记录的是苏比奇家族在那不勒斯湾对岸的港口城市波佐利(Puteoli)所做的交易。大部分记录产生于公元33年金融危机及其后一二十年间。档案记录了波佐利集市内的交易,描述了那些由于港口繁荣而投身贸易的商人们的经营活动。这些活动涉及地中海区域的贸易,特别是来自埃及的供给罗马民众的谷物运输贸易。

亚历山大的崛起

仲夏的一天,斯多亚学派哲学家塞内加(Seneca)在他位于波佐利的房子中见证了埃及船队的到来:

> 今天我们突然看到了"亚历山大"号,这是用来通知船队到来的先遣船只,被称为"邮船"。坎帕尼亚人(Companians,坎帕尼亚城的公民)乐于看到这些船只,波佐利的普通民众站在码头,无论港口多么拥挤,他们都能通过修长的船帆辨认出"亚历山大"号。当大家都匆忙地赶往码头时,我为自己的懒惰感到庆幸,尽管我将很快收到朋友的来信,我却不急于知道我海外生意的进展,也不急于知道这些信件究竟会带来怎样的消息。我已经有段时间既不亏损,也不赢利了。[13]

在罗马共和国后期和帝国早期的大部分时间里,波佐利都是罗马的深水港口。波佐利位于坎帕尼亚的那不勒斯、庞贝古城、赫库兰尼姆三镇海岸沿线的几公里外。波佐利港天然隐蔽,港口宽大,有足够的水深,大型的跨地中海货轮可以在此安全停靠。谷物从这里由更小的船只运送到台伯河河口的奥斯提亚(Ostia),然后运至位于上游的罗马城。最后货物在靠近大竞技场(Circus Maximus)尽头、位于帕拉蒂尼山(Palatine Hill)山脚的繁忙码头和集市卸下。

即使在公元前80年,埃及被罗马正式吞并前,波佐利就已在罗马经济中扮演着重要角色。首都依赖地中海的食物进口，也依赖于世界各地的奢侈品。当冬天风暴停息、海面平静之时，商船就会满载尼罗河三角洲的小麦、装在土罐里的葡萄酒、纺织品和来自印度的珍宝，离开亚历山大港驶往罗马。完全取决于风向的航程可能持续一个月甚至更久。尽管对罗马经济意义重大，但来自亚历山大港的大型船队中的商船并不归政府所有。虽然大部分谷物被运往城邦粮库，但支撑这一过程的资金都是由私人部门提供的，其中的风险与收益都由私人投资者自行承担。那么是什么样的法律和金融机构能够使这样的大型国际贸易成为可能呢？

图 7-3 壁画描绘了古代波佐利港口的情景，来自亚历山大港的谷物运输船由此进入罗马，银行世家苏比奇家族也在此经商（https://commons.wikimedia.org/wiki/File: Stabiae_-Port_Scene_-MAN.jpg.）

塞内加对"亚历山大"号到达的描述很清楚地表明船队也带来了他在海外投资的消息。塞内加的钱很可能投在了他在非洲行省拥有的土地之上，他曾经和姑妈在那里居住过一段时间，这些土地是姑妈留给他的遗产。然而这段文字的关键信息是风险。作为一个拥有大量土地遗产的政治家，塞内加超然于商业，其斯多亚式的冷静与群众的激情形成鲜明对比。他说他既不会有损失也不会有收益，显然他并未投资于船队中的任何一艘船，他的快乐不取决于即将到来的消息也不依赖于运气。也许他幸运地实现了分散化投资。不过，与平静的塞内加不同，苏比奇家族几乎必然翘首在迎接船队的嘈杂人群之中。对当地企业的贷款业务某种程度上将银行家与亚历山大港的贸易联系在一起。

波佐利市的浅水区至今可见古时著名港口的遗迹。古代的海堤、混凝土码头、港口边的商店以及砖砌的仓库清晰地倒映在碧蓝的海湾中。事实上，被淹没的城市目前是一处国家级的浮潜探险保护区。陆地上，圆形露天剧场依然耸立，成为古代拥挤人潮的证明。在古代，这座城市以寺庙、剧场和广场为荣。就像古希腊港口的场景一样，这里的银行家也在码头焦急地等候。

金融作家、古典学者戴维·琼斯（David Jones）深入研究了已经修复的几百块档案刻板，重现了苏比奇家族的交易。[14] 他在书中描绘了苏比奇家族及其所在金融市场的丰富图景。琼斯重点研究了苏比奇家族档案室中的5块刻板，这些刻板展示了亚历山大谷物交易中商业借贷与金融中介所起的部分作用。[15] 大部分经营由自由人和奴隶，而非骑士阶级成员来进行，然而他们与上层社会的联系是显而易见的。

例如，公元37年6月18日，自由人（即被解放的奴隶）盖厄斯·诺维厄斯·攸努斯（Gaius Novius Eunus）向另一个自由人伊万诺思·派迈纳斯（Evanus Primianus）借了10 000塞斯特斯，这项合约是通过他的奴隶赫斯卡斯（Hesychus）完成的。攸努斯以7 000莫迪（modi）（相当于2 142立方英尺[①]的谷物）和200袋鹰嘴豆、小扁豆及其他豆类作抵押。这些货物储存在公共仓库，攸努斯承担了变质、失窃、拖欠仓库租金的可能风险。第二份文件是相同条款下3 000塞斯特斯的借款。第三份文件显示奴隶赫斯卡斯从奴隶戴奥吉纳图斯（Diognetus）手中租借了仓库。第四份文件记录了攸努斯对赫斯卡斯的持续负债。第五份文件记录了对未还贷款余额的应付利息（每月1%）。[16]

苏尔比基乌丝·浮士德（Sulpicius Faustus）是苏比奇家族的银行家，他见证了前两个交易，之后他成了贷款偿还时的收款人。他因此成为赫斯卡斯的金融支持者，赫斯卡斯也因此增加了对谷物商人攸努斯的商业借贷。

这一复杂过程极为细致地表明了谷物交易中的借贷是如何完成的。谷物作为抵押品，保险条款由合同明确规定，而具有现成资本的银行家是借贷行为的

[①] 1立方英尺=28.316 8升。——编者注

核心。事实上，公元39年9月，赫斯卡斯的社会地位已经提升了。一块刻板记录他成为盖乌斯·恺撒·奥古斯都·日耳曼尼库斯（Gaius Caesar Augustus Germanicus），即盖乌斯大帝（Emperor Gaius）的奴隶。大帝有可能继承也有可能购买了赫斯卡斯，然后这位奴隶继续为有权势的新顾客进行金融交易。

让·安德罗（Jean Andreau）是研究古代银行业的权威专家，他指出苏比奇家族向上流社会借款以募集资本。一份记录记载了一笔价值94 000塞斯特斯的从皇帝奴隶那里借来的借款。[17] 在此期间，罗马骑士和元老院阶层对金融借贷的依赖远大于对意大利房产的依赖，通过赫斯卡斯这样的专业中介，他们能为商业企业提供贷款。皇帝及其随行人员并不是苏比奇家族的合作伙伴，而是最终债权人。小型金融中介显然只能向资金链上游借款。这种公平交易的金融结构允许元老院议员和皇帝能够不用亲自参与也可以进行商业投资。

由于同样的原因，这种要求政治家也必须遵循市场交易准则的罗马社会阶级结构，在金融领域也形成了"条条大路通罗马"的局面。罗马是金融最终汇集的地方，金融管制条例在这里被制定并强制实施。罗马的寡头政治权力通过信贷市场实现了扩张，并创造出了能够避免政治损失、财物损失的中介形式。

然而，认为罗马金融体系的运转完全是为了统治阶级利益的观点是错误的。苏比奇家族档案室所显示的复杂中介网络说明了罗马商业世界的能力。如果资金能够通过借贷被用于埃及谷物的运输，那便也能被用于无数其他商业活动。古罗马时期最为复杂的一份金融记录是有关外贸货物运输的融资借贷，航程起于印度，经由大篷车和尼罗河驳船穿越埃及，到达亚历山大港，最后出口至罗马。这份贷款合同被发现于印度西海岸的罗马贸易前哨站穆泽里斯（Muziris）。[18] 它证实了罗马广阔的贸易范围及金融合约对贸易的支持形式。

奴隶身份与有限的自由

让我们暂时放下道德观念，纯粹从法律角度来思考奴隶制。如果一个奴隶犯罪了，受害人会起诉奴隶主。我们可以想象一个愤怒的奴隶会故意造成巨大损失来报复他的主人，例如弄沉他人的船只。罗马法律通过限制奴隶主承担责任的范围来解决这一潜在问题。奴隶主无须为不在其监管下的奴隶行为负责。如果奴隶主能够证明他绝没有让奴隶弄沉他人的船只，受害方就无法追究奴隶主的责任。

这一有限责任也扩展至金融交易领域。如果一个投资人安排奴隶进行交易并给予他自由权，奴隶主的责任范围则被限定为通过奴隶经由"私产"账户进行投资的全部资产。债权人可以追索私产账户，但不能追索奴隶主的资产，除非债权人能够证明借贷是在奴隶主的指示下完成的。这一制度结构是罗马法律和金融中最不同寻常的创新之一。如果任何投资的潜在责任都被限制在私产账户，那么投资人就要承担更多的风险。

和早期的学者一道，戴维·琼斯解释了后来记载于公元39年的文件中赫斯卡斯在其个人账户上进行的谷物交易。这份赫斯卡斯在苏比奇家族开设的银行账户成为他私产账户的天然证据。皇帝受益于赫斯卡斯的商业头脑，但他的巨额资产不受奴隶赫斯卡斯的债权人的追索，这些债权人只能维持个人私产账户的平衡，所以债权人希望能够随时查询私产账户的金额。因此，持有奴隶的存款、贷款和债务等其他金融资产的银行家是为奴隶的净资产提供担保的最佳人选。

私产制度的功能和现在有限责任公司的功能很像。有限责任不仅允许投资者能够控制损失，同时也使投资者不必密切参与业务。投资者可以用投资多样化替代直接监管。在古罗马，通过私产账户，不直接参与业务的投资者将资产分散到许多由奴隶经营的企业。有限责任下，法律有效地迫使奴隶主将管理权授予奴隶，同时确保单一投资不会危及全部的资产。难怪塞内加能对埃及业务的消息保持镇静，很有可能是因为这些事务都是由奴隶来打理的，他的损失被私产账户的额度所限定。

私产制度还能够解释自由人在罗马经济中的角色。奴隶市场的交易范围必然已经扩展到了商业头脑和管理技能的买卖。我们通常认为罗马经济中的奴隶都是体力劳动者或家庭佣人，然而最有价值的奴隶是那些能在最少监管和指示下带来丰厚利润的从事商业生意之人。罗马经济的自然均衡状态可以说是投资者从某种小规模的直接商业交易中分离出来，而让奴隶们全职经营。

所有权和控制权的分离是符合有限责任制法律标准的必要举措，然而这并不是实现盈利的充分条件。奴隶主需要在不允许直接监管的情形下，仍能激励奴隶创造利润。显而易见的方法是补偿。就像如今的公司经理会分享公司利润份额，这会使他们一心只为投资者的利益，罗马的奴隶们也必须是被利益而非惩罚所激励。

商业交易中自由人的普遍存在表明当业务进展良好时，激励在于奴隶可能获得个人自由。当然这一激励方式对奴隶主来说有弊端——他将失去他的（业务）管理人。然而，前任奴隶和前任主人间持续的商业交易在罗马苏比奇家族及其他记录中极为常见。法律上的自由人被前任主人以合同形式拥有。当赫斯卡斯从一个奴隶主转手至另一个奴隶主时，这一交易的预期是他能成为一个成功的、独立的经理人并管理重要的业务，他未来也许会成为新奴隶主的商业伙伴。[19]

法律上规定的私产制度对投资者有利吗？它鼓励投资者承担风险，吸引资本进入产业和贸易领域。它显著地促进了管理才能的有效分配，进而对商业和经济发展有利。然而除了少数例外，它并没有实现众多投资者资金的聚集。拥有私产账户的奴隶的所有权并没有在资本市场上进行交易。

法律研究通常关注的是罗马组织机构法的局限性，显然罗马法律只规定了非有限责任的合伙关系。金融史的观点通常认为，有限责任制是使得现代金融成为可能的必要创新。尽管私产制度不仅对罗马经济意义重大，而且能够适应其发展需求，但它似乎只是一个折中的手段。

耶鲁大学法学院教授亨利·汉斯曼（Henry Hansman）是组织机构法领域的权威专家。他与其他两位同事，哈佛大学的雷尼耶·卡拉克曼（Reinier Kraakman）和耶鲁大学的理查德·斯夸尔（Richard Squire）发展了一种全新的公司理论，将关注的焦点由"有限责任"转移至"实体保护"这一新概念。[20] 他们认为，投资人的主要风险并不在于公司债权人能追索到投资者本人，而是其合伙人的债权人能追索公司财产，通过关闭公司业务、变现资产实现其债权。

因此，在和他人合伙投资之前，你需要评估对方的资产与负债。罗马式合伙关系很不稳定。因此，合伙关系天然地被限定在能够相互信任且共享个人财务信息的少数参与者之中。这就限制了创造巨大资金池以及交易公司股票的能力。没有实体保护机制，拥有其他剩余股权的人就至关重要了。

实体保护机制的缺失也给公司的债权人带来了不便，他们要确保公司破产时自己是第一资产索赔人。私产机制没有解决这一问题，因为这种制度只涉及一位投资者，破产时投资者的债权人只能追索奴隶的私产账户。对赫斯卡斯来说，相较于有信用风险的奴隶主，他更愿意为皇帝服务。

与罗马合伙关系不同，现代公司大都具有实体保护机制。投资者的债权人可以控制公司股权，但不直接拥有公司的所有权。即使独立的投资人破产了，公司也能够正常运作。因此，股权的流通性似乎非常依赖实体保护机制。汉斯曼、卡拉克曼和斯夸尔探索了罗马法律中实体保护机制出现的原因。事实上，罗马确实发展出了类似于现代企业的股权机制。

罗马的股东

第二场布匿战争（公元前218—前201年）之后，罗马在地中海地区迅速扩张。这一扩张为共和国带来了一些挑战。共和国不得不供养大量的军队，建造并维护大量的城市基础设施，并对遥远的新征服城市课税。罗马并没有组建政府官僚体制来完成这些事项，而是以政府合同的形式将其承包给被称为包税人公司的私人财团。

包税人公司从本质上来讲是一种商业合伙关系，具有许多现代企业的特点，它们由富裕的骑士阶层组建并管理，股东被称作包税人。不像元老院议员，骑士阶层的成员并不需要回避直接的商业利益。第二场布匿战争后的罗马进入快速发展阶段，包税人公司制度在解决了一些后勤和金融问题之余，还为骑士阶层提供了共享罗马扩张红利的途径。

包税人公司在公开拍卖中对政府合同竞标，它们特别偏爱地方性税收项目，也会参与建造维护公共纪念馆、供应保障军队等一系列服务的投标竞拍。罗马法律史专家认为这些公司不仅仅是大型的商业企业，它们的股权也是流动且可交易的。

包税人公司在罗马占领的亚洲城市最为活跃，伴随罗马对安纳托利亚和叙利亚的征服而来的，是在罗马广场上拍卖的能带来巨额金融利益的课税权。考虑到中标者无可避免地对能从民众手中压榨到额外收入持有乐观情绪，那么地方纳税人对于公共收税官侵占行为的责难也在意料之中。事实上，正如本章前文提到的，图拉真石栏描述的正是纳税人从高额税负中解脱出来的喜悦。

历史学家波里比阿（Polybius）发现在公元前2世纪，每一位罗马公民都参与了政府服务合同，这意味着包税人公司的参与者分布广泛。即使只有骑士阶层参与包税人公司，这仍是一个值得注意的事实。被数百甚至数千名投资者集体所有的类公司机构提供了一种新的商业经营形式。投资者不直接参与企业运营，而是凭借拥有的股权份额被动获取利润。

前文介绍了雅典人如何在各商业领域从事购买、出售和抵押活动（见第6章）。罗马的包税人公司在此基础上更进一步。投资人可以买卖部分公司所有权，而不会像合伙关系那样容易隐含复杂的法律纠纷。包税人公司的交易越简便、覆盖面越广，罗马的投资者就越多元，借款人获得超限利润的可能性就越大。

股权分布的普遍性有两层重要的含义：首先，公司须有一种能够避免外部债权人干预的实体保护形式；其次，它意味着罗马扩张带来的经济义务、利益及不确定性是以股权的形式由骑士阶层分担的，这一点在地方税收的征收上体现得尤为明显。一段时间内，包税人公司是罗马帝国最大的税款包收人，它们认为税收征管的不确定性是获得超额利润的可能性的交换条件。这对帝国而言有利，但地方纳税人可能非常痛苦。

一种政治学观点认为，可以根据股份体制分析罗马军事征服的收益。元老院通过发放免费面包来取悦平民阶层，通过分享经济利益取悦骑士阶层。看起来包税人公司与现代公司一样，都是追求多种商业机会的私营企业实体，但这些公司显然更关注政府合同，甚至只关注政府合同。它们不可避免地陷入政府事务，随着公司所有权基础的扩大，公司的政治影响力也随之扩张，这就导致了权力斗争。

例如，在公元前123年由保民官员盖约·格拉古（Gaius Gracchus）领导的著名的罗马法律改革中，对地方行政长官行政管理的法院监督支配权从元老院转移至骑士阶级。这不仅仅是个技术性的变动，也使得地方行政长官——他们尤其可能对于严厉的课税手段持不作为态度——需要对重要的包税人公司股东负责。

在罗马的政治环境之下，灵活的股权归属使得贿赂变得更为容易，也许这不可避免地削弱了禁止元老院参与商业活动的阶级禁令。

举一个典型的例子：罗马共和国晚期，公元前59年，演讲家西塞罗作为保民官指控尤利乌斯·恺撒的门徒普布利乌斯·瓦提尼乌斯（Publius Vatinius）涉嫌腐败。他认为瓦提尼乌斯滥用其作为波佐利金融监督官的职权，攫取个人利益，导致骚乱。[21] 西塞罗在其控诉中提到，瓦提尼乌斯拥有一家包税人公司的股权，并通过操纵股权价格从中获利。这是关于早期证券市场诈骗的一个很值得关注的案例。[22]

已故的哈佛大学古典学者厄恩斯特·巴迪安（Ernst Badian）认为瓦提尼乌斯案说明了罗马共和国晚期的税收制度是如何适应新政治秩序的。在其对包税人公司及其同罗马政治关系的缜密研究中，巴迪安强调："包税人公司结构使得骑士阶级在元老院控制权减弱直至进入帝国时代的共和国晚期能够积累权力与影响力。"

巴迪安相信瓦提尼乌斯和恺撒都持有包税人公司的股权，实际上，不仅仅是骑士，元老院议员也是投资者。[23] 他们是如何做到的呢？罗马共和国晚期，旧制度逐步被破坏：格拉古（Gracchi）兄弟在公元前120年左右削弱了元老院的权力，二三十年后，独裁者苏拉（Sulla）取消了人口财产普查。没有了官方的人口财产普查，就没有方法记录元老院成员的财产来源了。巴迪安指出，此后罗马人可能通过类似于银行家的中介在包税公司进行不记名股份交易。

更广泛的投资者基础对包税公司来说当然更为有利。公共系统能够平衡政治家和股东的权益，它是一种能够结合政府和商业利益的极为灵活的创新方式。公司作为分享帝国经济利益的机制在世界历史中一再出现，其频率之高表明它是国家军事扩张中的一个重要事项。

经济学家托马斯·皮凯蒂（Thomas Picketty）认为不平等的根源在于金融投资和经济发展的不同回报率。有资本进行投资的人能够实现财富的高速增长，罗马统治阶级就是典型的例子。由于他们的权力极度依赖于财富，因此需要财富不断增长。他们将财富投资于债务和股权证券，最重要的是，他们利用其政治影响力促成投资结果。罗马共和国解体后，财富变得更为重要，因为供应军队需要钱。例如，罗马内战时，尤利乌斯·恺撒抢劫了罗马财政部，没有钥匙，他便破门而入，抢走了"15 000根金条、30 000根银条及550万枚塞斯特斯硬币"。[24]

包税人公司：罗马法律和金融需求

乌尔丽克·马尔门迪尔（Uleike Malmendier）是加州伯克利大学的金融经济学家，也是行为金融学领域的专家，特别擅长对大型公司首席执行官和经理的行为进行研究。她的大部分研究都是关于现代金融的，解释现代金融系统可能出现的监管失效等问题。但马尔门迪尔也是一位金融史学家，她也进行过一些关于包税人公司的研究。她认为我们可能忽略了一条重要的罗马法律，这条罗马共和国时期的法律规范了包税人公司的成立。

由于包税人公司在罗马帝国晚期已经消失，关于这些组织的信息很少。马尔门迪尔指出，大部分已知的罗马法律都源于罗马历史末期，而不是收税团体运行时代编著的文本。《查士丁尼法典》是在包税人公司出现几个世纪后才编撰的，那时的包税人公司对罗马学者而言已经是历史奇闻了。马尔门迪尔重点关注了一份发现于以弗所圣约翰教堂遗址的文本：一块大理石石板上刻有详细描述公元62年以弗所征税部门，即包税人公司的权利义务的公开铭文。

这些铭文清晰地记载着在复杂法律框架下运营的公司，这一框架对于征税权利的外包做出了详细规定，包括征税公司的收益、义务和义务的履行方式，以及为实现公司责任的政府抵押或担保要求。在包税人公司股权制度被批评、亚洲包税人公司已经引起争议的时期，这一法律框架恰好被创造出来。

马尔门迪尔指出，不同于普通的合伙关系，包税人公司享有法律权利。标准的罗马合伙企业受限于存续期间，任意个人成员的死亡都将导致合伙关系解除；包税人公司则拥有司法上独立于投资者的"人格"，同时还可以无限存续。

此外，与正常的罗马合伙关系不同的是，包税人公司保护投资者免受合伙人债务的影响。这就是汉斯曼、卡拉克曼和斯夸尔寻找的现代企业的早期基因。此时，企业中的投资者数量已经超过了相互信任的少数合伙人。学者们认为这一实体保护允许资产广泛汇集，同时还导致了股权的可交易性。这些都出现在由业已失传的法律规范的古罗马时代。

古罗马广场中央耸立着由一根檐板连接的三根科林斯立柱，那里是卡斯托尔和波吕克斯神庙的遗址——坐落于帕拉蒂尼山山脚，临近神圣的朱图尔纳泉，演讲台和通向神庙的台阶的遗址至今清晰可见。这显然是民众交易包税人公司股份、竞拍政府合同的场所。神庙的重建过程显示其具有三角形的装饰带，与纽约股票交易所的正门极为类似。每年都有数百万的游客前往古罗马广场，漫步于神圣之路，惊讶于凯旋门的壮观，却很少有人意识到他们其实也在参观世界上第一个股票交易市场。

为什么包税人公司会消失？马尔门迪尔认为共和国时期的罗马法律一定非常灵活且具有适应能力。随着罗马快速扩张成为帝国，其经济需求的增速远大于机构的增速。包税人公司是国家不设立政府机构而将一些重要服务外包出去的形式，这可能也是它消失的原因。在罗马帝国时代，帝国政府机构取代了包税人公司。尽管在罗马帝国发展早期扮演了重要角色，但这些公司随着公开拍卖合同的消失而逐渐消失。

公元 6 世纪之前，规范包税人公司的法律甚至还未被收录到恢宏的《查士丁尼法典》之中。法律对于金融可能是重要的，但当金融技术不能满足需求时，法律也无能为力。罗马的法律和金融都反映了罗马政治经济从共和国到帝国的转变。乌尔丽克·马尔门迪尔对古代包税人公司的研究说明，罗马的法律，至少在自然状态下，满足了金融发展需求。

货币与战争

此前我们看到，劳里恩的白银给雅典带来了巨大的经济利益。随着罗马在意大利半岛的崛起，它陷入了与雅典相反的境地。白银的缺乏是罗马的一个重要战略劣势。当罗马开始它的海上征服时，并没有同敌人一样的铸币能力。希腊在阿提卡和马其顿拥有自己的银矿，迦太基人控制着伊比利亚半岛的商业贸易，因此也控制着西班牙丰富的金银矿。

第二场布匿战争及其后果改变了一切。与迦太基的史诗级战争不仅是军事斗争，也是一场金融较量。它将罗马带到了金融崩溃的边缘。菲利普·凯（Philip Kay）是伦敦的一位金融学家与罗马史学家，他关于货币和金融机构作用的专业观点非常具有参考意义。他认为，发生在这一时期的金融转型是其后来成为成功帝国的重要因素。第二次布匿战争代表了罗马的一次经济革命。公元前 216 年，当罗马没有钱来支持军队的时候，它向外国统治者寻求借款，向锡拉丘兹神庙借款，然而最终并没有归还。[25] 罗马无力向供应军队、建设国家的包税人公司支付报酬。它劫掠了国内弱势群体的基金，同时征收财富税；于公元前 210 年向富裕的公民请求贷款；公元前 205 年变卖坎帕尼亚大区的国有资产。罗马政府几近破产，但金融的边缘政策获得了成功，战争的胜利使罗马获得了海量战利品，国库大大充盈起来。

公元前 202 年，随着汉尼拔的战败，迦太基不仅失去了它的殖民地，还缴纳了大笔贡品与罗马和解，位于伊比利亚的迦太基金银矿所有权归罗马所有，众多罗马投机家涌向西部投身金银矿开发。此举的经济后果是罗马货币供给的急速增长。得到伊比利亚银矿使得罗马走上统治整个地中海的道路。从缺乏金银到富有金银，正如古雅典一样，掌握金钱使得罗马有实力支持陆军与海军，并创造了主导全球市场的货币。

有趣的是,几乎没有证据表明伊比利亚的采矿作业是由包税人公司垄断的。罗马各色各样的企业家似乎都参与了矿业交易,政府管理者为小型企业制定了操作规范。一些保留下来的规则说明包税人公司并不是罗马历史上唯一的企业形式,显然,带有有限责任形式的小型股份公司也出现过。由此可见,为了开发伊比利亚的矿产财富,出现了一系列不同的组织形式,这也导致了货币的迅速扩张。

第二次布匿战争初期,罗马开始铸造一种小且便利的银币——第纳里乌斯(denarius)。相对于之前的货币,它不仅是一个飞越,也成为泛地中海地区的标准货币。

图7-4 罗马早期的第纳里乌斯银币,大约生产于公元前211年(Image courtesy of Yale University Art Gallery, 2001.87.1.)

货币升级:帝国扩张的优势

罗马的金属货币起源于淬火铸成的铁棒。想象带上三英尺长的铁棒去购物是怎样一种体验。这一早期货币已被考古发现,它们是由一种家用物品按比例标准化而来的。这种淬炼货币被铜质金属小片取代,最终被大块铜片——重铜币阿斯(as)取代。阿斯的重量为1罗马磅。但大量的重铜币仍然不便携带。任何军事行动不仅需要将士兵运送至战场,也要将阿斯运至战场以支付士兵酬劳。

第纳里乌斯的价值为10罗马镑,但重量只有后者的几分之一。得到伊比利亚银矿极大地改善了罗马供应军队的能力。在罗马共和时代(公元前140—公元37),一个普通士兵的工资是每年112第纳里乌斯。相较于1 000枚1罗马镑重的阿斯,第纳里乌斯能更轻易地装进一个小钱包里。罗马货币的升级是帝国扩张的一项战略优势。

同古雅典一样,更多地使用钱币支付政府服务的结果就是向货币经济的转型。收到钱币作为薪酬的士兵们开始习惯用其购物。罗马经济的运行更加依赖金属货币,第纳里乌斯也成为常用的货币标准,塞斯特斯(价值为1/4第纳里乌斯)成为最大面额的铜币。

图7–5 罗马的阿斯钱币,大约生产于公元前235年(Image courtesy of Yale University Art Gallery, 2001.87.1293.)

银币刺激了罗马经济,提供了流动性,促进了贸易和市场的发展及专业化生产。在银币出现以前,有限的货币供给及低劣的货币制造技术导致的摩擦(如过重的铜币)拖累了经济。伊比利亚的白银则消除了这些限制,使得罗马经济繁荣起来。这不仅因为罗马能更便捷地供应军队,也因为罗马货币体系自身已成为一项有价值的技术。[26]

威廉·哈里斯更深入地研究了这一理论。他发现,罗马货币供应量的增加,也通过银行、投资机构等信贷组织的快速增长发生在虚拟领域。货币固然重要,但对于一个以海洋为中心、依赖风险性交通运输的帝国而言,金属货币会带来货币供给量不断减少的风险。

现今发现的罗马硬币窖藏能保存下来的原因是它们被遗失了。战斗前，士兵将装有第纳里乌斯的钱袋藏在洞里；在不能随身携带的时候，普通家庭匆忙地将积蓄埋藏起来；海上航行的水手携带的钱币会随船沉没。长期流通的钱币会逐渐磨损，失去重量；而那些仍在流通的钱币最终也会被下届政府重新熔炼以铸造自己的钱币。

因此，只要账户本身是安全的，通过记账核算实现的价值虚拟化就可以消除实物货币带来的若干风险。随着罗马贫富差距的极端化，绝大部分货币交易都虚拟化了。

哈里斯指出，在罗马经济中，银行借贷使得货币供给的扩张超过实物货币的限制，如果没有货币账户以及支持投资、能够进行远距离贸易的金融机构，罗马不可能供应庞大的军队，也不可能维持一个依赖海上货物运输的广袤帝国。总之，罗马成为帝国有赖于其金融技术，货币、投资和信贷机构的出现都是金融发展的体现。金融并非无关紧要，它是罗马的生命线。[27]

军事成功有利有弊。罗马货币史权威肯尼思·哈尔（Kenneth Harl）研究了帝国衰落时罗马货币的困境。他考察了235年后罗马面临的最大的货币危机，当时的罗马边境已经动乱不安，日耳曼部落割裂了罗马帝国与北欧矿山的联络，摩尔人破坏了伊比利亚的采矿活动。[28]随后，就在罗马最需要资金支付军队开支的时候，罗马的银储存量缩减。

为了解决这一问题，罗马实行了货币贬值，发行了一种安东尼银币（antoninianus），虽然名义价值为两个第纳里乌斯，但其含银量却不是第纳里乌斯的两倍。随后几十年间，安东尼银币继续贬值，罗马两种货币单位的相对价值也不断变动。两种货币之间的混乱及相对含银量的变动迫使市场开始寻求一种抽象的记账方法，相对于真实存在的第纳里乌斯和安东尼银币，市场采用了一种概念上的第纳里乌斯共同体（denarii communes）[29]。罗马失去了金银矿，货币信心及维持经济的能力也随之失去。

纽约城市大学学者莫里斯·西尔韦（Morris Silver）曾倡导运用经济模型来解释古代经济。他认为，罗马帝国后期的货币贬值是公元3世纪中叶储蓄银行消失的原因。学者早已指出，这一时期过后，描述银行家的经典文献大大减少，措辞也发生了微妙变化。罗马帝国晚期，"货币交换者"和"银行家"这两词似乎被交替使用，当时的银行家们主要负责硬币（如零用现金）领域。西尔韦教授将银行家名誉和声望的下降归结于设置利率上限的强制措施，以及货币贬值。罗马的官方利率是12%，市场为回避这一利率被迫使用诸多规避手段，如将高利率伪装为本金还款。有趣的是，罗马的基督教会经常帮助贫民或奴隶拖欠个人贷款，而随着时间的推移，这种工作带给教会的压力不断增加。这和当时的金融环境是吻合的。[30]

西尔韦指出，随着货币贬值，消费品价格随之上升。公元3世纪后期，罗马治下的埃及省的小麦通胀率每年都在4%~9%。[31] 如果一个银行家以12%的利率提供长期贷款，每年现金回报的损失为7%，那么贷款利润将大幅减少。同理，当通胀率为5%时，储户也不愿将钱放在利率为5%的银行里。尽管利率上限的本意是减少掠夺性贷款，但它在帝国晚期和公元33年的金融危机中起到了相同的作用，将投资挤出了金融系统。西尔韦认为，银行家并没有完全脱离商业——仍存在埃及银行业的相关记录，但可能已转移至地下。西尔韦甚至怀疑记录在案的罗马帝国晚期大宗商品的收缩，可能反映了一种针对通胀预期的理性经济对冲。

给全世界的烙印

第二次布匿战争后，罗马对伊比利亚半岛进行的密集采矿产生了一些异常影响。我们可以比较一下罗马时代与现代工业时代下的工业强度。

力拓河（Rio Tinto）是欧洲污染最为严重的河流之一。[32] 红棕色的水流经伊比利亚半岛南部矿藏丰富的山区，携带了大量的重金属。这些金属使伊比利亚成为世界历史上最为重要的矿区之一，西班牙和葡萄牙的采矿历史至少可追溯到5 000年前。伊比利亚的铜、铅、铁和银矿藏相继被挞塔斯人（Tartassians）、腓尼基人、迦太基人和罗马人开采，哥特时期开采较少，到中世纪晚期重新兴起。事实上，采矿至今仍在继续。数千年来，露天开采、冶炼的残留物在伊比利亚半岛南部的土壤上留下了痕迹，可以说，它给全世界都烙下了烙印。

1997年，一个环境科学家小组在格陵兰冰核中发现了伊比利亚大气铅污染的痕迹。[33] 他们区分了力拓河流域矿山和卡塔赫纳矿山的铅残留。运用同位素分析法，他们认定公元前366—公元36年，北半球70%的工业铅污染是由力拓河流域矿山的开采造成的。在那之后，卡塔赫纳矿山成为主要的污染源。其他如大不列颠的生产源对古代大气铅污染影响甚微。

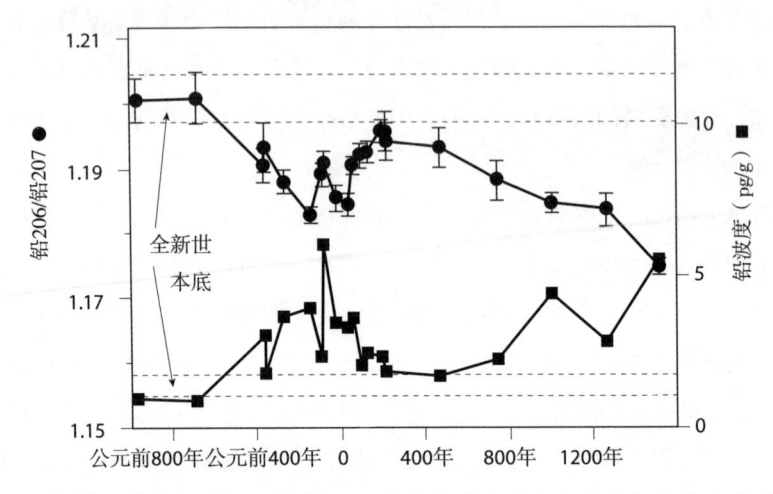

图 7-6 格陵兰岛冰层中铅 206/铅 207 的同位素比（上方曲线）和铅浓度（下方曲线）。历史峰值表明采铜业的集约化生产大概发生在公元元年及 1000 年左右（John R. de Laeter. 2001. Applications of Inorganic Mass Spectrometry. Hoboken, N.J.: John Wiley & Sons.）

从罗马帝国的兴衰来看，铅用量的变化为追踪其货币发展史提供了一个有趣的时间轴：公元前 680—193 年，工业用铅的量增加了两倍；在公元前 143 年和公元 36 年达到峰值，恰逢罗马金融危机之时；473 年达到最低值，几乎与前金属时期一样少；直到 1200 年，铅的开采数量才增长至罗马时代的水平。通过开采和冶炼富铅矿石铸造银币，罗马金融在许多方面都给世界（包括格陵兰冰原）留下了深远印迹。矿山附近的大气铅污染甚至体现为伊比利亚人骨骼中的化学残留。

财富与帝国

许多现存的金融工具自罗马时代起就已被采用，比如硬币、银行、海运合同、担保、抵押、公共财政和中央银行业务。然而，这些都是在罗马独特的背景之下被采用的。

当时，财富显然是成为统治阶级的条件之一，罗马的财政金融系统也逐渐演变到可以生产、证明和展示这些财富。首先，法律分离了统治权与直接经济利益，创造了一个复杂的信贷市场制度。元老院议员们可以借款，但不能直接从事商业活动。不过，金融中介可以提供无数种方式来隐藏投资或标准化交易。

私有财产的合法化是解决这一问题的办法之一，当然还有很多其他方法。最近现代学者证明了罗马经济惊人的复杂性，尤其在金融中介方面。事实上，有时以现代视角考察罗马金融系统，会觉得非常熟悉。现代和罗马时期银行等机构的可比性也经常被讨论，但是机构名称不如功能重要。如罗马一般广阔的帝国需要通过货币、公共债务、财政援助和包税人公司等金融工具开展商业、稳定收入，甚至解决危机。罗马帝国的长时间存续证明了其金融体系结构的灵活性。财务杠杆被用来应对从减免国家债务到货币贬值等一系列财务和经济危机。

在罗马悠久的历史中，包税团体的出现值得一提。罗马的很多财富掌握在私人手中。罗马在各地的征战胜利使其统治阶级变得十分富有。他们不得不投资自己的财富，这些财富通过信用体系惠及黎民。然而，信贷并不能协调借款人和贷款人的利益，实际操作中可能会导致违约冲突。在经济下行时期，政治家会减免债务以维持国家稳定。

相比之下，公司结构使股东处于平等的法律地位。如果收益按每股支付，所有投资者的财富将同企业利润同步增长。当这些股份被公开交易时，尤其能被匿名持有时，股份就成为矛盾冲突各方谈判协商的工具。在罗马的政治背景下，包税人公司的股份为元老院议员、骑士、君主之间的权力斗争提供了有效的解决方法。因此，随着君主权力的集中，包税人公司的可利用性就会逐渐失去。因此，很容易得出这样的结论：最早出现的公司形式是为了协商解决政治和经济权利的冲突。

◢◣◢

古代金融中最值得关注的一点是：几乎所有的基本金融工具包括金融合同、抵押贷款、股票和债券工具、商业法庭、商人法律、私有企业、银行和银行系统，都是由西亚和地中海东部地区的早期社会发展而来。之后还出现了更复杂的概念工具，如财务规划、经济增长模型、复利计算以及用来回顾分析价格历史走势的实证记录。

金融的起源为理解金融技术要解决的基本问题及其依赖的金融工具提供了方法，本书最主要的目的就在于说明这一点。金融的基础包括记录数量，检验承诺的方法，不断提升的计算水平，以及处理抽象时空问题的能力。

金融技术的发展影响了人们对于未来和过去的思维方式，复利计算使得新的政治话语成为可能，长期贷款使得未来前所未有的明确，或许最为重要的是，金融工具起初只是激活了城市的复杂经济运行，最终却建立并维持了一个广袤的帝国。听命于远方当权政府的银行家，以及管理雅典和罗马重要海外粮食贸易的金融家，征收了帝国境内的贡品并将其货币化。金融在雅典民主的产生过程中发挥了核心作用，在瓦解罗马权力时则起到了另一种不同的作用。

古代金融的产生是否只是一个重大历史意外？它是否会在另一个时间和地点发生？如果是，它是否会以类似的形式催生城市的兴起和国家的扩张，支持远距离贸易？金融技术是否同样会形成复杂的记账传统、规划能力和必要的市场历史记录？金融系统是国家兴起的必备技术吗？这些问题的部分答案将在本书第二部分给出。

MONEY
CHANGES
EVERYTHING

How finance made civilization possible

|第二部分|
中国的金融遗产

在这一部分中我将说明，不同文明背景下的金融发展并不必然遵循同样的发展路径，不是所有地区都会和罗马帝国一样，产生相同类型的机构、出现同样的契约形式。中国的经验表明，时间和价值的基本问题还可以通过其他方式得到解决。虽然有一些工具（如贷款）是普遍存在的，但其他工具（如政府债券）则不是。我认为，在中国历史上，这些金融技术方面的差异使得个人和国家之间形成了一种特别的关系，在19世纪时的中国与欧洲金融系统之间也存在着一种偶然的联系，导致中国出现了一种创新的企业治理结构。

毛泽东在1939年曾说过："如果没有外国资本主义的影响，中国也将缓慢地发展到资本主义社会。"[1] 毛主席所说的是正确的吗？或者说，如果西方列强没有在19世纪侵略中国的话，中国会出现资本主义萌芽吗？中国在金融创新方面有很长的一段历史，中国人发明了金属硬币、纸币、汇票、可转让权证、成熟的会计和管理系统以及证券化贷款。在中国历史上也曾出现过不少富商、金融机构、私营企业、商会组织等。考虑到所有这些方面，为什么第一家跨国企业起源于欧洲而非中国？在本书的第二部分我将论述这一问题，原因主要可以归结于中国古代政府和私营企业的关系。

中国发展出的金融技术解决了与古代地中海、中东地区相同的问题，包括经济萎缩以及如何根据时间和空间进行经济规划。中国自古以来一直都是一个泱泱大国，拥有广袤的领土、复杂的城市系统，还有活跃的贸易经济，在数学理论和应用领域也有着悠久的历史。中国金融的发展将有助于我们理解哪些工具是有必要的哪些是没有必要的，对于这部分提到的金融发展存在的共性问题，揭露东西方差异是最具启迪作用的。虽然中国也创造了债务工具和计算利息的数学方法，但与西方相比有三点不同之处。

图 II-1 何尊铭文的拓本。何尊是一种用于宗教仪式的中国青铜器，可以追溯到周成王统治时期，其制造者获得了 30 串贝壳（https://commons.wikimedia.org/wikiFile:%E4%BD%95%E5%B0%8A.jpg.）

第一点，是货币发展方面。货币是中国金融发展的一条主线。在美索不达米亚文明中，金融技术的发展导致了时间、发展、利率水平这些抽象概念的产生，而中国早期货币的出现同样也演变为一种成熟而抽象的技术，涉及经济生活的方方面面。就像金融工具影响了古代西亚和地中海地区人们的思维方式一样，货币工具和理论的发展也影响了中国人的思想和价值观。中国对金融发展的最主要贡献就是纸币的发明，不过这一发明是在中国社会 2 000 年来不同的政治经济环境下对不同支付系统进行不断试验的基础上才最终形成的。

第二点，值得一提的是中国社会成熟的官僚政治。公元前 221 年秦始皇建立了中国历史上第一个中央集权国家，在之后的 2 000 年里中国也经历了诸多起起落落，某些时期，中国曾被分割成几个小国，也曾受到亚洲其他邻国的侵略，但是从长期来看，中国面临的最大挑战还是如何建立一个完善的政治体系以统治这样一个国土辽阔、孕育不同文化的国家。从诸如要怎样解决从边远地区收税这样简单的问题中，我们也可以隐约看出这需要国家拥有足够强大的统治和协调能力，而对于世界其他地区来说这些问题并不需要考虑。或许我们曾了解到在古希腊统治时期的埃及，银行系统是如何崛起以应付和中国类似的挑战的，但是中国需要统治的领土范围远超埃及，可以说，从各地收取税费到中央，或从中央发放资金到地方是一个主要的经济问题。更大的问题是如何管理、激励和控制这样一个偌大的官僚机构使得国家得以稳定发展，这就需要识别和处理人性的阴暗面：腐败。

当然，国家的规模并不是中国面临的唯一问题，由于国家包含了多种多样的区域经济，不同地区在各个时期的发展可能并不平衡。即使在今天，欧盟面临的宏观经济挑战之一仍然是如何管理不同地区文化和经济发展的不平衡问题。如果中国没有办法解决这一问题，就可能对目前的局势带来影响。我们可以看到，从早期开始，经济平衡问题就在刺激人们进行创造性思维、深入了解经济准则以及认识货币和金融的重要作用。

第三点特别之处则是古代中国政府在企业中扮演的角色。当金融创新在古代中国出现的时候，这些金融工具经常被当时的政府用来维护自身的利益而非保护百姓的利益。透过现代资本主义的视角，中国历史上的某些朝代可以说是掠夺型政府的典型代表。然而，从中国历史的情况来看，国家征收与国家供给是一致的，即个人主义应该服从于集体主义。国家往往比较强大而复杂。中国之所以成为世界上维系时间最久的文明古国，与其错综复杂的官僚体系密不可分。在中国历史上的某些时期，这一官僚体系通过从私营企业家手中攫取利益，并且利用国家的垄断特权排挤私营企业而得以存续。即便国家试图资助私营商业的发展，政府官员也不会置身事外。官僚体系的存在同样也是企业风险的一大源头，企业能否成功与之密切相关。

除了上述原因之外，还有另外一个原因导致了中国没有在早期就开启资本主义的道路（至少从现代欧洲的视角来看），这一因素就是古代的中国国力强盛，而不似古代西方国家那般弱小。我们看到，政府债券作为一种关键的金融创新工具，在西方出现的时间远远早于中国。欧洲那些弱小的城邦之间经常出现冲突，所以它们逐渐学会通过承诺未来偿还事项来向投资者借款。政府债券于12世纪诞生于意大利，而完整的债券市场则出现在13世纪。

同时期的中国有了纸币，但是债券还没有出现，当然这也不是偶然的。在公元前221年秦朝实现统一之前，中华土地上的各个独立的小国也纷纷通过借款来为战争筹资。一种有多种体现形式的筹资合同制度在中国长期存在着。在过去 1 000 年到来之前，商业索赔和金融产权一直处于不断被裁定的状态。因此，从技术角度讲，中国的国债市场在当时就可以形成。但是，直到 19 世纪，中国才开始发行债券。事实上，在中国的历史发展中，政府也曾提供过贷款。要是说与西方有什么区别的话，这种贷款主要用来与私人借贷机构竞争而不是用于资助政府企业。

国家借贷有什么好处？不会给国家的长期发展造成麻烦吗？政府债券是不是只占用未来的税收而非过去的税收？确实如此，但远不止于此。金融市场促成了两件事：第一，它使对未来的承诺有了交易的可能，这使企业和国家能够将未来的现金流资本化；第二，它为私人的存款和金融预期提供了一种机制。投资者很喜欢债券，因为这允许他们将目前的资产转移到不确定的未来。这一技术可以自给自足。早期的欧洲政府市场，一旦机构化了，便会提供一种现成的机制，而这也对私企未来的发展提出了需求。

只有在 19 世纪当大英帝国和其他国家以半殖民方式入侵中国并打开了一些通商港口的时候，中国才开始发行国债。据说中国首次发行的政府债券是用于国际债务市场而非国内，那时中国国内对于国债的需求还不存在。中国在 19 世纪经历的金融现代化是一个混合的过程。中国政府的借贷不只用于国际赔款，也帮助修建了许多铁路，这些铁路反过来也促进了中国经济的现代化。

中国在 19 世纪与西方的剧烈碰撞之中也引入了股票资本，并引发了企业发展的大爆炸。19 世纪 70 年代之前，少数的几家中国公司都采用了东西融合的模式，而且既有私人运营也有政府的参与。社会动荡和改革促成了 1912 年中华民国的成立，那时的公司数量已增长至数百个。20 世纪 20 年代的上海曾是世界银行业的中心之一，并且拥有一个可以跟欧洲竞争的股票市场。事实上，在 20 世纪早期，公司的创立为中国金融市场的重建奠定了基础。在预料到未来之前，我们仍然有很多需要从中国过去的经历中学习的地方。

第 8 章　中国的第一次金融潮流

一位女性将领的财富

　　1976 年，中国考古学家郑振香在河南安阳主持了一场殷墟的考古发掘工作，殷被认为是中国青铜器时代的第一个伟大王朝——商朝（公元前 1600—前 1045）的最后一个国都。

　　就像埃及的国王谷中大部分东西都已在多年前被洗劫一空一样，虽然安阳这个地方非常具有考古价值，但在郑振香到来之前多数遗迹就已经荡然无存了。郑振香和同事们开始挖掘一个可能仍有遗迹的古代宗庙建筑区。在开挖 50 英尺后仍未找到任何文物，同事们告诉她可以停止了，但是郑振香却仍然坚持。在继续下挖了一定深度后，他们发掘出了中国考古学史上最令人瞩目的发现。郑振香找到了一个未被人发现的皇家陵墓，一个 20 平方米大的木制漆棺内装着一具女人的尸体，周围还有 16 个陪葬者。郑振香和她的同事小心地清理这具棺椁，他们意识到这项举世震惊的发现可能会改变世界对于中国古代文明的看法。随葬品非常丰富，有 400 件祭祀用青铜器、590 块玉、560 块骨雕刻，以及超过 7 000 个贝壳。青铜器皿是商朝艺术的一个重要代表。墓葬中出土的巨大矩形鼎以四足站立，每边每角都饰有咆哮的兽首。此外，还有一只形似珍禽并饰有兽腿的酒器。这些容器表面的每一处都有活灵活现的兽纹装饰。

　　随葬品上的铭文证明了墓主人是妇好——商朝的一位女性将领。妇好是商朝在位时间最长的君主武丁的妻子，同时也是一位领主，在都城外有自己的领地。根据中国甲骨文中对武丁统治时期的记载，妇好曾经率领 10 000 人的军队征伐商朝在西边的敌人——羌，并取得了胜利。在她死后，武丁为了纪念她，追封她为后辛，成为武丁的三个正妻之一。这是现代考古与中国历史最早期的传奇人物之间罕见的联系。"发现妇好墓是我生命中印象最深的事。"郑振香回忆道。如果不是她的坚持，商朝历史与考古之间的最终联系可能永远无法建立起来。

图 8-1 半两青铜钱币，公元前3世纪，秦朝。秦始皇统一了中国货币的铸造标准，圆形方孔钱成为古代钱币的基本形制

图 8-2 1976年挖掘妇好墓时的场景。妇好是商朝时期的一位王后，也是一位女性将领（*YinxuFuhao mu*. 1980. Beijing: Wenwuchubanshe, p. 10.）

发现妇好墓后，考古学家对墓中出土的文物进行了研究，其中，看似普通陪葬品的 7 000 个贝壳，与中国的金融史有很大关系。这位既是君主之妻又是军事统帅的女人在埋葬时以当时朝代的所有财富来陪葬，包括华丽的带有神兽装饰的形似动物的青铜器、精致的造型玉器，甚至她的奴隶和随从。为什么除了这些珍贵的宝物外，还有简单普通的白色贝壳？很有可能是因为它们代表了财富的最原本形式——货币。对于妇好来说，这些钱可以让她买到那些想要、却又无法带去来世的东西。

商朝作为中国青铜时代第一个最伟大的王朝，早已被人熟知。直到19世纪末，华夏文明的地理根源仍是一个谜。进入20世纪后不久，历史学家在研究一些私人收藏的牛骨和龟骨雕刻时，在古代铭文的文字中认出了商朝统治者和诸侯的名字。实际上，在妇好的墓葬被发现之前，她就已经是著名的历史人物。

1910年，金石学家罗振玉追踪到了这些甲骨文的源头安阳，安阳位于河南北部，靠近黄河。在那里，考古学家发现了一个古老的都城，这个都城中有超过 80 个夯土平台以及无数王室的墓葬。为了寻找古代统治者的踪迹，尝试理解中国第一个青铜文明全盛期的基础，像郑振香这样的几代中国考古发掘者在安阳废墟上付出了很多精力。

与美索不达米亚不同，中国的文字系统并不是由会计记录发展而来。中国已知的最早的成系统的文字形式是刻在牛肩胛骨和龟壳上的占卜文本。商朝的占卜师在占卜时会使用火烤的骨头或者加热的金属。统治者招纳占卜师来为他们解答对于灵魂世界的疑惑。占卜师会将日期、相关的人和未来可能发生的事情刻在骨头上。由加热导致的随机产生的爆裂纹路将被用来预测结果的好坏。人们会占卜战争吉日和收成好坏，还有一些占卜记录则与宗教仪式甚至是天象有关。关于妇好的占卜刻文记录了武丁对她是否怀孕以及是否能够顺利生产的疑问，还有是否应该命令她加入与另一个将军之间的一场关键战役中去。[1]

由此可见，中国早期文字的使用反映了人们对于未知未来的担忧，也说明古代的中国统治者试图在他的主观与未知的未来之间寻找平衡。除了占卜师和统治者以外，还有动物世界。中国商周时期典礼文化的基础就是潜意识里的动物本能。占卜也与动物的骨头甚至可能与它们死去的灵魂有着非常重要的联系。中国古代典礼上使用的碗以及饮具上的动物形象正是真实世界背后灵魂世界的体现。这与乌鲁克祭祀瓶完全不同，乌鲁克祭祀瓶这个典器本身就展现了神和人类的世界。在乌鲁克祭祀瓶上，神通过重新分配商品而受到尊敬，统治者主导着商品交换系统（见第 2 章）。商朝的青铜器则被统治者作为自然与灵魂世界的沟通媒介。它们并没有描绘人类社会的结构，而是各自表达出在解决不确定性问题时政治统治扮演的重要角色。

从贝壳到贝币

妇好墓恰好证明了货币早已经被中国人当作财富的最终储存形式。早至商文明时期，中国就已经产生了相当独立的货币系统，但与希腊和罗马相似，货币最终在政治统治和经济生活中扮演了重要角色。

第 3 章描述了美索不达米亚使用白银作为交换媒介，那里的人们用白银交税、订立契约，还用白银的重量来记录商品价格。白银符合多数有关货币的定义：交换媒介、价值储存工具和价值标准。然而，妇好墓中的贝壳有力地证明了商朝时期的货币系统超越了美索不达米亚的货币系统，因为贝壳不再是具有内在价值的交换媒介，而是更进一步作为价值符号充当商品交换媒介。

第 6 章提到地中海世界最早的货币是在公元前 6 世纪的某一时间出现在吕底亚的金银合金小块，而中国的第一枚青铜币则早于或晚于它一个世纪出现，这两种货币出现的先后顺序仍未有定论。奇怪的是，货币在同一时间也出现在印度，这可以说明，当时存在一个潜在的横贯大陆的技术进步。安纳托利亚的货币制度逐渐发展成了认证稀有金属品质的方法，中国的钱币则发展成了贝壳的金属替代品。在妇好被埋葬的时期，贝壳货币已经成为几千年核心华夏文化的重要组成部分。瑞士地质学家和考古开拓者 J. G. 安德森（J. G. Andersson）对青铜时代之前，中国中部墓葬中的贝壳和用骨头仿制的贝壳进行了鉴别。

新石器时代和青铜时代，中国出现的贝壳究竟是被用作货币，还是仅仅作为贵重的装饰品，又或者是一种地位的象征——贝壳也许是通过和印度洋人民进行远距离贸易而得到？这是一个还未停止的争论。有充足的证据表明贝壳在历史上的多个原始社会中被用作货币。根据中国史书记载，秦朝的建立者废除了贝壳货币，这说明至少在公元前 221 年以前，贝壳已经被用作货币。尽管官方法令要求废止，但贝壳在 14 世纪之前仍继续在中国西南部的云南省被当作货币使用。1305 年，云南当地政府还在接受以贝壳形式上缴的税赋，而私自增加流通中的贝壳被认为是伪造货币,会受到惩罚。

为什么这种没有明显内在价值(除了有奇妙的形状)的贝壳会被当作钱币使用?钱币是用来储藏、计量和转移价值的工具,储存功能要求钱币不易损坏,计量功能要求钱币的质量和大小比较容易以标准单位确认,可转移性要求货币必须便于携带。贝壳符合所有这些要求,它们可以保存上千年,具有一致的大小,容易识别,便于携带。但是,除此之外,货币还需要具备一个最关键的特点——较难取得。作为财富的储存工具,较难采集和制造这一特性对于货币来说是非常重要的。在安阳发现的贝壳主要来自离安阳非常远的印度洋,而黄河流域的贝壳又十分稀缺,这意味着货币供给是相对固定的。这使得以贝壳串来保存的财富价值得到了保护,但同时也限制了与早期中国经济增长相伴随的货币体系的增长能力。贝壳可以被采集,却不能被制造,当一个经济体需要更多货币时,即使是一个国家的女王,也无法制造更多的贝壳。

有一些证据表明青铜时代中国经济的扩张超过了天然贝壳满足货币需求的能力。人们在安阳附近的其他商朝坟墓中挖掘出了青铜仿制的贝壳。很明显,公元前14—前11世纪的商朝冶金师在那时候为王室陪葬铸造了很多这种贝壳。这些铸造的贝壳没有孔,无法用在服饰上,也没有其他细节显示它们是用作装饰的。很难想象这些青铜仿制的贝壳如果不是用作货币,还有什么别的作用。正是如此,有关哪里的钱币才是世界上最早的金属铸币充满了争议。合成贝币出现在古代考古记录中的这个事实,也说明引人注目的商朝文明在出现的同时也伴随着商朝经济的扩张。这些奢华的坟墓证明这是一个统治者有着绝对统治权的强大的封建社会。这些贝币最终只是商朝经济体系进步至使用货币的一个缩影。直至商朝于公元前1046年覆灭,贝币的使用才在历史文献中得以确认。

把钱放在字里

接替商朝的朝代是西周(公元前1045—前771),而西周时期的一个青铜酒杯上的铭文说明了贝币和货币最后的联系。极具史料价值的何尊在陕西省被发现,它内部的铭文记载着它被制造出来的奇妙故事:

唯王初雍,宅于成周。复禀王礼福自天。在四月丙戌,王诰宗小子于京室,曰:"昔在尔考公氏,克逨文王,肆文王受兹命。唯武王既克大邑商,则廷告于天,曰:余其宅兹中国,自兹乂民。呜呼!尔有虽小子无识,视于公氏,有勋于天,彻命。敬享哉!"唯王恭德裕天,训我不敏。王咸诰。雍州何赐贝卅朋,用作口(周)公宝尊彝。唯王五祀。[2]

图8-3 目前藏于中国国家博物馆的何尊,铸于西周早期(公元前11—前10世纪左右),容器上的铭文记载了贝壳被作为货币使用(https://commons.wikimedia.org/wiki/File:He_Zun.jpg。)

这个青铜尊诞生于妇好去世后的1—2个世纪,它无疑证明了贝壳确实是流通货币。青铜尊的制造者获得了以贝壳形式支付的佣金。相似的铭文也出现在周朝初期的其他具有史料价值的青铜器上,这些铭文指出,贝币不仅用来支付青铜铸造,也用来给士兵支付报酬。

如果认为这段周朝初期的青铜器铭文很好地指出了前述朝代的实践,那么可以想到,妇好将军用这些贝币来向她的士兵支付酬劳,而她墓中囤积的贝币也许是她来世打仗的战争资金。

还有一个更具说服力的证据表明贝壳是中国古代的原始货币。表示珍宝的汉字中都含有"贝"(贝的繁体字)——一个竖直的长方形结构中有两条水平的线，下面还有两个点。中国书面文字的构成中有表意文字，这些表意文字由214个被称作"偏旁"的标准化块状结构组成，而好多如今还在使用的偏旁部首可以追溯到商朝时期的表意文字。在商朝，贝字旁显然就是贝壳的象征，它也成为很多其他与商业贸易活动有关的汉字的字根，包括寶（宝）、貸（贷）、財（财）、購（购）、賣（卖）、資（资）、贖（赎）等。正是如此，它变成了中国书面文字中的一个代表钱、财富和价值的基本偏旁。由于中国书面文字的特点，我们可以追溯基本的货币概念是如何内嵌在沟通交流和中国思想之中的。

人类学家本杰明·李·沃尔夫（Benjamin Lee Whorf）首先提出语言文字与思想互相影响，表达方式不能和内容分离这一理论。语言文字就像金融，也是一种技术，这种技术充当着一种概念框架。每一种语言文字都有它自己的体系架构，并且凭借这种体系架构影响人的看法。我们可能无从知道妇好是否真正完全控制了她墓中的贝壳所代表的重要的新经济媒介，但是，后来几世纪的文字恰好证明了中国统治者充分认识到了货币和市场的潜质。将代表贝币的符号融入中国语言文字之中，这正意味着将金融嵌入未来中国的思想体系之中。

假如货畅其流

商朝的最后一个君主纣王的统治在公元前1046年被西周武王推翻，在周朝的权力顶峰，其统治可以延伸到黄河流域东边1 000英里之外，也就是现在北京所在的地方。尽管从来没有外部的侵略，这个幅员辽阔的国家最终瓦解分裂成多个政权。起初，这些分裂的政权维持着一个象征性的虚弱的帝国王朝，直到公元前771年，表面统一的帝国消失了。中国分裂成更小的诸侯国，名义上天下共主，实际上已形同灭亡。诸侯国相互独立，共享同一文化，但却在不同的政权统治之下。思想家孔子就生活在这一时代，这一时代被称为春秋时代（公元前770—前476）。

春秋时代之后是国家互相攻伐、战争不断的时期，这在某种程度上令人想到文艺复兴时期的意大利。战国时期（公元前475—前221）的统治者不断为国家主权发起战争。与文艺复兴时期的意大利相似的是，这些竞争使得战国时期的文化达到了巅峰状态。很多中国伟大的思想家，比如孟子、墨子、庄子和韩非子都生活在战国时期，他们都试图为统治者提供治国建议，并寻求他们的庇护。这一时期也标志着大规模的中国城市文明的开端和中国文学的出现。

齐国东部的临淄是战国时期最大的城市之一。商灭亡后，经过周短暂的统治，齐国占领了山东半岛，并因此拥有短线贸易航线和南北内陆的贸易交通。在周朝时，齐国以丝绸、纺织、渔、盐为名。

在首部记述周和战国时期历史的史书《史记》中，司马迁记载齐国人民"其俗宽缓阔达，而足智，好议论……大国之风也。其中具五民（士、农、商、工、贾）"[3]。我们会发现这5类人中的两类都是直接从事贸易活动的。战国时期临淄的重商思想非常活跃，司马迁对此也有记载：

> 天下熙熙，皆为利来；天下攘攘，皆为利往。[4]

临淄是周朝和战国时期最主要的商业中心。姜尚是最先来到东部的人，是他发现了这块土地并建立了齐国。《史记》将第一段经济快速增长时期归因于齐国的第一任统治者姜尚的经济才能：

> 故太公望封于营丘，地潟卤，人民寡，于是太公劝其女功，极技巧，通鱼盐，则人物归之，繦至而辐凑。故齐冠带衣履天下，海岱之间敛袂而往朝焉。[5]

针对极负盛名的临淄城的考古工作从1930年开始一直进行到现在。中国考古学家的发现还原了这座古代城市相对完整的面貌：不仅有王室墓葬，还有住宅、产业区、街道和市场。临淄被超过9.5英里的宽阔泥土堤包围，以抵抗军事袭击，保护城民。淄水位于城市的东面，河畔尽是港口和码头，通过这些港口和码头，人们去往东边进行内河贸易，去往西边进行海上贸易。临淄的地理位置正好控制了渤海湾以及远至黄海的贸易。临淄的其他三面设有城门。在城内，60英尺宽的街道和给排水渠道纵横交错。临淄是当时中国最大的城市之一，很可能也是世界上最大的城市之一。统计数字并不能有力地说明临淄有多大，但是司马迁对临淄的街道进行了记载：

> 车毂击，人肩摩，连衽成帷，举袂成幕，挥汗成雨，家殷人足，志高气扬。[6]

临淄的成功归因于姜尚对经济的推动，但这成功之后隐藏着什么秘密呢？

临淄不再

临淄这个古老的城市如今是一个巨大的卷心菜农场（可能直到现代才发展为集体农业），但是人们仍然可以看到城市的网格格局，小径和土路向西边沿伸，从海滨通往另一头的城门和一个巨大的土堆平台。大多数去往临淄的游客会参观一个壮观的墓群，这个墓群的历史早于更著名的兵马俑。在城市东边辖区的一个墓堆中，有超过600匹马作为主人的陪葬，这对于古代强盛的齐国来说，都是一笔巨大的经济损失，更不用说是处在战争中的城市。另一个墓中保存着古老的马车和盔甲。有着2 500年历史的城墙的一部分是用夯土（建筑用压制混合泥块）建造的，到现在仍然保留着，而古代用来抵御外部袭击的石构造排水系统也同样保留了下来。但是，与临淄有关的哲学和经济传统却很难再看到了。

消失的思想中心

在周朝和战国时期，齐国曾经由两个不同的家族进行统治，每一个家族都有各自可以传承下去的领地。公元前386年，在一次所有社会阶层都参与的起义中，拥有很大权势的田氏推翻了齐国王室姜氏的统治。田氏的领地位于齐国的西南角，被认为是被城墙包围的"城中之城"。田氏领地的厚城墙不仅对外也对内，这说明它不仅保护领地内的百姓免受临淄城外的入侵，有些时候也会保护家族成员免受城内居民的威胁。在内城墙的里面，田氏统治者建立了他们的宫殿，经营炼铁厂来制造工具和武器，经营青铜厂来制造金属器具，经营皇家铸币厂来制造钱币。

在这座城中城之外，正好位于齐国西门的下方，矗立着齐国最著名的稷下学宫。稷下可能是历史上第一个政府大规模支持学术的例子。用学院来形容它可能不适合，因为实际上没有证据表明稷下学宫有正式的教育体制，很显然，它并不是古代的大学。但是，它可能是为了服务国家而存在的学者团体。

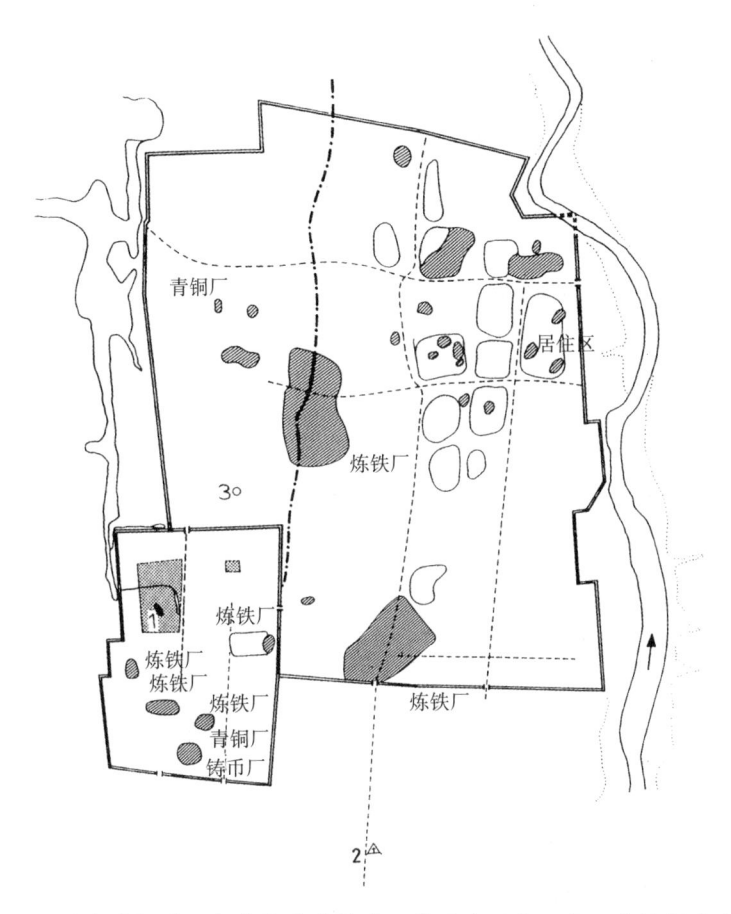

图 8-4 临淄城的规划。生产钱币的铸币厂位于左下方，在田氏的领地内，西门稷下据推测位于田氏领地附近（https://commons.wikimedia.org/wiki/File: He_Zun.jpg.）

在齐国国王的资助下，稷下学宫无疑成为天下贤士议政讲学的活跃场所。到公元前 300 年，稷下学宫在哲学黄金时期成为重要的思想中心之一，但现在人们对稷下学宫的了解少之甚少，更不要提那些曾在学宫讲学的学者。稷下学宫在公元前 4—前 3 世纪辉煌无比，然而那些能够作为证据的充满激情的辩论、理论和对话却没有留存下来。沿着稷下学宫的遗址行走，你可以看到宏伟的城墙仍然矗立在附近，令人回想起穿过雅典广场废墟的感觉，那是西方哲学的诞生之处。一些学者争论说稷下学宫并不真实存在，是后来的历史学家编造的。但是这一残存的遗迹仍然说明在古代临淄，独特的重智传统曾以某些形式出现，无论它的组织是自发的还是由王室资助的。

《管子》：稷下学宫的金钱观

唯一可以归于稷下学宫的著作是一份集合了许多文章的作品，名为《管子》。《管子》以齐桓公与管仲的虚构对话体写作，这两位人物都生活在齐国。人们认为，文本本身是在公元前4世纪由稷下学宫编撰的，在其后200—400年的汉朝也对它进行过编撰与修改。

《管子》共有76个章节，内容涵盖从道家风水术到对于政治和教育的辩论，再到乐谱和医术，甚至先于伽林（Galen）解释了关于血液循环的内容。尽管内容是碎片化的，而且涵盖极广，但还是勾勒出了一个完整的管仲——他聪明绝顶，是问题的解决者而不仅仅是道德上的模范；他懂得人类的本性和欲望，并通过探索这些来造福国家。

书里的一个故事讲述了管仲如何处理金融交易。管仲通过向民众紧急收取附加税来为保卫齐国提供资金支持，民众转而向富人借钱获得资金。战争取得了胜利，但欠民众的债还未归还，因此产生了动荡。齐桓公询问他借贷的压力是否能被消除，管仲答道："取之于无形，使人不怒。"

管仲对于这一金融问题的解答是政治化的。他建议统治者感谢那些能在国家需要的时候提供帮助的富人，并奖励他们一块玉牌来表示对他们的感谢。他将所有富人召集到一起，将玉牌奖励给他们，并要求他们免除贷款。这一策略显然很成功。管仲能够找到别人无法找到的解决办法，这一办法利用了人们希望得到皇帝钦赐的心理以及市场中隐藏的力量。无论是否为稷下学者们虚构的形象，管仲都体现了中国人想象中的一个独特原型：一个既能创新，而又奸诈且能够理解人类本性的狡猾的形象，而不是一个道德榜样或者生活中的楷模。

《管子》中最重要的关于金融的内容是几个有关经济和金钱的章节。其中最知名的一个章节的标题是"轻重"，这篇文章被认为第一次清楚地表达了供给与需求的经济法则。轻重指的是货物的相对价格，它能够刺激交易并使价格达到均衡状态。强行要求服从并不能够达成统治者理想的结果，提高或降低价格才是有效的方法。

另一个章节《国蓄》则阐述了一个非同寻常的复杂的货币理论。这被认为是第一个关于金钱的量的理论，但这种表达只是为了服务于管仲的经济改革理论。仔细阅读之后会发现为什么齐桓公愿意资助稷下学宫。这一章节不仅讨论了金钱如何作为经济均衡的媒介,也详细讲解了金钱如何作为国家的工具。

中国的哲学家很喜欢悖论,金钱为稷下学者们提供了一个很好的研究课题。根据《管子》所说:

> 三币握之则非有补于暖也,食之则非有补于饱也,先王以守财物,以御民事,而平天下也。[7]

对于《管子》的作者来说,货币才具有管理人民、为世界带来和平的能力,而军队、法律条规、虔诚或者哲学则不然。货币政策和直接的国家法令不同,它是一种能带来期望中的改变的聪明办法。在《管子》中,铸币厂被认为是政府非常重要的机构。因此,临淄铸币厂处在内城也就不让人惊讶了,这样它才能够在统治者的监管下运作。这一铸币厂的遗址现在坐落在一个村庄的一排房屋后面,这个村庄的所在地在当时归田氏所有。

齐国的货币是精致的铜质刀币,下端有一个圆孔,以便将它们串在一起。它们并不是真的刀,只是类似于在安阳发现的真的商代匕首形状的符号标志。在商朝王后妇好和临淄出现之间的某个时间,中国东北部的硬币在形式上已经从其价值实质发展为还不健全的金属商品。在临淄发掘出的硬币上都刻有"建邦"两个字,这是一个积极的激励词,告诉人们金钱在国家发展中会起到很重要的作用。临淄的博物馆中现在还有在城市铸币厂附近发现的硬币。

与战争体现了经济和政治之间的矛盾这一认知相吻合,战国时期是有战争货币的。那时的中国被有效地分成了4个不同的货币区:位于西方的国家使用的是铲布形的硬币(布币)和圆形的铜币;南方的国家使用的是蚁鼻钱,这种钱被认为是从铜贝币发展而来;东方齐国及其邻国使用的是刀币;某些地方也在使用布币和圆形币。从战国时期的货币使用情况中可以看出完整的货币经济,尽管有不同的货币,但这些货币将此时中国的大部分贸易连接到了一起。尽管布币源于春秋时期,现金的概念始于商朝,但古代中国直到战国时期才经历了空前的金钱使用的爆发期。经济史学家彭信威以20世纪的价格分别估算了春秋布币和战国布币的价值,以衡量它们的稀缺性,研究发现战国时硬币的发行量是春秋时期的10倍。

彭信威本身就是中国学术界一个有趣且很重要的人物。他是来自上海的一个银行家,曾生活在一个较为动荡的时代。当他年轻的时候,他看到了上海成为世界的银行中心，那一段时期称为军阀时期，当时整个国家被不同派系分裂成了几个部分。在上海被日本占领的时候，他是上海的居民。"二战"之后，上海重新成为国家的金融中心，在这里调控政策得以重新实行，同时也为国民党提供资金。彭信威没有随着国民党离开上海逃往台湾。事实上，他最有价值的一部分工作——对中国货币和经济的全面研究，就是在20世纪四五十年代共产党执政的初期完成的。

彭信威的里程碑式巨作《中国货币史》，不仅仅是货币的历史，也是对中国经济的全面分析。在书中，他解决了许多中国经济历史上的开放性问题，特别是解决了货币的出现和使用问题，以及货币在中国政治历史上发挥的作用。我们需要感谢彭信威，因为他发现了独特的"建邦"刀币是由田氏监管铸造的，这与《管子》中提到的货币理论发生在同一时期。

《管子》认为货币不是经济政策的目标而仅是一个媒介，文中为了解释这个抽象的概念选择了一个生动有趣的比喻。《管子》的作者写到"刀币者，沟渎也"，也就是说钱币就像将水引向田地的沟渠，或者像引导血液的血管，《管子》认为货币就像沟渠一样引导着经济活动。这也就暗示了，控制了沟渠的统治者就控制了国家的全部财产。这一精辟的言论非常重要。欧洲的哲学家花了2 000年的时间才完全理解了这一点。

在《管子》的写作时期，中国的政治环境与文艺复兴时期那些处于战争中的国家很相似。中国的哲学家不仅是统治者的智囊，同时也是应对敌国的有力武器。著名的《孙子兵法》就是在这一时期由孙子撰写的。另一哲学流派墨家则指导人们如何设计战争机器、防御设施和战争对策。稷下学者们了解到战争不仅发生在战场上，还发生在商业中。也许齐国能够抵抗强秦这么久就是因为齐国人懂得运用经济本身的力量。当齐国经历资源短缺的时候，汇率价格能够自然地或者在政府的政策之下逐渐达到平衡。正如《管子》中所说：

今谷重于吾国，轻于天下，则诸侯之自泄，如原水之就下。故物重则至，轻则去。[8]

在这篇文章中，"重"意为昂贵，"轻"意为便宜。学者使用流水的比喻来解释市场根据价格变动自发进行调整。然而，当"看不见的手"失效时，稷下学者没有向上层明确提出进行价格战。虽然钱币并不能充饥，但我们可以利用它们获得这些必需品而不必诉诸武力:"彼诸侯之谷十,使吾国之谷二十,则诸侯谷归吾国矣。"[9]掌控了价格的人,没有必要控制商品的流通。价格的对比将促进商品贸易并实现预期的结果——因为人们被利润驱使。

尽管提倡政府对物价进行管控,管子的追随者也承认市场价格体系带来的巨大社会效应——自由贸易拥有让所有人处境变得更好的能力。管子认为:"万物通则万物运,万物运则万物贱。"[10]换句话说,有市场,就有贸易。自由贸易带来了更低的价格和利益的跨区域分享。世界贸易组织的高层人员对这一观点推崇备至。

战国如何借贷

《管子》哲学强调市场的自发力量,从这个角度看,战国时期私人企业的蓬勃发展就不足为奇了,其中部分企业依靠金融企业建立。在此之前,中国已经积聚了巨额的财富。对商代古墓的研究表明,从公元前4世纪起,巨大的财富就不仅限于王室成员和他们的后裔。在伟大的历史学家司马迁所著的《史记·货殖列传》中,作者对早期通过勤劳致富的平民进行了调查,结果显示战国时期的富豪出自钢铁冶炼、通番、房地产开发、拥有和出租奴隶、贩卖食品和其他商品、贩卖谷物、耕作、盗墓、磨刀、放贷等领域。

管子所处的那个时代最著名的放贷者是齐国的孟尝君,他是以谦虚和善行而著名的田氏(齐王室)成员。孟尝君生活在约公元前300年,是一位年放贷收入据说高达10万贯的金融家。关于他的传说描述了他如何收回和核实贷款,而且时有坏账:

> 齐人有冯谖者,贫乏不能自存,使人属孟尝君,愿寄食门下……后孟尝君出记,问门下诸客:谁习计会,能为文收责于薛者乎?冯谖署曰:能……于是约车治装,载券契而行……驱而之薛,使吏召诸民当偿者,悉来合券。券遍合,起,矫命,以责赐诸民。因烧其券。民称万岁。[11]

这显然与我们在第3章中讨论的美索不达米亚出现过的债务金融有共同之处。很明显,古代中国和古代美索不达米亚都存在着民间债务问题,并且民众对债主的情绪是共通的。但故事里的细节揭示了孟尝君时代的金融技术水平。

故事中，冯谖烧掉的账本代表着债务。很明显，他向薛地富绅追偿债务，却一笔勾销了平民百姓的债务。孟尝君和中国早期历史上其他商贾的故事是很重要的，因为它们表明，战国时期不仅涌现出了一批企业家，金融也在此过程中起到了非常重要的作用。公元前4世纪的中国，类似的借贷与同期出现在美索不达米亚的借贷极为相似。然而后者的借贷关系记录在陶土片上，而中国人则将其记在竹简上。竹简的作用类似于印玺，彼此之间可以匹配吻合，以防止债主和债务人偷梁换柱。

能够拥有这一功能，是由于竹子的特殊性质。一段文本可以被写在一大片竹子的光滑外表面上，然后，按照竹节将它一分为二。在贷款被支付或有争议的时候，这两部分可以进行拼合以辨认上面的条款。黏土和竹简是有进取心的融资者独立开发出的一种基于自然资源的金融契约验证技术。竹子比黏土更容易腐烂，所以中国古代的无数金融文件都消失了。大多数保存完好的竹简是从浸水的古墓中发掘出来的，浸水使得这些珍贵的文物得以保存下来。但对于金融史学家而言非常遗憾的是，中国古代放高利贷的人大多选择典籍作陪葬，而非账本。

1957年安徽出土了一套竹简账本的青铜复制品，它可以追溯到西周时期（公元前1046—前771），较孟尝君的时代早了数百年。上面刻的是鎏金的文字，内容是有关运输货物和支付关税的许可。制造者同样将其沿竹节部分分成两半，每部分上都刻有文字，两部分拼合在一起便构成了一个独特的验证机制。

尽管孟尝君的故事并没有告诉我们他如何收取利息，但就像在美索不达米亚一样，一些学习教材会为我们提供相关资料。中国湖北省的一个陵墓出土的《算术书》可追溯至公元前186年。葬在墓中的官员生前在秦朝和汉朝均担任过公职。[12]这本数学书大概出现在孟尝君和冯谖之后一个多世纪，但上面的内容冯谖应该已经掌握。研究数学史的学者，如《算术书》的译者克里斯托弗·卡仑（Christopher Cullen，剑桥大学李约瑟研究所研究员）对当时中国掌握的数学水平非常感兴趣。从金融史的角度来看，我们对《算术书》中提及的金融技术更感兴趣。该书写在190个竹简上，包含了一系列实际问题及其解决办法，这些问题是冯谖等官员在政务中经常会碰到的。典型的问题包括通关费用的计算、对体力劳动（例如纺织、造箭）产出的计算、牲畜口粮计算、丝帛价值的测算，甚至计算特定长宽的竹子可以制成的竹简的数目。该书提供了技术支持用于计算小米等商品的价格比率以及各种生产操作损耗、旅行的距离和速度，有些问题还涉及土木工程建设，特别是建设如坡道、锥体、亭榭等各种形状建筑所需的土方，也包括用几何方法计算领地面积。

书中提及的金融问题不多，但很有趣。其中一组计算解决了所投资本产出的利润的划分问题。可想而知，这类问题出自商业动机。另一组是利率（息）计算。例如："贷钱百，息月三。今贷六十钱，月未盈十六日归，计息几何？"这其实是在问3%的月利率下，60单位的货币在16日内取得的利息。

上述这一简单的问题提供了不少历史信息。首先，当时的贷款规模可能小到只有60钱，期限可能短到只有16天。同时这也意味着，当时的利率可能高达每月3%。即使不进行复利计算，年利率也已经超过了巴比伦的33.3%。如此看来，冯谖烧掉债券后人们欢呼雀跃也就不足为奇了。古代中国和美索不达米亚的短期利率远远超过了当时社会的生产能力。最后，我们可以肯定的是，至迟在秦朝统一中国的时候，中国古代数学就能够精确地描述货币的时间价值，与此同时，人们使用通行的货币进行借贷。

孟尝君几乎肯定到访过田氏家族的汤沐邑，甚至曾爬上这堆今天仍然存在的土丘。虽然现在灌木杂草丛生，它仍然是一个令人印象深刻的建筑。在临淄的一个古老的十字路口，零散分布着的土屋，仍能让人联想起战国时代那个充满活力的城市。

图8-5 田齐王陵。地平线上的4座山是齐国诸侯的墓葬，公元前3或4世纪的齐国主政者以《管子》的哲学为指导，使用包括货币政策在内的经济手段作为国家治理工具

从这个角度来看，中国的城市不仅是平面的，而且是立体的。庙宇或陵墓等重要建筑要比普通建筑高大。事实上，如今的临淄仍被巨大的墓葬、残存的城墙或是建筑地基分割开来。谁能想到在临淄这样的城市，这些古墓中可能就有商人和高利贷者的安息之地，而非官老爷的。城市郊区，高山之西，淄水之滨，这些山丘里仍然氤氲着古代中国经济思想的残余。

图 8-6　齐王墓旁边的小土堆如今被尊为管仲墓

图 8-7　墓旁的祭品

淄水河岸，一英里长的土路两侧坐落着4座战国古墓。尽管经历2 500年的侵蚀，高75英尺的古墓依然气派地屹立在方形地基之上。它们坐拥广阔的视角，俯瞰平原和城市。相比之下，附近的另一座小坟墓就不那么抢眼了。

约1.5英里外，在一个小村庄的郊区，一个高20英尺的小土堆据传为管仲墓。它的视野极佳，可以俯瞰临淄城。不管是否有确凿证据表明墓主人为管仲，至少当地人对此深信不疑。土丘后面有棵大树，枝丫上缠满了用来祈祷的纸条或塑料条，每一张上面都写着对管仲的祈祷。人们仍然崇拜这位供求定律的发现者。

在本章中，我们从货币的最初形态——权贵统治的城市和军事社会中的一种计量单位开始，回顾了货币的起源和发展。中国最早的统治者通过税收行使控制权，为了完成这样的使命，他们发展出了某种金融技术。货币最早的表现形式是贝壳，它的基本寓意被嵌入许多中国汉字之中。但中国的古货币后来演变成不同形式——铲形或刀形，这些形式的货币可以由金属制造，而不必在海边采集并转运至内陆。我们考察了临淄——秦始皇（秦朝的第一个皇帝）实现大一统过程中最后攻陷的一个城市，它是一个特别有趣的例子，因为它的统治者采取务实的经济政策。这座城市是以手工业和贸易为基础发展起来的。它也是伟大的经济思想家管仲的故乡。无论《管子》是由一个人撰写的还是一个学派的作品都不重要，重要的是这本书将对经济中货币作用的理解上升到了抽象的层次。《管子》确定了货币作为供给和需求之间平衡的基本媒介所发挥的作用，书中提出货币作为一种工具，可以实现国家的目标。《管子》甚至影响了统治者，让他们开始实施货币主义色彩的政策。更微妙的是，《管子》强调逐利对社会的积极作用。市场的无形之手的功能，因为逐利的动机而实现。《管子》中大多数的"微妙"设计，都利用了这种利己的人性。

第9章 大一统与官僚体制

战国时代到公元前221年戛然而止，秦国成为长达一个世纪的漫长竞争的赢家。秦始皇充分认识到了货币的力量。他不仅征服了所有的对手，也剥夺了所有竞争对手生产货币的权力，最终实现了货币生产的国家化和标准化。他创造的货币是中国人非常熟悉的圆形方孔铜币。秦朝钱币的设计，可以追溯到战国时期的圜钱，这种形制延续了2 000多年，直到20世纪初的清朝末年。直到义和团运动爆发的1900年，广东省才铸造了2 000多年来的第一个无孔钱币。

中国政府长期面临的核心问题是如何管理庞大的官僚体制。战国时代过后，随着帝国的统一，这一问题更加复杂化，因为新君主将很多文化相通、持不同政见的不同政治团体成员聚集在一起。从某种意义上说，中国大一统前后的哲学争论都在某种程度上和官僚体制有关，在官僚体制下，一个人要在上级的领导下工作。

与大规模官僚体制一同出现的还有现代经济学家所谓的"委托—代理问题"：委托人（雇主）指派任务给代理人（雇员）。问题是，委托人布置的任务有可能并没有按照他的预想完成，代理人可能消极怠工或失信。这可以被认为是一种激励问题，不过也存在信息不对称的问题。如果委托人可以随时监督代理人，并根据工作的努力和诚信程度进行奖励或惩罚，那么官僚体制将会非常完美地运作。

不幸的是，对雇主来说，这样的持续监督成本非常高昂，效果甚至会适得其反。有些信任必须依托制度才能够实现。当人们依赖信任的时候，它便有被滥用的潜在风险。代理问题随着官僚机构组织规模的扩大而愈加严重，每个环节都为消极怠工和失信提供了滋生空间。特别是对于从分散独立状态进入天下一统的政权而言，让代理人为委托人的最大利益工作是巨大的挑战。代理问题的最佳解决方案是让代理人完全献身于他或她的任务，并做出正确的行为。这其实是孔子提出的解决之道。

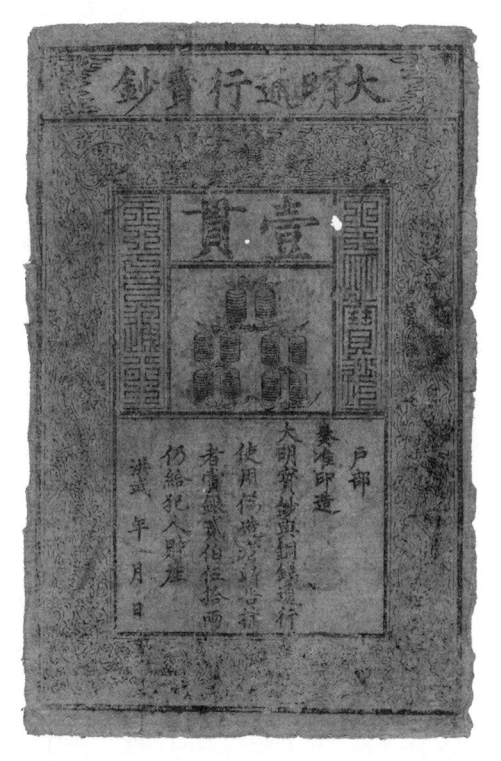

图 9-1 大明宝钞，发行时间约为 1375—1425 年。这种纸币由桑树皮制成，铜钞版印刷，上面注明了与其等值的铜钱数量。由政府发行法定纸币是中国发明的（Beinecke Rare Book and Manuscript Library, Yale University.）

代理问题与人性

孔子生活在公元前 6 世纪下半叶，春秋之末战国之前，当时的中国已经形成了诸侯割据的状态。他的著作重点关注修正个人行为。孔子告诫官员们要谦逊、仁慈、自律。周朝是一个政治统一、君臣清明的黄金时代，孔子时常怀念那段时期，并试图以"复礼"唤醒历史记忆。儒家传统的现代意义可以从对假公济私的腐败官员的定期公诉惩处上体现出来。如果所有官员都能践行儒家伦理道德，就不需要这样的整风运动。一个理想的儒家官员是正义、慷慨和宽容的。理想的国家,是"君使臣以礼,臣事君以忠"、君主开明、官员克己、天下为公的国家。儒家强调性善论,呼唤人性中高贵的部分,相信每个人都有义的潜质,"人皆可以为尧舜",士人应为达到这样的境界而终身努力。

与性善论相对的是性恶论,这种理论认为人性本恶——至少假设人是利己而非利他的。解决这问题的方法不是追求高尚道德,而是反复强调违法者会受到严厉的惩罚,同时守法之人将获得奖励。法家最著名的学者韩非子是韩国贵族,他接受的是儒家传统教育,但后来另立山头,专注于外因而非内因对行为的影响。他主张建立统一的法律,对违法者进行统一的处罚。在法律的框架内,个体可以自由地追求自身利益——当然,劝阻人们不要利己是白费力气。这些观点后来被称为法家学说,虽然在那时并没有这样的分类方式。

韩非子的思想受到了秦国统治者以及后来的秦始皇的重视。虽然韩非子因为政治阴谋而招来杀身之祸,但他死后得到了极大的礼遇,他的主张被秦王执行。秦始皇推崇韩非子的思想并不令人感到惊讶,因为他正是利用武力扫灭了敌对的6个国家。因而对他来说,让六国子民自愿臣服或者说为广阔疆土上生活着的子民寻求一种与内在道德观念相一致的激励方法是毫无意义的。更微妙的是,无数的人类历史表明,血缘和家族忠诚是责任义务的基础,政治就是建立在这样的基础之上。交战双方统帅家庭的通婚是和解的重要手段,家族私交也是军事援助的基础。随着秦王朝政治版图的扩张,新皇帝不能再依仗以血缘关系为基础的权威,故法律和刑罚取代了家族私交和道德要求。韩非子认为:"夫圣人之治国,不恃人之为吾善也,而用其不得为非也。"[1]

从表面上看,法家思想对于主张经济自由主义的人们有着特别的吸引力,毕竟法是产权和契约的基础。《汉谟拉比法典》及其前身为美索不达米亚的金融基础制度建立了框架。一个透明统一的法典与预先设定好的惩罚制度必将在中国产生类似的影响。但我们并没有看到清晰的证据证明这种影响发生过。不同于《管子》,法家著作给人的感觉是对市场经济与自由贸易漠不关心。他们似乎把重点放在了将法律作为维持政治控制的手段上。他们致力于解决政府应当如何管理的代理问题,而不是经济增长和治国之道。

儒家和法家是古代中国最著名的两个学派,它们或许代表了传统中国思想在不同时代的两个极端。相较而言,《管子》学派受关注的程度要低得多,也许是因为它不符合人性的极端化定义,而且也解决不了官僚体制的问题。《管子》

中描绘的行为榜样既不是模范的官员,也不是全能的统治者。管仲有点像奥德修斯,他在主政时期设计了一个巧妙的解决方案,通过正确的激励手段,"看不见的手"可以用来支持国家,因为百姓生活美满会使统治者受益。

用道德还是利益

现代经济学理论对代理问题提出了两种解决方案:激励与监督。激励方案建立在这样的逻辑上:当代理人与委托人的利益一致时,代理人会尽力使得委托人的利益最大化。在《管子》一书中,这样的例子是通过调节货币供给量从而控制经济:铸造更多的货币以激励各国商贩将粮食卖往齐国。这种激励制度没有考虑卖粮者是否里通外国或自私自利——《管子》对市场伦理不做评价,而是利用市场力量使个人动机与统治者的目标保持一致,最终实现国家的利益。

这些哲学层面上的讨论看似远离了当代金融和治理问题,但实际上并非如此。利用激励机制解决代理问题的现代例子是企业经营者的期权补偿。激励理论认为,如果管理层持有股票期权,他们将采取行动使得股东权益最大化。这些行动也将最大限度地提高股票的价格,从而增加公司股东的财富。在这种情况下,只有公司蒸蒸日上时首席执行官才能发财。作为对比,儒家思想的追随者提出质疑:为何领导者会在贿赂的驱使下勤勉尽职。身为股东的代理人难道不应该理所当然地致力于股东利益最大化吗?当下社会对首席执行官们的高额激励感到格外不满,这种不满是否反映了一种有关代理问题的根深蒂固的信念:高尚的道德品质优于正向的激励方案?

神秘的文献

有趣的是,另一部古老而鲜为人知的古代文献指出了解决官僚体制问题的第二种方法:监督。《周礼》是一部非常奇特的文献,它不是哲学家的说教,也不是某位睿智大臣的政务记录,本质上是一幅匿名而详细的周朝王室组织结构图。

《周礼》不厌其烦地详细说明了周朝时的每一个政府官职,从周天子、大宰到宫廷厨师等。《周礼》中所描述的一些职能部门确实很奇怪。例如,有的官员的职责是敲掉不祥之鸟的巢,还有的负责研究各种虫子以及如何灭除它们,此外还有专门负责采集牡蛎和蛤蜊的部门。《周礼》将治理国家的机构分为六大部门，并详细规定了它们的构成和职责。这些职责不仅包括管理活动，还包括宗教礼仪。书中明确指出：国家的一个主要功能是维护人类和超自然之间的关系。这大概反映了君权神授的想法。在《周礼》中，周天子是国家的化身：

惟王建宫以捂方正位，体国经野，设官分职，以为民极。[2]

周天子下属的六部分别为天官冢宰、地官司徒、春官宗伯、夏官司马、秋官司寇、冬官百工。大宰是政府的首脑，也是国家里的二号人物。更有趣的是，大宰手下设有负责会计和审计的官员，专门监督整个国家的金融系统。

会计部门包括仅低于大宰的两个职官。由67位工作人员构成的会计部门负责对所有金融机构进行月度和年度审计。显然，管理王室金库的官员在等级上低于会计部门的负责人。这个等级的设计是有意为之，因为会计部门负责人的职能是监督王室金库。王室金库管理着皇宫建筑、皇家收藏的金玉和货币。会计部门确保这些财富定期计数，并定期记录和审查所有流入和流出的资金。总的来说，会计工作是由大宰依据历法进行规范的。根据《周礼》，每年年底，大宰率领100位高级官员对他们的行政活动进行有序安排。大宰收取各部账簿，检查他们的报告，并进行确认与核销。每三年，大宰会对所有官员进行一次重大的审核，并据此惩罚或奖励他们。

值得注意的是，这一行政过程不仅包括核销和确认，也包括奖惩措施。而奖励和惩罚都建立在对账目进行审计的基础上。显然，奖惩并不基于官员是否英明，而是基于事实和数字，以及测量和定量评估。

监督可以被认为是一种会计思想：检查哪些东西被运进官员办公室，哪些东西被拿出去；对收到的物品进行官方登记，对发出的物品设以单据；检查官吏是否出勤；检查官方的税收和收入是否得到合理的使用。

《周礼》还有一项奇特之处，即不知道是谁在何时以什么目的写作此书。这本书是否作于周朝，哪部分作于周朝，都不得而知。关于这本书起源的一个观点是，它可能成书于汉代（公元前206—220）早期，并被"篡位者"王莽利用来推行重大的政治改革。王莽有时被认为是中国的第一个"社会主义者"，因为他解放了奴隶，剥夺了地主的财产，并废除了债务。王莽参照周朝的制度对部分汉代制度进行了改革。尽管他的统治是短暂的，但他进行的一些改革却在中国历史上引发了长久的回响。汉代最重大的经济事件之一就是盐铁专卖——国家拥有和控制了中国两个最重要的行业。在汉代还出现了围绕私人企业与国有企业对立的大辩论，最终支持国有的观点获得了胜利。

《周礼》的重要性在于，它成为近 2 000 年中国政府治理的范式。其组织架构提供了一个基本方案，用以解决如下问题：执政的官僚机构应该是什么样的，如何制衡、激励和监督政府官员。它甚至规定政府应当实行积极的财政政策。《周礼》记录了一些《管子》中描述的做法，包括稳定价格的平准措施。它也是记录政府贷款的最古老文献。在《周礼》中，政府是贷款人，而不是借款人，国家财政部门被授权向普通民众发放短期贷款，以支付诸如葬礼之类的紧急费用。《周礼》认为，贷款的主体应当是政府而不是私人放债者。

纸币：激活丝绸之路

鉴于货币长期以来在中国作为交易媒介和政策工具，所以纸币首次出现在中国就不足为奇了。然而最有趣的是，纸币并非古代中国发明的用于交换价值的唯一纸质凭证。中国不仅发明了纸币，还发明了一个用于管理中央和各省之间财政事务的复杂的纸质金融工具体系。纸质金融工具在连接东西方商业网络的丝绸之路中起到了重要的作用。它们在合同、合同法以及产权等更广阔的制度环境下发挥作用。正如我们在西亚和地中海东部的古代文明中看到的那样，合同、合同法以及产权是一个金融系统的关键要件。它们的发展过程是本章的主题。

汉代中国与罗马帝国这两大文明大致处在同一时代。当罗马向东扩张到黎凡特地区之时，汉代中国则沿着丝绸之路向西方扩张。这一扩张不仅是为了政治控制的需要，也是出于经济动机。

长安和洛阳是中国唐朝时期（618—907）的两京，唐朝兴起于汉朝结束之后 400 年。长安（现名西安）是当时世界上最繁华的城市之一，是丝绸之路的终点。这座城市由国祚极短的隋朝于 6 世纪末按照传统规划建设：城市呈矩形，被城墙围绕，占地 30 平方英里，并被 300 英尺宽的街道和纵横交错的运河分割。皇宫坐落于北轴，包含一个复杂的行政机构：下设吏部、户部、礼部、兵部、刑部和工部的尚书省，负责政令拟定的门下省，负责政策实施的中书省，以及接待周边民族和国家来唐蕃客的鸿胪寺。长安城的国际化特征很有传奇色彩，穆斯林、拜火教教徒和景教教徒都在长安城有自己的聚居地。

长安城有两个商业中心：东市、西市。这是两个带有围墙的商业区，人们可以在此进行世界各地的商品进口与销售。西市是丝绸之路的贸易中心，成千上万的店铺林立，在那里可以听到亚洲的所有语言，观察到亚洲的所有文化。西市街长600码，有超过200个合法商家。西市是中国唐代的华尔街，金融家在那里接收典当品、吸收存款、兑现支票、兑换货币、发放短期贷款。

尽管中国早期历史上的贷款似乎以高利贷为主，主要签订短期、高利息的合同，但在大部分开设在西市的钱币交易商铺表示它们必须办理商业贷款，或者至少提供商业金融服务。市场上的贸易由政府官员负责征税，由市署（司市）和平准署进行监管。

重新发现丝绸之路

1900年，一位大胆的学者率领一支探险队从印度出发，穿越广袤的阿富汗"鞑靼高地"，阅遍古丝绸之路上荒芜的风景。这位拥有大无畏精神的匈牙利冒险家奥雷尔·斯坦因（Aurel Stein）是最富有传奇色彩和争议的中亚考古学者。尽管当时中国的动荡和中亚国家摇摆不定的联盟给考察工作带来了巨大的政治风险，开展这种工作不亚于进行一场"豪赌"，但斯坦因下决心重新探索和挖掘传说中连接罗马与中国的丝绸之路上的城市。就像2 000年前的丝绸之路上的商人一样，斯坦因率领一支骆驼队和他的同事们沿着围绕塔克拉玛干沙漠的南线古道前行，穿过和田，来到废弃的丹丹乌里克遗址。丹丹乌里克曾是中国、印度、中亚三大文明交汇处的一座商业城市。

如今我们难以想象，这个位于中亚中心、沙漠边缘的城市曾经是一个世界性的、多语言的都市，虽然古老的城市轮廓仍然清晰，房屋、寺庙、高塔和城墙已经矗立了上千年。然而真正令人兴奋的发现是文献。考古队在其所到之处都发现了珍贵古籍：梵文撰写的佛教经文、汉字信件和笔记，以及现在被认为是死文字的吐火罗文。次年，斯坦因继续前往尼雅古城附近，在那里他发现了更加丰富且保存更完好的写在羊皮纸上的文档，它们在那里存放了近2 000年。

斯坦因的考察表明，丝绸之路不仅是一条商业之路，同时也是一条信息高速公路。商人们长途跋涉，暂居异乡，与说着不同语言的人进行贸易，崇拜不同的神祇，丝绸之路成为整个欧亚大陆知识和文化传播的主要载体，其中也包括书写系统。无论书写材料是木板、羊皮纸、棕榈叶还是最终的纸，书写都在扮演着基础性的信息媒介。

斯坦因最伟大的发现也是他最具争议性的发现。1907年，他跟随马可·波罗的文字穿越广阔的罗布沙漠，进入现在被称为塔里木盆地的地区。这条路线后来被证明是极为有利可图的。探险队艰苦跋涉进入敦煌绿洲。在那里，斯坦因参观了传说中的千佛洞。千佛洞是一座佛教圣殿，石壁上刻有惟妙惟肖的彩绘佛龛，拱卫有身形巨大的唐代风格的佛像。从4世纪起，朝圣者就来此拜访。然而对斯坦因来说，真正的惊喜是一个不易被发现的、被小心看守着的藏经洞，里面收藏着自敦煌存在以来的全部档案。斯坦因认为这批文献可能会给他的职业生涯带来无法预料的回报，这些档案记录着佛教与印度文化沿着古代丝绸之路进入中国的过程。斯坦因通过贿赂获得了总计5马车的历史文献。这正是他所希望得到的一切：举世无双的宗教文本档案，最早可以追溯到5世纪。斯坦因收获的很多敦煌宝藏现在收藏于大英图书馆。后来的文献搜寻者们也设法买到了敦煌的古代文献，现在这些早期的文本被保存在世界各地的博物馆里面。当然，这是件喜忧参半的事情：好处在于这些档案被保管在经验丰富的档案管理员手中，并且能广泛地被学者们研究；但不幸的是，它们并没有安置在故乡，中国最伟大的历史宝藏之一流落分散在了世界各地。动荡不安的中国近现代史使人们怀疑斯坦因的动机，他带走这些珍贵的文献恐怕并非偶然为之。

斯坦因后来再次回到丝绸之路。他于1915年在中国西部开始的探险活动主要集中在吐鲁番地区。这次探险的亮点是发现了阿斯塔那古墓群——一个被风沙掩埋的公共墓地，古老的亚洲人及其精美的陪葬品被一起埋葬在这里。和前几次探险时发现的情形一样，干燥的空气使得这里的一切几乎都保存了下来，从由奇怪的纸覆盖着的棺材，到死者带到往世的小糕点都保存得很好。

一些精美的古墓中甚至设有私人图书馆，还有做成音乐家、舞蹈家和艺人形象的陪葬人物俑，这些装饰精美的艺术品描绘了自唐代以来人们的生活场景。虽然斯坦因挖掘了阿斯塔那古墓群的很大一部分，但是仍然为后世的考古学家留下了许多遗存。中国现代考古学家已经在阿斯塔那古墓群工作了几十年，他们幸运地发现了许多保存完好的唐代以来的墓葬。在其中一个墓葬中，他们发掘出了一组由陶瓷、布和纸制成的墓俑。这些墓俑在都城长安制造并被运往边疆，它们保守着一个令人好奇的秘密。墓俑们的胳膊是由废纸制成的，这些废纸在长安被搜集起来，然后由工匠重新利用。具有讽刺意味的是，如今中国最富有的女性企业家张茵通过搜集和再处理美国废纸，积累了数十亿美元的财富。阿斯塔那墓群中的墓俑告诉我们，中国企业家可能早在1 000多年前就开始用这种方法赚钱。然而更重要的是，用于制作墓俑手臂的每一页纸上都记录着一笔7世纪时发生于中国典当行的交易。

耶鲁大学历史学家芮乐伟·韩森（Valerie Hansen）和她的学生安娜·玛塔-芬克（Ana Mata-Fink），对这些特殊的财务文件进行了研究。[3] 如此古老的长安商业记录很少能保留到现在，因为纸是非常容易腐烂的。这些票据仅仅是由于被再次利用并且被运送到干燥的地区才得以保留下来。事实上，一个引人注意但又悬而未解的问题是：在中国，纸张最初是如何成为商业记录和交易工具的。我们知道，竹简记录是合同记录的早期形式，但在纸张发明后，从某一时刻起，纸便成了金融记录的媒介。韩森是研究丝绸之路贸易的世界级专家。她是一位耶鲁大学的教授，和家人一起生活在康涅狄格州海岸并为学生讲授中国历史。她的研究方向是中国古代的契约合同。典当业的票据非常有趣，因为它们与金融紧密相连。

韩森和玛塔-芬克追踪到当票的起源是长安。每张当票都记录了便携式财富的简单信息，任何有转售价值的物品都可以作为短期借款的保证金。最有趣的是，当票中包含了长安的三个地名，分别是：延兴门、观音寺和昇道坊。这些地址都指向位于长安东南角附近的典当行，大概离东市一两英里远。学者们能够有效地划分出古代中国都城经营借贷业务的区域，并指出典当行的运作方式。典当行的客户并不是十分富有，他们典当的物品大部分都是些穿过的衣服，比如：一件黄布衬衫、一条装饰围巾、一件紫色的斗篷、一件丝绸外套、磨损了边缘的官员头饰和破旧的凉鞋。偶尔有一些贵重的物品：一匹丝绸、一面青铜镜，以及4串珍珠。借款人一般都不曾受过教育。他们用张开的大拇指和中指两端的距离"拃"测量和标记物品长度，而不是在合同中用文字明确地记载下来。一些当票记录了利息的支付情况：

> 崔进，农历正月十九借了100文钱。农历六月初七，他偿还了40文钱

的本金和9文钱的利息。崔进取走了丝绸。农历七月十八欠款偿清。他生活在城东,时年20岁。[4]

这个年轻人崔进是谁,为什么他需要100文钱?以9%的半年利率来借这笔钱是否值得?这份简洁的收据并没有给出答案,但在唐代,都城长安的年利率似乎比20%低一点。崔进借款次日的另一笔贷款也提供了辅证:王帅借得40文钱,4个月后偿还了15文钱的本金。他还支付了两文钱作为利息,这意味着大约15%的年利率。这样的利率也许很高,不过还难以算作高利贷。阿斯塔那墓群中出土的典当票据告诉我们,唐代有一个运作良好的个人信用体系,而且它的利率适中。在这一体系中,便携的商品,特别是衣物,就等同于财富。当需要的时候,一件外套、一双鞋子或是一颗珍珠都可以抵押,从而转换成硬通货。我们当然可以批评典当业刺激了消费主义的萌生,不过从另一个侧面来看,私人耐用物品的二级市场和以此类物品为抵押的金融体系还带有唯物主义的色彩——这其实是一种价值储藏的手段。事实上,与现金不同的是,保养良好的耐用商品一直被用作对冲通货膨胀的工具。典当是一种创造流动性的技术,它依赖于作为记录和签订契约的主要媒介的纸张。纸张被创造出来后不久,就被广泛地使用在中国的金融体系之中了。

飞钱

唐代以其运河和驿道闻名,它们促进了商业交通并将首都与偏远省份连接起来。为了与中央政府保持强有力的联系,中国各省在都城中都设有进奏院。像现代的游说机构一样,它们为省级政府的利益和地方臣民服务。在唐代,这些进奏院开始执行类似中转银行的功能。商人——比如四川的茶商,在都城贩卖商品然后在本省的进奏院存下他们的利润,进奏院写给商人们的收据称为"飞钱"。这样的称呼是因为赚得的钱可以不经由陆地而"飞"回商人们所在的省份。飞钱分为两个部分:一半由商人持有,与之匹配的另一半由进奏院持有。当商人们返回自己的省份时,他们将其持有的一半收据向政府部门出示以获得全额付款。官员们喜欢这个系统,因为飞钱为他们提供了满足都城开支的现金。商人们也喜欢这个系统,因为它消除了他们的风险和运输硬通货的费用。飞钱

/ 133

避免了铜钱流回各省，增加了国家商业中心的货币供给。也许最重要的是，它成为省级机构的一个无息贷款服务。在商人回到对应的省份并出示证明前，进奏院拥有这笔现金的使用权，偶尔商人们也会发现当地政府不愿意及时为他们兑换飞钱。毫不奇怪的是，其他政府机构，如户部和军队，也会竞相提供类似的服务。

唐代的飞钱没有保存下来，所以我们无从知晓它们是不是可流通的票据、是否注明时间、是否有标准的面额，或者是否有其他的功能，以便让我们了解如何使用它们以及它们在中国社会中发挥的经济和金融作用。虽然我们不知道飞钱是否可以流通，但很难想象它们不会被商人分配或转让。在这个意义上，飞钱可以充当货币。尽管如此，它们还是不太可能被印成货币。关于飞钱有一个有趣的故事。美国收藏家、金融史学家安德鲁·麦克法兰·戴维斯（Andrew McFarland Davis）在20世纪初购买了大量的唐代钞票，钞票的图片被他发表在一本名为"收藏在波士顿美术馆的若干中国纸币"（*On Certain Chinese Notes, Deposited in the Boston Museum of Fine Art*）的书中。这样的纸币今天已经无处可寻，而戴维斯购得的钞票十有八九是近代伪造的，它们不符合对飞钱的描述，看上去更像后代印刷的纸质宝钞。

一个纸质社会

907年，唐朝灭亡。历史再次重演，被削弱的中央政府再次四分五裂。部分皇室及其随从逃到西南部的四川省——一个位于长江源头处的多山地区。唐以后，四川作为一个独立的、名为"蜀"的王国存在，直到10世纪，它最终解体，并随着宋王朝统一全国而再次被纳入中央版图。

宋代（960—1279）是中国历史上影响最为广泛的时期之一。这段时间有时被称为"中国的文艺复兴时期"。所有的高雅艺术在这一时期都十分繁荣，包括诗歌、戏剧、绘画、书法、园艺、音乐和建筑。通俗艺术的表现也不错，宋朝城市里遍布杂技演员、卖艺人、说书人、木偶师、舞蹈团和酒肆老板。宋代的科学在冶金、植物学、天文学、考古学、农学以及化学领域都是那一时期世界上最先进的。宋代的学者包括百科全书编纂者、历史学家和哲学家，他们中的一些人在书院教书，另一些在朝为官——官员被认为应该富有文化且智慧过人。

官员根据其在科举考试中的成绩和表现被选拔,而不是通过外界资助和关系。在宋代,商业和艺术一样繁荣。商人是一个受人尊敬的阶层,他们的活动打破了"坊""市"的界线,不再像唐代一样局限于特定的商业区,他们的贸易遍布城市。北宋首都开封在巅峰期大概有 50 万人。

宋朝最重要的发展之一就是造纸术和印刷术的改进。部分原因在于科举考试是政府官员选拔和晋升的基础,文化因此得以广泛传播——书籍被出版并在书店销售,甚至相对较穷的学生也有机会接触到中国古代经典和数学知识。在科举考试中,来自各地的学生被无情地考察着他们对于文学典籍的记忆能力。据历史学家本杰明·艾尔曼估算,如果每天记忆 200 个字,准备这样的考试需要花费 6 年时间。[5]

今天,我们都在关注走向无纸化社会的变革,在无纸化社会中,信息通过电子媒介存储和通信。中国宋代出现的纸张普及革命,其激进程度一定不亚于今天的无纸化革命。纸文化显然根植于唐代,韩森和玛塔-芬克研究的在当铺使用的纸张和飞钱的使用就是证明。然而,宋代是一个特殊的时期,因为纸张开始作为一种存储和廉价传播信息的媒介。

纸张被采纳为国家财政的基本工具。宋代发行的纸币首次采用了 4 色铜版印刷技术,这与今天用来打印彩色书的技术相同。宋代的桑皮纸技术在桑树被用于丝绸业的四川得到了发展和完善。桑皮纸成为第一种可以经年传递与流通的票据媒介。金融创新依赖于建档、记录和签订契约合同的技术。与美索不达米亚黏土片的发明以及同一时间欧亚金属铸币的出现一样,中国使用耐用纸张在金属制版上的印刷成为传承最持久的金融创新遗产之一。

沉重的现金

宋代不仅是中华文化的黄金时期,它也是一个国家战争持续不断而最终不敌对手的时期,尤其是面对着来自北方和西方的草原游牧民族,如蒙古部族。这一政治背景与印刷技术一样对纸币的发展至关重要。即使宋代文化繁荣,但它的整个领土都是军事缓冲区。在那里,军队处于警戒状态,部队不断进驻,而部队需要军饷,这就需要当地的经济支持。虽然宋代是通过联合唐末的藩镇割据势力最终实现了军事上的统一,但其最大的挑战不是没有将新的联合体紧密团结起来，而是要不断地抵抗入侵势力。宋代分为北宋和南宋两个时期，因为在 1126 年，包括首都开封在内的一半国土落到了侵略者的手中，首都被迫南迁。

在宋代，四川是中国最重要的地区之一，因为它位于遥远的西部，三面都环绕着侵略者，代表了中国的主要军事前线。四川的经济有一个奇怪的特点——通用铁钱，这一特点可以追溯到四川并入宋王朝版图之初。四川的铁钱引发了不少问题，因为它太重而难以使用。商人们更喜欢铜钱，但铜钱在四川是被禁止使用的。铁钱的强制使用并不是对四川的一种惩罚，而是当朝政府试图通过这种方式来避免宝贵的铜铸币流向西部少数民族政权，比如当时与中原偶尔发生战争的西部的金国以及吐蕃。也许是为了尝试实践《管子》的轻重论，通过市场这只"看不见的手"来吸引国外货币，户部官员继续铸造重量更重的铁币。唯一的问题是，虽然铁有内在价值，但它的价值很低，简单的购物就需要几磅重的零钱。在四川贸易的商人不得不在边境处将他们的铜币换为铁钱。

铁钱价值低的原因部分在于铁的内在价值低，但也有部分原因可能在于铁钱的发行量过多。那一时代的中国皇家铸币才是有效的法定货币，这些硬币成为法定货币是因为政府法令，而不是因为它们含有一定量的金属。实际上，政府为铸币花费的买铁和发行的成本要低于货币的面值。"看不见的手"调整着货币的价格和数量：在当时的四川，买一磅盐要花费 1.5 磅的四川铁币。铁币的问题引发了世界史上最重要的金融创新之一：纸币的出现。

993 年，叛军占领了四川省会成都，并停止了货币铸造。这造成了货币短缺，但显然也在一定程度上扭转了流通中货币不断贬值的趋势。针对当地的货币危机，成都商人开始发行纸币。由中国货币史学家万志英领导的史学工作者们认为，关于这次货币危机留下的信息很少。然而，这也使得推测以纸币替代铁钱的经济动力变得更具吸引力。随着铸币的停止，未来金属货币供应量的不确定性肯定引发了对变革和创新性解决方案的商业需求，如纸币的发行。这种供应短缺也促使人们减少手中的纸钞储备。万志英观察到这样的诱惑导致"无数的各式各样的私人钞票增发，其中许多都是由不择手段的商人发行的，这导致了普遍的滥用和诉讼的激增"。[6]

叛乱被平息后，政府开始介入。1005 年，成都知府张咏采取了一系列措施来规范票据的发行，限制了商人的发行权，并重新铸造铁钱。只有 16 家商号被授予所谓"交子"的本票垄断印刷权。客户可以在商铺中存下现金，然后获得一份纸质收据，即交子，参与交易的商人将以其作为支付工具代替现金。这些吸收存款的场所被称为"柜坊"。这些一手收据的一部分是印刷好的，同时附有一些类似于现代支票的空白槽，用来填写存款数额。也许出于缴税的原因，一位顾客若想拿回繁重的铁钱，他或者她可以从最初的商人那里或者在其参与的任何交易中兑换交子，因为人们都认可这些收据凭证的使用规则。赎回是需要支付费用的，发行商会使用一些印记或设计表明是哪个柜坊发行了这张票据。想必这将使负责赎回的柜坊可以从交子的发行柜坊转入被赎走的现金。万志英认为，这种标记是一种统一的由蘸有黑色和红色墨水的木块印刷的带有人或建筑物图案的设计。这些私人标记无一从宋代幸存下来。然而，这个精心设计的意图是明显的——政府要比造假者领先一步。在一个印刷技术广泛传播的社会中，一名技艺精巧的印刷师可以把桑树皮变成财富。

交子务：利润属于国家

一时间，私人柜坊运行良好。随着纸币的使用，很少有人费心去兑换现金，现金安全地闲置在成都商人的仓库里。也许现金太过闲置，因为不幸的是，似乎有人被骗了。一些商家在履行赎回承诺时行动很慢。我们不知道私人柜坊中是否有人抵不住诱惑直接拿走了现金，或是交子的使用者伪造了假的可赎回票据。无论是什么触发了危机，私人交子系统崩溃了，需要政府介入。1016年，中国政府撤销了四川纸币的私人垄断权，将纸币印刷权国有化，并于1023年建立了一个掌管纸币流通印制的机关——交子务，开始发行现金储备率约30%的票据。

如果浮动会带来利润，那也是属于政府的利润。这些新发行的货币面额是标准化的，在城市郊区的一个特殊的政府印刷部门里印刷。或许前代叛乱让政府明白应该将生产区域与人口稠密地区分离开。从1160年开始，国家垄断了纸币发行。一份当时的交子票据可能代表了纸币印刷和设计的巅峰：4块铜版被用来印刷基本的文本和面额，然后再用蓝色和红色双色版印刷装饰设计。1161年发行的纸币上印有这样一句话："至富国财并"。这是对齐国刀币题词的一个有趣的回应。带有金鸡图案的敕字是以蓝色印刷的；红色版印刷合欢万岁藤图案，标志着长寿；龙龟负书的图案是用黑色墨水印刷的。在最大面额纸钞的反面，也就是

500文的反面，印刻着诗意的短语："王祥孝感跃鲤飞雀"。

印刷纸钱的技术慢慢从四川传播到了中国的其他地方。一段时期内，纸币的使用限定在南方各省，在北方是被禁止的，这也许是因为中国的国际贸易大多发生在南部的省份。宋代的纸币没有保存下来，但是，元朝的货币留存了下来。

同纸币本身一样重要的是，应该将纸币放在更宽广的宋代纸文化背景下去理解。交子和后来的宝钞无疑是纸质凭证、收据和货币的唯一形式。特别是，盐业专卖权成为中国政府新金融体系的一个核心组成部分——国家以票据形式授予商人购买和转售盐的权利。就好像今天的棒球票，这些票据是"投机品"，围绕着盐钞（盐引）形成了一个次级市场，人们开始将它们作为钱使用。也许盐钞最好的现代比喻不是棒球门票，而是政府发出的排污权证。美国国家环境保护局启动了一个计划，在1993年拍卖二氧化硫排放权，并允许交易。现代排污权的概念是，政府对一个发电厂允许排放的污染量有法律上的垄断性。工厂获得这些权利凭证后可以自用或出售。排污权证代表着具有最高经济价值的

图9-2 宋代的一张纸质票证，其功能是作为军用物资的一种支付手段（Collection of Stephen A. Ross.）

工厂最终会购买最多的凭证，因为市场会以最有效的方式分配权利。不管是谁使用了它，空气污染的总量是固定的，但在排污证的发行国每单位污染的能源生产量都是最大化的。在此期间，排污权证可以多次转手。没有开办发电厂意图的投机者也可以买入排污权证并且期待在未来价格上升时卖出获利。最终，它们会被需要的公司购买和使用。当市场赋予这些公司相当于一个超标排污单位的边际经济价值时，排污权交易就会产生。

同样的原则也适用于盐钞，只是这里的排污权换成了盐的销售权。只要有一单位的盐可以用来买卖，盐钞就有价值。一个精明的投机者可以积累一大堆的盐钞，并持有它们以预期食盐价格上涨。然而，当洪水摧毁了盐田，以盐为基础的盐钞将变得毫不值钱。尽管有这样的风险，盐钞交易在很大程度上是可预测的，并且利润会调整到使盐钞有一个可靠的经济价值的程度。结果是，在宋代有很长一段时间，盐钞被作为纸币使用。从某种意义上说，它们是一种复杂的用作交换媒介的商品期货。

移动的货币

斯蒂芬·A.罗斯（Stephen A. Ross）是麻省理工学院的金融学教授，也是现代金融理论的提出者之一。透过纷繁复杂的事件表象，斯蒂芬提出了委托—代理问题的基本理论框架。他也是我的好朋友，对中国金融史颇感兴趣。有一天，我去他的办公室拜访，我悠闲地瞥了一眼挂在墙上的东西。我惊讶地发现自己可以读懂上面的一些汉字。我能辨认出"钱"和几个似乎读作"大宋"（宋代的名称）的文字。标题中的另一个词是"钞"。"钞"……"宋"——"钞宋"……我在斯蒂芬的墙上看到过这份票证很多年，但从来没有重视过它。直到我着手研究中国金融史之后，我才开始密切关注这份票证。随着我对早期融资合约的深入研究，我开始想在我面前的这个票证有没有可能是一份从未被发现的宋代纸币？这促使我想要尽可能多地去了解这份古老的票证。

我与中国史教授柯丽莎密切合作分析这份票证。我们知道它是另一种类型的收据——宋代政府官员使用的一种票证。像早期的纸币一样，它不仅有面值，也有填写日期和花费它的官员名字的留白。账单印在薄纸上，而不是同时代被用作纸币媒介的持久耐用的桑树皮。上面印着一匹飞行的天马，而不是一串钱或金鸡、龙或者乌龟的形象。抬头为"利民钞"。时间可追溯至1208年，它表示的现金价值为500文（这是现代之前中国的标准货币单位，相当于一个铜币）。发行它的政府机构是一支驻扎在四川的军队。

这种奇怪的货币说明了宋朝在13世纪早期面临的军事危机。为了方便边境军队的物品供应，一种单独的代金券制度应运而生。在军事边境地带，采购人员使用这样的代金券来支付需要的物资。记录表明这个票据代表500文。它没有注明属于某个特定的人，所以我们推测它是一个不记名证券——任何持有它的人都可以用其进行支付。印在薄纸上这一事实表明它是即时赎回，而不是像纸币那样多次易手。作为金融工具，这种票据的特点是为官员名字和日期留有的空白。大概正是这个特性允许政府审计人员检查和加总采购官员的所有开支，由此知道这些官员是如何花掉公款的。因此，这种代金券的重要性不仅在于它是中国历史上存在过的一种财务文档，它也代表了另一种可供选择的促进货币自由流通的金融工具，或是一种类似盐钞的商品工具。柯丽莎和我认为，这种代金券代表了另一种流通纸币使用的支付系统，这个系统依赖于政府控制的经济而不是自由的市场经济。它代表货币价值可以追溯到花费这笔钱的官员身上。尽管政府可能会让官员经过艰苦的科举考试，同时要求他们达到儒家最高的道德标准，但实际上需要官员在支票上签名并标注日期这一要求意味着中国的官僚机构不仅需要认证，也需要同等的信任。

王安石变法：为国家赚钱

王安石是中国历史上最引人注目的人物之一。中国古代的教育制度强调博学以及为官能力，成长于古代教育制度下的王安石被认为是宋代最伟大的诗人之一，也是最有争议的政治人物之一。他是一个公共部门的企业家，试图使私营企业的利润有利于国家。身为效忠于大宋的臣子，王安石注意到了一些从绵延不断的边境战事中获益的奸商。随着大宗商品输送和对骑兵战马等资源的持续需求，政府发现自己受制于私营供应部门的摆布。1069年，王安石成为神宗皇帝的参知政事，他推行了一系列引人注目的经济改革，有效地让大部分中国经济服务于国家。他明确地效法古代管仲，试图从私人部门手中夺取价格体系的控制权，从而确保资源在整个国家的顺畅流通。

像他的前辈一样，王安石也认为政府控制价格体系是让国家受益的一种手段。在王安石的改革中，茶马司演变为重要的权力部门。茶马司利用吐蕃边境对茶的强劲需求，为购买马匹获得资金，进而将马匹用于抗击北方少数民族军队的入侵。[7]

在王安石变法之前，强大的商人受益于国家授予的茶马贸易特许经营权，但是在王安石的管理下，国家收回了经营权，然后创造了一种可以让政府获利的商业模式。难怪王安石变法有时会被理解为一种早期的社会主义。王安石还设立机构以低利率（20%）发放贷款给农民，此举也让政府与私人金融部门直接竞争。国家的需求，特别是战争前线的需求，使私人商业失去了存在空间。在此期间，中国与西夏战争频繁。无论国家的财政状况如何，士兵都必须吃饭、住宿，必须购买马匹和运输工具。

王安石对私营企业的打压并没有否定对利润的追求，而是用国营取代私营，保留企业但引导利润流向中央政府——"利出于一孔"。归于政府的利润被用作贸易流通的均衡器和调节器。只要它是通过上述标准控制、调节和确认的，这个企业就是好的。在此期间，财政收入的很大一部分来自茶、盐和酒的国家垄断经营。虽然王安石在1074年最终被革职（具有讽刺意味的是，他被革职是由于过分追究向国家借款的破产借款人），他后来又短暂地掌握了权力，但最终在1076年辞职。在后来的10年间，他的一些有远见的计划被取消了。然而，正是他的变法运动使国家经济征收的基本主题成为中国政府统治的新词汇中的一部分。这一主题因为王安石巧妙地使用中国历史和先辈们的理论——援引《管子》和解释《周礼》而获得合法性。王安石可能不是第一个引入金融工程来为中央集权服务的人，但很少有政治家能够像他这样很好地利用永恒的和普遍的民粹主义言论。

西方眼中的中国改革

虽然今天可能难以想象一个没有纸币的世界，不过我们有一个难得的机会可以看看这种金融创新会给一位当时的外国观察者带来多么奇妙的观感。13世纪的威尼斯商人马可·波罗是否真的曾经到过黑海以东依然存在一些争议。当马可·波罗和中世纪小说家鲁斯蒂谦（Rusticello）一起困于热那亚的监牢时，马可·波罗把自己难以置信的经历告诉了鲁斯蒂谦，鲁斯蒂谦将其记录下来并写成了一本书。这本书讲述的是马可·波罗旅行到中国，并为皇帝成吉思汗效力的故事。其中可能有从丝绸之路上其他交易商那里听来的故事，在这些逸事里，马可·波罗将自己描述为皇帝非常棒的顾问，被委以管理一个城市的重任。然而，这本书里写到的钱是如何用树皮制成的故事，直接或间接地传达了欧洲人第一次知道法定纸币时的惊讶。我引用全文如下：

《大汗用树皮所造之纸币通行全国》

此汗城之广大庄严，既已备述于前，兹请言大汗铸造货币之所，用以证明大汗之所为，诚有逾我之所言，及此书之所记者。盖我言之无论如何诚实，皆不足取信于人也。

在此汗八里城中，有大汗之造币局，观其制设，得谓大汗专有方士之点金术，缘其制造如下所言之一种货币也。此币用树皮作之，树即蚕食其叶作丝之桑树。此树甚众，诸地皆满。人取树干及外面粗皮间之白细皮，旋以此薄如纸之皮制成黑色，纸既造成，裁为下式。

此种纸币制造之法极为严重，俨同纯金纯银，盖每张纸币之上，有不少专任此事之官吏署名盖章。此种程序完毕以后，诸官之长复盖用朱色帝玺，至是纸币始取得一种正式价值，伪造者处极刑。此种纸币之上，钤盖君主印信，由是每年制造此种可能给付世界一切帑藏之纸币无数，而不费一钱。

既用上述之法制造此种纸币以后，用之以作一切给付。凡州郡国土及君主所辖之地莫不通行。臣民位置虽高，不敢拒绝使用，盖拒用者罪至死也。兹敢为君等言者，各人皆乐用此币，盖大汗国中商人所至之处，用此纸币以给费用，以购商物，以取其售物之售价，竟与纯金无别。其量甚轻，致使值十金钱者，其重不逾金钱一枚。

尚应知者，凡商人之携金银、宝石、皮革来自印度或他国而莅此城者，不敢售之他人，只能售之君主。有贤明能识宝货价值之男爵十二人专任此事。君主使之用此纸币偿其货价，商人皆乐受之，盖偿价甚优，可立时得价，且得用此纸币在所至之地易取所欲之物，加之此种纸币最轻便可以携带也。

由是君主每年购取贵重物品颇多，而其帑藏不竭，盖其用此费一钱之纸币给付也。复次每年数命使者宣告城中，凡藏有金银、宝石、珍珠、皮革者，须送至造币局，将获善价，其臣民亦乐售之。盖他人给价不能有如是之优，售之者众，竟至不可思议。大汗用此法据有所属诸国之一切宝藏。

此种货币虽可持久，然亦有敝坏者，持有者可以倒换新币，仅纳费用百分之三。诸臣民有需金银、宝石、皮革用以制造首饰、器皿、衣服或其他贵重物品者，可赴造币局购买，惟意所欲，即以此种纸币给价。

大汗获有超过全世界一切宝藏的财货之方法，业已备述于前。君等闻之，必解其理。[8]

马可·波罗的著作不只记述了纸币的制作过程，还描述了一个由中央政府严格管理，并被用作经济政策工具的货币体系。通过强制要求从贵重物品转到纸币，皇帝有效地介入了私人交易。纸币不仅是交换的循环媒介，还是用来让外国商人的资本得以在中国合法经营的方法。显然，它还是一种征收贸易税的方法。这本游记对珍宝公开赎买流程的描述也是富有启发性的，政府将赎买价格定的高于当时的市价以刺激赎买——这个策略直接来源于千年前的《管子》。

在马可·波罗的时代，辉煌、文明、富庶的宋朝最终落入游牧民族政权之手。新的蒙古族统治者带来了他们自己的管理体系——有时包括让外来统治者凌驾于本地汉族官员之上。然而，成吉思汗意识到了继续使用法定货币的好处。他继续按照宋朝的先例印刷纸币，并且继续实行通胀消费的做法。直至14世纪晚期，明朝取代元朝的时候，纸币的使用——甚至滥用——仍在持续。

第10章 金融大分流

李约瑟将他一生的大部分精力都放在了编辑详述中国杰出科学成就的系列丛书上，《中国科学技术史》(Science and Civilization in China)无疑是20世纪最伟大的著作之一。这套丛书专注于系统记述古代中国的数学、科学和工程成就。从李约瑟在1956年出版第一卷开始，这套丛书现在已经有了17卷，涵盖数学、物理、工程、印刷、化学、军事科技、纺织技术、矿石开采、动植物科学、农业科学、医学和逻辑学等方面。《中国科学技术史》的后续发表由剑桥大学李约瑟研究所主持。经过半个多世纪的创作，这套丛书几乎凭一己之力引发了对以西方为主导的文明史的重新审视。在与欧洲进行直接接触之前，中国已在其漫长的历史中获得了大量且优质的科学技术知识，这绝对让人无法断言西方社会是光明和真理的唯一源头。《中国科学技术史》要求人们至少具有二元文化的视角，而且它进一步表明，无论是什么使得欧洲文明在第二个千年大放异彩，欧洲的科学技术知识都不是绝对领先的。

事实上，随着作为中国科技知识发展佐证的这一系列著作的不断出版，李约瑟自己也开始思考为什么工业革命发生在欧洲而不是中国。如果宋朝的科学家如此先进、他们的生产技术如此高效，那么为什么没有导致像19世纪欧美技术革新大爆发一样的技术腾飞？在相当于人的一生的时间跨度中（从19世纪20年代到"一战"），欧洲的交通系统飞速从马车转变为运河，之后到铁路，再到汽车，乃至航空运输的肇始。同时，欧美照明方式也从油灯发展到汽灯，再到电灯。高速通信技术最早是从邮政系统开始，而后发展出了跨大西洋的电报系统，之后快速发展为广播和电话系统。对这其中的每一项惊人的科技进步，李约瑟和《中国科学技术史》的其他作者都能找到一些可能引发同样科技进步的中国科学技术成果。例如，中国的水利工程师创造了世界上最密集的运河网络，中国人的铁矿开采冶炼处于世界领先水平，而且他们了解蒸汽动力。为什么中国没有创造出世界上第一个蒸汽驱动的铁路系统？为什么詹姆斯·瓦特、罗伯特·富尔顿和亚历山大·贝尔不是中国人？为什么中国在这么长的时间里一直在技术上（而且正如我们在这章看到的一样，在管理制度上）领先于世界其他国家，却在世界历史上伟大的技术变革和工业革命的前夜停滞不前？

图 10-1　李约瑟，科学技术史专家。他提出了导致 18 世纪和 19 世纪中西方出现大分流的"李约瑟之谜"（Courtesy Needham Research Institute.）

一个简单的答案是偶然性。瓦特、富尔顿和贝尔都是罕见的天才，也许工业革命是天才们在一个特定历史时点的汇集，是一场基因的"突变"。中国经济学家林毅夫提出了与偶然性理论不同的观点。[1] 林毅夫指出：古代中国的发展没有遵从像基因变异那样的概率。一个杰出天才的诞生是与人口规模有关的，而在宋朝时中国是世界上人口规模最大的国家。由此发展出的观点认为天才们需要培养，并且需要接触到有意思的问题。可是古代中国的教育体系尤其注重平等。有人会质疑，如果要花 6 年的时间来记忆中国典籍，爱迪生还能不能对电力产生兴趣。当然，宋朝时中国的城市化率可能导致那种有利于变革的创造型知识溢出。因此林毅夫认为单靠偶然性理论并不能解释这种差异。

许多优秀的学者都尝试解开"李约瑟之谜"。林毅夫用西方的科学实验法来解释这个问题。这种实验方法能够系统地加速、组织和促进发现的过程。林毅夫认为是科学方法的发展促使了这一现象的产生。

另一个解释是中华文明的长时间繁荣。本书第二部分对古代中国财政政策的描述说明，中国成功地解决了包括统筹规划、资源分配和风险转移等种种难题。中国找到了实现货币化和促进市场发展的途径。历史学家伊懋可（Mark Elvin）认为宋朝时的中国堕入了"高水平均衡陷阱"：中国农业在第一个千年太过繁荣，以致没有对进一步革新的需求。相反，欧洲的起步水平较低，因此有更加强烈的快速发展科技的需要。

加利福尼亚大学教授彭慕兰（Kenneth Pomeranz）提出了一个更为激进的观点——地理决定论。他认为中国的自然资源分布不适合有效率地进行开采。中国的大型煤矿都没有分布在河运路线附近，地理景观本身阻碍了中国的快速工业化。

这些解释都忽视了金融在技术发展中的辅助作用。技术需要天才，但也需要资本。铁路系统需要资金来修建铁轨和车辆。但是如果成功的话，这些投资可以获得收益。当同辈获得安稳的工作时，企业家们需要动力来不断试验——专利和法律保护使他们可以实现创新资本化。如果企业家需要面对他或她的创新随时可能被国家强征的情况，那么投资给需要资金的人就毫无意义。资本市场和知识产权保护是维持企业家积极性和继续进行资本投资的辅助因素。当中国的中央政府有能力奖励创造新技术的个人时，它就不会简单地允许市场为新的创意提供资金支持了。

当然也有例外。哥伦比亚大学教授曾小萍（Madeleine Zelin）指出，18世纪晚期到19世纪初期四川省采矿业出现的商业合股资本市场与现代股份制形式遥相呼应。[2] 彭慕兰研究了中国历史上同时期的一家农业公司，这家公司也集合了多个投资者的资本。[3] 可以说中国企业家也在偶然之间发现并使用了类公司制结构和证券化交易的方法来规划企业财务。因此，金融发展上的落后也许更多的是一种规模和广泛应用上的差距，而不是基本原理的局限。在寻求"李约瑟之谜"的解释上，金融方面的因素值得认真思考。

至少一位工业革命史学家提出，19世纪的欧洲金融系统是工业革命发生的重要助力。工业革命的结果是加剧了欧洲的收入差距，使收入流向资本家。罗伯特·艾伦（Robert Allen）是一位杰出的技术经济史学家。在2005年关于英国工业革命时期的不平等加剧的研究中，他写道："为了实现新工厂模式所需的储蓄，收入流向资本家是必要的……正是利润份额的上升才催生了满足资本需求和扩大企业产出的储蓄。"[4] 简而言之，虽然付出了加剧不平等的代价，能够用利润奖励投资者的金融系统还是鼓励了进一步的投资并且维持了科技进步。正如将在第三部分讨论的，建立投资激励机制的过程是漫长而复杂的，而且它主要发生在欧洲。

最具说服力的证据是中西方在金融发展上的差距早于技术进步上的差距而出现。欧洲的资本市场并不是和蒸汽机的发明以及生产过程机械化一同突然出现的。在工业革命发生之时，商业银行和有组织的证券交易所已经存在了至少200年。当19世纪时的铁路公司想要募集资金来铺设铁轨、制造车厢时，它们能够联系到一大批愿意为未来的稳定现金流支付大笔金钱的投资者——那时已经存在投资机会的需求和能够开发满足需求的产品的系统技术。相反，中国很少用有组织的方式来将个人投资者的资本和有技术优势的企业联结起来。简而言之，尽管拥有大型的组织严密的实体经济市场，中国的资本市场的发达程度还远远不够。

如果19世纪东西方工业上的发展差异源于金融差异，并且晚于金融差异出现，那么如何、何时以及为何产生了这种差异？欧洲如何建立了超越中国的纸质经济？我们已经知道，宋朝拥有非常先进的用于记录和转移所有权的造纸技术，非常抽象的价值概念也已经产生。中国人理解而且利用了一张纸可以有效地作为价值符号并且拥有不记名证券功能的概念。这与公司资本主义的发展在理念上只有一步之遥。在公司资本主义背景下，企业（例如盐业专卖）就可以拥有那些投入资本并获得所有制份额凭证的投资者。

事实上，中国还拥有高度发达的信息管理系统。会计记录和证明文件是用来解决道德风险问题的基本工具。这些技术无疑会推动私人企业的成功管理——对企业管理人和代理人进行有效监督。

中国金融技术唯一缺失的点在时间维度上。羸弱的欧洲政府在中世纪晚期和文艺复兴时期一直诉诸赤字财政和发行债券，但中国却没有。

我们将在第12章看到一个详细的例子。1174年，威尼斯因为和君士坦丁堡的战争要组建一支舰队。它向城中居民发行了债券，承诺未来偿付，并在与马可·波罗故居仅几步之遥的里亚尔托桥脚下建立了债券市场。相反，宋朝政府在面对军事危机时，没有发行债券，而是印刷了更多的纸币。中国应对财政危机的方法是利用通胀，而不是将支出转到未来。事实上，王安石时期的宋朝政府没有借款，反而是把款贷了出去。这一做法对时间观念和国家发展有着微妙的影响。

在某种意义上，国债是一种国家金字塔骗局。它的基本理念就是今天借入的钱将被投资于一些可以提升国家未来经济实力的事情。简而言之，就是国家借钱来投资一些能够增加未来税收的活动。人民需要相信政府投资的经济回报，相信未来的收益将提供正的长期回报率。在中国，从《管子》的时代开始，政府就被认为应该提供战略性的经济准备金。保持经济流通的能力是一种有力的工具，在自然灾害和军事危机发生时它能够让民众自保。财政部门的责任就是用好这笔准备金。个人储蓄和投资有效地将国家收益和个人收益分离开来。至少从中国的角度来看，中西方金融制度出现分流的原因就在于在欧洲国家意识到人们对于债券的惊人需求时，当时处于宋朝的中国还没有发展出国债机制。

彭慕兰没有忽视大分流的金融系统基础，不过他提出中国事实上曾经有过个人资本市场。中国存在关于国内利率的历史记录，而且个人借贷市场在历史上曾发展得很好。正如上文所说，18世纪关于中国私人企业的记录中甚至出现了产权、法律和会计实务的雏形。尽管私人企业和资本主义直到1949年前都在中国存在，但也离不开政府的干预和监督。由国家出资并管理才是中国企业发展的常态。

中国映像

中国历史上出现过的金融现象和金融思想种类繁多，不可能一概而论。但我们在第二部分探索了几个关键的主题。首先，尽管西亚地区书面语言的起源与会计、金融和城市化联系密切，但在中国却不是这样，中国书面语言出现的前提是人们对未来的不确定。

对比中国和古代西亚及地中海文明的早期金融发展，我们可以清楚地看到一个复杂的金融系统可以在完全不同的基石上发展起来。事实上，虽然铸币思想通常是从欧亚大陆的西部传向东部，但中国由贝壳进化而来的货币显然有着非常不同的独立发展模式。这意味着金融技术不仅是稳健而强大的，而且解决基本问题的某些类似方法不断地被聪明的企业家和政府官员发现和改进。此外，即使硬币、借贷、会计体系、合同、证券甚至纸币等是从不同的传统中发展出来的，某些金融工具和金融技术仍然可被认为是稳定的均衡点。

这些对中国文明发展有重要意义的金融工具和金融思想与西方并不相同。中国的规模和范围催生了早期基于经济激励和监管的管理思想。其中，一方面是逐利动机，另一方面是利用监管、年度决算和报告等手段抑制腐败行为。第 8 章讨论的中国早期数学文献研究了许多有关如何对劳动生产进行衡量和记账，以及计算生产过程中的损耗等问题。在每位官员都必须对上级负责的官僚体系中，这些问题是非常重要的。也许以目前的标准来看，这种决算体系并不先进，但这种官员问责制却意义深远。

货币对于东西方文明来说都很重要，对中国来说则更加意义重大。事实上，在公元前 221 年，中国的大一统就是以一种新的货币体系的建立为标志的。建立只使用单一货币的统一帝国的伟大战略成功后，必定会出现如同 20 世纪 90 年代欧元诞生后欧元区人民所享受的贸易效率。但由于财政政策和货币供给由中央把持，单一货币体系同样也会造成区域性的经济问题。

四川出现纸币就是因为特殊的货币问题，即为了阻止铜币流入边疆地区而开始使用铁币。纸币从飞钱和可转让票据的长期发展中演化而来，这是一个合理的重大突破。一旦出现，法定纸币就成为政府的有力工具，但是它当然还要依赖强有力的统治者才能存在。没有完善的法令，法定纸币不可能得到认可。因此，货币的价值也和国家的兴亡息息相关。欧洲在很久之后才明白这个道理。

MONEY CHANGES EVERYTHING

How finance made civilization possible

| 第三部分 |

欧洲大熔炉

在这一部分，我们将追溯到经济全球化开始前的早期欧洲金融创新的历史。在研究了金融技术对维持一个大一统帝国的作用之后，我们的讨论将离开中国，将视线转向西方。在那里，一个截然不同的金融体系诞生于长期四分五裂、很少达成统一的众多城邦之中。1000年以后，欧洲成为金融体系的大熔炉，这个熔炉利用时间和金钱重塑了欧洲的社会关系。关于它如何产生、因何产生的理论不计其数。

我的观点是，欧洲国家四分五裂的状态激发了许多创造性的独立金融实践。欧洲各不相同的政策经济环境刺激了投资市场的发展、公司企业的再创造、超政府银行机构的诞生、复杂的人寿、财产和贸易保险合同以及烦琐的金融数学、论证与分析方法。这些创新反过来也改变了人们的行为。我认为它们改变了人类对于风险和机遇的态度，一方面催生了概率理论和计量方法，另一方面放任了充斥在世界一级证券市场中的投机行为，导致了泡沫。欧洲人最终把他们自己和世界上其他人民都变成了投资者。

欧洲发展的关键阶段包括：第一，金融机构的建立；第二，证券市场的发展；第三，公司的产生；第四，证券市场的突然爆发；第五，风险的量化；第六，这一体系的溢出效应。欧洲金融架构从1000年开始的根本改变奇迹般地解决了许多经济问题，但结果值得反省，因为它偶尔也具有社会破坏性。因此又出现了进一步的创新和改进。在第二个千年里，欧洲成为大量金融实践研究的实验室。正如我们将要看到的，现代金融技术的发展并不是一帆风顺的，一些新想法成功了，而另一些失败了。

图 III–1 《愚蠢之镜》(*The Great Mirror of Folly*) 荷兰卷插图细节，刊印于1720年，用来警示人们股票市场投机的危害。这张插图将金融市场的大起大落描绘为恶魔的操纵 (Courtesy Lewis Walpole Library, Yale University.)

第11章 圣殿与金融

圣殿骑士团大概会成为金融史中一个与众不同的研究课题。它是在十字军东征时期产生的宗教团体。同时，它还是一个社会机构转变为金融机构的重要案例。到14世纪，圣殿骑士团成为一个大型的超政府机构，掌控着大部分欧洲经济以及其中几个主要王国的金融业。尽管骑士团成员宣誓甘于清贫、献身宗教，他们最终却成为非常重要的金融中介。圣殿骑士团如何从服务于欧洲的精神需要转变为金融需要的故事发人深省。他们的衰落和惨遭迫害表明了现代金融机构"大而不倒"理论的局限。

圣殿骑士团教堂：伦敦的第一家银行

来到圣殿骑士团教堂的感觉如同是在朝圣：穿过一个接一个迷宫一样的庭院，一段长廊带你深入伦敦历史，带领你从舰队街（Fleet Street）的喧嚣中一路走到律师学院静谧的核心。这里矗立着一根圆柱，柱子顶端雕刻着共乘一骑的两名骑士团成员。圆柱对面是端庄的哥特式教堂中殿，紧挨着一座不同寻常的圆形小教堂——圣殿骑士团教堂，丹·布朗（Dan Brown）在《达·芬奇密码》中描绘的一个充满戏剧性的场景就设定在这里。这座圆形的小教堂是圣殿骑士团在1185年修建的，模仿了耶路撒冷圣殿山教堂的设计，那是骑士团的命令发出地，也是他们宣誓要保护的对象。这座教堂和两所律师学院曾是圣殿骑士团伦敦分部的修道院，这里的清修氛围能够让骑士居于伦敦的俗世之外。不可思议的是，这里成为一个国际金融组织的英国分支机构。这个金融组织的覆盖范围从耶路撒冷直至不列颠群岛，在13世纪的大部分时间里管理着欧洲国王和贵族们的财富和金融活动。1314年，随着总团长雅克·德·莫莱（Jacques de Molay）在巴黎新桥被施以火刑，以及来自欧洲的大量资产被其皇室债务人及竞争对手没收，这个机构突然消失，也由此结束了金融史上最为奇怪的实验之一：一个代理人宣誓自己将坚守清贫的非营利银行，却积累了一笔可观的财富和大量的土地。

图 11-1　位于伦敦的圣殿骑士团教堂

　　1099 年，十字军第一次占领耶路撒冷，也将这座城市重新开放给了蜂拥而来参访宗教活动场所的欧洲朝圣者。20 年后，圣殿骑士团被建立以保护这些来自圣地的旅行者。在整个黎凡特地区，圣殿骑士们维护着许多的堡垒，以此来保护朝圣路线。当一个僧侣加入骑士团，他要对（自己的）清贫和贞洁发誓，起誓他是债务自由的，并许诺将永不离开圣殿骑士修道院超过一个晚上，同时做好准备为了保卫基督教的朝圣者而献出自己的生命。

　　后来，这个任务逐渐演变成为确保钱财由欧洲到东方的安全转移。随身携带足够支持数月昂贵旅行费用的钱财的外国人一定很容易被选作目标。圣殿骑士创建了一个系统，朝圣者可以在欧洲存钱，然后在圣地取出。这其实就是欧洲版的飞钱。出于对远距离汇款这个基本的经济功能的需求，一种全新的金融机构诞生了。

朝圣者所使用的圣殿骑士信用凭证已经湮没在了历史的长河中。在我考察过的所有金融工具中，这是我最想找到的一个票据。与唐朝的汇票以及其他早期的财务票据一样，圣殿骑士票据一定拥有一些特殊属性以防止盗窃或欺诈。可能旅行者持有一个特定的代码或密匙来验证他或她的身份对应着的圣殿账户记录。历史学家推测，朝圣者们持有一个加密的文档，只有沿途的圣殿骑士驻点才知道密码。然而，更有可能的是，旅行者在他们动身之前就把钱转移了出去，就像他们在古代所做的一样：通过信件的方式，从一个银行家转移到另一个，指出转移的数量或者需要的信用额度。这些信件可能也包含着对旅行者见票即付所需的验证信息，就像我们今天在ATM（自动柜员机）取款时使用的个人识别密码。在到达遥远的目的地后，旅行者可能会出示一个由获得原始存款的圣殿骑士准备的密封的书面文件，然后提供一些表明身份的证据，之后他或她的账户将被记入借方。遗憾的是，这些文档没有一件被保存下来。圣殿骑士是如何验证旅行者身份的？他们的信件经过加密是为了防止小偷吗？这是有关圣殿骑士的众多未解之谜中的一个。

圣殿骑士团不仅仅扮演着储藏所和金融中介的角色，他们也在为自己积累财富。最初，他们的财富来自皈依者以及虔诚的俗人的慈善捐助。圣殿骑士是十字军东征中慈善捐赠者的首选机构之一。赠给圣殿骑士团的礼物以财产形式体现。例如，他们的第一份捐款来自耶路撒冷的统治者鲍德温（Baldwin），他给了圣殿骑士们圣殿山的土地以及阿尔-阿克萨清真寺。其他的捐赠以国王和公爵向圣殿骑士分派封建权利与税收的形式出现。骑士们甚至收到了"部分"自己帮助征服的土地。在对摩尔人的战争中，阿拉贡的国王们承诺给予圣殿骑士战利品和1/5没收来的地产。阿拉贡历代国王因此得以使用这些有虔诚信仰的圣殿骑士作为雇佣兵军队，在12世纪沿着西班牙边境部署他们，并通过给予城堡、皇室租金和对阿拉贡王国大片土地的有效政治控制权等方式支持圣殿骑士。

从转移系统到账户记录，再到保管功能，最后到财产所有权的契约安排以及财产收益率的安排，可以说圣殿骑士金融安排的复杂性是欧洲首个资本市场发展的重要前奏。圣殿骑士团是对欧洲社会需求在技术层面的响应，与处在相同时期的宋朝社会类似，当时的欧洲人不得不远距离转移资产，漂洋过海，穿过存在战争和不确定性的危险地区。然而，与中国不同的一点是，圣殿骑士团在一个截然不同的政治环境下运行。对圣殿骑士而言，他们并不需要为一个大一统的欧洲政治帝国服务。相反，他们对一群缺乏金融力量的欧洲统治者的需求做出了回应，这些统治者长期依赖贷款以满足军事和政治需要，与此同时需要将财务运营委托给这些维持中立、非政治性的实体。圣殿骑士对于教皇以及英格兰、法国和伊比利亚王国的君主效以同样的忠诚，即使在这些统治者互相攻伐的时候也是如此。欧洲统治者们的需求导致了圣殿骑士的成功，也导致了他们最终的覆灭。

谁是真正的银行家

排在长途汇款业务之后，由圣殿骑士提供的最卓越的金融服务是一系列我们今天理解为银行业务的中介活动。伦敦和巴黎的圣殿武士修道院都承担了为国王和贵族存放贵重物品的皇家国库的职能。英国王冠上的宝石曾经一度保存在圣殿，而不是在伦敦塔。这个现象在很多方面都说得通。整个要塞都由训练有素的武士保卫，这些武士宣誓自身坚守清贫，而且还有一套监督个人存取款行为的会计制度，有什么能比这更安全呢？

圣殿骑士还执行了无数的其他金融中介功能。他们在整个13世纪负责为英国王室征收税费和监督纳税，并且在英国和法国都经营着皇家债务账户。当英国有自己的财政部以维持政府财政，使用圣殿骑士的服务作为延伸时，法国则依靠这个组织作为一个实际上的王室金库和会计部门。

英国国王曾以贵重物品作为抵押从圣殿骑士团借钱。例如在1213年，约翰国王借了1 000金马克作为军事开支，他的继任者亨利三世也做了相同的事。[1] 圣殿骑士还充当着欧洲王室之间的支付中介机构。例如，当亨利三世同意从罗马教廷购买奥莱龙岛（Oleron）时，他答应向位于伦敦的圣殿连续5年每年支付200英镑，之后圣殿骑士再将钱存放到罗马教廷的钱库里。[2] 国王之间的赔偿以及皇家债务也可以通过圣殿处理。

圣殿骑士还扮演着一个更微妙的金融角色：他们管理着价值的跨期流转。他们担任信托经理——监督遗产分配，保证财产的公正分割，甚至出售终身年金。例如，1214年，约翰国王建立了养老保险，并给予位于拉罗歇尔（La Rochelle）的圣殿一大笔足以保证年度支出的钱来作为养老保险储备。他向圣殿

/ 157

骑士提前支付2 500英磅，为昂古莱姆（Angouleme）伯爵的夫人爱丽丝筹备了500英镑的嫁妆，但是这项安排（对于圣殿骑士团而言是顺手而为或有意为之）忽略了货币的时间价值。[3] 法国国王也同样，他利用圣殿骑士团来管理类似债券的可交易金融工具。例如，1259年，蒙圣让的艾蒂安（Etienne de Mont-Saint-Jean）收到圣路易（法国国王路易九世）通过巴黎神殿支付的300里弗的永久租金，作为他放弃位于弗尔特阿莱（Ferte-Alais）的城堡的补偿。1270年他将每年租金的一半卖给了让·萨拉赞（Jean Sarrasin）。[4] 这些债务也可以从永续年金被重组成终身年金。[5] 圣殿骑士创建了一系列我们现在称之为"理财产品"的服务。虽然大多数圣殿骑士团的银行业务是与贵族进行的，他们的金融服务也扩展到商人，有些记录表明甚至当时地位很低的厨师也通过与圣殿骑士签订协议进行财务支付。

圣殿骑士是真正的银行家吗？如果是这样，银行又是如何运作的？首先，我们应该看到，他们的使命不是运作银行，而是保护朝圣者和收复圣地。他们的金融活动应该从这个角度审视。想必他们收购的资产、开发的工具和寻求的皇室特权都是达到最终目的的一种手段。这并不是说，他们没有偏离这个使命，但从个人角度来讲，圣殿骑士并没有从他们的金融活动中获利。当圣殿骑士加入这个组织时，他就宣布放弃了所有个人财产。

银行是吸收存款、发放贷款和提供一系列金融服务的机构。银行也做其他事情。根据其开展经营业务所在的法律环境，一些银行做实体投资，为证券发行做担保，并参与公司的管理。按照这些标准，圣殿骑士团几乎可以肯定是一家银行。天主教会是这家银行的最终"所有人"，因为教皇有权将圣殿骑士的财产转移给其他圣职，也可以要求最终清算。然而，这种所有权只有在最终清算的时候才很关键。在大多数情况下，圣殿骑士被作为合伙伙伴予以管理，有着谨慎制定的进入规则以及为了治理结构的延续而进行的管理。资产管理只能由骑士团成员进行，而且骑士团成员的目的是要进一步完成组织使命。圣殿骑士团成立之初是由教皇特许的，这使他们作为一个统一机构来经营的权利变得合法化。推测起来，这可能意味着巴黎神殿所欠下的债务也将被视为伦敦分会的债务。

银行——无论是公共、私人还是非营利性质，都依靠两个关键优势：首先是财务专业知识，其次是资本。财务专业知识包括评估借款人及控制违约风险的能力，同时要保护好财产，并对存款、取款、收入和支出进行评估、计算、归档和记录。圣殿骑士在朝圣者金融的初次尝试中形成了这些技能，并在成为英国和法国的财务主管的过程中将其日益完善。同时，他们还拥有资本。尽管没有关于圣殿骑士财产的最终会计记录，但据说他们的巨额资产已经遍及西欧。他们是如何获得这些财富的呢？一些财富以礼物的形式获得，虔诚的捐助者给予圣殿骑士金钱和土地；还有一部分来自修道士加入圣殿骑士团时带来的个人资产；再有则是数量可观的遗赠，例如，西班牙阿方索一世在遗嘱中将其王国一笔可观的财产遗赠给了圣殿骑士。仅在 1143 年，经历了旷日持久的谈判之后，圣殿骑士宣布放弃的财产索取权就包括蒙松（Monzon）、蒙盖（Mongay）、巴贝拉（Barbera）、查拉梅拉（Chalamera）、贝尔奇特（Belchite）和雷蒙林斯（Remolins）的城堡，萨拉戈萨（Zaragoza）和韦斯卡（Huesca）全年的税收以及其所占领的摩尔王国的 1/5 土地。[6]

还有一些圣殿骑士团的财产以与他们运营的金融服务相关的捐款形式出现。虽然大多数银行收取利息，但很少有直接的证据能够说明圣殿骑士如何积累他们的财富。高利贷法使得圣殿骑士难以明确收取利息，但也并非毫无可能——利息可以被隐藏为延期支付的费用。然而，高利贷禁令肯定不会禁止圣殿骑士收取由其提供的服务换来的礼物。此外，圣殿骑士也在为王室提供金融服务中获取了其他权利，这些权利就相当于利息，包括税收减免、特许经营权或出售盐、酒等商品的关税减让。[7]

圣殿骑士的宝藏

既然我们都知道圣殿骑士们曾经是银行家，也就不会怀疑圣殿骑士宝藏的存在。虽然许多财富被骑士团花费在了城堡、修道院和教堂的建设维护工作以及资助十字军东征中，但他们在欧洲的地产股份是更主要的财富。研究如何运营这些资产是很有趣的事情。其中幸存着圣殿资产完整记录的一个地方是位于西班牙东北部的阿拉贡王国。这些记录为我们准确发现圣殿骑士拥有的资产提供了一个窗口。

耶路撒冷是基督教与伊斯兰教全面战争的东部前线，伊比利亚半岛则是西部前线。国王阿方索一世，也就是前文提到的极度慷慨的捐助者，在 12 世纪初通过给予圣殿骑士团大笔地产获得了圣殿骑士团的军事支持。1122年，他以格拉妮娜（Granena）的城堡为礼物，希望圣殿骑士能够保卫这个边界要塞。在1164年的另一次捐赠中，加泰罗尼亚王国（Kingdom of Catalonia）从圣殿骑士团借了1 000莫拉博蒂诺（morabetins），借期两年，作为回报，圣殿骑士团获得了巴塞罗那两家工厂交纳的租金。

这些礼物实质上赋予了圣殿骑士团对这些地产的经济权利，包括收取以货币、生产和劳动等为形式的租金的权利，收取过路费和关税的权利，捕鱼和狩猎权，对自然资源的控制，对"重量、尺寸、烘炉、作坊和公证人办公室"等的监管。[8]圣殿骑士团也被赋予"条款和租房"权，即地产拥有者当前的租赁协议以及掌管集市与市场的权利。在由国王或领主赠予圣殿骑士的地区，他们也拥有审判权，这偶尔会导致当地出现双重的司法系统。[9]

辖区就是一种金融工具

正如国王和其他领主拥有领地内的租金分配权、收益和财产控制权，圣殿骑士也拥有重新分配权利的权利。例如，他们可以给予一个人一座城市的主权来换取礼品或赠予物。这种转让对于圣殿骑士来说并不少见，它是一种基于封建产权的合同约定的标准形式。

加州大学伯克利分校的托马斯·比森（Thomas N.Bisson）教授是研究中世纪契约和社会方面的专家。他研究了1151—1213年圣殿骑士进入西班牙东北后不久加泰罗尼亚王室的财政档案，这对于他而言是一个宝库。比森研究的档案记录表明王室在金融方面不择手段，而且在相当大范围内均是如此。皇家特权就如同《大富翁》游戏中国王的欠条，这种特权被国王用来借钱、获取支持和迫使别人让步。[10]

许多皇家贷款的基础是辖区。得到辖区意味着得到一个城镇或地区的管理权，以及相应的收税的权利。在阿拉贡王国，王室会以持有辖区一年或更长周期的形式拍卖辖区。债权人会给王室金钱，换取有关征税以及其他王室拥有的权利。

例如比森发现和翻译的一个日期为1205年5月27日的合同：

拉蒙·巴特拉，国王的检察官和巴塞罗那的地方长官，将摩伊的辖区卖给帕萨瑞尔的拉蒙和尤拉的顾尔若，从 1205 年 5 月 3 日开始，为期一年，保留国王的"五项条款"权利。价格是 1 000 巴塞罗那索尔（一种加泰罗尼亚货币），分三期支付。如果收益被风暴破坏，这个地区的"良民"将对其进行再估值。在已经为支付做出担保后，购买者需要保证他们的忠诚和公正管理。[11]

摩伊是巴塞罗那以北 30 英里的一个小镇，现在是位于比利牛斯山山麓的一个人口约为 3 800 人的小村庄和度假胜地。在 1205 年，它是由萨沙女王（Queen Sancha）占领的边塞城市，由她的丈夫阿方索二世管理。因此，辖区的出售通过国王的检察官拉蒙·巴特拉来完成。摩伊的地方长官有权管理由埃斯塔尼的修道士负责运营的市场和集市，修道士们会从中分得一部分市场利润。税捐也来自镇上的住户——可能是以农产品的形式——以及皇室粮仓。显然，以这些权利获得的收入超过 1 000 巴塞罗那索尔（相当于 3 240 克银）。当合同解除时，用来记录的羊皮纸会被画上消除的标记，表明它已不再有效。

我们来讨论一下合同的作用。它将特定时间内来自地产的封建权利货币化。市政长官付出 1 000 巴塞罗那索尔，以获得未来不确定的现金流。很明显现金流与这个辖区的农业收成息息相关（合同为辖区内的风暴损失设置了例外情况）。这类似于借给国王一笔贷款，而国王以不动产的收入偿还。

拍卖辖区不仅是国王获得收入的一种方式，也是投资者用现金投入换取未来收入的方式。辖区管理者并不会在合同中明码标价，管理小镇一年的权力的价值不会体现在合同中。毕竟，多数合同的期限都是短暂的。这无关权力，而是关乎金钱。辖区就是一种金融工具。

这种合同形式在中世纪的欧洲非常普遍，它也被称为"人口年金"或"年金"，指的是将货币转换为指定时间段内的财产收益。虽然这份关于摩伊小镇的合同没有规定利息率，但一些作为对比的人口年金给出了合同利息率的大致标准。例如，在 1209 年，西班牙国王、巴塞罗那伯爵佩尔一世（Pere I），承认了对利贝尔斯地区的葛布贸（Gobmau de Ribells）的 7 500 马斯木丁（mazmudins）的债务，并同意支付 20% 的利息，直到债务偿清。[12]

君主们的首要目标

可分配的封建权力框架为后来所有欧洲金融体系提供了基础。12世纪初的市政和主权资金主要来源于封建收入（基于土地）的货币化：租金、农业收入、过路费、税收、航海关税、采矿权以及传统的劳动力劳役。这种金融体系允许贵族和地主进行借贷，投资者能够获得并重新分配从封建化债务中取得的利润。虽然其早在圣殿骑士出现之前就存在，但这一辖区和人口年金合同的制度允许圣殿骑士——和其他的放贷人一样——使用他们的资金。

一个关键的问题是，这些合同侵害着将土地分配出去的君主或者领主的权力，这是有风险的。需要现金的检察官、公爵、城市和共和国在进行这种融资后，结果不仅减弱了主权控制，还会产生违约或者（土地）被征收的威胁。在大约一个世纪的时间里，圣殿骑士聚敛了数以千计的土地资产，编织了复杂的契约网络，这使他们成为欧洲的一支主要经济力量，也成为那些四处寻觅财富的君主们的首要目标。

没落

塔尔图斯（Tartus）是叙利亚海岸一个阳光明媚的度假胜地，拥有宽阔无垠的沙滩。城市沿着山丘阴影笼罩下的海岸伸展，在十字军时代那些山上一定布满了葡萄园和苹果园。拉德（Ruad）是一个距离海岸仅一英里左右的小岛，从镇上清晰可见。这座小岛最吸引人的地方在于岛上圣殿骑士前哨基地荒废的房基。即使圣殿骑士逐渐渗透到了欧洲的金融体系内部，他们在自己的根本使命上还是失败的。在整个13世纪，十字军国家逐渐失去对圣地的控制权。耶路撒冷在1244年被穆斯林控制，圣殿骑士节节败退，直到叙利亚共和国沿岸的最后一个圣殿骑士城堡于1302年被占领。

作为金融机构和修道士教团的圣殿骑士只存在了很短一段时间。讽刺的是，他们的没落是由于一个法国国王，而不是伊斯兰教。圣殿骑士团在欧洲的覆灭始于1307年法国国王腓力四世（Philip IV）对巴黎圣殿的突袭。当时的巴黎圣殿就位于古老的城墙外，地点是现在巴黎地铁的圣殿站。骑士团成员被捕后，被关押在圣殿的地下城中，被指控为异端，并遭受了刑讯逼供。这场迫害的目的无疑是他们的巨额财富。圣殿骑士团之前没有免除腓力四世的债务，这实在是一个错误。他们应该知道，国王在几年前以同样的反对国家的罪名，将他的犹太和意大利债权人驱逐出了法国。尽管骑士团和法国王室之间多年来互相依赖，不过在逮捕之前，腓力四世已经开始将法国的财政系统从圣殿骑士团的金库中分离出来，选择在罗浮宫而不是圣殿开展财政收支业务。

对于圣殿骑士们的审判是天主教教会历史上最有名的宗教裁判之一。数以百计的圣殿骑士团成员被折磨，被迫承认崇拜虚假偶像、举行秘密仪式，或有同性恋关系。当时的教会观察员质疑这些逼供的有效性，然而，这些逼供出的故事无疑导致了社会对圣殿骑士的普遍反感。

在伦敦和西班牙，圣殿骑士们遭受的痛苦比在法国稍微少了一些。爱德华一世（Edward I）起初不愿意逮捕他们，但在教皇的命令和腓力四世的指责下终于还是下达了命令。阿拉贡的圣殿骑士依托堡垒展开战斗拒绝逮捕，但最终也失败了。在审判结果出来后，他们被解散并得到了一笔抚恤金。圣殿骑士团的财产——城堡、教堂和其他资产——被转移到另一个宗教组织，即圣约翰骑士团，或称医院骑士团。剩下的圣殿骑士加入了医院骑士团。

圣殿骑士团的财产被重新分割，同时他们声明放弃金融债权——没收或者重新分配他们的土地资产、人口年金合同、皇家债务和其他债务。这些虽然可能暂时有利于急需现金的欧洲统治者，不过圣殿骑士团创造的国际存款—支付系统遭到破坏却是欧洲的一大笔损失。骑士团的没落留下了公共机构上的真空，最终这一真空被意大利的银行家占据。

圣殿骑士团解散后，医院骑士团维修了伦敦的圣殿教堂，但将宿舍、食堂、训练场、储存金库和城市中心地的花园租给了两个律师学院，那里后来成为一个培训中心，针对英国普通法进行培训、学习和实践，这也是它如今的功能之一。以前的骑士们宣誓保卫耶路撒冷，现在的年轻律师宣誓效忠法律。圣殿骑士团曾经的所在地仍然保留着某种神圣的使命感。

金融创新：解决问题又制造问题

这部分论证的前提是在第三部分开篇提到的欧洲金融诞生于政治的无力和大陆分裂为许多城邦，而相比之下，中国的治理结构则是统一的。这个弱点导致欧洲王公频繁通过财产和租金分配进行筹资，他们曾一度抵押一切以用军事手段扩张他们的王国，从而产生其他的收入来源。但这种需求终究需要金融机构来满足。

总之，需求是发明之母。圣殿骑士团在创建之时并没有预想到它会扮演银行家这一社会角色。它根据需求和机遇进化发展。在另一条历史轨迹上，同样的托管和中介角色可能由私人银行家扮演，例如借钱给爱德华一世的卢切斯；它也可能由一个更强有力的中央政府担当，比如神圣罗马帝国维持其对整个欧洲的控制就如同中国皇帝维持中央集权和财政管理。

金融技术是冗余的、自适应的，有时又是反复无常的。我们所认为的神圣不可侵犯的、不可回避的和不可缺少的机构实际可能并非如此。鉴于历史事件的随机结果，另一个系列的机构可能已经出现以便解决同样的金融问题。金融创新源于一系列历史偶然，也可以说它就是时间、地点和机遇的随想曲。

圣殿骑士团金融帝国的有趣之处在于它提供了一个论据，说明不同的制度技术可以发挥相同的作用。它的另一个重要特点是其财富的封建基础。圣殿骑士的财富不是存储在国库里的黄金白银，而是无数的不动产。这些不动产本质上就是封地、辖区和年金的封建系统。在中世纪，土地是价值跨时间转让的主要媒介。农场、葡萄园、果园、羊群和牛群支持着国王和领主授予其臣属和债权人的永续年金、合同和金钱封地。封建权利是统治者通过分配土地或收入以换取支持的权利。尽管传统上人们将封地视作军事支持的抵押物，但另一方面，封地也可被用于交换其他形式的回报，甚至能交换货币或贷款。宗教机构，如圣殿骑士团和医院骑士团成为封地的重要受益者，并且在欧洲形成了一套可以裁决封地和其他分封权利纠纷的法律制度。虽然基于土地及土地收益分封的原则，但封地法律最终成为纯货币债务系统的支撑框架，也是欧洲独特金融结构的概念基础。

本书的中心论点是，金融创新应运而生，解决了时间和地域上的经济问题，但这也不可避免地滋生了新问题。圣殿骑士团提供了一个稳定的、被长久使用的制度，使得关于未来支付的契约变得稳定可靠；圣殿骑士团选择了宣誓坚守清贫的有道德的员工，这减少了欺诈的可能性；它广泛的地域网络使得货币可以穿越时空进行传送。然而，这些让圣殿骑士团成为理想金融机构的特征，也导致了它的失败。它的财富使它成为一个政治目标，而对于最初使命的失守导致其对于 14 世纪早期的罗马教廷来说已经无足轻重。失去圣地之后,圣地昔日的保护者也就变成了不必要的存在。事实上,圣殿骑士团的财富挑战了天主教会的财产规模。

圣殿骑士团的故事是很重要的,因为它是替代性公共金融机构的典型,这一金融机构出现并一度发挥作用。它不像现代的中央银行,不对单一的民族国家负责,但也正是这个特点导致了其垮台。同样,这个原因使得欧洲的中央银行变得很有趣。

第 12 章　威尼斯：人口年金、政治危机与权力手段

本章将追溯文艺复兴时期威尼斯现代金融证券及其市场的诞生。它将展示这些创新是如何在中世纪人口年金的基础上一步步发展而来的，同时描绘政治危机如何促成新事物的发现。12 世纪，威尼斯金融证券市场的创立代表了欧洲历史上的一个分水岭。它让国家开始实践通过发行流动性债务来支持赤字开支的做法。在威尼斯崛起为一个商业帝国的过程中，金融成为威尼斯掌控权力的主要手段之一。威尼斯的金融体系与它的建筑同样重要。

威尼斯债券的发明导致了一场发生在欧洲的哲学危机。天主教会对高利贷的禁令，把作为国家债权人的威尼斯投资者摆在了一个道德上模棱两可的位置。这个问题反过来导致了对于资本运用的更深层次的分析，改变了欧洲人概念化和量化时间的方式。

废墟和谜：约翰·拉斯金眼中的威尼斯

> 读者现在将开始了解研究一座城市中建筑的重要性，在这座城市的小路两旁坐落着不同风格的建筑：每一座建筑都表达了一种宗教风格；每一座建筑都存在错误，但这却是纠正其他建筑所必需的，并且这种错误最终也会被其他建筑纠正。[1]
>
> ——约翰·拉斯金（John Ruskin），《威尼斯的石头》(*The Stones of Venice*)

今日乘坐小船沿威尼斯大运河游览，将会看到著名评论家约翰·拉斯金所描述的东西方文明的巨大冲突。这些冲突体现在这座城市古老宫殿的装饰图案上。拉斯金眼中的威尼斯既是一个废墟，也是一个谜，但最重要的是，这是一个将古老文化机构的痕迹奇迹般地保存下来的地方，这些痕迹组合到一起，变

成了不可思议的石头和水的组合。怀揣着一本《威尼斯的石头》，游客可以看到拉斯金所说的著名建筑的发展历程，历经罗马人、伦巴第人再到阿拉伯人的古典式、哥特式以及拜占庭风格的装饰图案不断呈现眼前。坐落于圣马可广场的威尼斯总督宫的外墙上，这些不同风格的装饰图案完好地保存了下来。

图 12-1　位于威尼斯的里亚尔托市场（Rialto Market），这里是欧洲的第一个债券市场和金融中心

有趣的是，威尼斯的建筑也持续记录了历史上不同阶段的世界金融架构。最早的遗迹反映的是使城市诞生、蓬勃发展，乃至衰落的传统海上贸易——这是一种在整个地中海世界及以外地区冒着生命和财富风险进行海上交易的商业冒险。创造了现代资本市场的最重要金融机构的遗迹就镶嵌在威尼斯城的市区里。

例如，你可以在哈利酒吧开始这次旅程。富有的游客和偶尔到来的名人都愿意到这里支付令人难以置信的高价钱来享用公认的美味佳肴。位于哈利酒吧身后的是坐落在阿申肖内街的巴利奥尼月神酒店。巴利奥尼月神酒店是威尼斯最古老的酒店，据说可以追溯到1118年圣殿骑士团在圣马可广场占领"巴利奥尼月神"之时。因此，巴利奥尼月神酒店最有可能位于圣殿骑士团威尼斯修道院所在的位置，可能就建在破坏已久的圣殿教堂的基础之上，具体地点就在布罗洛（Brolo）的圣玛丽亚，也被称为圣玛丽亚阿申肖内街。如果入住这家酒店，那么你睡觉的地方可能就是曾经的圣殿骑士大本营或者圣殿银行。

穿越圣马可广场之后沿大运河向东走，接下来你会发现位于布拉格拉（Bragora）的圣乔瓦尼教堂，原名圣乔万尼德尔神庙。这家教堂和邻近医院在1187年被圣殿骑士团收购。在圣殿骑士团被解散后，它被转手给了医院骑士团。

威尼斯城市风貌中最壮观的圣殿骑士遗迹，很有可能（尚未得到证实）是位于卡纳雷吉欧（Cannaregio）区的圣玛达肋纳教堂：一座重建于18世纪的圆形教堂，风格简朴而古典。在教堂的入口处有一个标志，以圆形和三角形交叉的图案为中心，这个图案是共济会的象征——全知之眼。在一美元纸币的背面，也印制着这样的图案。

这座教堂最初由巴尔博（Balbo）家族建造。威尼斯最英勇的战士之一，埃泽里诺一世（Ezzelino I）在神圣罗马帝国皇帝腓特烈一世发起的第二次军事入侵中为其作战。他的儿子埃泽里诺二世也在为帝国的服务中英勇作战，但在晚年他放弃了一切财产，加入圣殿骑士团。位于威尼斯卡纳雷吉欧区的圣玛达肋纳教堂可能反映了该家族与古代圣殿骑士团的联系。18世纪的建筑师是否是基于古老的传统或更早的圆形地基才选择了圆形的建造方案？这样的联想可能经不起推敲，但对于《达·芬奇密码》的"粉丝"来说，这些巧合勾起了无限想象。

图12-2 威尼斯巴利奥尼月神酒店，位于威尼斯圣殿骑士修道院的原址

无论在 14 世纪早期圣殿骑士团解散后是否还有圣殿骑士或骑士传统幸存，圣殿骑士团在威尼斯留下的少量建筑遗迹都在提醒我们："威尼斯共和国"是圣殿骑士团更庞大的金融网络中必不可少的一部分。确实，由于威尼斯是航海到圣地朝圣的一个关键起点，它一定也是欧洲大陆最重要的连接点。

如今我们仍然可以在教堂里寻觅到圣殿骑士居住过的蛛丝马迹。但圣殿骑士团在威尼斯的分支是怎样运行的？他们用于追踪旅行者存款的大量会计记录存放在哪里？当朝圣者的家人将钱存入巴黎、伦敦、巴塞罗那和威尼斯的圣殿，朝圣者在圣地取出这笔钱，那些必须用于在不同地区圣殿之间传递、用以记录存款和借贷信息的信件又藏在哪里？当朝圣者的小船停在圣马可广场旁的码头或者巴利奥尼月神酒店的码头时，他们将出示什么样的精妙单据和秘密符号？这些都不得而知——至少从威尼斯政府的记录上无从知晓。也许某天在教堂的档案里或者在沉没的大型十字军帆船里的偶然发现会帮助我们将圣殿骑士团的金融技术细节串联起来。也许哈利酒吧前门外的地下恰好就有一座金融建筑的古迹。

如果威尼斯的石质建筑保存着在中世纪早期最初充当国际银行的教会机构的痕迹，它们还会描绘出另一个或多或少有些不同的金融机构——世俗化的金融机构，在威尼斯与圣殿骑士团并存，并且最终取代了圣殿骑士团。关于这个机构故事的完美讲述者，是一位最著名的威尼斯人。我们在研究中国金融创新的时候提到过这个人，他就是马可·波罗。他在威尼斯的生活向我们展示了这座城市古老金融体系的另一部分。

在马可·波罗生活的 13 世纪，威尼斯是一个拥有沿海殖民地的帝国，从达尔马提亚海岸直到克里特岛并穿过爱琴海。在 1204 年十字军第四次东征时，威尼斯军队洗劫了拜占庭，掠夺了古城的财宝。不过，威尼斯商人将他们的经商范围推进到了远超君士坦丁堡和圣地的地方。像古希腊人一样，他们建立了通过博斯普鲁斯海峡进入黑海的贸易航线。这使得他们能够进入古丝绸之路并与北方民族进行贸易往来。

马可·波罗于 13 世纪中叶出生在威尼斯，后来和他的叔叔共同前往中国旅行。尽管他的叔叔们是威尼斯人，但是他们多半时间生活在基督王国的东部边界——刚开始是在黑海上的通商口岸，后来是在中亚。他们往返中国的宏伟旅途历经数十年之久，当马可·波罗被囚禁在热那亚的时候，他将这些冒险经历都记录了下来。在作家鲁斯蒂谦的帮助下，他写下了《东方见闻录》（又名"马可·波罗游记"）。事实上，这本著名的游记没有用拉丁文或者意大利文撰写，而是用温文儒雅的法文写成。一本出版于法国的书，作者是意大利人，描述的是其在亚洲的旅行，这本身就证明了马可·波罗生活在一个意大利和广阔世界广泛联系的时代。

凭借十字军第四次东征前后与拜占庭的友好关系，威尼斯曾与地中海东部地区保持着活跃的贸易联系。然而，比萨和热那亚等对手城邦为了进入东方市场，与威尼斯开始了越发激烈的竞争。十字军东征代表的不仅是挑战阿拉伯对地中海和黎凡特地区的控制，而且还代表着一股与意大利城邦和贸易商角逐的主要力量，而且这股力量最终加速了拜占庭帝国的衰落。甚至在第一次东征与圣殿骑士团成立之前，热那亚和比萨就曾于1105年联手攻击穆斯林占领的撒丁岛。1096年热那亚为第一次十字军东征中部署在安提俄克（Antioch）的部队提供给养，从而在传统上由威尼斯控制的东方贸易中赢得了立足之地。当威尼斯人对一支在罗得岛附近1 100米处的热那亚舰队发动攻击时，热那亚与威尼斯的对抗迎来了一个戏剧性的高潮，这次攻击也为一场持续了数个世纪之久的海上竞争拉开了序幕。

出现在中世纪欧洲的，不是在罗马废墟上重建的一个统一帝国，而是许多在商业贸易上十分积极的小城邦。1000年后的经济复苏期成为很多历史研究的课题。然而，研究金融在西欧复兴中扮演了什么角色的最好方法，是把重点放在早期的城市金融如何运作这个问题上。

里亚尔托市场：金融服务集约化

1298年，马可·波罗最终被释放，他回到了威尼斯的家。属于他的两处院子仍然以他著作中常见的词语命名：百万一号院（Corte Prima del Milion）和百万二号院（Seconda del Milion）。如果他的家的确在这里，那么作为一个商人的住处，马可·波罗的房子坐落在一个相当好的位置。像当时许多富裕人家的房子一样，这是一个多层建筑，周围环绕着相连的庭院，由一个小通道连到里亚尔托北部的大运河。以里亚尔托地区为对象的绘画作品显示，马可·波罗生活的那段时间，里亚尔托桥是一座尖耸陡峭、周围围着栅栏的木质结构桥，横跨于大运河之上。桥的中间有一个缺口，商家可以通过这个缺口将成批的货物投放到下方，与位于下方的帆船进行交易。在桥的那边，里亚尔托地区附近的地理环境也很重要。

在马可·波罗所处的时代，里亚尔托汇聚了航运巨头、企业家、金融家、投资人、投机者、银行家、借款人、保险代理人、经纪人、货币兑换商、税务机构成员、政府监察员，甚至包括爱说长道短的人、赌徒、普通看客以及前来参观欧洲最大商业中心的金融要地的游客。各种金融服务的空间集约化使得从事金融中介业务变得更容易。

当马可·波罗走过里亚尔托桥，他会看到威尼斯的海关，船只在那里停泊和装载货物，货物在那里接受检查。而在桥尾的右后方，有一座为商人修建的凉亭——一个拱形的、开放式的建筑，作为交流分享知识和信息的一个商业聚集地。如果威尼斯商人是真实存在的，人们就会想象莎士比亚笔下的角色为了获得与丢失帆船相关的线索而每天造访这里。距离桥几步远的地方有一个小广场——圣雅各伯教堂广场。实际上广场内部的结构成为欧洲几乎所有后来金融建筑结构的典范：一个有柱廊的庭院，各类金融专家及金融部门围绕着柱廊排布。如今，这个广场被商店、门廊和小看台包围。此外，还有一个威尼斯的新鲜蔬菜市场。[2]

7世纪以前的里亚尔托与现在看起来差不多。然而，当时聚集在这里的不是批发新鲜蔬菜的商家，人们会看到银行家和货币兑换商在被称为"长凳"的小木桌旁忙着计算、称重和验金。这些银行家们既吸纳存款，又发放贷款——有担保和无担保的都有。其业务的一部分是租赁担保，但他们无疑也开展贸易商业贷款和家庭账户管理业务并收取佣金。在广场北侧，商家可以为其海上探险洽谈海事保险；另一侧是码头和市场——一个毛皮市场和一个鱼市。里亚尔托广场的大部分地方都与商业有关，但是有一侧是为上帝修建的。能够俯瞰威尼斯中世纪金融区的建筑，是古老的圣雅各伯教堂。它可能是威尼斯主岛上最古老的教堂，正面的砖墙被一个小钟塔上的特大号时钟占据了主要部分——这是作为对时间流逝的纪念。教堂周围是告诫商家公平交易的碑文。就在碑文前面，穿过广场，有一个带有阿特拉斯（Atlas）塑像的小喷泉，塑像中的阿特拉斯肩背球状的重物，据说是对负债危险的一种警告。

里亚尔托广场也很好地体现了政府的职能。桥南部面向威尼斯大运河的地方坐落着管理粮食、葡萄酒税和盐的相关机构。和中国一样，盐是当时政府收入的来源之一。在相同的地方也伫立着处理税务违法的办公室和税务经纪机关。在这些政府机关中，最重要的一个并没有直接面对着广场或者大运河。就在广场以西的一排建筑之中，威尼斯贷款办公室就隐藏于林立的商铺之后。它等同于美国的财政部，负责政府债务。尽管通过贷款为国家预算融资的决策是由位于圣马可广场宫殿的城市政治中心做出的，不过，在马可·波罗生活的时代，这些决策的施行地点已经转移到了里亚尔托。

图 12-3 1500 年时里亚尔托市场的风景，来自意大利画家雅各布·德·巴尔巴里（Jacopo de' Barbari）的画作《威尼斯风景》（View of Venice）（British Museum, London.）

威尼斯官方试图管理公共财政的一次早期尝试发生在 1164 年，当时的政府与 12 名杰出的威尼斯人达成了一个约定。这其中就包括未来的威尼斯总督塞巴斯蒂亚尼·齐亚尼（Sebastiani Ziani）。威尼斯政府以里亚尔托市场 11 年的收入作为担保，从 12 位富人手中借入了 1 150 银马克的贷款。正如我们之前看到的，这一合约类似于地中海其他城邦与如圣殿骑士等借贷者签订的合约。里亚尔托的贷款事实上非常像加泰罗尼亚王国国王所采用的人口年金合同，将其领地的行政权和收入分配给贷款人。

债券：全新的收益来源

然而在8年之后，威尼斯采取了一种相当新颖的方式来融资——发行公债。公债的数额是根据威尼斯居民的财富水平设置的，并且通过强制贷款的形式完成发行。这笔贷款是为了应对巨大的人质危机以及与拜占庭争夺亚得里亚海控制权的苦战。在准备发债的几年里，拜占庭已经战胜了匈牙利王国，获得了亚得里亚海的港口，这使得拜占庭帝国与威尼斯之间产生了直接的竞争关系。1171年，通过捏造罪名指控威尼斯人烧毁了君士坦丁堡的热那亚人社区，拜占庭皇帝曼努埃尔（Emmanuel）下令抓捕了首都所有的威尼斯商人，将他们都关进监狱，并扣押他们的货物。[3]

这既是一个经济危机，也是一个政治危机。如果总督维塔莱二世·米歇尔（Vitale II Michiel）能够通过抵押政府未来的收入获得贷款（像早期的里亚尔托贷款那样），那么政府债券可能到现在都还没出现。相反，他设计了一种新的金融借款方案，由所有威尼斯人共同承担融资带来的痛苦。根据这笔贷款的用途，这座城市被分成了6块区域，这种区域划分一直保存到了现在：卡斯泰洛区（Castello）、卡纳雷吉欧区、多尔索杜罗区（Dorsoduro）、圣十字区（Santa Croce）、圣保罗区（San Polo）和圣马可区（San Marco）。每个区通过纳税册来评估公民的财富，然后按照比例征收公债并将其转到大议会。这种机制的最大特征在于，虽然也是强制性的，但是它与征税不同，因为威尼斯人被承诺可以在贷款还清前一直收到5%的利息。

1164年借贷和1172年公债之间存在一个有趣的差异。后者将融资的痛苦分散到更广泛的平民之中，创造了城市与市民之间的贷款人—借款人关系，而不是使对债权的控制集中在少数投资者手中。我们很难知道这种方式是偶然出现的还是经过设计的；然而，它立竿见影地使所有威尼斯人成为国家的债务人和债权人。1172年债券的另一个有趣的特点是，债务的任何重新安排都处在新建的6个城区的政治控制之下。这种有广泛基础的借贷方式间接地为公正的政府财政决策提供了一种政治工具。[4]

公债使总督米歇尔建立起庞大的舰队以对战拜占庭帝国。由120艘舰只组成的船队扬帆出海，准备解救人质并收回威尼斯的地产。舰队后来停泊在小亚细亚的海岸。拜占庭皇帝曼努埃尔通过答应谈判来拖延时间。在这些谈判一再被拖延的过程中，正准备突袭对方的威尼斯舰队突然被瘟疫所侵袭。这让拜占庭不再需要开战，因为瘟疫已经击败了威尼斯海军。总督米歇尔带着一蹶不振的舰队回到威尼斯，带回了坏消息和瘟疫，他立刻被愤怒的暴民杀死。1172年贷款仅仅是这场悲剧中威尼斯要承担的诸多负担之一。这个衰弱的共和国永远不会退还这次贷款的本金。随着时间的推移，虽然国家为这次贷款支付了稳定的利息，债务却永远不会被偿还。

有史以来首次发行的政府债券是财政弱小而不是财政强大的结果。它诞生于绝望，并且在国家无力偿还本金的情况下依旧存留了下来。然而，这是一个重大的金融创新。它使得政府在有需要的时候能够迅速集中金融资源，并将其转换成军事资产。创造长期负债的是这次远征的失败，而不是将贷款转化为国家永久债务的概念。

1262年，威尼斯的债务在《债券法》（Ligato Pecuniae）中被固定下来。该法将之前的所有债务合并为单一的基金。新的基金按照贷款面值支付5%的利息，每年分两期支付。该基金后来被称蒙特维奇欧（Monte Vecchio）基金。蒙特维奇欧基金有两个主要特点：债券可以在投资者之间转让，政府不能通过偿还本金来偿还贷款。可转让性意味着被迫购买了一种债券的市民可以将债券转移，并出售给另一家。债券转让后，其收益将归下一个债券持有人所有。限制政府通过偿还本金来撤回贷款意味着债券将是一个永久性的金融资产，除非威尼斯在公开市场上回购这些债券。发行债券的本意是延迟对本金的支付，但它最终发展成为永久且显然值得拥有的政府债券。至马可·波罗生活的时代，实际上也就是马可·波罗在中国欣赏大汗壮观的宫殿时，威尼斯的贷款已经标准化，可以在活跃、竞争性的二级市场——里亚尔托市场进行买卖了。

在接下来的几个世纪，每当威尼斯有军事需要的时候就会求助于蒙特维奇欧基金，比如费拉拉战争（1310—1354）、与热那亚的第三次战争（1350—1354）、与热那亚的基奥贾战争（1378—1381）——基奥贾战争需要的贷款额度是威尼斯所有个人资本的41%，并迫使不动产大规模地变现[5]——最后，还有15世纪早期与米兰的大战。1454年，由于土耳其人攻陷君士坦丁堡，为了发起一场针对土耳其的战争，威尼斯开始征收直接税以替代蒙特维奇欧基金。然而，自1482年起，威尼斯开始用一种名为蒙诺沃（Monte Nuovo）的债券为与费拉拉的战争融资，这导致里亚尔托市场中存在着两种独立的债券。

债券价格随时间的动态波动体现了投资者对威尼斯持续偿债能力的预期。1262—1376 年的贷款合并期，威尼斯债券的市场价通常为面值的 80%—100%。然而，1376—1441 年，平均市场价下降到面值的 40%—60%，原因在于威尼斯共和国经常拖欠应支付的利息。事实上，在这之后，卖家能够获得票面价值的 20% 就已经很幸运了。应该支付给投资者的钱有时是由彩票抽奖决定的——幸运的获胜者会收到他们的逾期利息，而失败者只能等待。尽管威尼斯是第一个发展政府信用市场的地区，债务的价格模式表明，威尼斯的信誉大约在 1340 年达到了顶峰。在拿破仑于 1797 年征服威尼斯共和国之前，威尼斯发放了最后一小部分债券。我们仍可以找到从威尼斯共和国伟大金融创新的末期遗留下来的物品。比如有一次，我在拍卖会上买到了一张由威尼斯汇划银行（Venetian Giro Bank）在 1797 年发行的被称为"cedula"的票券。这种票券显然可以像纸币一样流通，也代表着欧洲最长寿的独立共和国做出的最后承诺。

13 世纪的威尼斯货币市场的显著特征并不是当时银行具有的共性。毕竟，这些特征曾在地中海拥有悠久的历史。将国家借贷按照《债券法》规定的方法制度化才是真正的创新。有了它，威尼斯共和国有意或无意地创造了一个全新的收益来源。这在古代或世界其他地方是没有的。虽然威尼斯借贷的基础可以追溯到中世纪的人口年金合同，但债务在公民之间的分散是绝对新奇的。威尼斯公民可以将从过去劳动或贸易中获得的财产，转换成未来的现金流。通过这种方式，就可能在经济上形成一种对于个人赚钱能力下降的对冲，这种能力下降主要是由体力和脑力随年龄增长而衰退所致。它还可能创造持续的现金流来资助一个慈善机构。它也是一种传递财富的方式，而且这种财富不需要经营管理。尤其因为威尼斯债券是被动投资工具，其价值只取决于国家的活力和诚信，而不是持有人的能力，这使得威尼斯债券富有吸引力。

高利贷与思想革命

在政府贷款制度化上，威尼斯似乎与教会禁止高利贷的著名教义发生了直接冲突。天主教会的托钵修会成立于 13 世纪初：方济会成立于 1206 年，道明会成立于 1216 年。它们教义的中心思想是对高利贷的憎恶。事实上，观察这些宗教组织的出现颇有意思。它们公开放弃财富和个人资本积累。其出现是对

11世纪后续几个世纪中金融和商业繁荣发展的制度性回应。出现在威尼斯、热那亚等城邦中的商人资本主义有利于提高社会流动性,也构成了颠覆社会秩序的威胁。所以,这个时候出现宗教反击大概也就不足为奇了。

13世纪打击高利贷的禁令受到了社会各界的高度重视,其背后既有法律和哲学根源,也有宗教根源。哲学根源是亚里士多德——亚里士多德的作品在中世纪后期再次引起学者的关注,根据他的观点:

> 我最憎恶且有最充分理由憎恶的致富方式是高利贷,高利贷从货币本身牟取利益,而不是通过货币的自然用途获利。因为,货币本来是用于交换的,不是用来增加利息的。而意味着以钱生钱的高利贷一词,之所以会被用在钱的增殖上,是因为其产物与母体相似。因此,在所有致富方式中,高利贷是最违背自然的。[6]

在这段话中,重点不在于指出金融的最大罪恶是它给借款人带来的痛苦,而是暗示金融家挑战上帝创造生命这一过程的傲慢。他们的钱能生钱——这是一种无生命的东西,却能繁衍生息,是一种自动机;一种由人类创造的,逾越了神权的怪物。钱是"死"的,不应该被允许自我繁殖。这种视金融为非自然现象的解释被经院哲学家们采纳。经院哲学家还给金融一长串罪名中又补充了一条:它象征着对时间的偷窃。[7]奥塞尔的威廉(William of Auxerre)曾于1220年写道:"高利贷者的行为违背自然法则,因为他出卖的是时间,而时间是所有生命共有的。"[8]通过定期收取利息,金融合约给时间定价,将存在的时间流动降级成了现金流。事实上,威尼斯的永续债券跨越了上帝的时间,成为一个永久性的持续过程。投资者不可避免地通过支付利息的时间间隔来衡量时间的流逝。

金钱和时间之间的联系已被现代学者视为一场思想革命,它和与之相伴的商业实践中的革命同样重要。法国历史学家、中世纪学术史专家雅克·勒戈夫(Jacques Le Goff)认为,针对高利贷的学术观点证明人们设想时间的方式发生了很大的变化。勒戈夫认为,商人眼中的时间与教堂眼中的时间发生了冲突。或者从更一般的意义上说,借贷合同在时间维度上把资本分成几部分的这种做法,改变了人们体验世界的方式。[9]从一直以来的观念来看,自然时间就是额头上的汗水,是四季轮回的农业生产,也是各种神圣的宗教节日。当一个农民借贷时,他或她让其劳动与从贷款人那里拿到的钱达成等价,因为他或她将用劳动的成果来偿还贷款。勒戈夫及其他学者将教会和商业社会在时间认知上的冲突视为社会变迁的开端，在这场社会变迁中，欧洲人从中世纪的农奴境遇中被解救出来，走上通往资本主义的道路。金融就是教会和商业社会的冲突中最尖锐的部分。尽管已经认识到这种变化的好处，勒戈夫仍表达了对它的疑虑。他认为，金融是一种堕落，会引人越来越走向歧途。勒戈夫的观点非常明确，他感觉始于中世纪的金融变革到20世纪的时候可能已经走得太远。也许人类很快就会迎来这样的一个时刻——文化将从世俗和经验的价值系统中脱离出来，最终从对立走向辩证统一。

有人希望参照中世纪的做法，并以此作为一种救赎现代社会的模式，对于这样的观点，人们一定会问：在市场和商业出现之前的时代会更好吗？想想农奴制，它在中世纪城市化水平上升和商业复兴之前盛行，但对社会成员来说却是一种永久的束缚。在封建制度下，时间归封地领主所有，而领主对国王的义务是以服兵役的时间来衡量的。用货币义务代替劳役义务可以说是一个重大的人道主义进步。回溯美索不达米亚以前的社会，我们真的可以说金融出现之前的社会是黄金时代吗？不要在意围绕现代社会中商业与金融的世俗性展开的无关紧要的学术争论。现代社会依然热衷于讨论这个问题就已经表明，中世纪和文艺复兴时期哲学家和神学家辩论的那些主题在今天依然盛行。

定义术语

在中世纪，有关金融的辩论并不局限于对教会教条的解释，它也有一定的法律基础。

12世纪，当金融工具在意大利北部发展之时，法律学者复兴了罗马法——《查士丁尼法典》被重新发现。我们在前文看到《查士丁尼法典》是如何代表着帝国末期——而不是帝国建立之初——的罗马法律传统。乌尔丽克·马尔门迪尔认为，就其本身而言，它没有描述早期的金融机构，例如包税人公司（见第7章）。这部中世纪法典的主要优点是，它充当着一个体制协调器，规范了整个欧洲的法律；其缺点是，它给新型的金融系统强加了一个专制的、古老的和限制性的框架。

《查士丁尼法典》之所以对于债券和贷款金融特别重要，主要是因为其中包含了反对高利贷的法条。罗马法将贷款定义为一种被称为"无偿消费借贷"（mutuum）的合同：借贷者被给予一笔钱，然后再以相同的数目还给出借人。其关键特征是资本的所有权被转移：一旦借出，出借人就不再拥有借出资本的所有权。还款超过本金会被视为非法。《查士丁尼法典》复兴之后，人们开始将商业合同和"无偿消费借贷"模式进行比较，以确定其是不是非法的高利贷。这导致自 11 世纪起，罗马法、经院哲学以及宗教教义对金融都持批判态度。

还有一种观点认为贷款合同中至少有一部分利息是合法的，人们对于这种不同的观点较为包容。在这种观点中，利息被认为是以另一种方式使用资本的一种补偿。可得利益损失（lucrum cessans）指的是，如果将这笔钱投资于不同资产将会得到的收益。这一概念证明，额度适当的利率可以作为贷款的补偿而被合理化。

中世纪的人口年金合同为根据贷款资金索取正当的利息提供了一个清晰的模式。人口年金合同将土地使用权让给借款人，借款人将一直支付租金，直到将土地归还给主人。一些经院哲学家也许不同意"可得利益损失"的观点，但它是一个比较不同未来支付流的清晰模式，而未来支付流则是新兴金融逻辑框架的一个组成部分。

另一个从经院哲学的辩论中诞生的重要概念是对风险的合理补偿。1234 年，罗马教皇格列高利九世（Gregory IX）提出了还款不确定情况下的高利贷问题。在认识到风险的存在时，他宣布借贷给商业冒险是可以收取高利息的。可以想象这一声明对海上贸易的影响。

经院哲学家们意识到了产权投资风险溢价的合法性，却没有认可债权风险溢价的合法性。例如，多米尼加·多明戈·索托（Dominican Domingo Soto, 1495—1560）强烈呼吁，投资损失的风险——不仅针对产权投资——都应该获得合法赔偿。索托提出的保险溢价，是一种针对因不确定后果产生的风险的回报，风险的具体程度由人假定。缺少这种回报，就不会有任何人可以被劝服投资于高风险的贸易企业。索托也指出了通过保险分担风险的社会收益，因为它鼓励了商业企业，从而有助于公益。推而广之，无论谁是资产的所有者，投资者风险溢价都是对所有者的一种合法补偿。

关于债券的争论

由威尼斯人发行的债券成为神学上争论高利贷的焦点。第一个有利于债券的观点是，高利贷对于维护国家来说是必要的。14世纪晚期学者尼古拉斯·德·安格利亚（Nicholas de Anglia）支持这一观点。另一个支持债券的理由是，这些债券相当于强制性的贷款，债券持有人并没有预期得到补偿。根据这个逻辑，只要债券持有人没有在二级市场上进行购买，那么债券持有人就没有罪。当然，里亚尔托市场提供的流动性使得债券具有巨大的吸引力。尼古拉斯主张二级市场的销售要保持道德上的贞洁：买主参与进来是为了帮助需要现金的人，卖家则需承受损失，这些损失算作献给国家的一份礼物。另一种支持债券合法化的观点很简单：因为每个人都在参与。彼得罗·安卡纳罗（Pietro d'Ancarano, 1330—1416）注意到，债券是由罗马教廷的人持有的——他们怎么可能是不虔诚的呢？彼得罗还提出另一种说法：这种债券事实上不是贷款，因为本金从来没有被偿还。一个"无偿消费借贷"合同就意味着一份资本的回报。如果不是必须还钱，这就不是贷款。只要债券没有终止日期，它们就不能被视为高利贷。不可思议的是，贷款的永久性质使高利贷合法化了。

虽然彼得罗的意见和其他债券支持者们的观点没有被普遍接受，但这对于实践来说无关紧要。公共融资已经对人们的生活产生了持久性的影响。在中世纪和文艺复兴时期，尽管有关高利贷的禁令对民间融资形式产生了巨大影响（但也许不普遍），但这并没有阻止欧洲的城市和国家频繁地利用这种金融创新，也不可能阻挡欧洲民众使用储蓄工具的需求。然而，争论中出现了几个关键概念。第一个是金融资本的概念，"无偿消费借贷"的定义提出了作为可转让资产的资本的具体要求；第二个是风险溢价的概念，这个概念至今仍然是所有现代资产估值模型的基础；第三个是将资本的替代性用途作为收益基准的概念，这后来也成为一个关键的资产估值工具。

新资本，新视野

威尼斯债券及其在里亚尔托的二级市场代表了对国家乃至个人而言非常重要的新型金融技术。对于国家，它代表了一种能将未来资源转移到现在的工具——转移到现在是为了将资本集中起来并应用于军事目的。这一转变意味着它可以应对战略威胁和战略机遇。作为副产品，它也激励着威尼斯的债券持有人去保证国家未来有能力履行这些还债义务。威尼斯是一个自治共和国，公民在政府债务的创建和维护上拥有发言权。这意味着此类债券是为了在时间上转移资本而由个人和官方共同进行的一次冒险，它最终依靠于双方共同承担让债券持续下去的责任，也依赖于国家资源的增长。

这种新的资本带来了新的视野和新的世界观：对时间本身的重新定义和世俗化。威尼斯里亚尔托的金融体系扩散到意大利的其他地区，最终扩展到欧洲的货币中心。伴随着这次扩散的是人们认识到时间可以被定价。随着其他财富形式和多种投资形式的出现，货币被投入生产用途。里亚尔托圣雅各伯教堂外墙上的奇特的超大时钟也许并非偶然，它表明，对意大利早期的金融家来说，时间是一个重要维度。在下一章中，我们将看到新型的意大利金融架构和商业企业在多大程度上影响了时间和货币方面的数学创新，并最终导致了一个截然不同的、侧重于量化和经济决策的教育模式。

第 13 章　斐波那契与金融

比萨的列奥纳多（Leonardo of Pisa）更为现代人所知的名字叫作斐波那契（Fibonacci），作为一名数学家，他最著名的发现是一种可以解释向日葵花与鹦鹉螺贝壳结构的几何级数以及黄金分割，还有一些人说，他发现了股票市场繁荣和衰退的模式。斐波那契是比萨的居民，而比萨则是威尼斯在地中海贸易中的一个竞争对手。比萨距离佛罗伦萨不远，和威尼斯一样，它是 12 世纪著名的贸易城市——随着财富的增加，著名的比萨斜塔的高度也在增加——它拥有巨大的教堂和洗礼池，而且如果单从规模而不是艺术性的角度来讲，它甚至可以和威尼斯乃至佛罗伦萨相媲美。斐波那契出生于 12 世纪，他的童年是在比萨的北非殖民地布吉亚（Bugia）度过的，他的父亲是当地的政府官员。在那里，年轻的斐波那契受到了完全不同的教育：他学习的是阿拉伯数字；当与他同龄的意大利孩子正在学习使用烦琐的罗马数字进行计算，或者通过使用计数板和算盘做加减乘除的运算时，列奥纳多则被传授了直接使用数字符号进行计算的这种令人惊异的技术。

在《珠算原理》（Liber Abaci）序言的简短自传中，斐波那契说他四处奔走——或许他本人就是一名商人——并在所到之处寻求数学知识。当他返回比萨时，他将自己之前已有的知识写成了一本引人注目的书。"珠算原理"这一标题的意思主要是指"计算之书"。这本书向读者介绍了阿拉伯数字的用途和全部的基本算法：包括加、减、乘、除和分数。虽然这不是第一本将这些方法引入欧洲的书，但它毫无疑问是其中最重要的一本。《珠算原理》不是专门写给数学家看的抽象的数学专著，可以说它是一本商业手册。在引入了数字和四则运算之后，这本书就开始讲述如何进行商品价值评估、易货交易以及公司利润的计算。而且，尽管教会法反对高利贷，这本书还是讲述了如何计算利率。在这本书的最后，斐波那契还附上了一个讲解数学理论的部分——一篇讲述线性近似、平方根和立方根的解法以及二项式解法的论文。

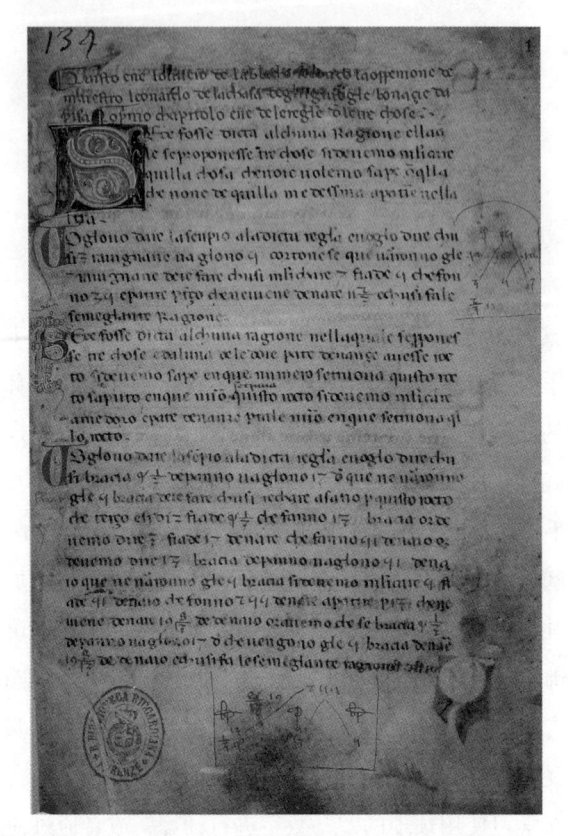

图 13-1 《珠算原理》中的一页，展示了商品价格的计算过程（Bibliotheca Ricchardiana.）

《珠算原理》通过几个案例来演示如何应用这些方法。这些案例本身很有吸引力，因为它们就是一个能够展现 11 世纪与 12 世纪交替之时地中海贸易区惊人活力的窗口。下面这个案例就是"新数学"想要解决的中世纪的问题之一[①]：

> 在西西里岛附近，有一个人的船上装着 11 英担[②]零 47 捆的棉花，现在需要将这些棉花分装打包。因为 1 又 1/3 英担的棉花是 1 包，那么 4 英担的棉花就是 3 包；而 4 捆棉花可以打成 1 包棉花中的 3 卷。现在你的问题是目前有 11 英担和 47 捆棉花，于是你会用 1 147 乘以 3 除以 4，所以全部棉花按照打包后的"卷"数计算结果是 860 又 1/4 卷。1

---

① 以下引文由原书英文翻译而来，英文引用或有缺失，可能会造成理解上的问题。——编者注
② 1 英担 ≈ 101.605 斤。——编者注

阅读上面这段文字,你仿佛可以看到一个在12世纪西西里岛附近贸易帆船上的意大利商人,载着满船的棉花打算着如何出售,并且盘算着将棉花的价值转化成对西西里商人来说有意义的数量。这种头脑的挑战不是简单地把船停在哪里以及把货物卖给谁,而是要快速准确地将棉花从捆转换成包。一旦这种转换出现了错误,那么就会损失利润。由于比萨人与阿拉伯商人进行交易,而阿拉伯商人很擅长这种快速转换,这就迫使比萨人必须比以往任何一本数学专著都更加切实地适应阿拉伯数学。

在上面的案例中,其实际计算中用到了比例法——一种在给定两个分数之间相等关系的条件下,利用交叉相乘的方式解出未知变量的方法。比例法可以追溯到更早的阿拉伯数学课本,再从此追溯到东方——印度并且最终到中国。这项技术并不是斐波那契发明的,他是从自己的阿拉伯家庭教师那里学到的,或者至少可以说他是作为一个年轻的数学游学者掌握了这一知识。在这个过程中,他将亚洲的实用数学方法重新引入了欧洲大陆。最重要的是,他引入了阿拉伯数字。阿拉伯数字实际上是由伊斯兰学者在印度数字的基础上改编而成的,毫无疑问,如同许多他们用来解决问题的方法一样。当然,交叉相乘本身即是代数的最简单运用之一,而代数这个词本身就是一个阿拉伯术语。

斐波那契在他的著作中提及了8世纪的阿拉伯数学家阿尔·花剌子模(al-Khwārizmi),后者是代数的发明者。尽管斐波那契的《珠算原理》使用了阿拉伯的技术并受助于阿尔·花剌子模的代数,但与阿尔·花剌子模的不同之处在于,斐波那契的《珠算原理》更注重贸易和商业问题。阿尔·花剌子模则将其数学工具应用于法律问题——特别是继承的问题,例如怎样在拥有继承权的在世家庭成员之间进行资产和负债的分配。斐波那契的《珠算原理》也与资产分割有关,但涉及的都是商业资产而不是家庭资产。

在斐波那契所处的时代,商业冒险通过康孟达契约来融资。这是耶鲁大学罗伯特·洛佩斯(Robert Lopez)教授深入研究的主题,罗伯特·洛佩斯从中发现了最初的现代商业——可能甚至是最初的现代公司。康孟达契约实际上更像是合伙关系,其合作伙伴有着不同的义务。资金的供给者(一个或一群)投入资金,而另一方的合伙人投入劳动力。在标准契约中,资金的供给者可能投资于一个远航商人,相应的,其得到的回报是总利润的3/4。比萨的《使用权法规》(*Constitutum Usus*, 1156)是现存的最早对康孟达契约进行定义的法律文本。

斐波那契举出了一个案例，显示了这种合同是如何被用作一种将资金供给者的利润在公司投资者中分配的方法：

> 每当一个团体的利润在其成员中划分时，我们都可以按照上述协商方法完成。我们假设一家公司合计投资额为152镑，利润为56镑，然后以镑为单位计算每个成员的应得利润。首先，事实上，根据比萨惯例，我们必须在计算之前剔除1/4的利润（显然是要支付给合伙人），这之后还剩下42镑。[2]

斐波那契随后运用比例法计算出每一镑投资所对应的利润，展示了如何决定投入不同量资本的投资者的应得利润。这与第3章所讨论的公元前第二个千年纪时，巴比伦的依亚·纳西尔所组建的合作关系一样。

在解决了由投入资本引发的各种公司利润问题之后，斐波那契转向了银行及利率问题。鉴于13世纪广泛存在关于高利贷的辩论这一背景，《珠算原理》包含大量的利率问题大概会让人惊讶，例如：

> 一个人将100镑存入某地（银行），每镑每月的利息为4迪纳厄斯，他每年取出30镑。那么必须计算出这30镑资金每年的收益及损失。请计算在多少年、月、天、小时内，这个人会取光在这里（银行）存有的货币。[3]

请注意这个问题的要求。时间是这一等式中的未知数，困难之处在于，投资者每年取出一定量的储蓄，直至全部储蓄被取出。简言之，假设你想依靠储备金的利息生活，那么你的储蓄多久会被耗光？

斐波那契通过三页纸的计算，强有力地解决了这一挑战性问题。准确的答案是：6年零8天5小时。无论银行是否将时间和利率精确地计算到最后一个小时，这个问题都是时间被世俗化的一个很好例证——通过金融技术将时间这种神圣的东西商品化，这是被奥塞尔的威廉所强烈谴责的。这也表明，威尼斯里亚尔托出现的银行创新并没有那么与众不同。很明显，银行贷款现象不仅非常普遍，也产生了相当可观的利润，以至在1202年的《珠算原理》中就有大量有关于此的问题。如果可以知道斐波那契所提问题中的"某地"到底是什么，可能会对以后的研究大有帮助：它可能是圣殿骑士（表示怀疑），或者是卢切斯或佛罗伦萨的借款人（有可能），也可能是威尼斯的银行家（同样也有可能）。

尽管数学上的计算非常复杂，但计算贷款利率甚至是贷款合同期限的能力并不是区分东西方的一个因素。事实上，在第 8 章提到的古老的中国数学文献《算术书》中，有一个问题与这一问题非常类似。显而易见的是，在 12 世纪与 13 世纪之交的中世纪世界中，即便是复杂的银行问题也已经成为商业数学共享知识的一部分。

现值：金融思想的分水岭

《珠算原理》中有一个问题，在金融史上具有分水岭的意义。问题的标题是"一位士兵因其封地收取 300 拜赞特（bezant，拜占庭帝国金币）"。在这个问题中，一位士兵每年会收到 300 拜赞特的年金，按季支付。斐波那契问，如果国王决定推迟到年底一次性支付而非按季支付，那么士兵将会减少的收入的确切数额是多少。当人们考虑推迟债务利息所能产生的影响时，通常都会想象如果这样一个问题出现在威尼斯大议会（Venetian Grand Council）中会发生什么。首先最重要的是，这个问题表明在 13 世纪早期，利用能获取金钱的封地来弥补士兵生计是十分常见的。有趣的是，封地也是退休福利，这显然是在变相地给士兵发放补助金。其次，因为这一问题的解决方案需要"金钱的替代性使用方式"这一概念——也是在高利贷辩论中出现的关键概念，所以从这个角度也可以说明此问题的重要性。问题表明，假设士兵将钱交由银行家打理，那么他每月可以获得的利润是投资额的 2%。

从数学角度来看，这个问题是金融思想的分水岭。斐波那契解决这个问题的方式是估算放弃另一种投资方式可能损失的收益——换言之，如果这个士兵可以把现金放在银行里，每季度都赚取利息，那么他可以获得多少？放弃这种收益会在很大程度上减少封地的价值，本来价值 300 银币的封地这样一来可能只值 259 银币加一个零头了。

不同于那些复杂的银行业问题，这个问题是已知的案例中最早将两种现金流的现值进行比较的。虽然我检索了现存的早期数学文献，但在数学史上，找不到任何有关这个问题的直接的先例。净现值法是现代金融中最重要的工具之一。

净现值可以用来指导你做出各种各样的金融决定——政府可以凭此减少其费用开支，银行家可以明白应该做哪一笔放贷业务：相对于年度而言，按季度计算能增加多少收益呢？即使在今天，这种计算仍然在愚弄着许多购房者。抵押贷款利率可以按每天、每月或每年的利率来报价。士兵的案例显示了年复利与季复利有着多么巨大的差别。斐波那契的《珠算原理》为回答这些问题以及其他繁多的与时间和金钱相关的问题建立了一个框架。

鉴于其专注于商业问题、银行贷款和现值，我们可能会问《珠算原理》是不是让东西方在数学领域出现大分流的一个重要因素。也许是，也许不是。书中的大部分技巧，除了现值计算之外，与中国的传统数学十分相似——无论是稍早期的还是稍晚期的。那时的中国数学家可能已经解决了《珠算原理》中的所有问题，甚至可能已经解决了士兵及其封地的问题。

然而，在《珠算原理》之前，中国古典数学文献中包含的商业问题相对较少。因此，斐波那契的著述主要表明东西方数学在13世纪出现了不同。书中商业问题数量之大和涉及范围都清楚地表明了商业业务对于数学工具的需求，也体现出一种从数学上的想象向着实际商业问题的转变。这种由顶尖数学家斐波那契证明并合理化了的世俗化倾向，在后来的文艺复兴时期变得愈加重要。

马基雅维利与达·芬奇：珠算学校的毕业生

《珠算原理》是欧洲中世纪数学领域最重要的几部著名作品之一，它使得阿拉伯数字在西方广为人知，向人们介绍了无处不在的几何级数，而且包含了许多有关13世纪地中海地区的商业信息。然而令人惊讶的是，这本书第一次用除意大利语外的现代语言印刷却是在2002年——距离著作完成已经过去了800年。虽然这本书的部分内容和例子早先已经被翻译，但大多数学者仍然很难欣赏其宽广的视野和设计构思。对我而言，阅读由拉里·西格莱尔（Larry Sigler）在2002年翻译的《珠算原理》是一次相当奇特的经历。在阅读完所有章节之后，我发现，斐波那契在写作时明显地带有一种为人所熟悉的阐释性风格。在许多章节中，他会引入一个简单的问题，然后展示如何使用在前一节中阐述的技巧解决它，然后再逐渐转向更加复杂的例子。这种方法非常适合教学，《珠算原理》无疑是一本教科书，由一系列例子构成，这些例子都是为了教育而开发出来的。

仅仅把它当作教科书并不能完全公正地评价其有趣的一面。书中有一整节是用来专门讨论有趣的数学难题的。而著名的几何级数等式实际上就是一个难题，难题的内容是说当一对兔子开始不受抑制地进行繁殖时，会发生什么——这个问题与德莱海姆泥板（见第 2 章）上的内容极为相似。娱乐性问题的引入意味着那时的数学家，与现代的数学家一样，愿意审视日常生活中看似微不足道的事件，并把它们变成智力挑战。《珠算原理》的有些部分只是有趣，以致人们无法在后经院哲学时代谈论这些部分的内容。但大概也正是这些部分使它成为一本可以用来教育年轻学生的好书。它提供了一种吸引读者的手段。斐波那契在书中描述了自己早年作为一个学数学的学生的经历，可他也一定有过作为老师的经历。

关于斐波那契的人生，极少有人知道《珠算原理》开篇简短自传之外的内容。比萨市档案馆现存的一份公共文件记录表明，斐波那契在 1241 年被授予养老金（很像士兵的封地），以表彰他进行的教学（档案中用了"*doctrinum*"一词）工作和会计、评估以及计算工作。这份档案表明斐波那契的教育工作及提出的建议已经具有了巨大的公共价值。

他的学生都是比萨商人的孩子吗？他的专业知识是否使得他们的创业企业在地中海地区具有优势？我的解释，当然只是一种可能性。"*doctrinum*"一词也可能意味着学习、知识或学问。比萨的任何一个学校都没有公共记录能够证明斐波那契或其他任何人在 13 世纪初教授过与商业有关的数学，但话又说回来，有关于此的早期记载一般都很少。

沃伦·范·埃格蒙达（Warren Van Egmond）教授，是数学史学家和研究早期数学课本的专家，他已经对中世纪意大利最早的数学学校进行了研究。[4] 这些早期算术学校的一个主要特征是它们都是世俗学校，而不是宗教学校。商学教育是世俗的，所以商学院与人文科学学院是分开的。沃伦认为，有组织的算术学校出现在斐波那契生活时代的一个世纪之后，因为尽管当时已经有相当多的数学老师以至他们能够组建自己的公会，但沃伦找不到任何证据证明这些算术学校在 1316 年之前存在于意大利的城市之中。不管是否真的存在过一所商学院，但到 1338 年，已经有多达 1 000 名佛罗伦萨青年进入珠算学校就读。佛罗伦萨拥有一些著名的毕业生，包括尼古拉·马基雅维利和列奥纳多·达·芬奇，但丁也把他的儿子送到算术学校来。

记账：审视世界的角度

沃伦教授的研究表明，主要是因为这些算术学校的存在，佛罗伦萨才得以成为文艺复兴时期获取数学知识和相关培训的一个主要中心。一时间，佛罗伦萨从事银行业的家庭成为文艺复兴时期欧洲最强大的金融家族。文艺复兴时期的算术学校无疑在取得如此成就的过程中扮演了重要角色。事实上，历史学家们认为，文艺复兴早期的真正革命不是经济上的，甚至也不是金融上的，而是量化领域上的。在中世纪晚期，如果奥塞尔的威廉等神学家和经院派学者们担心金融工具通过将时间本身量化来让生活世俗化，那么他们的担忧可能就是有根据的。较大的意大利银行家族的家族档案中包含了丰富的数字细节。佛罗伦萨的家庭和企业通过仔细的记录追踪他们的金融财富。

卢卡·帕乔利（Lucca Pacioli），是一位意大利僧侣，也是达·芬奇的朋友。他是一位数学家，也是会计之父。他在1494年发表了最著名的数学著作，虽然这本书的大部分内容是关于几何的，但有一部分描述了"意大利的"复式簿记技术——与他的专著中其他科目的话题相比，这一部分看似平淡无奇。然而，正是这个部分使得卢卡·帕乔利名垂千古。

卢卡·帕乔利的记账方法基于一份流水账，流水账是对每笔资金流入和流出时间进行的记录。每笔交易都有两条记录——从一笔账目中"借"，在另一个账目中"贷"，因此，借方和贷方的记录就可以追踪随着时间的推移而进行的商业进程，在结账时两者必须相互平衡，不然就是犯了错误。复式簿记的特色在于这是一种能够减少记录文件中错误的手段。但它也有一种微妙的影响，就是一旦你开始使用它，你就会开始根据账户和收支记录来思考这个世界。一个家庭不仅是一个家庭，它还是一系列支出和周期性收入的组合。即使是一个灵魂也可以被设想为一个账户，因为在灵魂离开世界之前，需要计算其罪恶和赎罪的总数。分类总账成为一个组织的定量本质——一种对组织生命的量化。

记账——对一个企业商业交易的冗余记录，长期以来都是中国行政管理的基础，却成为欧洲文艺复兴时期的一个革命性的工具。中国的会计革命之所以能够出现，是因为中央政府需要控制一个庞大、复杂的官僚机构。在欧洲发展出的相同的计数和记录技术，则成为计算一段时期内业务进展的一种手段。从结绳记事到小木板，再到草纸、竹简、羊皮纸，最后到纸，企业和金融的根本就是计算、记录，从而及时核实资产在某一时刻的经济价值的能力。经院学者正确地观察到技术进步将决定人们如何审视这个世界——技术会塑造现实，反之亦然。

斐波那契的未来

无论从历史、数学，还是金融的角度来说，斐波那契的《珠算原理》都非常重要。从历史的角度来看，它描绘了一个罕见的、详细的图景，记述了13世纪早期地中海地区典型的商业问题。它记录了意大利商人处理的各种贸易货物和到访过的各种码头，也展现了商业工具的进步，包括资产的划分、利润分配以及资金出贷。虽然斐波纳契在政府中的工作得到了认可，《珠算原理》却是以私营企业为基础进行架构的——这是西方世界前所未有的一个角度。

从数学的角度来看，《珠算原理》永远地改变了数学家工作和推理的方式。引进阿拉伯数字、比率和分数使他们摆脱了计数板和算盘，纸（或羊皮纸）和笔转而成为数学家们的工具。斐波那契的财务方法反映了一种推理的过程，建立这种推理过程的基础是一个又一个解决方案，是从基本的直觉到逐渐复杂的解决方案之间的转换。这种探究方法使得他能够极为精准地衡量资金的时间价值。

最重要的是，《珠算原理》拓展了人脑的分析能力。计算的术语是"*rationatabus*"——推理。《珠算原理》中的商业算术真实地拓展了思考的能力。在脑海中同时处理多个数量和价格的相对值是非常困难的，特别是当它们发生在不同的时点时。而《珠算原理》提供的技术能够做到这一点。正如电子表格和互联网缩小了华尔街和老百姓之间的差距，中世纪出现的新的金融工具让市场竞争变得公平。这就难怪《珠算原理》会成为连续几代意大利算术学校的基础课本了。斐波那契创建了一个基于量化方法的教育传统，而不是学识和宗教。说到底，他改变了欧洲人学习、思考和计算的方式。

不过，相比于接受这种新的社会思潮，欧洲人一方面要保持财务技能和知识，另一方面还要站在反对它的道德立场上。在教你的孩子们如何计算金钱的时间价值时，你又要在口头上对高利贷法和贷款进行谴责，这一定会产生问题。虽然一些经院哲学家尝试着以一种近似隐性的虚伪解释，但金融的发展及其随之而来的宗教谴责必然会在欧洲社会引发许多问题，这些问题更多的是心理层面的和哲学层面的，而不是纯粹的经济问题。

第14章 不朽的债券

Lekdijk Bovendams水务公司

2003年7月1日，一位教授走进了乌特勒支（Utrecht）水务委员会总部的大门，这家公用事业公司负责维护城市周边的堤坝和运河。总部建筑极具现代气息，造型优美，正面有着巨大的玻璃幕墙。类似于这样的建造风格将欧洲的建筑形象从"老古董"重塑为"高科技"。

该公司的长期挑战之一是对莱克河（Lek）的监管。乌特勒支坐落在莱克河由天然河床转入人工运河的接口处。荷兰的运河系统是人类工程的伟大壮举之一。荷兰国土的许多组成部分都是水文学创新和技术的结晶，这些创新和技术始于中世纪并延续至今。荷兰的运河、堤坝系统不仅是一个技术奇迹，也是政治和财政奇迹。作为一个大部分国土位于海平面以下的国家——很多时候甚至不能称其为国家——如何应对类似于洪水或者决堤这样的自然灾害？当大型基础设施项目的成本远远超过当地的承担能力时，如何为其融资？自治市在不同程度上受到决堤的威胁，在由这些自治市形成的复杂的地理组合中，谁能获益更多？

纵观荷兰历史，由于水务委员会在环境安全方面发挥的重要作用，这种被称为"*Hoogheemraadschappen*"的乌特勒支水务委员会拥有了近似超越政府的权力。无论荷兰是被西班牙人、法国人还是荷兰人自己控制，水务委员会都拥有征税以及在必要时（抗击洪水）征集自己军队的权力。应将Hoogheemraadschappen水务委员会假想成低地国家不可或缺的政治团体，它与政府分离且是半独立的。如果低地国家自身没有处理水务的能力，那么市民受到的最大威胁不会是这些低地国家的邻国，而是城市随时会被淹没的风险。从整个荷兰的历史来看，政治纷争必然只能是位居水文之后的第二风险。乌特勒支的

Hoogheemraadschappen水务会员会的前身起源于荷兰与乌特勒支在1323年签署的条约。乌特勒支的主教放任莱克河堤坝失修，使得洪灾不仅出现在乌特勒支，也危害到了与之相邻的荷兰威廉伯爵的领地。正因如此，威廉伯爵侵入了乌特勒支并迫使乌特勒支的主教与其签署协议，以永久地维持莱克河堤坝的完好无损。

这位前来拜访的教授不是前来讨论政治或者水文问题的，也并非为了探寻该机构悠久的历史。他礼貌地询问应当如何前往会计部门。他的目的是要去那里收一笔账。哥特·罗文霍斯特（Geert Rouwenhorst）是我在耶鲁大学管理学院的同事，也是研究国际资本市场以及通过股票和商品交易营利的专家。他随身携带着一张古老的褐色羊皮纸，而后在乌特勒支水务委员会的会计部门里拿出了这张纸。这张纸让会计部门大为吃惊。海尔特解释说，水务委员会欠他共计26年的利息。

这份已经褪色的历史档案记录着，1648年5月15日，Lekdijk Bovendams水务公司的财务官约翰·范·胡根浩克（Johan van Hogenhouck）从尼古拉斯·德·梅杰（Niclaes de Meijer）处收到了1 000荷兰盾。作为回报，约翰（或任何持有此债券的人）将每次支付50荷兰盾的利息，每年两期，支付日分别为11月15日和5月15日。该文件是由Lekdijk Bovendams水务公司于1648年签发的债权协议。这一年在荷兰的历史中非常重要，因为《明斯特和约》(《威斯特伐利亚和约》的一部分）就签署于这一年，而这份合约结束了荷兰与西班牙和神圣罗马帝国之间长达80年的战争。这是一个分水岭，它标志着荷兰共和国的存在得到了天主教的承认。

罗文霍斯教授所展示的羊皮纸对于这一重大事件只字未提，显然它只是一份很简单的协议。这一协议是由Lekdijk Bovendams水务公司，也就是乌特勒支水务委员会的前身签发的，这家公司主要负责维护位于乌特勒支水坝上方的、长达21英里的莱克河堤坝。债券明确说明了这1 000荷兰盾会被用来干什么：在霍斯维奇小镇（Honswijck）的河流弯道处设置垛式支架。垛式支架，即从河流转弯处的外侧河岸延伸出的防洪堤，调整了莱克河的流向并且减少了弯道处崩溃的风险。如今，在莱克河同一弯道处，人们仍然可以看到用于替代这个防洪堤的现代工事。水务公司、霍斯维奇小镇、建造防洪堤的工作都被记录在了1648年的文件中，直到今天依然保留着。

图 14-1　1648年5月15日由Lekdijk Bovendams水务公司发行的手写债券，5%的永续利率，面值1 000荷兰盾。其作用是为修缮乌特勒支附近的莱克河坝融资。这是一种持续支付收益的永久债券（Beinecke Rare Book and Manuscript Library, Yale University.）

当Lekdijk Bovendams水务公司被并入乌特勒支水务委员会时，它的所有责任和义务，包括继续支付其贷款利息的责任，也都被转给了乌特勒支水务委员会。这份文档引人注目，不是因为它是源自荷兰黄金时代的"化石"，而在于这是一份至今仍然有效的金融协议。作为一份在350多年前就出现的永久年金合同，它至今仍在产生利息。

永续不朽

美国大众文化似乎非常迷恋吸血鬼：电影和通俗小说都热衷于刻画这些奇怪的类似于人类的生物。这种迷恋可能反映了对于鲜血的普遍兴趣，也可能来源于认为吸血鬼永生不死这一观念。在安妮·赖斯（Anne Rice）的小说中，吸血鬼见证了时间的流逝。吸血鬼可能看到了金字塔的建造、罗马的衰落、拿破仑战争，以及飞机的发明。《真爱无尽》(Tuck Everlasting) 这本书以及在2002年上映的同名电影，是对永恒生命进行探讨的更加温和的版本。这本书讲述了一个家庭偶然地拥有永久生命的故事。正如安格斯·塔克（Angus Tuck）所说："我们塔克家族所拥有的，并不能被称为永生。我们就像石头，被困在溪流的一隅。"[1]

Lekdijk Bovendams水务公司发行的债券正如塔克家族一样，是一块被困在荷兰历史长河中的石头。在三个半世纪的时间里，它的持有者（但在这个故事中，究竟谁才是持有者？）为了得到支付金，一直在向水务委员会展示这份协议。起初，也许持有者只会带着票据前往财务主管约翰·范·胡根浩克的家中，他会尽职尽责地计算出每半年的付款金额并在文件的背面注明。最终，债券背后的空白都被填满了，于是，一份被称为"talon"的纸质文件，经Lekdijk Bovendams水务公司书记官的公证后被附加在债券之后，继续记录着接下来的每一笔支付金额。这发生在1944年1月，那时正是"二战"最激烈的时刻，安妮·弗兰克（Anne Frank）和她的家人仍旧躲在自家在阿姆斯特丹的小黑屋里。这些款项先后通过卡罗勒斯荷兰盾、弗兰芒镑、现代荷兰盾支付，而最终，当罗文霍斯特教授出现在水务委员会时，款项是通过欧元支付的。自始至终，资金不断地流转，防洪堤一直得到维护，这一古老的债务也一直持续着。

水务委员会在未来会见证一个又一个时代的建筑，也会见证这个国家的各种变迁，同时始终铭记其维护基础水文设施的职责，那么这种古老的债券也是否命中注定是一个永远需要从未来的水务委员会吸取金融血液的"吸血鬼"？或者它就像神奇的安格斯·塔克家族那样，纵使时光流逝，依旧保持不变？事实是，每年50荷兰盾的利息，转换成如今的欧元，也就是每年11.34欧元，并不算多。水务委员会的债券——其中有4张债券被确认诞生于17世纪——并不会带来财务方面的压力。对于一个金融学教授来说，这一债券还有另外的价值。每当教导学生如何衡量永久年金的时候，我们经常会被问到的一个问题：它们是不是现实存在的，如果它们是现实存在的，它们又存在于何处？如今我们能够用这份债券来说明，永久年金并不仅仅是一种方便的数学假设。

那些所有的源自威尼斯继而在里亚尔托市场交易的债券经历了什么？作为

/ 193

其竞争对手的意大利城邦最初发行的其他年金又发生了什么？随后在18世纪发行的著名年金——英国统一公债又是怎么回事？这些年金合同中的一些毫无疑问出现了违约情况，另一些被重新整合，还有一些被发行人赎回。在一个开放的市场中，当资源充分富足时，没有什么能够阻止威尼斯停止其对债券的偿付义务。甚至当2003年Lekdijk Bovendams水务公司发行的债券被拍卖时，它都极有可能被乌特勒支水务委员会重新购买，但最终耶鲁大学买下了它。如果从经济的角度来看，耶鲁大学所支付的价格是不合算的。

这一债券自2003年以来的历史也很有趣。出资购买它的是耶鲁大学贝尼克珍本与手稿图书馆——世界上最伟大的档案图书馆之一。这张债券由专人搭乘飞机随身带回美国并被赠送给了图书馆。不过在那里，Lekdijk Bovendams水务公司的债券遇到了一个严重的麻烦。显然，贝尼克图书馆只接受封存文档，也就是那些不再具有任何实质用途的文档。但这一债券属于仍旧有效的工具，虽然是历史上金融技术的一部分但目前仍有效力。经过寻找、在拍卖会上购买、鉴定、索息等一系列麻烦才获得的债券，贝尼克图书馆最终却无法接收它。该怎么办呢？我们想到了一个折中的办法：债券本身将被收藏，但自1944年以后的talon文件将被分离出来，至少直到它被填满。所以耶鲁大学会定期派人前往乌特勒支并用这份talon文件收取11.34欧元的利息。图书馆无法接受这样的一份永久有效的文档。

终身年金：与生命相关

类似于威尼斯政府军事债券或Lekdijk Bovendams水务公司债券这样的永久债券，关键在于其收益永远是可以被完美预测的。永久年金是永久有效的，它们超越了单一人类生命的范畴并见证了历史。事实上，它们令人震撼之处，在于它们会成为遥远而朦胧的未来图景的一部分。但我们也可以假设另外一种金融工具：一种有存续期的债券，这种债券和人的生命紧密相关。

在意大利城邦发行永久债券的时候，另一种形式的金融也繁荣起来，它直接与其所有者的生存联系起来。这种金融是中世纪人口年金合同以及作为生活补助的封地制度产生的自然结果，如同斐波那契估算过的例子，只不过在现代，它们被称为"年金"。只要财产所属人活着，他每年就会获得一笔固定数量的年金。它们就像是永生的，只是没有遗产。它与买主的寿命密切相关。由此，鉴于其拥有固定的期限，购买年金将会便宜一些，但由于任何人都不知道持有者会活多久，因而想要对于终身年金进行正确估值是一个挑战。

终身年金解决了一个非常重要的问题。它保证一个人直至死亡都有存款可用。每年支付一笔年金这样的支付流，是确保一个人在其年老时不会破产的非常有效的方式。购买得来的未来收入既不多，也不少。但是终身年金也带来另一个问题：在购买者的生存期限未知的情况下，发行者如何对其进行估值呢？

如果购买者在购买年金之后很快死亡，那发行者就是幸运的。否则，发行者将有可能一直支付年金，直到购买者活到100岁甚至更久。个人资源不足以维持一生生计的风险虽然从个人身上转移开，但并未消失，而是转移给了社会。如果你是给斐波那契案例中的士兵发放封地的国王，假设国王向参加战争的每一位士兵发放一块封地，共计1 000块。这一支出的现值应当如何计算呢？

早在古希腊和古罗马时期，年金就已经被人们熟知——事实上，年金在埃及托勒密王朝（Ptolemaic Egypt）时期是婚姻合同的重要组成部分。13世纪时，很多北欧城市都有关于年金的记录，不过它们可能存在自己独立的起源。法国城市杜埃（Douai）和加来（Calais）在1260年发行年金[2]，根特（Ghent）则是在1290年开始发行年金。研究者发现发放年金这种行为相当普遍，在多德雷赫特（Dordrecht）、布鲁日（Bruges）、于伊（Hay）、阿姆斯特丹等城市均有年金发行，这里只是列举了一部分城市。到了16世纪，年金支出成为低地国家公共财政的主要组成部分。一项研究显示，截至1535年，阿姆斯特丹60%的年度预算都用来偿还和支付年金。而在此之前不久，年金与政府债券已经成为相当多欧洲人（不论是富裕的还是中等财力的）广泛使用的金融工具。在这个时代，大多数人已经可以为自己或者孩子购买社会保险合同，等到他们年老时，政府会按照他们投资的比例，相应地发放补贴。

当然，美国的社会保障也具有如上特征。当一个人退休或者达到某一特定年龄，年金受益人就将获得政府的承诺——只要他活着，就能定期领取补贴。事实上，对于夫妻来说，这一项支付可以延伸至夫妻中仍旧在世的一方。美国社会保障的特殊之处在于年金支付与社会工资水平挂钩，所以即使生活水平和通货膨胀率不断上涨，退休人员也能维持生存。因此，美国的社保制度某种程度上源自欧洲的年金合同——甚至有着更深层次的关联。现代社会的社保问题——当支付年限不确定时，政府如何对其长期内所需承担的经济责任进行估值——开创了一个全新的数学科学领域。

什么价格才合理

17世纪中叶，荷兰的国家首领被称作"伟大的养老金领受者"，再没有什么能比这一事实更明显地表现终身年金对于荷兰经济的重要性了。1653年，Lekdijk Bovendams水务公司债券开始支付利息的第三个年头，约翰·德维特（Johan De Witt）上任，他是这些"伟大的养老金领受者"中最有名的一位。从大多数方面来看，德维特是一位极其成功的国家领袖，他在1654年通过协商结束了第一次英荷战争，打造了强大的荷兰海军，并推动了从以威廉·奥兰治家族为代表的君主制向共和制转换的进程。尽管拥有这些成就，由于1672年法国和英国对荷兰领土发动袭击，他还是饱受批评。那一年，奥兰治家族的支持者策划了一起针对德维特及其兄弟的阴谋。科尔内留斯·德维特（Cornelius De Witt）被控策划谋杀奥兰治家族的威廉三世（William III of Orange），并被关押。通过一封明显是伪造的信，德维特被引诱到科尔内留斯所在的监狱。兄弟二人被人从监狱中拖到街道上，被刀刺，撕裂，甚至有一名暴民吃掉了他们身体的一部分。威廉三世称赞并奖励了这些阴谋者。

德维特的故事与金融有什么关系呢？在他执政时期，荷兰的大多数债务都来源于年金。这些年金被以同样的价格出售给青年和老年人。约翰·德维特正确地认识到这是完全不合理的。相比于老年人，政府在未来支付给拥有较长寿命预期的孩子的金额会更大。因而，基于每个人年龄的不同，收取不同的价格是非常合理的。问题是：什么样的价格才是合理的？

1671年，德维特被杀害的前一年，他通过数学的方式对这一问题进行研究，并编写了一本小册子，其中给出了基本的解决方法。他的《终身年金的价值与赎回年金的价值比较》（*Value of Life Annuities in Proportion to Redeemable Annuities*）是一份以难找而著名的出版物。这有可能是因为在德维特及其兄弟死后，他们的藏书变得混乱和分散。这本书汇集了金钱的时间价值的数学计算（相较于斐波那契那个时代，这一理论有了长足的发展）以及概率的数学计算——在该书完成的年代，概率的计算是一个新兴但重要的领域。这本书研究了当时困扰欧洲政府的最重要的财政问题：如何平衡发行年金取得的收入以及未来支付年金的义务。

德维特认为，计算终身年金价值时面临的主要挑战是预期寿命——你需要估计，对于不同年龄段的年金受益人，对其支付的现金流平均会持续多长时间。问题是如何将确定性引入这样一个本质上不确定的量化数据。

德维特试图量化年金购买者所投保的具体风险。为此，他基本上估计出了人在不同年龄的存活概率并据此为年金制定了一套依年龄而定的定价标准。这方法虽然粗糙，但在找到解决年金问题的方法这一过程中，却是重要的一步。对于年金估价问题的更精确解答，实际上出现在赌博与竞赛这样更奇特的领域中。

第 15 章　从游戏到科学：接近必然的可能性

年金合同是欧洲对人类文明的最伟大贡献之一。公民们通过为一个人或者一群人购买年金保险，把家庭面临的人寿风险转移给了国家。政府得以将无数单个家庭的风险集中在一起，从而让所有人都从中获益。但这个创意也带来了新的困难：国家很难理解它所承担的风险程度。长期来看，在未来为年金购买者们提供年金的成本如何？为了在未来偿清这些复杂的年金合同，应该订立何种条款？解决这些问题可能需要依赖于统计学和概率论这样的新学科。金融风险分担上的创新与理解上的创新齐头并进，共同成为中国与西方的重大差异。

概率论可以看作一种对未知事物进行有序处理的方法。金融面对的是未知的未来，而对于金融工具的数学分析，则直接为对概率论的探索拉开了序幕。自从概率数学的基础技术在欧洲文化中出现，"风险"这一概念就对欧洲产生了持久性的影响。在本章，我们将探索概率这一概念的发展以及由概率所最终创造的世界。概率这个概念最早当然是因赌博而产生。赌博一直是投资的邪恶的孪生兄弟，区别只在于前者追逐风险，而后者规避风险。即使是现在，这一典型的二分法仍然适用——投资者被仰慕，而投机者被贬低。

吉罗拉莫·卡尔达诺（Girolamo Cardano，1501—1576）是意大利最杰出的医生和占星师之一，也是文艺复兴时期知识分子中的明星。他的自传丰富精彩、富有个性、说明性强，而且充分展现了一个真正博学之人的人生，也是他 150 多本著作中的最后一本。他的著作涉及数学、物理、天文、哲学、饮食、占卜和医药等不同的话题，范围广泛。在自传中，他坦承了人生中的一大遗憾：

> 40 多年来，我沉迷于赌博。我很难说明、也很难展现出个人事务因赌博受到的损害……每一天，或者每当蒙受了思想上、物质上和时间上的损失之时，我都承认这是一件羞耻的事情。[1]

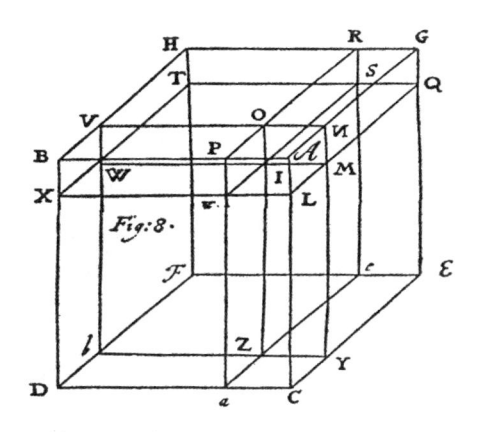

图 15-1　埃德蒙·哈雷对三人参与的唐提式联合养老金持有人的死亡概率图解

卡尔达诺是一个大师级的学者和战略家,他最大的贡献是算出摇一枚或多枚骰子时特定数字组合的出现频率。他首先列举了所有可能结果,然后假定每个骰子的每个面等可能出现,进而计算每个结果的出现频率。[2] 这些频率帮助卡尔达诺非常精确地确定一个赌局是否冒险或者概率是否在他希望的范围之中。

在卡尔达诺之前,赌博者已经知道玩骰子出现两个六点的概率很小,但他们没有在数学上将这个概率思考成是 1/6 乘以 1/6 的结果(1/36)——或者每摇 36 次骰子才可能出现一次。卡尔达诺出色的洞察力就来自骰子的简单构造。骰子只有 6 个面,他能够据此算出多次摇骰子可能出现的所有不同的数字组合,并进行加总。

从骰子到人类

数学家在研究过骰子之后,又着手探究各种更复杂的投机游戏,比如在体育赛事进行时对结果下注。瑞士数学家雅各布·伯努利(Jacob Bernoulli)在 1686 年与友人的书信中,提到了在网球(法文中的 *jeu de paume*)比赛过程中预测结果的问题。他一开始就意识到,这样的竞技赛事是人类而非机器在参与,因此简单列举所有的结果绝无可能。但伯努利提出了一个很简单的观点,如果能收集到足够多的历史资料进行研究,那么就有可能分析这种包含不确定性的复杂游戏。伯努利的想法是,就算你无法直接得知一件事的真实概率,我们也能在观察了足够多次的结果后大致估计出这件事的发生概率如何。例如，如果有一枚两面不均匀的硬币，只要我们抛掷足够多次，就能越来越准确地知道它正面或反面向上的概率。

伯努利认为概率论是人类了解高深知识的捷径。在一场僵持的棒球比赛的第9局中，知道站在本垒板上的本垒击球员脑中一闪而过的想法，可能并不会让你判断出这局比赛的输赢。但只要我们研究以往这名击球员处在这种情况下的所有比赛记录，就可以知道他打出决胜本垒打的概率并合适地下注——对于伯努利来说，尽人类所能追求的全知也不过如此了。

在所有为概率论做出贡献的著名思想家中，伯努利可能是最重要的一位。他把对投机游戏的研究扩展到真实世界的问题——你真的需要了解那名击球员脑中想到的一切，才能在内心确认他全垒打的概率吗？是95%还是99%？伯努利通过一个愚蠢游戏的类比切入这一问题。这个游戏和一把壶有关。

有一把装满黑球和白球的壶，难道你需要把每个球逐个数出才能确定黑球对白球的比例是某个分数，比如2∶1吗？伯努利认为不需要，如果你基本确定这个比例大致在201/100—199/100，他就能告诉你需要拿出多少球来查看以验证你的想法。

这样能让你理解吗？如果需要思考一会儿，也是人之常情。1704年，伯努利曾在信中对伟大的数学家戈特弗里德·莱布尼茨解释了两遍概率论的概念。莱布尼茨是微积分的发明者，但他也对数学解决人类面临的各种基本问题的潜力有着广泛的兴趣，这也是伯努利联络他的原因。莱布尼茨对在研究自然规律时使用的数据分析统计方法的潜力很有兴趣。

伯努利的论证如今被称为"大数定律"。简单地说就是研究的次数越多，你对壶中黑、白球比例的估计就越趋近于实际比例。所以哪怕壶中有1 500万个球，你也不用将这些球全部查看一遍——或者成为全知的造物主——你能以99.9%的把握确信黑、白球比例很接近2∶1。尽管这只是个简单的游戏，对实际问题的帮助可能也不大，但正如伯努利对莱布尼茨所说：

> 如果你把壶换成一个老人或者年轻人的身体，而身体携带着的致病细菌，就好比是壶中装着的球，那么进行观察后，你就能以同样的思路，知道老者离死亡的距离比年轻人近了多少。[3]

在同年的后一封信件中,伯努利又说:

> 即使死亡数是无限的,我们却能用有限次的观察估计出两种人死亡数的比例,反复观察会使估计比例逐渐接近实际比例,直至两者之间的差异难以被察觉,这个估计比例不完全准确,但从现实的角度而言已经足够接近。[4]

对伯努利来说,从壶中拿球只是一个理解青年和老年之间死亡概率差异的模型而已。从对投机游戏进行的数学分析中得出的大数定律,让人能够在内心有把握的情况下预测死亡概率,从而得出青年和老年的预期寿命。这就可以用来解决终身年金问题,即德维特在他惨死之前所遇到的政治和经济困境了(见第 14 章)。

伯努利和莱布尼茨在联络中都对对方有所保留,伯努利大概是怕莱布尼茨提前发表自己的成果,就没有向莱布尼茨展示他得出伟大定理的推导过程。而伯努利为获得德维特关于年金的小册子反复恳求莱布尼茨,莱布尼茨却把这本书扣留了下来,假称他把书放在自己桌上但是找不到了,找到后会给伯努利——这只是无情的戏弄而已。学术竞争真是褊狭!伯努利误以为德维特按照年龄为荷兰的年金定价时,依照的是基于死亡率表的真实数据,所以他想获得这些数据来验证自己的理论。

巴塞尔:炸弹与风险管理中枢

伯努利是巴塞尔大学的教授。巴塞尔大学至今仍是一个充满活力的学术中心,而且拥有在学界占有重要地位的数学系。巴塞尔大学位于俯瞰着莱茵河的山丘之上,但伯努利一家住在巴塞尔城的另一部分,他们住在市场广场附近、市政厅对面。伯努利的家大小适中,坐落于一个很小的广场之上。每天为了上班,伯努利都要穿过市场,在这里能够遇见的有趣的商业问题不比令人头痛的伦理问题少。

伯努利与莱布尼茨的联络中最奇怪的一点,就是莱布尼茨没有与伯努利分享他从他联系的另一个学者处得到的珍贵的实证数据。卡斯帕·诺依曼(Caspar Neumann)仔细地研究了 17 世纪 90 年代西里西亚口岸城市布雷斯劳(Breslaw)的城市档案,这些档案中记录了这个城市 1687—1691 年间出生和死亡人口的丰富细节——为可靠估计不同年龄层的人的预期寿命提供了足够的信息。莱布尼茨没有和伯努利分享这些数据,反而把这些数据交到了伦敦皇家学会,这引起了天文学家埃德蒙·哈雷的注意。哈雷用布雷斯劳的数据构建了死亡率表,也就是记录着不同年龄组的死亡频率的表格,并在1693年把他的研究结果发表在《皇家学会学报》(*Transactions of the Royal Academy*)。[5]哈雷的这个统计分析最重要的意义,应该就是说明政府把终身年金卖得太便宜了。

在哈雷的时代,英格兰的终身年金对青年和老者的收费是一样的。哈雷用死亡率表说明政府把年金卖给13岁以下的人是赔本买卖。尽管那时的儿童在年龄很小的时候死亡率很高,但相比于大人却有更长的预期寿命,政府要在儿童的成长过程中一直向他们支付年金。一个比较健康的13岁少年还可以再活70年!哈雷的研究显然被当时的英国政府忽略了——他们还是在以过低的价格出售终身年金。

哈雷的计算表明政府在向公民销售终身年金时,不但没有从中获利,而且总是做赔本买卖。一个赌徒如果在赌桌上掷骰子时总是输,就算他不是一个杰出的数学家也一定知道自己赢面不大。17—18世纪的英法两国,都因为年金的定价有误而陷入了长期的财政困境。这种糟糕的局面还隐含着进一步的危险:这种巨大的损失会被时间掩饰,因为这种巨额损失在遥远的将来才会体现出来。随着年轻的年金领取者们的寿命持续地超过预期,政府将要付出比当年其获得的利润更多的成本。这种情形对于当下正在听取社会保险相关争论的美国人来说并不陌生,财政上的定时炸弹最终必定变成政治上的定时炸弹。

讽刺的是,巴塞尔如今最知名的标签是全球银行业体系中的风险管理中枢。《巴塞尔协议》是为银行管理制定的一系列标准,27个国家的央行代表集合在巴塞尔银行监管委员会,从令人苦恼的数学细节中,决定银行应当如何衡量其面临的风险,以及为了避免破产其需要多少资本。委员会建议银行应该做的一个核心计算,是度量银行在给定年份的预期损失,而这个方法之所以能够让监管层确信计算出的预期损失数额,就在于其使用的基础工具是伯努利的大数定律。世界正在调整银行业的规则,以防止下一次银行业危机,而其利用的工具——实际上也是理解这一问题的特定方法,建立在伯努利及其同时代的概率论学家的研究的基础之上,正是他们,发现了如何将投机游戏转变成分析风险的框架。

年金与革命

在 17 与 18 世纪之交的伦敦圣·马丁巷中的斯劳特咖啡屋里，亚伯拉罕·棣莫弗（Abraham de Moivre）憔悴的身形常常映照在拱形的玻璃窗上。棣莫弗看起来总是饥肠辘辘，事实也确实如此。他很少有现金，但这倒也没耽误他把时间用在阅读大量书籍之上。他读戏剧、小说，也读数学和物理学专著。他的口袋里总装着牛顿的《自然哲学的数学原理》，如此一来他一有闲暇就能够阅读这本书。他的钱要么是讲数学课挣来的，要么是他著作出版的版税。他最有名的著作《机会论：计算赌博中的事件概率的方法》（*A Doctrine of Chances, or a Method for Calculating the Probabilities of Events in Play*）出版于 1718 年，并且在他的一生中屡屡被修订。这本书是他于 1709 年向皇家学会提交的拉丁文专著的英文翻译版和增订版。相比于伯努利在概率论方面作品的精深，棣莫弗的书用当地语言写成，因而普罗大众也能接受。棣莫弗在这本书的前言中如此解释自己的用意：

> 《机会论》一书，或许能破除世间长久以来相信赌博里真的有走运与否的迷信。[6]

棣莫弗在书中系统地分析了伦敦人日常玩的各类投机游戏，如骰子、彩票、抽奖和牌类游戏。一个如此精通各类赌博的分析方法的人，居然穷困潦倒，实在是异常讽刺。也许只是因为他是加尔文派学者，所以他才反对赌博。任何情况下，他都可能在数学、概率论以及金融方面指导别人，而那些久在赌桌旁的、伦敦的纨绔子弟们也毫不怀疑地认为棣莫弗的意见非常有价值。当然，认为棣莫弗的指导有价值的人还包括交易彩票的投资者和终身年金的购销双方——对于他们来说，金钱的时间价值可是非常重要的。

棣莫弗最重要的贡献之一，是提出了在未来固定年限支付固定现金流的公式。1724 年，在其著作《论终身年金》（*A Treatise of Annuities on Lives*）中，他提出了他的估值方法。棣莫弗肯定了他的朋友哈雷之前的计算，但也提到他能够对其进行改进。他认为金钱的时间价值在相当程度上复杂化了对于终身年金的正确估值，投保人年龄的影响甚至超过了哈雷先前的估计。棣莫弗说明，实际上多数年龄段的年金购买者，在为其生命购买经济保险时都得到了价格补贴。

考虑一下美国的社保体系。当你到退休年龄时，社保体系会开始向你支付终身年金。对于这个社保体系的主要批评是，工人们在年轻时向社保体系缴纳的金额现值不足以覆盖他们退休后政府应支付给他们的年金，因为人们的寿命越来越长。这与17、18世纪销售终身年金的政府遇到的问题没有区别，当时的政府显然也没能为其所提供的社会保险收取足够的钱。对于美国的社保体系而言，只要美国人口继续增长，从各处征收来的工资税就可以支撑美国社保体系的年金开支；但如果工资税与年金开支的比率改变，社保体系就会榨干政府资源。哈雷和棣莫弗的计算都表明，政府没有在年金销售中获得经济利益。即使在德维特、哈雷和棣莫弗的研究完成后，政府也没把年金价格定到自己能从中得益的程度。

怎么会这样？是因为年金体系在当时被视为与美国社保体系相同，是一个广泛的社保体系吗？还是因为年金体系的定价者本身就是年金购买者，所以才会出现错误定价？或者单纯因为这问题太难解决了，也不排除这是因为政府担心如果以贴近真实的价值定价，就没有人购买年金了。

撕毁合约：法国年金与政府倒台

在整个18世纪，法国越来越依靠发行年金合同和唐提式养老金（向一群人中的存活者而非向个人提供年金）支持本国财政。这些类型的年金如上所述，都相当依赖于对死亡率表的理解并依此定价。唐提式养老金是一种极端复杂的工具，除了由政府向存活者连续发放现金流之外，其他方面有点像如今的抵押担保证券。

当时的一份典型的唐提式养老金合同展示了这种养老金的运行机制。这份合约是含有羊皮纸插页的4页印刷文件。使用羊皮纸是因为它比普通纸张更耐久。合约在巴黎签订，签订人为步兵上尉皮埃尔·莱尔米特·德·沙托纳（Pierre l'hermitte de Chateauneuf）和妻子伊丽莎白·德拉兰德（Elisabeth Delalande）。他们为其5岁的女儿苏珊娜·伊丽莎白·莱尔米特·德·沙托纳（Suzanne Elisabeth l'hermitte de Chateauneuf）花300里弗尔购买了这份合约，只要女儿活着，她每年就能领取24里弗尔；如果死亡，则其收益的1/4归政府，剩下的3/4将发放给与她同龄的存活者；苏珊娜属于国民唐提式养老金中第一档的第二个细分类。一些孩童死亡后，幸存者获得的现金会不断增多。唐提式养老金合同从一开始就保证，政府以盐税和其他商品税为担保，支持年金的支付，并且保证无论出于任何目的这些年金都不会被没收、撤销或者重组，哪怕是国王有需要也不行。

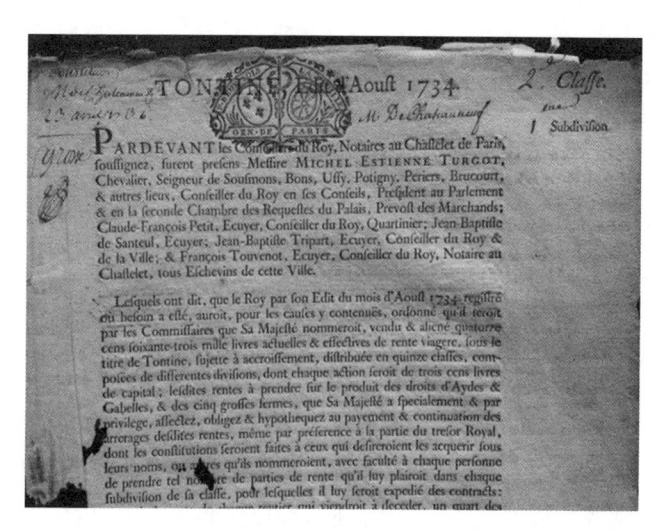

图 15–2　1734 年发行的法国唐提式养老金 [From Halley's *An Estimate of the Degrees of Mortality of Mankind* (1693). Philosophical Transactions of the Royal Society of London 17 (1693),596-610 and 654-656. Reprinted, edited with an introduction by L.J.Reid, Baltimore, MD: The Johns Hopkins Press 1942.]

从父母的角度来看，这是一笔很好的交易，只要孩子活着，每年就有 8% 的利息，如果孩子活得更久，支付给她的年金就会更多了。如果她比同龄法国孩子中的 90% 活得更长，那么每年她就既能得到自己的那 24 里弗尔，又能得到逝去的同龄人收益的 3/4，总共 186 里弗尔——那可是 300 里弗尔的 62%！

从政府的角度来看，随着时间的流逝，每当一个唐提式养老金的持有人死亡，政府就会收回其收入的 1/4，而每年向所有存活者支付的年金率最终逐渐从 8% 下降到了 6%。尽管如此，那些仍然活着的不同唐提式养老金的持有者对于政府而言仍然是个负担。最终在 1770 年，法国财政总督阿贝·泰雷（Abbe Terray）不顾既有文件中的承诺，宣布重组唐提式养老金债务。他把所有的唐提式养老金合同都换成了这样的终身年金——无论所有者年龄如何，每年都只按 10% 的比率向其支付年金。

如果前文提到的那个女孩苏珊娜·伊丽莎白活到1770年,那么当时她是40岁,这个改变会把她在唐提式养老金合同中的收益削减掉很多,也就是说她不可能再每年得到由政府承诺的186里弗尔了。历史学家戴维·韦尔(David Weir)对其进行了计算,结果显示泰雷将唐提式养老金改革为不变利率为自己的政府省出了很多钱,但将其改成终身年金也开销巨大。[7]当政府要发行年利率为10%的终身年金——不论年龄——这一消息一传出,投机者们就意识到其中的好机会,一股金融中的淘金热就这样被掀起了。

要是有比给终身年金定错了价格更糟糕的情形,那就是把这些年金卖给能从这个错误中准确攫取利润的聪明人了。到了1770年的时候,欧洲的金融家早已拜读过关于终身年金和概率论的最新研究成果,可政府官员却还没有。法国政府每发行一笔终身年金,荷兰和瑞士的金融工程师就将其购买一空,并以年金的现金流为抵押发行债券。

日内瓦的银行财团是这种证券最常见的发行者,它们会一次性购买30个法国少女的终身年金。这些少女出身于富裕家庭(有些就是这些财团成员的家人),而且通常在得过天花后仍幸存下来——根据当时发表过的年金表来看,这个年龄段的人,对她们年金的定价可能是差错最大的。以这个终身年金资产组合发行的债券,每年都会把年金收入从法国政府转移到债券持有人手中。

韦尔和他的合作者弗朗索瓦·威尔德(Francois Velde)深入研究了法国唐提式养老金的财政数据,发现了一个有趣的事实。1781年,3/4的固定利率年金合同签给了年轻的孩童。[8]其中40%—50%都出自日内瓦银行家之手。这表明他们的行为在相当程度上加剧了未来政府的预期损失。如果年轻人和老人都购买终身年金,那么定价错误带来的后果多少会被缓和。

然而,历史学家的解释却稍有不同。他们认为,随着法国大革命的来临,法国不得不设置高利率以取得借款——不仅仅针对年金。而且,1770年对养老金的重组,也让市场清楚地看到政府的承诺不一定是可靠的。大革命前夜的法国,俨然陷入了糟糕的信用危机。唐提式养老金和终身年金等财务工具,已经使法国的征税和集资能力达到了上限。把终身年金降价,大量抛售给日内瓦的银行家将其证券化、再销售,是一种短期财政修复举措,它并将不可避免地导致违约。

对18世纪法国财政的一种解释,就是如果唐提式养老金和终身年金体系能够很好地运行，就可以一次性解决个人退休金和政府财政这两个重要问题。如果每个法国人都购买了终身年金或者唐提式养老金，他们就老有所养。终身年金完美地解决了个人养老能力有限的问题，因为根据大数定律，政府对风险的把握比个人要好。政府还能借此获得年金购买者支付的保险溢价。只要终身年金和唐提式养老金的发行价格公平合理，这两者就会成为政府低成本融资的工具，也会成为解决养老问题的良方。但如果政治干扰了正确的定价机制，政府又被怀疑可能违约，问题就会随之而来。韦尔和威尔德指出，与法国窘迫的财政状况一样，对政府信任的丧失，也是法国大革命中的关键因素。终身年金代表着法国国家与其公民间订立的基本的社会契约，一旦违约，政府也会倒台。

机遇游戏：接近必然的可能性

可以看到，在这一个多世纪中，欧洲的数学家成就卓著，而且他们的成就对现实世界中的政治产生了影响。首先，他们把对机遇游戏看似不良的乐趣转化为一门科学——转化中的关键步骤，就是认识到机遇游戏是为现实世界情形加上控制条件后的模型。利用数学直觉对真实情形进行分析，会因为其复杂性超过数学家的分析能力而难以为继。伯努利设想利用概率工具处理统计数据，从而应对最复杂的情形；还可以用历史数据估计概率，而无须枚举所有的可能结果。如果生活中的每时每刻，都是同时摇无穷个骰子后出现的结果，吉罗拉莫·卡尔达诺就会放弃预测了。但在进入18世纪时，德维特、哈雷和伯努利等一干概率论学家发现了研究未知事物的新途径——统计学，它在相当程度上帮助人们获得了接近必然的可能性。

概率论学家的发现对金融产生了无法预见又相当巨大的影响和后续结果。德维特的贡献让荷兰年金的发行者着手控制年龄差异问题；而哈雷、棣莫弗和伯努利则用无可否认的证据证明了法国和英国目前的融资举措会导致金融危机。事实上，这些发现的发表，也加速了危机进程并恶化了危机。一些国家能够调整融资手段，让融资时的定价与数学上合理的价格匹配，但另一些国家无法做到。整个18世纪，法国不断的借债和定价错误让其债务不断积累，而18世纪70年代的日内瓦套利者更是让这个问题进一步恶化，最终无可避免地使法国走向债务违约。本来，赤字经营的政府和需要年金养老的公民之间能够依靠终身年金实现良好的共生关系，但这一切最终伴随法国大革命的发生，碎成粉末。

中国的概率

概率论和统计分析在17世纪和18世纪的中国数学中，是否也经历了一个与西方发展类似的过程呢？李约瑟在《中国科学技术史》（*Science and Civilization in China*）中对中国数学的研究揭示了一些有趣的可能，他在宋代文献中找出了一幅与"帕斯卡三角"（Pascal's Triangle）类似的图——这张图列举了多次掷硬币的所有可能结果。[9] 但有趣的是，李约瑟指出中国的这幅图不是用来计算概率的，而是用于代数领域，用来解二项式系数的，它描述了一个二项式幂次方运算的展开式系数。李约瑟在其翻译中将其称为"解锁二项式系数的表格系统"。

17—18世纪的中国数学家最感兴趣的领域是代数、几何、三角学和天体力学，显然不是概率论。尽管中国很早就出现了投机游戏，中国的数学家也对组合数学早有研究，但进入18世纪，欧洲在概率论上引人注目的发现，却没能对中国的数学传统产生多少影响。中国在1723—1839年关闭国门，西方数学无法传入。中西联系的中断，不仅没能让中国学到概率论的先进理论，连微积分都没学到。

研究中国与西方大分流的顶尖思想家伊懋可（Mark Elvin）对中国既没有概率数学、又不从西方学习概率论工具尤为困惑，他指出，赌博在中国和欧洲一样普遍，中国也与古印度和中东地区一样有骰子与棋类游戏。[10]

或许最为重要的是，中国自古以来就有对随机事件做出预测的传统——从商代的甲骨占卜开始，再到周代的《易经》，至今亦然。《易经》占卜体系的实现，就是靠随机掷硬币和草秆，《易经》中的卦象实际代表了将一枚均匀硬币抛掷6次后所有可能出现的结果组合——这引起了莱布尼茨的兴趣。

伊懋可记录了中国历史上许多关于概率论的思想和推理实例，有的基于占卜，有的基于赌博和游戏。事实上，他还发现，宋代著名女词人李清照不但填写了无数广为流传、情致真切而注重写意的诗词，也撰写过一本引人注目的、关于数学的小册子。她和卡尔达诺一样，也是一个全才，喜欢收藏图书和古董，也是一个热情的游戏玩家。

李清照发明了每轮抛掷三枚骰子的游戏"打马"，并枚举了导致每一种游戏结果的所有不同组合，但她没能继续下一步，也是关键的一步：用频率求概率。伊懋可认为包括李清照在内的中国古代学者们，都没能实现这一步小却重要的跨越，或者说哪怕有也没能在历史中被记录下来。

也许中国的专业赌徒是知道如何计算自己的赢面的，但这种知识没有转化成更高级的数学或者理性的论述。为什么会这样？并不是因为中国古代缺乏对统计学的有效应用。经济统计是政府会计系统的基本功能。在估计多个省份的粮食净产量、估计常备军的粮食需求、理解从蒙古运来的军马的损耗率，以及其他涉及预测和精确分配资源的情境中，都有大数定律的用武之地。

中国古代没有发明（或采纳）概率论，也许是历史的偶然。欧洲早期概率论学者与资本市场发展的联系表明，无论是在不断加深对概率论兴趣的方面，还是将这种从游戏中得到的概率论技术应用在其他领域方面，金融都是主要推动力之一。

年金定价问题在 17 世纪末被多数概率论学家注意到。尽管很明显的是，他们的研究对 18 世纪的金融创新影响很大，但反过来的影响关系大概也是存在的。数学家不仅对解决抛掷骰子的问题有兴趣，对复利和政府年金的正确定价也很感兴趣。金融市场和金融思想共同演化。

跨越海峡的争论

1794 年，大革命中的恐怖统治还在肆虐，孔多塞（Marquis de Condorcet）写出了 18 世纪内容最为积极的小册子之一。他被开出了逮捕令，一旦被抓必死无疑。为了躲避追捕，孔多塞由朋友韦尔内夫人（Madame Vernet）陪同，躲在如今巴黎的卢森堡花园附近的塞万多尼街 14 号的一个后屋里，在匆忙中完成了这部作品。孔多塞是个杰出的数学家，是促进微积分发展的主要贡献者之一。他当年被任命为巴黎铸币厂的总监，从而对政治学和经济学有了兴趣。他是那些最开明的启蒙人物中的一个：他是废奴主义者，也是女权的支持者和民主的倡导者，还是理性力量的忠实信仰者，认为理性能够解决人类面临的问题。尽管持有这些自由观点，他还是因为倡导路易十七应该被监禁而非处死的观点而惹上了麻烦。在完成了他的著作之后，孔多塞在逃离巴黎时被捕。《人类精神进步史表纲要》(A Sketch for a Historical Picture of the Progress of the Human Spirit)在他死后于1795年出版，并成为启蒙运动时期里程碑式的著作之一。此书庆贺了科学作为获得知识的手段而取得的进步，并勾勒出一个大量社会问题得到解决的未来社会的图景。金融与概率在这一图景中发挥着重要作用。尽管法国政府的唐提式养老金政策存在严重的缺陷，孔多塞相信同样的金融框架能够用来普遍地提供养老金：

> 不平等的事，有可能通过以概率应对偶然的方式被大部分地消灭。这样一来，就可以保障人们年老之时会得到补助，补助来自他们的储蓄，而他们的储蓄年金会因一些同样投资了这种基金但却过早死亡的人而增加……发放给人们的补助在增长，而代价是那些在达到取保年龄段之前就过早死亡的人。正是由于概率计算被应用于人的寿命和金钱利息的估算，我们才了解了这些手段，它们已经被人们运用并取得了一定的成功，而在社保领域，此前还未能以这样的程度和多样化的形式应用这些手段。这一定是有益的，不仅仅是对某些家庭，而且对整个社会群体也是如此。这将让社会从周期性的崩溃（可以在大量家庭中观察到），以及腐化和贫困得以永生的根源之中解脱出来。[11]

孔多塞提出了"以概率应对偶然"来确定一个人能够活到取保年龄段的概率，从而与另一个人过早死亡的概率相对应。通过这种方法，他想象着通过使用数学和概率论创造一条路径，由这条路径通往的未来中，家庭不再暴露于毁灭的风险之中。他预测，将会有越来越多的人能够生活在一个更美好的世界。事实上，他普及了"进步"的基本概念。

1798年，曾在剑桥大学学习数学并担任过萨里地区副牧师的托马斯·罗伯特·马尔萨斯（Thomas Robert Malthus），对孔多塞描绘的美好未来提出公开质疑。在《论影响社会改良前途的人口原理，以及对葛德文先生、孔多塞先生和其他作家推测的评论》(An Essay on the Principle of Population, as It Affects the Future Improvement of Society, with Remarks on the Speculations of Mr. Godwin, M. Condorcet, and Other Writers)一书中，马尔萨斯指出了孔多塞推论中的根本缺陷：

根据对人的寿命的可能性和货币利息的测算，他（孔多塞）建议设立一种基金，以保证老年人得到资助，这种基金的形成部分依靠老年人自己以前的储蓄，部分依靠其他一些人的储蓄，这些人做出了与那些老年人同样的牺牲，但是在获得储蓄带来的好处以前就去世了……这种基金的建立和测算在理论上看是前途光明的，可一旦应用于实际生活，就绝对没有价值了……如果一切男子都确信能够为自己的家庭提供舒适的生活，那么几乎一切男子都会成家，而如果下一代能够使人们摆脱贫困带来的"寒冬"，人口必然会迅速增加。[12]

图 15-3　马奎斯·孔多塞侯爵（https://commons.wikimedia.org/wiki/File:Nicolas_de_Condorcet.PNG.）

图 15-4　托马斯·罗伯特·马尔萨斯（https:// commons.wikimedia.org/wiki/File: Thomas_Robert_Malthus_Wellcome_L0069037_-crop.jpg.）

在马尔萨斯的观点中，人类的进步单纯源自生物机能，而这就会受到天然的限制。在一般情况下，人口将扩张并最终争夺有限的资源；当一个社保体系能够消除人类遭受的这种普遍的争夺时，将会导致死亡率降低和人口增长率提升，而工作的积极性也将被消除，与人口增长相关的粮食增长和经济增长也将随之放缓。马尔萨斯认为，这种基于终身年金方案的社保体系的算法是注定要失败的。对于社保体系而言，即便是基于18世纪的、包含了概率论以及货币的时间价值的现代数学方法，也只是妄想——由于人类繁衍的自然倾向，社保这

/ 211

一关于未来的计划注定是会失败的。

在孔多塞和马尔萨斯之后,由概率和复利构成的数学体系成了道德哲学家探索人类可能性和局限性的智力工具。他们两人其中的一位梦想着拥有由政府运作的社保基金,另一位则宣称那会摧毁经济激励。如果没有概率论以及欧洲传统的年金和唐提式养老金的发展,这两种观点之间的辩论永远不会发生——即使发生了,其分析的框架也会有根本上的不同。虽然孔多塞和马尔萨斯之间争论问题的答案不可能由二人面对面地来完善,但这次辩论勾勒出了在接下来的几个世纪中,现代世界面临的最大的几个挑战之一——为不确定的未来提供普遍的保障。

所以终身年金的建立以及在未来这种年金将会帮助社会中的每一个人(不仅仅是有能力购买它们的人)的想象,导致了另外一种以往无法想象的后果:人类将成为自身成功的受害者。托马斯·马尔萨斯的阴霾在闪烁着金融希望的天空上飘忽着。

第 16 章 "看不见的手"：如何调节和对抗市场

金融市场以及在其中交易的各种不同证券与数学研究的启蒙传统互相启发，共同发展。本章将视线继续向后推移，不过我们要稍稍脱离历史的时间轴，跟着概率这只"兔子"进入它的"巢穴"一探究竟。19世纪和20世纪初，尤其在法国，概率论的研究不断深入，并且逐渐被视为教育的重要组成部分。科学研究的深入和教育观念的转变导致了一些用来描述物理世界的最重要的科学模型的发现，也让人们初步认识到了对抗市场的难度。

在本章中，让我们先跳跃到现代阶段。我们会遇到一些有趣的人物：首先是巴黎股票经纪人、金融经济学家朱利·荷纽（Jules Regnault，1834—1894），他提出了有效市场理论；第二位是巴黎罗斯柴尔德银行的会计师亨利·勒菲弗（Henri Lefèvre，1827—1885），他设计了一种分析股票和债券组合的方法；第三位是法国数学家路易斯·巴舍利耶（Louis Bachelier，1870—1946），对巴黎交易所期权交易定价的痴迷使他发现了布朗运动模型——一个描述某一系统如何随着时间演化的抽象模型。

上述这些人物的见解与思考共同创造了几乎所有现代金融工程使用的工具。这些工具的局限性最终也表明即使最复杂的模型仍然有可能失败。更需要提及的是，它们推动了金融衍生品的发展。巴菲特把这些金融工具称为"大规模杀伤性武器"[1]，不过同时它们也被广泛视为保险与风险规避的基本工具。我们将看到现代金融学三巨头——罗伯特·默顿（Robert Merton）、费希尔·布莱克（Fischer Black）与迈伦·斯科尔斯（Myron Scholes），他们的工作直接建立在法国数学传统的见解和技巧之上，并未区分优劣。最后部分将会讨论法国当代数学家、我在耶鲁的前同事本华·曼德博（Benoit Mandelbrot）的相关工作。

图16-1　19世纪的巴黎证券交易所（http://www.antique-prints.de/shop/catalog.php?list=KAT32&seg=2.）

随机游走

几乎没有什么人了解19世纪的法国股票经纪人朱利·荷纽，我们目前所知的关于他的信息大多来自莱斯特大学金融系讲师弗兰克·约万诺维奇（Franck Jovanovic）的努力。在过去的10年中，约万诺维奇研究了数理金融的发展，将现代量化模型的关键逻辑基础追溯到朱利·荷纽——19世纪中叶巴黎证券交易所的一名成功经纪人。[2]

1863年，荷纽完成了令人震惊的新奇著作《概率的计算和交易所的哲学》（Calcul des Chances et Philosophie de la Bourse）。他认为不可能依靠市场投机获利。对于一个靠促成股票和债券交易生活的经纪人来说，这真是一个惊人的观点！荷纽把他的见解归功于雅各布·伯努利的大数定律——求解随机事件的一个近似无穷序列的平均值，这一结果将无限接近真实趋势。荷纽把股票市场看作伯努利著名的"球壶"试验的体现，因为股票市场内存在着上千个独立个体的观点。市场价格的形成过程就像是在球壶里摸小球，每次交易都是一次抽样，经过数百次抽样之后，价格的集中趋势就显露出来了。当人们交易的时候，他们或积极或消极的观点都被平均，最终推动市场价格接近平均的终极水准。

因此，荷纽认为很难获得收益。当你去交易的时候，市场价格已经反映了在你之前的所有投机者的智慧与知识。除非你确信你有别人都不知道的信息，否则你在交易中获益或亏损的概率都是50%。如果情况不是这样，投机的力量会迅速推动价格变化使这一结论成立。总之，由于存在许多寻求获利的积极参与者，市场变成了一个公平的游戏。荷纽认为，无论用来预测未来价格走势的交易策略多先进，价格都会随机变化。

荷纽同时也指出，尽管证券的未来价格是不确定的，但是其交易成本是确定的。经纪人会收取佣金，投资者唯一能够确定的就是每次交易都必须缴纳佣金。所以长此以往，一定会让你破产。这本书有一个部分，专门针对多长时间之后投机者会损失掉他所有的金钱做出了严谨的计算。

荷纽把他的"公平游戏"理论进一步发展成了一个数学上的假说。他注意到，如果他的随机理论是正确的，那么一只股票所实现价值的范围应该根据一个特殊的模式增加。荷纽计算得出，在从某一天到另一天这段时间内，股价的预期变化程度应该与这段时间的平方根成比例。

他相信自己发现了类似于市场普遍规律的东西。如果这真是一个"公平游戏"，那么市场上证券价格的波动应该遵循这个简单的规则。为了检测他的理论，荷纽收集了过去的债券价格数据并用统计方法进行分析，结果发现这一规则完美地发挥着作用！尽管看起来很抽象，荷纽总结出的规则却是有效的，因为它使得投资者得以计算在一个给定时期中其持有的股票组合面临着多大的风险。如今，这个规则成为国际监管机构确定银行承担风险大小时所采取的核心原则。

荷纽把交易所称为"现代的神庙"，这是对他工作地点的恰当描述。巴黎证券交易所的草图于1808年设计完成，这是一个庞大的新古典主义建筑，花了20年的时间建造而成。这一建筑如今依然矗立在交易所广场。它看起来像是一个被科林斯柱式长廊环绕的大宫殿，进门处就是交易大厅，拥有一个被寓意深远的壁画精美装饰着的4层楼高的拱顶。如今，巴黎证券交易所已经被泛欧证券交易所取代，使用电子交易系统，不再需要场内经纪人，也不再需要做市商面对面互动制定价格。幸运的是，尽管市场技术已经前进了很远，巴黎却保存下了实体金融的光辉片段。

期权图

亨利·勒菲弗是发展股票市场数学模型的又一先驱，弗兰克·约万诺维奇也对他的工作进行过深入研究。[3]勒菲弗研究的重点是期权价格的复杂表现。回想一下，股票期权交易的开始几乎和股票交易本身一样早。期权是一个合约，赋予你以今天设定的价格在未来买入一只股票的权利。买入股票的期权，术语称为"看涨"期权：期权的拥有者有权利要求对手方以议定价格交割股票——即使股价已经一路攀升。看涨期权是一种打赌股价会上涨，却无须实际购买股票的方式。

看跌期权则相反，它赋予你把股票以先前约定的价格卖给另外一个人的权利，即使他不想买。你可以把股票以当时定下的价格卖给交易对方，即使股价已经一路下跌。在朱利·荷纽的世界里，依据前文所述的原因，看涨期权和看跌期权被公平地定价了：投机的力量使得二者价值趋于平价。看涨期权和看跌期权都可以用来下注股价动向，同时它们也可以用来降低风险。这种双重用途经常使其成为公众批判的对象，不过也使其成为风险管理的实用工具。

勒菲弗和荷纽一样对市场背后隐藏的哲学很感兴趣。他认为这对社会有重要价值，同时也是效率的引擎。他的贡献是创造了用图表描述期权收益的简单方法。例如，如果你同时拥有一个看跌期权和一个看涨期权，那么无论股价上升或下降你都能获利。当然，市场的公平游戏规则意味着你购买这两个期权付出的代价，等于其预期收益。

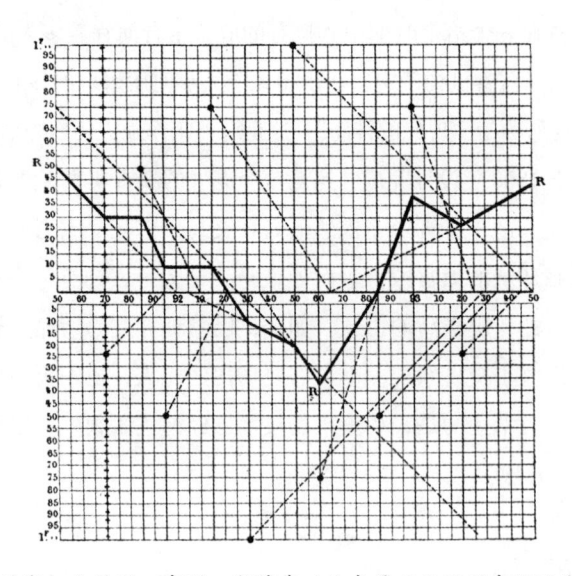

图 16-2　复杂的期权收益图。亨利·勒菲弗以此来展示他用图表描述期权收益的灵活性（Franck Jovanovic. 2006. "Economic instruments and theory in theconstruction of Henri Lefèvre's science of the stock market." *Pioneers of Financial Economics* 1: 169–190.）

勒菲弗表示，这种同时持有看涨期权和看跌期权的情况可以在图示中的笛卡尔网格上表示出来，其形状类似"V"，其中一条斜线代表看跌期权，另一条斜线代表看涨期权。当股价沿着x轴变化时，投资组合的价值沿着y轴变化。

随后他展示了如何仅仅通过几何方式，就能把复杂得令人绝望的股票（债券或商品）期权投资组合中各个期权的收益加总起来。通过这种方式，他给世界带来了一个理性的图形，它能分解一些人类设计出的最复杂的证券衍生品。毫无疑问，他的发现给其雇主罗斯柴尔德家族带来了巨大的财富！

这项创新极为重要。别的不说，它能让期权交易员迅速而精确地计算出他们对任意一项证券价格变化的敞口。而且如果需要的话，交易员可以通过买入或卖出更多衍生品合约来调整风险。这种对冲行为发展到今天，规模已经十分庞大。依赖原材料和大宗商品的公司，可以运用衍生品确保自身免受原材料突然短缺或大宗商品价格巨变带来的震荡。例如，航空公司可以用航空燃油看涨期权来对冲航空燃油价格上涨的风险；雀巢公司可以用可可期货的看涨期权来保障自己即使在原料价格上升时期也能获得充足供应。不过，期权特别吸引投机者的原因除了对冲功能，还因为它们是利用价格变动赌博的廉价途径，因为你只需花费真实证券成本的一部分就能获得期权，并且只有当价格向你希望的方向变化时你才会行使期权。如果这种情况发生了，期权可以让你获得数倍收益，两倍、三倍，甚至四倍。这的确让人横生赌博的欲望。

事实上，股价出现巨变的概率越大，期权的价格也就越高。回想一下我们之前讨论过的看涨看跌期权图。如果股票的价格经常变动，你很可能会从看涨或看跌期权中获利。当价格下跌，看跌期权价值增加；当价格上升，看涨期权价值增加；可如果股价保持不变的话，你就只有损失了。一个看跌期权加上一个看涨期权的价格，对于一个股价经常上涨或下跌的活跃股票来说应该会高，而对于股价不怎么变动的股票则会较低。同理，合约期限更长（比如两年而非一个月）的期权应该更值钱，这是因为朱利·荷纽发现的规律：预期价格的变化程度随着时间的延长而增大。

股价的随机变动：布朗运动

关于期权价格变动的直觉分析只能让我们获得上述知识。19世纪末，法国

/ 217

数学家路易·巴舍利耶发明了一种精确计算期权价格的数学方法。正如预期的那样，它需要将股票的风险，也就是荷纽之前所说的"波动性"输入方程，此外，还需要期权的约定时间（期权的到期日）。

1900年，巴舍利耶发表了他作为索邦大学数学博士论文的著作《投机理论》（Théorie de la Spéculation）。要解决期权的定价问题，巴舍利耶必须精准定义股价如何随着时间随机变动，我们现在把这称为布朗运动。有趣的是，在1905年，爱因斯坦也独立地建立了布朗运动的统计理论。

巴舍利耶对于期权定价问题的解答，是一个远超当时市场参与者知识范围的方程。这带来了一个有趣的哲学问题：如果期权的价格符合一个复杂的非线性多元函数，并且这个函数直到1900年才被发现，那么投机这只"看不见的手"在之前是如何让市场保持效率的呢？

巴舍利耶的论文并没有得到充分认可。他的面试官之一吕西安·莱维（Lucien Lévy）认为巴舍利耶的分析中有错误，这个不幸使莱维没法进入当时最顶尖数学家的圈子。讽刺的是，莱维的儿子保罗成为20世纪的概率论巨匠之一。

在巴舍利耶的论文答辩结束后的超过115年的时间里，他的书逐渐被认为是数理金融的经典之作。虽然该书的解答还不够精确，但已经基本上解决了期权定价问题，这意味着他离解决包含期权、对冲和投机的复杂投资组合的价格问题更近了一步。当然，这也要感谢勒菲弗。

期权定价问题直到20世纪末才被精确地解决。迈伦·斯科尔斯、费希尔·布莱克和罗伯特·默顿这几位解决了该问题的学者铭记着巴舍利耶的贡献。斯科尔斯和默顿因对这一重要金融问题所做的工作，于1997年获得诺贝尔奖；而费希尔·布莱克在他可以分享这一殊荣之前离开了人世。

用数学穿越时间

1970年，麻省理工学院金融经济学教授斯科尔斯和默顿在学校里遇见了经济学家费希尔·布莱克。显然，他们谁也不知道巴舍利耶这个人，于是他们在20世纪60年代末开始研究期权定价问题的时候，不得不重新追溯公平价格和随机游走的数学逻辑。和巴舍利耶一样，他们依靠价格波动模型，即布朗运动。而与巴舍利耶不同的是，他们选择的模型不允许价格为负，而这一点正是巴舍利耶工作的局限性。

这个模型现在被称为布莱克-斯科尔斯期权定价模型。尽管这个模型在数学上很复杂，但其内核包含的并非数学见解，而是新颖的经济学见解。他们发现调节期权价格的"看不见的手"是风险中性的。假设处于理想的、无交易摩擦的市场，市场中股票的表现遵从布朗运动，则期权的收益可以无风险地复制。后来的研究者[4]开发了一个名为"二项式模型"的简单框架，通过匹配标的股票或债券在未来的交易，这个模型可以计算一个看涨期权或看跌期权的收益。这一期权定价问题的解决方案从此把物理和金融连接在了一起。事实上，布莱克-斯科尔斯期权定价模型和热力学中的热传导问题一样，只不过后者中是分子而不是股价在随机游走。

热力学的基础是熵，其趋势是无序的。时间只向一个方向前进，随着时间的推移，宇宙趋向于更加无序，而不是有序。期权定价模型建立在预测未来股价变化程度的原则之上，这一原则假设股价随机游走，并且变化方式符合荷纽提出的时间平方根定律。然而，通过使用数学手段使时间倒退，布莱克-斯科尔斯模型提出了新的期权定价问题的解决方法。这种方法逆转了熵的时间方向。从此意义上说，它呼应了金融的最本质特征——利用数学穿越时间。

谁是危机中的恶魔

布莱克-斯科尔斯期权定价模型发表于1973年，那时的芝加哥期权交易所正好刚刚推出标准化的期权合约。跟巴舍利耶的论文一样，这篇开创性的论文一开始也没有获得好评。在芝加哥大学默顿·米勒（Merton Miller）教授的认真说明之下，《政治经济学杂志》（Journal of Political Economy）才最终被说服，发表了这篇论文。然而，这篇论文不只创造了一个全新的金融研究领域，还给追逐利润的华尔街交易员提供了卓越的工具。布莱克、斯科尔斯、默顿和其他建立了基于概率统计的衍生品定价模型的金融经济学家，给华尔街带来了一场革命。除此之外，他们还为许多数学家和物理学家开辟了新的职业道路。这些数学家和物理学家突然发现他们对热力学公式的熟悉可以让他们获得投资银行的高薪工作机会。就像18世纪时出现的概率论那样，在市场崩溃时，这些把数学运算应用于投机的"量化"一代饱受批判。

例如，以二项式期权定价闻名的马克·鲁宾斯坦（Mark Rubenstein），曾在20世纪80年代用他的模型为投资基金设立了防范市场崩溃的方法。即使看跌期权不存在，二项式模型也可以通过不停地交易股票和债券把看跌期权的功能合成出来。1987年美国股市的崩溃暴露了模型的一个主要缺陷：布朗运动过程假设价格不会跳跃。当市场进入两天下跌超过22%的自由落体状态时，这种看起来无伤大雅的连续性假设就失效了。简单来说，这种情况扰乱了对冲机制。原以为已经拥有了投资组合保险的投资者，这时会发现他们其实只是保障了部分资产。

很快市场评论员就批评称鲁宾斯坦和他的同事触发了1987年的股灾，声称他们的"程序化"交易造成了股市的瀑布般下跌。然而那场股灾是全球性的，而且美国以外的市场并没有广泛使用投资组合保险。这种批评引发了一个有趣的哲学问题：一个市场模型能够影响市场本身吗？如果一个参与者利用二项式技术进行交易，这项技术本身的应用会导致模型出错吗？我倾向于否定。追逐利润的精明投资者总是潜伏着，随时准备利用可能由程序性交易导致的价格扭曲而套利。

2008年的金融危机被归罪于恶魔般的金融工程师和投资银行家创造了注定要失败的复杂金融证券，然后贪婪的银行家又把这些证券卖掉。金融工程师的傲慢成为隐藏在危机背后的主题，他们对自己的模型太过于自信了。故事的结局是建立在数学方程上的系统使金融地位猛升，直到其结构上的弱点暴露出来使得整个大厦坍塌，然后世界各地的纳税人被迫出来收拾残局。

2008年，激进的基金经理纳西姆·塔勒布（Nassim Taleb）提议将使用标准风险模型的量化分析师关进监狱："我希望社会能在定量风险管理者造成更大破坏前把他们关起来。"[5]他博客的回复者甚至发出了更激烈的言论。当然，那时的塔勒布正在宣传他的新书《黑天鹅》[①]（*The Black Swan*）。他在书中声称基于伯努利原始方程的标准风险模型并不能估计极端事件的概率。两天内股价下跌22%的这种情况不在马克·鲁宾斯坦的模型框架考虑范围内，因为用于期权定价的标准模型主要假设股价的对数是呈正态分布的，也就是说它们服从标准钟形曲线分布。

---

① 《黑天鹅》一书中文版已由中信出版社于2011年出版。——编者注

事实上早在 2008 年危机发生的几十年前，证券价格的非正态分布就广为人知，并被认为可能导致极端事件。这也是 1987 年股灾反映出的真实状况。在纳西姆·塔勒布从事交易和评论极端事件之前，非正态领域的"大主教"是本华·曼德博。他是分形几何学的创始人，是一个继承了法国数理金融衣钵、又相信自己已经发现其致命缺陷的数学家。

曼德博是保罗·莱维的学生，保罗·莱维就是那个于 1900 年在巴黎综合理工学院听巴舍利耶论文答辩时给了差评的考官的儿子。莱维主要研究"随机过程"：描述一些变量在不同时段行为的数学模型。例如，我们在第 15 章讲到朱利·荷纽提出并验证了一个随机变化的随机过程，这导致了风险随着时间的平方根增加这一规律的发现。同样，巴舍利耶更正式地建立了一个随机游走的随机过程。保罗·莱维把这些先前的随机游走模型规范化于一个一般的随机过程之中，这一随机过程名为莱维过程。布朗运动只是莱维过程的一部分，并且可能是表现最好的一部分，其他的随机过程都存在不连续跳跃和非常大的波动（这可能解释了诸如 1987 年美国股市单日市值下跌 22.6% 的情况）。

20 世纪 60 年代，本华·曼德博开始探寻莱维过程能否用来描述棉花价格和股价等经济时间序列。他发现产生跳跃和极端事件的随机过程能更好地描述金融市场。围绕这些不寻常的莱维过程，他建立了名为"分形几何"的数学分支。他认为像塔勒布在《黑天鹅》中所描述的不寻常事件，实际上是更为常见的现象，而不像布朗运动所推出的结论那样。

1987 年的危机对曼德博来说不是什么惊奇的事，他把这场危机当作证明自己理论正确的佐证。他对金融理论研究的一个主要贡献（发表于 1966 年）是证明有效市场暗示着股价可能不遵循随机游走，但股价必定是不可预测的。这是对整整 100 年前荷纽假说的一个很好的精炼阐述。

曼德博和他的两个学生最终建立了一个基于分形理论的期权定价模型。尽管该模型是一个更一般的随机过程并允许极端结果发生，但出于各种原因，曼德博从没有看到该模型被业界广泛采用。我猜这是因为虽然这一结论有潜在实用性，但是它太复杂了，而且与许多量化金融分析师使用的工具相违背。运用曼德博的模型，要么你会获得所有，要么你会一无所有。你必须跃出布朗运动的世界，把伯努利大数定律这样的老朋友抛开。对于大多数量化从业者（与研究市场问题的教授）而言，这一跳跃实在太大，而且理解这一模型的回报也许不够充足——毕竟曼德博从来没有承认大崩盘发生的时间可以预测，他只说这可能会发生。

本华·曼德博相信他发现了一般世界尤其是金融市场的深层次结构。然而他的见解可以直接追溯到启蒙运动时期特殊的数学研究传统。我想这是他对自己研究成果最兴奋的地方——在历史视野下，该研究成果是将概率论运用于市场的巅峰。尽管不是所有的量化分析师都意识到了这一点：当他们使用随机过程（例如布朗运动）来给证券定价或设计一个对冲时，他们是在数学知识的深井中汲水，而且如果欧洲金融市场没有出现，这口深井也不会存在。的确，应用于市场的现代量化模型也可能出错。模型只是粗略地尝试去描述复杂并持续演变的现实。尽管存在金融危机，然而也或许正是因为危机，金融市场才不断激励最聪明的大脑去回答各种谜题，然后以智力和金钱作为奖赏。也许是经济激励使得引人注目的新颖数学传统在欧洲得以出现，从而让人们得以理解并控制未来的不确定性。

更具体地说，现代量化金融以及复杂金融工程的数学根源可以追溯到一个强大的法国传统——大胆运用概率工具对投资过程和市场价格建模。从荷纽到勒菲弗，到巴舍利耶，再到布莱克和斯科尔斯，最后到曼德博，我们看到了随机的观念是如何被改造以及再改造的。这一切都是为了去理解"看不见的手"是如何在无意识中起到了调节作用。

在第17章中，我们将离开数学世界回到地缘政治世界。与金融的发展离不开现代数学思想和风险管理的微观结构的发展一样，现代金融结构的发展也离不开一个独特的经济组织——公司。

第 17 章　欧洲，股份有限公司

由股东出资设立的商业企业——公司，是欧洲对金融的贡献之一。公司的起源是法经济学领域最古老的问题之一。公司在现代世界的历史上有着举足轻重的地位，然而经过一个世纪的研究，公司的起源仍然处于争论之中。在本章中，我将讨论公司在欧洲内部和外部的多种起源。出现时间最早的股份公司之一可以追溯到罗马共和国时期，而它仅是众多早期公司的实例之一。我认为，公司形式是许多不同的条件和制度环境因素交织的产物。正如银行是从看似与之毫无联系的古希腊短期借贷经纪人以及中世纪的宗教社会中起源和发展而来，在本章中我也将揭示公司与封建土地产权、皇家特许商业航行之间的深厚渊源。关键之处在于，这些公司的发展路径不同，也演化出了对于募集资金、管理企业、为投资者提供流动性的不同解决方法。欧洲最早的公司出现在14世纪的西地中海地区，与最早的可转让债券以及第一个债券市场的产生相似，公司的出现也要归因于封建法律体系中转让权利的传统。

1407年，热那亚在公共财政方面采用了一种全新的方式。这座城市的主要债权人创立了一个独立的金融机构——圣乔治屋（Casa di San Giorgio），用于承担热那亚所有的未偿付债务并控制着城市的主要收入来源。圣乔治屋接下来发行了股票，与威尼斯人的军事公债（在12章中有讨论）相同，这种股票可以在二级市场中进行交易。简单来说，就是热那亚城将它的债务全部卸下，转给了一个私人公司，并且交出了它的关键收入——来自海外贸易的关税收入。圣乔治屋被经营得像一家公司，而事实上它就是一家公司。它有一套治理结构，目标为创造大于支出的收入，政策为在经营成功时派发股息。圣乔治屋的总部就在靠近热那亚港的位置（事实上到航海家哥伦布的住址只有几步路的距离），它保存着关于资产、债务、收入和支出的公司档案，这些都是它作为一个商业公司的标志，只可惜它存在的唯一目的是为热那亚城提供借款。

这个奇特的机构是如何产生的？像比萨和威尼斯一样，热那亚第一次解决债务问题是通过由政府税收提供收入担保的民间借贷实现的。实际上，政府将一段时期内收税的权利租给了债权人。这些租约的根基在于中世纪的契约：拓殖财产的权利可以被租借一段时间。举例而言，此类协议可以用城市的盐税收入作抵押。这种交易显然没有违反高利贷法，以出租土地作类比，在此情境下，出借人的资本收益来自出租税收，也就是包税制。这些契约被分成许多股份，这表明它们被发行给那些由市民组成的财团，并且以投资为目的持有。股份通常有8%的年收益率，不过也会受到一些风险因素和各种税收收入的影响。米歇尔·弗拉蒂安尼（Michele Fratianni）是一位金融史学家，也是印第安纳大学的经济学教授，他花费了大量时间研究圣乔治屋的创新之处。他指出这些由股本分割而来的股票早在12世纪中叶就在热那亚的经济中被视为流动性的金融资产，因为它们可以被买卖。[1]

通过将全部未偿付契约诉诸竞标，圣乔治屋把所有的契约整合成一个契约投资组合。不同契约的股票持有人能够以将收益率降低至7%的代价把股票换成契约组合的股票，但换来的却是对原始投资的补偿。对于大多数投资者而言，由于多元化会降低风险，收益率的略微降低也好过在单个契约上蒙受损失。圣乔治屋的这种创新同样吸引了其他城市的新投资者。1420年，当局允许7%的固定收益率可以发生浮动，与此同时，公共债务向私人股本的转换也随之完成。

圣乔治屋的真正创新之处在于它把热那亚的债权人变成了股东，只要城市收入增长，股东就会获得收益。热那亚人的股份强有力地将市民们的利益同整个城市的利益联系起来，这种利益的一致性甚至超过了威尼斯人的政府军事公债。合并股份的发行极大地扩展了投资者基础，投资者实际上参与进了热那亚城的财政管理之中，并且会在财政运行高效时获得自己的经济收益。

创新引发了更深层次的发明。圣乔治屋定期公告股息，但是在公告日与税收收入的派发日之间通常会有一定时间的延迟，股息期货的投机市场应运而生。股票持有者可以在热那亚的货币市场以某种折扣卖出他们未来的股息收益，折扣的比率反映了当时最普遍的货币短期时间价值——如同现在的商业票据或短期国债。买卖股息的市场十分活跃，两个股票持有者之间进行这种交易非常便捷，只需把下一次股息收益权从卖方的账户里扣除，记入买方的账户即可。对于股票持有者来说，所有关于股票和股息的金融交易都可以在账户中完成，而无须通过实物交割。圣乔治屋实际上创造出了银行账户。

圣乔治屋是一个半公有的机构，因为它在热那亚共和国的金融中起着核心作用。然而它也拥有许多现代企业的特点：一个明确的法人实体，可转让的股权（尽管在转让时有一些限制），并且有一个管理团队来公告股息的派发，股息会随着公司的收入状况而改变。从某种意义上说，圣乔治屋和这个共和国有着同等的重要性。相当多的热那亚人都是投资者，来自股票的股息代表了一种金融资产，圣乔治屋为持有和交易这种资产创造了便利的条件。虽然热那亚政府债务转化为股权的案例与现代金融有着显著的不同，但它和威尼斯发展出的长期债券同样成功。或许是缘于这两座城市间的紧张的对抗关系，这两个金融机构持续兴盛了几个世纪。今天的美国也在发行国债，然而它并没有一个像圣乔治屋那样的机构。我们不禁要问，这样的机构在当今世界能够存在和运转吗？当下一次世界性的债务危机来临时，国家财政的私有化是不是解决方案之一？

热那亚在14、15世纪达到全盛时期，当时它控制了比例可观的东地中海地区的贸易，而圣乔治屋作为一个公共机构，在此之后仍延续了很久，同时热那亚人作为商人和金融家也在西班牙的海上贸易扩张中扮演了重要角色。不仅哥伦布是热那亚人，一些居住在塞维利亚的热那亚人还是西班牙前往加那利群岛与新大陆探险的首要赞助人。16世纪时，尽管热那亚的船队已经不再是海上贸易的先锋，但这座城市的金融家在西班牙的海外扩张中仍然起到了关键作用，这无疑归功于他们的金融专业知识和聚集的大量资本。不过，圣乔治屋并不是西地中海地区最早的公司实例。

图卢兹的磨坊

图卢兹是法国西南部一座历史悠久的城市，大致坐落在大西洋和地中海的中间位置。最初它是凯尔特人的居住地，后来发展成一个罗马城市，最终在罗马帝国衰落后归属于西哥特人，成为野蛮游牧部落的战利品，作为他们穿过意大利继续向西的通道。图卢兹是西哥特王国的首都，在中世纪早期有着重要的政治地位和文化地位。

图卢兹在11—12世纪是图卢兹伯爵统治的一块独立的、可继承的封地，涵盖法国南部的半壁疆土和西班牙的部分地区。伯爵与市议会签署了一份社会契约，承诺市民拥有自治权利，相应地，市民向伯爵提供军事上的支持。通过这样的方式，伯爵逐渐让渡了地方的政治控制权。因此，随着1000年后欧洲文明的复兴，图卢兹享有以贸易为导向的地中海城市国家的许多优势，包括强大的商人阶层、公民遵守规则的倾向，以及开放的宗教自由。

图17-1　出版于1493年的《纽伦堡编年史》(*Nuremberg Chronicle*)中记录的图卢兹的景象。在绘制这张图时，左边的拱形建筑已经以公司的形式经营了一个多世纪（University of Cambridge Digital Library.）

图卢兹在法律这个核心方面与其他地区不同，尽管罗马法在西罗马帝国衰落后几乎在西欧消失，它仍被图卢兹的国王阿拉里克二世（King Alaric II）保留了下来。阿拉里克二世在506年授意对罗马的法律传统进行了整理和汇编，汇编后的法典应用于从直布罗陀海峡到卢瓦尔河的整个西哥特王国。在法典的基础上还发展出了一套独特的法律系统，它与古罗马法典和西哥特传统的关联不大，而是自我演变成了一个灵活的契约和产权条例体系，尤其适合于商业贸易。图卢兹的法律允许公民在各类金融债务契约上拥有广泛的自由。图卢兹的契约包括资金贷款、实物贷款、粮食贷款以及其他贷款，可以用债务、抵押品、租约、分租契、封地及各种各样的合伙企业的资产偿还贷款。契约合同当事人涵盖了图卢兹全社会，从伯爵到教堂、寺院、圣殿骑士的地方分会，再到以市议会为代表的类似公司实体的城市本身，以及商人、银行家、工匠、劳力、农民，甚至未成年人。这种契约并不仅限于基督教徒之间，在犹太地区也是如此。图卢兹的欧西坦语（Occitan language）是吟游诗人使用的古老语言，是现代法语的一个远房表亲，它们都是在拉丁语的基础上发展起来的。而罗马法的图卢兹版本与《查士丁尼法典》的关系也正如欧西坦语和法语的关系。

图卢兹法是一个接受了银行、贷款和收取利息的系统，一个保障债权人的权利和要求的系统，甚至在欧洲其他地区蔓延着对高利贷的攻击之时也是如此。当12世纪巴黎大学的学者沉浸在《查士丁尼法典》里思考着"可得利益的损失"这一概念的准确定义时，图卢兹甚至还没有一所大学，也没有形成法学的学术传统，但是它拥有一种以清晰简洁的语言为特征的、既实用又有效的法律技术。

在如此具有创新性的法律基础之上，图卢兹的经济和社会蓬勃发展，成为欧洲通往资本主义的重要一站。与威尼斯和其他意大利城邦一样，图卢兹在12—13世纪时的政治史也与它的金融史相互交织。然而，图卢兹的金融发展走向了与北意大利共和国颇为不同的方向。它的演化并没有和海上贸易联系在一起，而是以另外一种截然不同的事业展开：把谷物磨成粉。如果说热内亚和威尼斯有临近大海的比较优势，那么图卢兹的优势就在于它毗邻加龙河（Garonne River）。

巴扎克勒一瞥

图卢兹社会科学学院的校园就坐落在古城墙边，面对着风景如画的运河。这所学校对公司金融和资本市场的研究成果享誉欧洲。在学校的背面，加龙河上一个名叫巴扎克勒的浅滩上坐落着一座古老而庄严的砖石建筑，现在是图卢兹的发电厂。700多年前，这个磨坊是欧洲最古老的公司——荣耀巴扎克勒（Honor del Bazacle）的总部所在地。荣耀巴扎克勒于1372年正式成立，由12家小磨坊合并而来，这些小磨坊至少从12世纪开始就共享着巴扎克勒浅滩附近的土地。它作为一个公众公司一直存在直到1946年，然后被法国电力公司国有化。荣耀巴扎克勒存在的基础在于水文和法律：加龙河的水文环境和中世纪图卢兹的财产权。

至少6个多世纪以来，欧洲的城镇一直在使用水力作为磨坊的动力。最早的磨坊是漂浮在水上的驳船，抛锚在河边，利用垂直于水面的桨轮搜集和传送水流。这种漂浮的磨坊早在11世纪就在图卢兹的历史记录中有所记载，但是它们直到1138年才在岸边建起实体建筑。

图17-2 加龙河上的巴扎克勒磨坊

资本主义的档案

值得注意的是，图卢兹保存下来的中世纪档案记录了这些磨坊融资的过程。磨坊主们通过共同出资、合伙经营来筹集资金，并且把索取权分割成合伙人的股份，每一股代表磨坊1/8的收益分享。磨坊通过磨碎谷物来获取利润，同时也经营包括捕鱼在内的副业。股份买卖可以和任何人进行，不仅限于磨坊主之间。磨坊在谷物大丰收时获得收入，股东们也会收到相应比例的分红。

在资本主义精神的指引下，磨坊公司对最佳抛锚位置展开了激烈竞争。60多艘磨坊船争夺有限的位置，再加上时不时暴发的洪水和水上事故，引起了许多麻烦。磨坊船脱锚之后互相撞到一起，导致大量的磨坊船被毁。在巴扎克勒或者其他条件优越的上游河岸建造磨坊解决了其中一部分麻烦。堤坝系统（至今仍在巴扎克勒可以看见）也使得人们得以有效地控制水流量。这两种创新都需要大量的资本投入和市政当局的参与。在陆地上建造磨坊需要拥有或者租借土地，并且需要得到必要的市政许可。

在 12 世纪末至 13 世纪初，在巴扎克勒或图卢兹的其他地方，开发土地的许可是一种需要被授予的封建权利。这种权利可以来自图卢兹伯爵、那些拥有独立土地的封地所有者或天主教会，也可以通过当地议会间接地得到。以磨坊引水槽的布置为例，它需要得到代表城镇利益的"真正良民"的批准。像 12 世纪的许多意大利城邦国家那样，图卢兹运作得像一个准民主国家。某种程度上，伯爵和教会的权力在 11—12 世纪逐渐受到了来自市民自治团体的挑战。这个团体不仅包括拥有封建地位的骑士，也包括普通市民。议会正式成立于 1152 年，作为一个独立的、在伯爵之下的立法主体。[2] 镇议会负责监督法律纠纷和商业惯例，同时管理警察力量和组织城镇的军事防御。1188 年，一场反抗伯爵雷蒙德五世（Count Raymond V）的起义使得议会进一步巩固了它在城镇中的地位。

1138 年，4 个合伙人取得了在巴扎克勒建造三座磨坊的权利，合伙人之一是附近一个叫作多拉德（Daurade）的大教堂的长老。这是一个商业企业：由投资者合伙出资，取得了不动产使用权，建造磨坊并运营它们获利，然后根据投资人各自的股份进行利益分配。合伙人们通过从图卢兹伯爵那里购买封地这种古老的方式获得了开发的权利。

它也许不是同时期欧洲的第一家同类型公司。我们看到合伙制结构在中世纪更早的时候就存在了，特别是在意大利的城邦国家，那里的贸易投机需要大规模的投资资本。巴扎克勒公司的重要性在于，它是罗马共和国以来第一个具有众多现代股份制企业特点的公司。

1372 年，12 家在巴扎克勒浅滩经营的磨坊公司合并成了一个大企业——荣耀巴扎克勒。小磨坊公司的股东将他们的股份置换成大公司的股份，并且起草了一份详尽的文件来决定未来公司如何经营。这家公司每年召开股东会议，在会上公布公司详细的运营账目。荣耀巴扎克勒拥有能够自由转让的有限责任股份。公司有董事会、职业经理人、雇员、定期披露的账目以及基于盈利的股息，甚至还有公司的荣誉感和使命感。法庭将它当作一个与股东和管理者相互独立的法人实体，公司可以拥有资产并以它的名义签订合同。

最令人惊讶的是，在中世纪中期，一个让我们联想到农奴制、穿戴盔甲的骑士和王室特权的时代，巴扎克勒磨坊公司的股票竟可以为相当多的中产阶级投资者提供稳定的收入来源。这些股票并没有被贵族们据为己有，反倒被那些中产的、小康的图卢兹市民持有，他们中有律师、政府公务人员、银行工作人员，甚至还有磨坊主（尽管很少）。与此同时，股票还作为一种形式的捐赠被宗教机构持有。这些股票被一代代地传承下去，不仅被买入卖出，而且还可以用作贷款的抵押物。

荣耀巴扎克勒公司发行的股份有三个精妙之处。首先，作为一个融资工具，它募集了大量的资金用于建设一个大规模的企业。其次，作为一种投资工具，它培育出了一个新的阶层，这个阶层的人们可以依靠投资得来的股息生活，而不是挥汗如雨地工作或是依靠王室的特权，这个阶层后来被称为"资产阶级"。另外，公司从成立之初就被构想为一个持续存在的企业，与那些合伙人支持的贸易探险有很大不同，它的组织形式非常适合成为一个永续存在的机构。

1953年，一位名为热尔曼·西卡尔（Germain Sicard）的图卢兹大学教授，同时也是研究法国中世纪的杰出历史学家，写出了他对于磨坊公司的深入研究。这份细致的研究工作是真正的跨学科研究，从水文学到中世纪政治，从公司的法律基础到运营管理，从公司治理到评估这家图卢兹公司在社会中的角色。西卡尔对这家图卢兹公司与现代企业的联系尤其感兴趣。在研究中，他追溯了巴扎克勒公司和它的主要竞争对手——河流上游的一家叫作"城堡"（Chateau）的公司的股价。西卡尔将两家公司1350—1471年的股价变动情况做成了图表。图卢兹的档案中不仅记录了磨坊公司的历史，还包含了公司股票的价格情况！

我对于巴扎克勒公司和西卡尔的研究工作很感兴趣。我与戴维·勒·布里斯（David Le Bris，一位波尔多的金融学教授）、塞巴斯蒂安·普热（Sébastien Pouget，一位图卢兹经济学院的经济学家）组成了一个团队。我们想知道这些磨坊的记录在1471年以后是否还存在，事实上它们的确存在！戴维找到了大多数的账簿、股东名册还有公司在图卢兹档案中的年度报告，经过两年多的努力，他终于重现了几乎整个历史上的公司股价和股息情况。当我们展开这幅长达8英尺的公司自1372年成立以来就设定好的章程，真的是此次研究中最激动人心的时刻。这是我们已知的最古老的公司的基础性文件，里面详细记录了这起6个多世纪以前的企业合并案例。当然，我们并不能读懂它，因为它是以哥特式的字体用拉丁语和欧西坦语混合写成的，需要经过特别的训练才能理解。幸运的是，档案管理员正好是这方面的专家,她能够为我们指明文件中的一些关键段落。

这份章程文件一个值得注意的特点是,它是一个私下协商的契约,而不是王室法令。文件中没有提到国王授予这家公司经营的权利,但中世纪的法律显然已经赋予了市民共同拥有一家企业的权利。当然,公司所有的特性都在当事人协商的协议中表达清楚了。

为什么这份文件如此之长?大多数本书提到的早期的金融文件,从用楔形文字记录的埃及抵押贷款的交易,到荷兰早期的永久债券,都相当简要。为什么创建这家公司需要写满 8 英尺长的手稿?将公司与债券区别开来的特点就是,债券是一种对未来偿还的承诺,而公司是一个组织,设立的目的是能够独立地经营下去,也许可以经营几个世纪。这份文件就像一幅绝妙机器的设计图,又或是一件特别的工具,可以将投资者的资本转化为磨坊的机械设备,而且它详细说明了资本将如何被使用,哪些人将会受益。然而,设计图也许并不是一个非常准确的类比,荣耀巴扎克勒公司的章程更像是对一个游戏规则的完整设定。这些规则需要确保没有任何一个玩家可以无意或有意地破坏游戏,或者欺骗其他玩家。这些规则还需要确保参加游戏的玩家是自愿的,这份并购文件不是被强迫签署的。小公司的股东们放弃了他们拥有和运营的资产,有些公司也许已经独立运营了几个世纪。在原有公司的股份与合并后新公司的股份之间建立一个公平的折算比率是非常关键的。因此,文件中的很大篇幅都在致力于解决合并前私人磨坊公司的股份估值问题。从本质上说,共同拥有和经营公司这样一个民主的过程需要使得各方都满意。让股东的收益分享权和公司控制权得到保护,这是一件必须要做好的事情,不仅要使公司创立时的股东满意,还要让未来世世代代的股东满意。每当公司的股份被卖出,购买者支付的价格不仅代表了他对公司研磨谷物的信任,还体现出他信任公司能够给予股东平等的权利,相信公司的管理是为了股东利益的最大化。这意味着,公司不能设法使研磨的价格最小化(尽管图卢兹市民可能很愿意看到),也不能设法给管理日常经营的磨坊主发放很高的薪水(尽管磨坊主们可能希望这样)。更确切地说,股价反映的是参与者对游戏规则的信任,信任公司创立时的章程和它秉持的精神会保护好公司的资本,并确保资本有一个公平的回报。

有一件事情公司章程可能没有预见到,那就是大的灾难。比如,公司在 1427 年经历了一次严重的挫折,磨坊遭遇了火灾;1709 年,磨坊的堤坝被洪水冲毁。在这些事件中，股东们都被号召起来出资重建。但有些情况下，他们也没有足够的资金，这时股份制企业的两个特点就显得十分有用了。股东们不能被强迫支付无限的金额，反而，他们拥有将股票交还公司然后退出的权利，这就是所谓的有限责任，这也是现代企业的一个突出特点。这就好像在投资者面对的下跌风险面前铺上了缓冲地板。正因如此，人们才愿意让资本承担不确定的风险。

1709 年的大灾难中有一个有趣的案例。磨坊在洪水过后受损严重，不能继续运作，需要高昂的重建费用。有一些股东交出了他们的股份而不是再次出资。一个有事业心的工程师向公司提出了一个解决方案：他承诺将重建磨坊，不过他想要得到公司的股份作为回报。随后，他与日内瓦的投资者们进行洽谈，他们愿意预付现金并且同样要求股份作为回报。这笔交易是一个意外的成功，新的股份被发行用来为重建而融资。经过重建的磨坊还是和以前一样高产。这个交易方案的倡导者不仅是水文工程师，同时也是一位金融工程师，他构建的交易方案使得这个古老的公司重获生机。

尽管经历了各种挫折，荣耀巴扎克勒存活了下来，比 20 世纪前法国的任何一个政府都长久。它在百年战争和法国大革命中幸存，事实上它的寿命甚至比中国的宋、元、明朝加起来还要久。它的幸存得益于某些比坚固的建筑更重要的东西，毕竟构成磨坊的建筑和水坝都不止一次地被毁坏。剩下的只有它的公司组织结构——最基本的章程结构：它是金融史上的技术革命，得以让公司在几个世纪中表现出惊人的稳定性。

甚至直到今天你都可以找到这家公司的股票。我在网上从一位法国股票纪念品交易商手中买到了三张荣耀巴扎克勒的股票。这些"活化石"从图卢兹伯爵统治时代一直存续到 19 世纪末。随着资本主义在法国的成熟和股票市场的逐渐发展，公司的股票最终在巴黎交易所进行交易——这家公司改制成了一家上市的股份有限公司。尽管它拥有很长的股份制历史，荣耀巴扎克勒最终在 20 世纪被法国政府国有化。几个世纪以来，加龙河畔一直给予着巴扎克勒磨坊公司得天独厚的条件，国有化后的公司——图卢兹电力公司依然矗立在这里。

巴扎克勒公司作为一个公众而非私人拥有的企业，是资本主义历史上一个重要的里程碑。但这种普通的企业究竟是如何存在了 800 年？它是如何在战争与政治冲突中存活下来的？更重要的是，在 20 世纪前，它如何幸免于国家的征用？我们看到在中国历史上，国家不断将私人企业收归国有，而这直到 20 世纪都没有发生在图卢兹。西卡尔教授将这些公司的存活归功于被广泛接受的契约财产权。甚至是允许普通投资者使用河堤的强势的伯爵也要遵循民法履行契约。这是由于长期的封建契约传统所致，还是由于几乎全欧洲对罗马法的认同，仍有待进一步讨论。

欧洲的对比

类似私人公司的建立从现在的观点来看很难被认为是革命性的。毕竟，阿彻·丹尼尔斯·米德兰（Archer Daniels Midland）和嘉吉（Cargill）这样的私有公司供应了世界粮食的很大一部分。但是巴扎克勒公司可以和同样繁盛一时的中国垄断盐业做个对比。在欧亚大陆的两端，发展出了截然不同的组织形式来为基本食品的生产融通资金。在中国，政府拥有并控制了盐的生产，政府可以发行能够有效控制商业利润的配给证书。正如我们在第9章看到的，这些证书本身可以作为另一种形式的资金流通。政府垄断控制盐业的逻辑是双重的。一方面，它意味着政治权威使用政治权力控制基本食品生产，它允许政策制定者根据需求的波动决定什么时候增加或减少产量；另一方面，这些利润被计入政府而不是归于私人投资者。

试想一个中国宋朝的官员来到图卢兹，看到这里的景象会觉得多么奇怪。这里有一个特殊而又自然的特点——河流上的浅滩为谷物磨粉提供了极大的便利。政府为什么不从这种便利当中收取租金？为什么公民个人可以赚取利润？为什么政府不声称所有的这些选址都归伯爵和国王所有，然后针对研磨和磨好的谷物收取费用？这样不是会让政府更高效地对需求做出回应吗？

政府所有权和私人所有权对抗的基本问题，即国有化与私有化的对抗，是我们这个时代的中心问题。美国政府应不应该拥有十大银行和三大汽车公司的股份，然后以公众利益为导向进行经营？印度的银行体系应不应该被私有化，还是直接为公共利益负责？空客作为政府独资企业有没有天然的优势（或劣势）？美国的港口在私人投资者的手中会不会更安全、更好地运作？美国西部的水权应不应该私营并允许转让？俄罗斯石油公司应不应该由世界各地的股东持有并被大型资本寡头控制，或者它们应不应该被国有化，然后俄罗斯政府可以从中获得利润？为什么人们会认为私人所有和管理可能对公众利益更好，而不是对某些特定投资者更好？

在私人所有权与政府所有权对抗的问题背后，是磨坊公司的所有者完全承担其所管理的企业的责任是否可行的问题。现代公司分离了公司的所有权和控制权，这有其天才的一面，也有其问题的一面。是什么防止了经理人从工厂夺取最大份额的利润并向股东谎报结果？中国古代思想家和金融家们讨论的经典的代理人问题在公众持股公司的背景下再次出现了。图卢兹公司的生存得益于成功解决了委托、管理和监督的问题。

巴扎克勒公司如今并没有很好地被铭记为现代公司的始祖。事实上，它可能根本没有被大家记住，尽管很难理解这是为什么。磨坊在中世纪后期的欧洲到处都是，对水能的利用是那个时期最重要的一种技术进步，建立合适的磨坊需要大量的资本投资。法国南部的其他公司应该也借鉴了图卢兹公司股份制的想法，还有有限责任和股份的可交换性，如果情况不是正好相反。我们只能通过充满了偶然性的历史记录和学者们对历史证据的努力分析来了解图卢兹的公司。事实上，当你更仔细地观察中世纪欧洲的企业，你会发现许多公司具有发展为现代企业先驱的潜质。在德国，有一家采矿公司发行了名为"库恩"（*Kuxen*）的股票。在瑞典，有一家值得尊敬的公司——斯道拉-恩索（Stora-Enso），它的起源可以追溯到13世纪，而且其于1347年获得的皇家特许权至今依然有效。斯道拉-恩索从一开始就是一家合作性的从事采矿业的股份公司，也许是像图卢兹磨坊公司一样的存在。我们同样发现圣乔治屋也有许多现代公司的特征。欧洲的中世纪晚期是一段生意盎然的时代，出现了许多金融以及不同形式企业的尝试。

通过对欧洲中世纪零星资本化的磨坊公司和采矿公司的追踪研究，我们不可避免地得出这样一个结论：资本主义是历史记载上反复出现的经济问题解决方法。它并不是线性发展的，也不是独一无二的，而是经济生态系统中自然而然出现的产物。事实上，正如我们所见，它突然出现在罗马共和国时期，成为皇家赞助系统的牺牲品。资本主义反复出现然后又消失，艰难地生存着而不是在短时间内就在经济中占据统治地位，这个过程表明资本主义可能是一个脆弱的存在，它的繁荣严重依赖于合适的环境和政治条件。资本主义并不是为了某种目的而存在，尽管毛泽东认为它在中国的出现有其必然性。它可以突然停止正如它突然出现一样，这只是众多均衡状态中的其中一种。

第18章　航海探险：从私人企业到国家工具

现代欧洲公司的历史起源可以追溯到16、17世纪由英国人和荷兰人发起的航海探险。英国东印度公司创立于1600年，荷兰东印度公司创立于1602年，这两家北欧的贸易企业在接下来的两个世纪中垄断了欧洲与亚洲的贸易。它们同时扮演着公司和殖民统治机构的角色。这种从私人企业到国家工具的演进成为欧洲金融史上最典型的主题之一。

我们注意到，在古代中国，私人企业的获利一般受到国家的控制，有时甚至会被没收。而在西方，出现的却是与之相反的现象。人们或许会反驳说，从根本上来讲，英荷两国的政府还是在为本国商人在全球贸易中的利益提供服务。这两个国家的纳税人用自己的金钱支持他们的海军去保卫由贸易公司发展起来的殖民帝国。

本章和接下来的章节将会考察这些公司的产生方式——更确切来说，它们如何从早期的北欧贸易公司不断发展，将自己根植于欧洲经济，最终嵌入欧洲文明的梦想和野心。就另外一个角度而言，这些全球贸易企业的金融建构也为现代经济奠定了基石。

关于早期海外贸易公司的历史，令人惊讶的是它们起源于一些极为危险的探险过程：沿非洲好望角的旅途和穿越麦哲伦海峡的航行经年累月，往往伴随船舶失踪和船员遇难。探险者们在船上数日甚至数月都不能与地面取得联络，只有等到船员们返航归国，才有他们航行成功与否的消息。我们在第15章了解到欧洲的数学根据现实需要已经发展出了量化、控制和对冲投资市场风险的工具。可是，当你面临发现一块未知大陆、偶遇完全未知的文明，或见到你从来不曾听闻过的调味料和物品等种种可能时，又该如何对冲这样的不确定性呢？

想想这些公司和荣耀巴扎克勒多么的不同，后者的投资者们可以每天到公司巡视自己的资产状况。图卢兹的股东们当然知道存在洪水和火灾的风险，但这些风险发生的概率至少是可以评估的，然而去地球另外一端进行贸易的风险几乎是完全未知的。不过，正如我们将要看到的那样，股份制公司的企业组织形式，通过流通股份以及所有权和控制权的分离，满足了双方的需求。本章首先需要解决的问题是，究竟是这种公司形式使得航海探险变得可行，还是探索的迫切需求促进了公司组织形式的发展。换言之，是金融创新驱动了地理大发现，还是地理大发现驱动了金融创新？

探险还是金融

英国人早期航海探险活动的经费大都来自皇室的金融支持，企业家们由此获得机会。伊丽莎白时代彰显了英国的力量：击败西班牙无敌舰队，在弗吉尼亚州开辟种植园，战胜苏格兰玛丽女王巩固君主制。但是伊丽莎白一世时期的英国金融是脆弱的，由于缺少国内资本市场，伊丽莎白女王被迫不断从国际资本市场上借款：派使者前往安特卫普的银行家那里，以政府的税收收入和皇室资产作为抵押来确保信贷额度；依赖滚动的短期借贷；以越来越高的利率进行重复融资。看起来英国几乎就要无法偿还债务了。英国的信用等级也非常糟糕——如果获得新的贷款，利率会高达14%。而针对同时期信誉良好的借贷主体，比如热那亚的圣乔治屋，利率只有3%或4%。与欧洲大陆上的城市不同，英国城市过去没有发行过债券，因此没有债券存量，没有足够的国内投资者愿意购买或者交易证券。金融发展上的落后使得英国在国家战略上处于劣势地位。

政府只有为数不多的选择：可以征税，可以借款，可以出售或转让权利——但大部分可以出售的权利过去都已经出售了。例如，大部分对外贸易的垄断权很久以前就由商人冒险家公司（Company of Merchant Adventurers）掌握。这家公司以协会而非股份公司的形式运作，通过商人之间的协作从而获得贸易的垄断权。它的成员控制了英国和低地国家之间的纺织品贸易，并在其他的北欧港口与日耳曼汉萨同盟竞争。即使伊丽莎白重新调整国家与商人冒险家公司之间的贸易权利分配，这也可能会造成英国在国际贸易中竞争力的下降。

直至今天，我们还能看到英国人以商人和借款人的身份在安特卫普活动的历史痕迹。安特卫普大学的部分校舍坐落于商人冒险家公司安特卫普分公司的一座仓库的旧址之上——最高层的拱门由16世纪的精美木料建造而成。其中一位理事，托马斯·格雷欣（Thomas Gresham，1519—1579）曾在位于安特卫普最高点的金融中心工作。在距商人冒险家公司的仓库不远处有座小庭院，三面凉廊，上不封顶，院子中央竖立着一座瞭望塔。凉廊的地面装饰着棋盘图案的大理石，每一列都是细长的，体现出哥特式的风格。这里就是安特卫普粮食交易所，成立于1460年。这座高塔以瞭望者能够在第一时间看到久候的货船而闻名——一旦视野中出现了目标，消息立刻就会被大喊着传递到地面的交易者耳中。格雷欣肯定见过交易者们在场地的各个位置，进行着各种商品和货物的报价与交易，甚至可能还有早期的债券交易。格雷欣的巨大成就之一是建立了伦敦皇家交易所——一座以安特卫普交易所为模板的宏伟建筑。能够清晰地追溯这一金融工具的由来非常难得，因为皇家交易所最终成为英国股票市场发展的基石。

寻觅、探索与发现

在商人冒险家公司的垄断交易中，有一个有趣的破绽。伊丽莎白女王可以授权另一家公司与新大陆上的居民进行贸易，这些地区的港口在当时很少有英国商人进行频繁贸易。只要女王愿意，她就能够提供与未知土地进行贸易的垄断权。如果一个英国人可以发现迄今为止未知的大陆，或者一条目前并非由商人冒险家公司控制或参与竞争的港口航路，这个人就可以获得新的垄断权。伊丽莎白的祖父亨利七世（Henry VII），最早利用了这一漏洞。1496年，他授予了威尼斯人约翰·卡伯特（John Cabot）特许权，授权他"去寻觅、探索并发现世界范围内任何迄今为止基督徒未知的地方，无论是岛屿、大陆、地区或者省份"[1]。亨利七世要求以1/5的利润作为这一特许权的交换。卡伯特自己承担了探险的成本。在他的初次航行中，这位意大利航海家将英国国旗插到了纽芬兰，他怀疑纽芬兰是欧亚大陆的一部分。他第二次向西的航行打算在日本建立贸易殖民地，从而将东方的香料直接进口到英国。不幸的是，卡伯特和他的船队在海上失踪，同时也使得英国皇室挑战西班牙和葡萄牙的亚洲贸易垄断权的努力落空了。

1553年，伊丽莎白欣然接受了一个重新寻找前往印度的替代路线的方案。这个方案来自一家名为"探索未知世界的商人冒险家神秘公司"的公司。这家又被称为莫斯科威公司（Muscovy Company）的企业，成立的目的是开拓一条东北方向的航线，从而环绕西伯利亚前往中国，同时他们将获得位于北方的未知大陆的垄断权益。约翰·卡伯特的儿子，塞巴斯蒂安·卡伯特（Sebastian Cabot）是这家公司的创始人之一。

莫斯科威公司在 1555 年得到了正式的特许授权，被广泛认为是第一家现代的股份制公司——当然这是在图卢兹的磨坊公司被公司历史学家长期遗忘的情况下。富有的投资者们将资本投入公司，分享风险回报，股份制公司则作为投资者团队而永续存在[2]。一些人推测这种股份制的结构源于塞巴斯蒂安·卡伯特对于意大利企业的了解——甚至可能源于圣乔治屋，因为热那亚的金融家在地理大发现时代是非常活跃的。[3]

有计划的赌博：横跨大洋的探险

公司的投资者所持有的股份代表了所有权，但与现代的股权不同，当时的投资者还有义务在公司需要的时候提供追加资本。而这一资本追加为投资者带来了不平等的负担。一些投资者能够继续投入更多的资本来满足公司需求，而其他投资者无法做到，这部分投资者只能出售股份给原有的或者新的能够提供追加资本的投资者。尽管这些交易并没有正式地在交易所中进行，但是公司股份的二级市场还是顺理成章地出现了。今天，一家现代公司不能强求股权投资者追加投资以保持他们的股份，而是通过发行和出售新股的方式继续融资。因此，莫斯科威公司拥有一些现代公司的特征，但也欠缺其他的一些特点，比如有限责任。

虽然莫斯科威公司和荣耀巴扎克勒在公司架构方面的相似之处非常显著，但它们之间的区别也同样重要。莫斯科威公司的融资来源是风险资本。直到今天，风险投资者也不期望投资的众多项目全部有收益，只要少数能够产生回报就会相当满足。对于莫斯科威公司的投资，与其说是一张饭票，不如说是一张彩票。不像荣耀巴扎克勒已经通过谷物磨坊证明了自身的赢利能力，莫斯科威公司的设立完全是以投机为目的，对于未来发现和贸易的期望才是公司成立的推动力。鉴于它独特的性质，我们可以说莫斯科威公司的雄心建立在未来的可能性而不是已知的现实价值之上。

这家英国探险公司代表了对于投资者的一种全新的风险和回报机制，这好像是一场有计划的赌博。大部分的行动可能以失败告终，但是那些成功的探险将可能重塑世界格局，为个人和国家带来巨大的财富，甚至突破种种困境造就一个横跨大洋的全球性帝国，而这个帝国的统治者就是欧洲大陆北部边缘的一个岛屿文明。

莫斯科威公司没能找到前往中国的北方航路，但它成功开辟了与俄罗斯的利润丰厚的贸易，为英国纺织品拓展了市场，同时也从西伯利亚的森林中找到了建造桅杆的木材来源。今天，前往莫斯科旅游，在距克里姆林宫不远处我们仍能看到莫斯科威公司的总部：一座眺望着古老码头的坚固的砖块建筑。莫斯科威公司在最初的几年获得了相当可观的利润，但公司的一些成员仍然梦想着打通北方通道，在这些人中就有迈克尔·洛克（Michael Lok，1532—1615）。

洛克和弗罗比舍：金融家与掠夺者

迈克尔·洛克是一位非常有远见的商人。作为人脉较广的英国商人的儿子，洛克职业生涯的早期在世界的金融中心度过。他在低地国家做过学徒；游历了西班牙和葡萄牙；曾在威尼斯生活，在那里与黎凡特人进行丝绸和奢侈品的贸易。然而，洛克最重要的工作经历是莫斯科威公司的伦敦代理商。

马丁·弗罗比舍（Martin Frobisher）过去在洛克手下工作，表现极为出色。弗罗比舍曾因 1562 年作为船员参与了一次失败的非洲探险而在葡萄牙的监狱中被关押了一段时间。弗罗比舍几乎就是一个海盗，偶尔是一个合法的掠夺者，其他时候则是一个雇佣兵——就像放荡不羁的杰克·斯帕罗船长那样。他也曾因抢夺英国运酒的货船而被英国关押。也许这为他以后各种大胆的计划提供了机会。出狱后，弗罗比舍找到了洛克和莫斯科威公司，提出了建立通往中国的西北航路的大胆计划。取得莫斯科威公司的同意至关重要，因为莫斯科威公司仍然掌握着向北方探索的皇室授权。莫斯科威公司最终同意将其所持有的北方探索权转让给洛克成立的新合伙企业——中国公司（Company of Cathay）。这家新公司的主要投资者包括英国皇室的财政大臣斯蒂芬·比鲁夫（Stephen Burough），以及英国皇家交易所的奠基人和著名的"劣币驱逐良币"的格雷欣定律的提出者托马斯·格雷欣爵士。虽然洛克拥有广泛的人脉，但他仍然无法

/ 239

为弗罗比舍的第一次航行募得足够的资金，缺少的部分他只能用个人名义借款。

1576年6月，第一次探险起航，弗罗比舍的船队向着高纬度地区行进，在一个多月后到达了格陵兰岛。之后他向东航行，到达了一座海峡，弗罗比舍认为这是长久以来探索的西北航线的入口。船长和船员们沿着狭长的水道继续向北航行了150英里，今天我们知道这是一处没有出口的峡湾。在路上，弗罗比舍绑架了一个因纽特人来和当地人交换5名在贸易过程中被俘的船员。

跟随着他们的船长再次向南出发，探险者们这次来到了西北航线的入口。这个地区被弗罗比舍命名为洛克大陆（Loksland），用以纪念他的资助者洛克。对于洛克地区的探险几乎一无所获，除去发现了一种易碎的黑色岩石——一种含有细小云母片、能够在光照下闪光的矿石。船队在8月下旬返航，他们在当地抓获的俘虏在航行过程中活了下来，但之后很快就去世了。

弗罗比舍报告了关于西北航线存在的可能性，以及在洛克地区发现的黑矿石可能说明存在金矿，这使得弗罗比舍和洛克能够为新的中国公司赢得皇室授权。洛克被任命为总督，弗罗比舍为海军上将。伊丽莎白女王自己投资了1 000英镑入股新公司。洛克作为联合企业的组织者占总筹资额4 275英镑中的20%。这次他们的任务，是带领更多的船和船员到新世界建立殖民地和寻找金矿，并且继续向前开拓西北航线。

我们很难想象为什么会有人认为弗罗比舍发现的矿产是有价值的。那只是一种会反光的黄铁矿，不含有任何黄金成分。这也是伊丽莎白女王的三名试金者中，其中两位的分析结果。只有第三位试金者认为矿石中含有黄金。中国公司的建立者们是否贿赂了第三位试金者？一方面，这一鉴定结果可以帮助他们募集一笔可观的资金来继续探险；但是另一方面，欺骗女王的惩罚也基本能够让任何关于欺瞒的想法不敢实行。如果是杰克船长，他又会怎么做呢？

弗罗比舍在1577年和1578年进行的第二次与第三次航行中，主要搜集了更多的黑色矿石，并且在陆地上建立了由女王命名的殖民地"梅塔无人地"（Meta Incognita）。弗罗比舍将殖民地建在靠近洛克大陆的一座名为科德纳恩岛（Kodlunarn Island）的小岛上，那里拥有丰富的黑矿石。和前一次相同，他遇到了原住民，并与他们发生了小规模的冲突。画家约翰·怀特（John White）在他的画作中记录下了其中一次冲突：在画面的前景处，一个因纽特人驾驶着他的皮艇，在画面的背景处，英国火枪手和持有弓箭的原住民对峙着。这同时也是对于科德纳恩岛风景的一个客观描绘：画面的前景处是被北极圈夏季绿植零星点缀着的、辽阔的、由冰川覆盖着的山脉，寒流阻塞了海湾，在科德纳恩岛对面的大陆上有一座当地人的营帐，小岛陡峭的侧面从水中完全显露。

图 18-1　约翰·怀特于1577年完成的画作：马丁·弗罗比舍的船员和土著居民在弗罗比舍湾的战斗。弗罗比舍的公司旨在开拓前往中国的东方航路（"The search for the North West Passage" by Ann Savors (page 6).The British Museum.）

黄金美梦：风暴和科德纳恩岛

很难理解为何弗罗比舍对于矿石的分析结果深信不疑，同样我们也很难相信会有人愿意回到如此荒凉不毛的地方，除非他们真的相信能在这里发现宝藏。科德纳恩岛是一块四面环水的椭圆形小岛——它唯一的明显特征是一条伊丽莎白女王时代英国矿工所挖的沟渠，目的是探查矿藏。尽管几个世纪过去了，当时人们所建的房子的地基还是很容易识别。沟渠不远处是一条斜渠，用来将数百吨的矿石卸进船里。海峡两面陆地上的因纽特人，对这些外来者的行为既好奇，又因以前发生的冲突而无法与他们友好相处。他们无法体会到，这个地方倾注了英国人探索的最高理想：能够拥有和西班牙人比肩的财富，一条通向中国的西北方向的航路，由英国皇室主宰的崭新的世界秩序。这似乎只是一个莎士比亚式的美梦，探险者和投资者总有一天会不可避免地醒来。

事实上，弗罗比舍湾的一次风暴终结了弗罗比舍关于黄金和西北航路的美梦。在第三次航行将要结束的那个夏末，一场风暴突如其来，他们的船只因为撞击到岩石和岛屿而损坏了。一艘船和大量船员失踪，另一些人足够幸运地穿越冰山逃回了南方，而其他人则孤独地留在岛上迎接漫长的冬天。由于补给不足，回程的航行非常艰难。当然，当船队到达英国，投资者们的困难时期便开始了。这次探险损失了公司的大部分资产，科德纳恩岛的矿石毫无价值，开辟前往中国航路的壮志也化为泡沫。洛克人生剩下的时间都忙于处理由于探险失败而引起的金融债务问题。

弗罗比舍的矿石究竟是什么？第一次航行后的分析结果为第二次和第三次航行筹集了新的资本，这件事是不是阴谋？他们的黄金梦是不切实际的吗？弗罗比舍湾目前是努勒维特（Nunavut）的一部分，努勒维特是1999年成立的加拿大的一块独立地区，由因纽特人管理。它的首都伊魁特（Iqaluit），坐落于弗罗比舍湾的最前面。矿石开采在努勒维特是一项重要的产业。努勒维特将巴芬岛（Baffinland）的矿石开采权授予了许多企业——其中最大的是巴芬兰钢铁，一家正在开采弗罗比舍湾朝北200英里处的高品质铁矿石的上市公司。这家加拿大公司估计这座铁矿中大概蕴藏着650百万吨纯度为65%的铁矿石，由于地处偏远完全可以露天开采，而且可以借助海洋解决熔炼以及运输的问题。想象一下，一位21世纪的矿工沿着弗罗比舍无畏的船员的脚印走上伊魁特的土地，而洛克的鬼魂如果知道他的探险者们错过了这样一座稀有的铁矿会是多么的恼怒。然而，如今的矿工们更可能是因纽特人。北极圈东部地区的发展能够为努勒维特地区的人民提供工业领域的工作。

遥远北方的淘金热

伊丽莎白一世命令马丁·弗罗比舍从"梅塔无人地"带回黄金。巴芬岛上真的有黄金吗？一些投资者认为答案是肯定的。"统帅资源"（Commander Resources）是由加拿大地质学家和企业家成立和经营的一家小型公司，它的股份以每股 20 美分的价格交易，整家公司价值 1 400 万美元。该公司的网站上展示了一张 2004 年从一个名为马尔洛克（Malrok）的地方开采得到的矿石的照片——这块矿石中含有黄金薄片。这些分析结果足以让人信服而再次为海上探险而筹资吗？

如果这里有宝石矿呢？在巴芬岛的一座名为吉米鲁特（Kimmirut）的小镇附近，人们发现了大量蓝宝石矿，当地人将这种宝石称为白鲸蓝宝石（Beluga Sapphires）。尽管有这些发现，统帅资源公司的利润表仍然没有多少盈利。这家公司的价值仍然在于未来的赢利潜力。在巴芬岛发现的高质量钻石表明，这片土地可能蕴含着大部分种类的珍贵宝石。加拿大戴比尔斯公司（DeBeers Canada）已经租用并探索了这座岛屿北部的广袤土地。

你现在可以继续为马丁·弗罗比舍的远见投资——只要购买这些开设在巴芬岛的小型探矿公司的股票就可以了。弗罗比舍发现的这片土地藏有黄金、钻石、蓝宝石和大量的铁矿石。鉴于猛烈的风暴、层叠的浮冰和偏远的地理位置，这些矿藏是否真的具有商业价值？全球变暖可能对这些公司的赢利能力有所帮助。起码我们可以说，在北极圈实现获取财富的梦想至今还激励着投资者们。

虽然中国公司由于经营风险而破产了，但其他致力于探险的英国公司存活下来并发展了起来。公司制的形式为资本的进入提供了灵活的商业架构。即使发生了中国公司这样令人失望的例子，英国仍然继续对进行海外探险和贸易的公司授权：弗吉尼亚公司——建立了美洲大西洋沿岸的殖民地；哈德逊湾公司——一家目前仍然兴旺的企业，当时成功地在现在加拿大的土地上进行经营活动；最有名的东印度公司，1600 年获得授权，负责保证英国在亚洲南部的贸易活动，最终在印度建立了殖民帝国。

所有这些公司都是以探险起家的。其中一些成功了，还有一些失败了。投资者们在投入资金之时面临着巨大的未知：未知质量的金矿、在新大陆存活的不确定性、西班牙从太平洋上发起的挑战，以及和葡萄牙与荷兰之间的竞争。

表亲公司

荷兰东印度公司成立于 1602 年，与荣耀巴扎克勒的成立形式类似，它也是由许多分散的公司合并而成，东印度公司的探险者们是由数个荷兰城市的商人赞助的。通过合并为一家公司，荷兰人开始模仿 1600 年成立的英国东印度公司。这两家公司成立的目的都是与葡萄牙人开展针对亚洲的香料贸易的竞争，最终它们也成功了。在接下来的三个世纪里，荷兰东印度公司占据了与印尼贸易的最大份额，而英国人则垄断了与印度以及中国的贸易。西班牙和葡萄牙是最早进行新世界探索和拓展前往亚洲航线的国家，但是荷兰和英国后来居上，最终垄断了贸易。

一个由法律、经济和历史学教授组成的欧洲研究小组仔细研究了荷兰东印度公司的早期历史。他们认为荷兰人和英国人之所以能够垄断亚洲贸易，源于公司本身的金融和组织架构的发展。朱佩塞·达里–马蒂尼（Giuseppe Dari-Martini）、奥斯卡·吉尔德布鲁姆（Oscar Gelderblom）、约斯特·琼克（Joost Jonker）和恩里科·佩罗坦（Enrico Perroti）对这个问题提出了一系列观点。约斯特·琼克和奥斯卡·吉尔德布鲁姆是荷兰资本市场方面顶尖的历史学家，朱佩斯·达里–马蒂尼和恩里科·佩罗坦是法律和经济方面的专家[4]。他们为了探索东印度公司为何能发展成为永续经营、股份交易、经营权和控制权分离的公司，对其文件资料进行了深入的分析。

与巴扎克勒公司不同，东印度公司的授权只有 10 年。这一有限的时长源于海外贸易的风险。回想一下第 3 章提到的已知的最早的股权合约，是由美索不达米亚与迪尔姆之间签订的合伙协议：投资者提供资本，在探险结束的时候，如果航海者们成功返航，他们将共同分享利润。投入的资本不是永久的。实际上，那时的公司还没有有限责任和可转让的股票。

达里–马蒂尼和他的同事们发现荷兰东印度公司源于 1600 年以前一次由荷兰多个省份的投资者共同出资赞助的亚洲探险活动。1602 年的章程规定，这个由 6 个省份的投资者组建的贸易垄断组织能够将投资者的资本锁定 10 年的期限，并且只有当利润超过投资的资本时，才可以进行分红。为了补偿投资者长期资本投入的承诺，章程规定投资人持有的股份可以自由交易。学者们认为股份自由流通这一金融创新是对于资本锁定的有效补偿。东印度公司的股份可以自由交易不是从巴扎克勒或者圣乔治借鉴来的,而是为了解决吸引资本从事需要长期投资才能产生回报的项目这一现实问题。

和圣乔治屋类似,而与荣耀巴扎克勒不同,荷兰东印度公司的章程建立了一个私营公共事业机构。荷兰授予和拓展了东印度公司的政治权利,包括执法、签署协定以及在海外发动战争。

股份被完全认购,并且交易也非常活跃。有超过1 000名投资者认购了在阿姆斯特丹发行的股份。[5] 阿姆斯特丹交易所被认为是第一家股票交易市场。事实上,在整个17世纪,阿姆斯特丹成为最复杂的金融投机技术发展的地方。约瑟夫·德拉维加(Joseph De la Vega)1688年出版的著作《乱中之乱》(*Confusion de Confusiones*),记录了荷兰东印度公司股票买空卖空的交易、看涨看跌期权的交易以及其他小投资者也能使用的投机技巧。投资者之间借以进行交易的转让票据使公司所有权的转移成为可能。由于交易和所有权转移之间存在时间间隔,因此各种中间投机的技术都有机会得以实现,事实上也确实出现了这种情况。

所以,即使东印度公司没有发展出现代企业的全部特征,为了交易它的股份而成立的阿姆斯特丹股票市场也代表了一个重大的金融创新。

用于交易荷兰东印度公司股票的公开市场实现了许多目的。第一,它向投资者们清晰地证明,如果购买股份,就肯定能够出售,这种流动性极具价值。如今,股本求偿权像债券求偿权一样理所当然,而后者早在威尼斯的军事债券发售以来就已经存在于欧洲了。第二,它深刻地挖掘了人们对于赌博和投机的天性。德拉维加将一些交易者描述为天生悲观者,而其余一些是乐天派。即使公司多年不进行分红,股票也能够进行自然的流通。东印度公司股票的公开交易使得阿姆斯特丹交易所成为香料交易行业的晴雨表。正如我们在第17章看到的,虽然巴扎克勒的股票在15世纪是完全可交易的,而图卢兹粮食市场也是投机的市场,但是活跃地进行买空卖空的股票市场并没有出现过。也许就是荷兰东印度公司的冒险成功可能带来的丰厚回报和冒险失败可能造成的严重损失之间存在的巨大的不确定性和风险,更加激发了投机者们的兴致。

荷兰东印度公司和它的表亲——英国东印度公司,耗时多年完成了向现代公司的转型。达里−马蒂尼和同事们将这一转型归功于有限责任制,这种制度使得企业能够通过发行债券来满足短期资金需求。荷兰东印度公司在发行股票的同时也发行债券,但只有当它获得了有限责任的许可之后才开始发行债券。

其中一种收益率为6.25%的债券被收藏在耶鲁大学善本图书馆的金融历史收藏品系列中，这是由哥特·罗文霍斯特教授设法找到并为大学获得的另一项重要财富。

1612年修订章程之后，荷兰东印度公司开始向永久资本制转变。股东们希望可以分享由资本投入带来的回报，但是政府通过干涉，将章程规定为永久资本制。达里-马蒂尼和同事们认为，当时政府对于公司的延续具有很强的意愿，因为东印度公司代表并捍卫着国家在海外的利益——而从更为实际的角度出发，东印度公司的海外资产也难以定价和流动。因此，虽然对于巴扎克勒公司而言，永久资本是一种基于无限封建索取权的自然属性，而荷兰东印度公司的股东们则是被迫同意这一制度的。英国东印度公司在18世纪才沿袭了其表亲的做法。

公司制组织形式是否是进行海外贸易以及最终展开殖民扩张的最佳模式？对此人们尚有争议。一种较为合理的观点认为，英国人和荷兰人的相对成功源于先进的金融技术。对热那亚的圣乔治屋来说，与需要考虑许多其他目标（同时缺乏足够的资金去实现这些目标）的皇室相比，由商人控制的实体制定的经济战略决策更能确保经济增长。然而，任何希望长途跋涉前往巴芬岛寻找黄金，或者憧憬花重金购买船只围绕非洲航行并带回奇异的香料种子从而为富人们制作颜料和钱包的人，都显得近乎可笑的乐观。公司和股票市场的第二次新生绝不是冷静思考的结果。

第 19 章 "杰出时代"

考虑到国家的规模，英国和荷兰的远航能力与制海权是非常惊人的。正如我们在第 18 章中看到的，这两个国家的扩张与商人航行、巨大的垄断性贸易公司、开拓并维持与亚洲的贸易航线等因素紧密相连。商业帝国的形成以个人承担巨大的金融风险为开端。北欧的贸易公司逐渐发展成有能力为需要长期投资的项目进行筹资、分散风险，同时为投资者提供流动性的机构。

即使在个人远航受挫、战争失败或市场关闭之时，公司的组织形式也被证明是一种稳健的范式，好比一套游戏规则，使投资者们怀有长久的兴趣，从而保持了资本数年、数代甚至数个世纪的连续性。对这两个国家而言，公司逐渐变得和政府一样重要，并且两者的利益开始交织在一起。

本章将考察公司与资本市场在英国和荷兰出现一个世纪以后的发展情况。我们将深度审视一个社会变化使人眼花缭乱的时刻，而这是由贸易公司创造的新型金融工具所带来的。如果公司能够在探险发现和殖民上获得成功，那么为什么不将它们用在做其他事情上呢？

《论开发》：震惊世人的金融新图景

1687 年 11 月，正当荷兰共和国处于鼎盛之时，荷兰君主威廉（William of Orange）组织了一支规模 4 倍于西班牙无敌舰队的海军，舰队穿越英格兰海峡，在德文郡靠岸。这支舰队所消耗的资金是由阿姆斯特丹的大商人银行家们提供的贷款。这支侵略军队由来自德国、苏格兰、瑞士和斯堪的纳维亚半岛的雇佣兵组成。实事求是地说，他们深受欢迎。天主教君主詹姆士二世（James II）受到臣民们的厌恶，英国的海军和陆军中有很多士兵都向荷兰方面投诚。反天主教的暴乱在多座城市爆发，到当年年底，支持国王的势力几乎销声匿迹。土地乡绅甚至看不到为国王而战的丝毫利益。为了阻止威廉染指国王合法权利的最后象征，詹姆斯二世将英国王室的大御玺扔进泰晤士河并逃到法国，而威廉和玛丽作为联合君主共同执政。尽管不流血的侵略得到英国大部分清教徒的支持，政权更迭也相当平稳，但1688年荷兰对英国的征服依旧对两国产生了深远的影响。政治史学家认识到这是削弱英国君主权力的关键一步，它推动了英国向议会统治的全面转型。

对金融史学家而言，1688年是一个分水岭，它标志着英国作为全球性金融权力中心迅速崛起。随着荷兰君主统治英国，荷兰的银行家和金融从业者为英国带来了荷兰金融的"基因序列"：开放金融市场、利用债券筹集政府债务、利用彩票刺激投机、为食利阶层安排年金和养老金、组建一个为财政政策服务的中央银行。英国人在这些金融工具的使用过程中注入了强大的创造力，将它们应用于1688年以前社会所能想象到的方方面面。光荣革命释放了英国人在金融方面的想象力，英国进入了一个全新的金融时代，作家兼企业家丹尼尔·笛福（Daniel Defoe）称之为"杰出时代"。

很少有作家能够像笛福那样敏锐地捕捉到英国金融的新精神。或许因为笛福是一个向新政治秩序和充满无限可能的金融行业敞开怀抱的梦想家，所以他极尽所能地开拓这两项事业。作为一个年轻人，笛福是1689年欢迎新教国王胜利驾临伦敦城的伦敦居民中的一员。[1]他甚至还曾私下为新国王和王后效力。在接下来的10年里，笛福致力于一系列商业探险活动，但法国海盗挟持了由他承保的船只使他的海上保险业务陷入窘境，同时他为姐夫的救援作业而投资的潜水钟项目宣告失败。为了满足英国上层社会对香料的需求，笛福借钱筹办了麝香猫农场。然而，由于他无法清偿债务，他将猫卖给了自己的岳母，而他的岳母发现运来的麝香猫并不属于笛福。种种过失使得笛福在光荣革命之后官司缠身，身负沉重债务。在完全清偿债务之前，他曾在伦敦南华克债务人监狱待过一段时间。笛福通过关系谋得了私人彩票咨询师和税吏两份临时工作。他最终想到了一种赢利的商业模式：为伦敦建筑市场生产荷兰风格的陶瓷屋瓦。

历史并没有把笛福铭记为一名商人，而是一位文学家、旅行家、小说家。笛福创作了小说《鲁滨孙漂流记》，发表了自己的政治评论，并撰写了大量关于政治、经贸、金融、股票、贪污腐败和国家债务的小册子。他的第一部作品是汇集了一系列关于探索新时代潜力的建议的书籍——《论开发》（*An Essay upon*

Projects），该书出版于 1697 年。

文章用简短的篇幅深入探讨了 17 世纪末英国新兴资本市场带来的社会变革。笛福的观点值得着重引用，他描绘了一幅令世人震撼的金融新秩序的图景：

> 需求是发明之母，它极大地刺激了人类的智慧，可谓生逢其时。为了区别于其他时代，我们称这一时期为"杰出时代"……关于好的发现、新的发明、发动机的美好假象有很多，我不知道是什么引起容易上当受骗的人们抱有如此程度的幻想——先进的观念、追涨杀跌，或者被创造出来的机器。人们很少处于预期的阴暗面，他们组建公司、选择委员会、聘请业务员、制订股份和账簿、发行股票，陷入投资新事物的空想之中。当投资者们继续开玩笑直到卖出所有利润时，他们让阴影自行散去，而那些贫穷的购买者彼此争吵，将定居、迁移等问题诉诸法律，并把受狡猾人群糊弄而遭受损失归咎于他们自己。因此，原始股股价开始在某些程度上开始下跌，直到股票像当年的黄铜钱一样一文不值。我也有一些联合的股份——股票、专利、机械和担保。这些股份一开始因为利好消息或者与之相关的股票经纪人而上涨，后来它们的价值由每股 100 英镑（或更多）的价格一直下跌到每股 12 英镑、10 英镑、9 英镑、8 英镑，直到最后没有买家（也就是说，总而言之，好的新鲜的玩意儿不值钱），许多家庭因此遭受灭顶之灾。如果我列举亚麻生产、硝石工业、铜矿、潜水机器、蜡烛制造以及诸多类似行业，我相信我并没有说错，或者并不需要对某些人怀有愧疚感。[2]

尽管笛福谴责利用证券批发计划攫取利益的行为，他还是在自己的书中提出了一系列高收益的金融计划。他在文章中提出的第一个有远见的股份制计划就是扩张英国的银行体系。他提出建议，为什么不筹集一大笔资金并创建一个大型的国家银行呢？这个银行能够提供商业贷款、背书商业汇票、承保大笔资金转移，并且提供利率为 4% 的抵押贷款。国家需要资本，因此银行需要扩张。银行需要增加管理者数量并在不列颠群岛开设支行，为贸易中心带去资本，比如坎特伯雷、索尔兹伯里、埃克塞特、布里斯托尔、伍斯特、什鲁斯伯里、曼彻斯特、泰恩河畔纽卡斯尔（Newcastle-upon-Tyne）、利兹、哈利法克斯、约克、伯明翰、牛津、雷丁、贝德福德、诺维奇和科尔切斯特。所有贸易中心都将受益于向商业放贷的银行，因为这样的银行可以直接向各式各样的新式商业企业直接放贷。银行使得储蓄可以变成投资资本，同时它还能够克服地理空间上的束缚，因为银行的出现使得资金异地存取成为可能，从而促进商业贸易的发展。

在对国家银行体系进行了规划之后，笛福随之提出了创建全国高速公路系统的计划，这一计划由议会通过征税筹集资金，承担道路建设工程的公司按照契约上标明的土地份额进行经营，法律也会对其应承担的义务做出规定。笛福接下来提出了一个覆盖航海风险、火灾保险和产权保险的互助保险公司计划，有点令人意外的是，该计划没有包括人寿保险和人寿年金。他甚至提出了一个国家养老金基金计划，就像美国的社保体系一样，由受益者集资形成一个巨额资金池，然后通过投资彩票和房地产项目获取收益。按笛福的说法，这一计划将"消灭王国的赤贫和贫困现象"。如果能够通过新兴资本市场筹集资金或者能由一个开明的、大胆的、愿意深入改革金融体系的议会专项拨款，那么一切皆有可能。

笛福在他的《论开发》一书中还提到了改善社会的其他方法：制定破产法，从而废除债务人监狱，进行有序的资产清算并在债权人中分配。他还提议成立一个女子学院，一个以法国科学院为模版的学校，一种专门解决商业纠纷的商人法庭，一只用以支持商船水手的基金。总而言之，这本书发人深省，其中包含的振聋发聩的思想足以改变人类现状和商业发展足迹。这本书让笛福跻身那一时代最有远见的主笔和评论员行列。笛福实际上开创了记者作为空想家的角色定位，尽管他的提议最终只是那一时代许许多多畅想的一部分。

技术，而非技能

笛福的《论开发》在新制度和新技术的基础上设想了一种新的社会秩序。正因如此，在论述新的金融秩序可以通过创造巨额的资本积累反过来全面重塑社会这个方面，《论开发》属于开山之作。历史学家弗朗西斯卡·布雷（Francesca Bray）对技能（techniques）和技术（technology）做了非常有意义的区分。用她的话说：

> 技术是技能在其相应的社会背景下的运用，社会背景赋予了它意义，使其作用于被生产的物品和生产物品的人本身……它们被用来化解冲突，然而有时它们又制造冲突。技术……执行着意识形态方面的工作……可以维持、转变或是发展整个社会秩序。[3]

18世纪末在伦敦蓬勃发展的股权投资市场不仅是一项集资新技能，也是一项新技术，这符合布雷的相关定义，因为它拥有引入社会新秩序、重塑卓越社会可能性的能力。正如布雷所说，也许更为棘手的是新技术可能由于文化多样性理解而引发冲突。

笛福本人在书中给出了两种矛盾性的解释：他首先谴责市场，却又借助市场重塑社会。笛福警告人们新金融时代存在的危机：不诚信金融机构的出现，市场操控的风险，被愚弄、哄骗、欺骗、蒙蔽的潜在可能，以及被贪婪的巨鳄弄得倾家荡产。

这些金融技能并不新奇。毕竟在《论开发》发表之前，公司、股票市场、投机者就已经存在。真正的新奇之处在于通过富有创造性的想象力将这些技能进行组合。金融工具开始在投资者和创新者之间建立一种反馈机制。在走向金融革命的道路上，笛福的《论开发》已经经历了两个阶段。在目睹了金融的巨大威力之后，笛福提议进一步推进金融的发展。在他所处的时代中，金融创新伴随着金融技能的强化，直到它成为金融技术——新文化中不可分割的一部分。这种文化以公司作为企业的核心单元，它包含着公众强烈的投资欲望以及金融中介的发展，而这些金融中介将促进公司进步、买卖股份、担保期权以及开辟市场。立法机构和监管部门可能需要很多年的努力才能跟上这一文化潮流——界定公司可为和不可为的范围，明确管理者、所有者、董事会成员的角色，理解产权公司的流通股代表的含义，以及决定政府是否需要管控或放任企业。笛福的《论开发》发表之后的那段时间被证明是金融史上最激动人心的时期。

1697年的挫折："杰出时代"的开始

在"杰出时代"，公司成立的方式之一是推出一项股权认购的延期支付计划。尽管每股的账面价值是100英镑，但认购者只需支付一小部分（约1%）就能够拥有其所有权。在偿付期到来之前，新公司会在资本金缴足之前不断向股东索取资本。与此同时，认股权也可以进行交易。也就是说，在一开始，公司会将所有钱借给股东用于购买优先股，但如果股东不能满足资本要求，他们现有的权益将会丧失。

图19-1 对伦敦皇家交易所的描绘，摘自1720年出版的《愚蠢之镜》荷兰卷。画面中间是经纪人们交易证券的列表。在荷兰语中，这种发生在脆弱纸片上的交易被称为"风中的交易"（Courtesy of The Lewis Walpole Library, Yale University.）

你可以以较低的价格买进股权，然后在价格较高时卖出。如果公司要求追加资本投入时股价仍然较低，那么股票持有者可以选择将手中的股票返还给公司。看似损失了小钱，但实际上这是以低成本赚取巨额利润的好机会。如果说以保证金形式购买公司股票像是一场赌博，它或许还真是如此。报纸上的每日报价会告诉你是在赚钱还是亏本——无须纠缠于公司的基本业务，只要关注由其抽象化而成的简单的、波动的数字。这与看你的彩票号码是否中奖无异。投资变成了数字游戏——这使得投资者由原来关注长期资本回报率转变为实时监控资本市场，以确定是否赢得了赌注。难怪它瞬间便拥有如此广泛的吸引力。这就是17世纪时的日间交易和保证金账户。

新型公司的股价表最早出现于约翰·霍顿（John Houghton）在1691年发行的《促进农商文汇》（Collections for Improvement of Husbandary and Trade）之中。[4] 到1694年，霍顿已经定期列出52个交易公司的股价。对于那些大公司，他免费提供每周的价格行情。而那些感兴趣的认购者们则需要为获取那些小型公司的价格行情付费。《弗里克股票价格》（Freke's Prices of Stocks &c）是市场消息的另一个来源，卡斯坦（Castaing）的《交易过程》（Course of the Exchange）则是第三个。

霍顿名单上的公司包括英国的铜矿业公司、金属模具和枪支弹药制造商、仿造俄罗斯皮革的制造商、潜水器具制造商（不是笛福发明的那种！）、排水泵制造商（恰逢排干东安格利亚沼泽的需要）、约翰·洛夫廷（John Lofting）先生的专供车载消防泵的吸涡轮发动机厂商、白纸制造商、蓝纸制造商、改善本土企业防潮会社（一家玻璃公司）、制造防止皮革受潮的"德国球"的企业、铅和煤粉冶炼企业、英国央行、百万银行、孤儿银行、格陵兰鲸公司、纽芬兰鳕鱼渔业公司、珍珠潜水公司、宾夕法尼亚、新泽西和多巴哥的殖民公司、掌握城市管道和自来水厂的汉普斯德特公司、约克建筑协会、爱尔兰国王和王后亚麻织造公司、凸光灯公司、纽卡斯尔矿泉水公司等。霍顿的名单无疑体现出技术革命正在进行。事实上，这些都是可投资的想法，但没有多少现金支付，这让人回想起大约300年后20世纪90年代科技泡沫时人们天马行空的乐观态度。不仅科学家和工程师设计的新奇装置能够改变世界，你也可以通过持有他们的股份拥有这样的机会。

按行业划分，这些新的英国公司涵盖了矿业、打捞、渔业、林业、农业、纺织、机械制造、海外贸易、基础设施、房地产、租赁和金融等诸多领域。自从1623年英国颁布《垄断法》，发明家便拥有从他的发明当中获得收益的排他性权利。1688年之后，新的金融市场实现了资本与创新和知识产权的结合。也许正是它们对于创新的拉动作用，使股份制公司相较于其他公司而言得到了较大的发展，对于其他经济领域的重要作用也日益凸显。历史学家威廉·罗宾逊·斯科特（William Robinson Scott）估计，1695年股份制公司拥有大不列颠整个国家财富的1.3%，然而到1720年年底，这一比例已经增长到13%。从那时起，公司系统由以往的一系列由商人控制的、依赖于排他性贸易特权的企业，转变成由多元且又渴望通过专利一夜暴富的投资者提供无限投资资本的企业组织。

投资这些项目的人越多，股票和认购的流动性就越强。即使一开始投资项目仅局限于少数投资者，随着他们出售手中的股权，项目所有者和投资者人数便不断扩大。股票在伦敦非正式股票市场——"交易胡同"（Exchange Alley）中多次易手。受新公司是否拥有创新型产品或其服务是否存在市场的流言影响，股票价格涨涨跌跌。

1692年，各家公司的股价开始飙升，有些达到其账面价值的两倍，这已经是其本金的许多倍。尽管成立新的合资企业以促进农业和商业发展能够在长期增加英国国民收入，但是在短期看来投资这些股票能够快速增加个人财富。17世纪90年代对股票需求的突然增加使得投资者加快了交易的频次，同时也吸引了相当多的投资新手入市交易。英国股价的第一次冲击发生在1697年，当时的股价由其两倍于账面价值的最高点下跌至账面价值的一半。股价的下跌揭穿了股票从业者和投资风险的真实面目，也招来了笛福的痛斥。但1697年的挫折并不是"杰出时代"的结束，而只是个开始。而20世纪90年代的科技泡沫，更像是转瞬即逝的金融烟花。

泡沫中的工业革命

人们通常认为，工业革命兴起于英国，始于18世纪末并在19世纪中叶达到顶峰，标志是以生产流程机械化和产业分工为主要特征的经济转型的完成。然而，威廉·罗宾逊·斯科特在他卷帙浩繁的三卷研究成果作品中认为，工业革命的萌芽出现得更早，可以追溯到1720年的"杰出时代"。纵览建立于光荣革命之后的公司清单，我们很难不认同斯科特的看法。工业革命需要的所有条件全部都已存在：机械化、创新、产权、资本。

"杰出时代"的谜题是为什么这些新公司的爆发没有发生在荷兰。17世纪的阿姆斯特丹拥有当时英国拥有的所有复杂的金融形式。出现于17世纪早期的伦敦市场，某种程度上是在光荣革命之后由荷兰金融家创造的。英国证券业和银行系统的基本结构和工作原理也是由荷兰的先例改造而来。事实上，在荷兰和其他欧洲大陆经济体发展起来的债券市场、年金和其他储蓄工具已经证明，资本市场投资需求是如何由资本供应量驱动的。荷兰人在东印度公司和西印度公司开辟了股票市场，为什么不能进入潜水钟计划、造纸公司和冶炼厂等领域呢？

也许光荣革命本身就是变革的催化剂，不妨思考一下1990年的科技泡沫为什么发生在美国而不是欧洲或日本？这三个市场都具备金融体系和活跃的技术研究项目。但很明显，真正的热潮发源于美国，在那里，人们讨论互联网的变革潜力、新的商业模式、新的通信手段、旧技术的死亡以及由点击和流量而非销售和利润带来公司价值的"新时代"金融的融合。

耶鲁大学经济学家、诺贝尔奖获得者罗伯特·席勒（Robert Shiller）在某种程度上是丹尼尔·笛福精神的现代投影。他提出利用金融市场帮助人们应对他们在经济生活中面临的巨大风险。席勒构想利用房屋期货对冲房屋净值下降的风险（已经获得专利），他建议设立GDP（国内生产总值）指数产品对冲失业风险。在美国经济状况比较好的年份，这些产品暂未引起人们的兴趣，但事实证明就像他之前的其他金融创新者一样，席勒已经走在了时代的前列。他的一个想法立刻引起了公众的联想。席勒正是因为股票市场泡沫研究与互联网热潮破灭的预测闻名于世。

席勒是一位温文尔雅的学者，言行举止得体。他一直对行为金融学感兴趣。多年来从计量经济学到投资者行为难题的讨论，让我们逐渐熟悉彼此。在他的学术生涯中，席勒尝试写过一本普及读物——《非理性繁荣》（*Irrational Exuberance*），该书基于他对科技泡沫终将破裂的坚定信念。这本书认为，泡沫是一种心理现象，它是多个因素相互结合的产物——基于你周围的人已经从投机当中获利的证据或谣言，你形成了一个合理的猜测（例如一项新发明或一个新想法），然后这一效应又被新闻媒体加强。他强调，这些环境条件可以改变富有经验的投资者的心态，导致他们忽略理性的概率评估和简单的常识。

在席勒看来，促进投机泡沫发展的最终成分是一种协调机制。除非投资者同时购买，否则股价不可能一致上涨。而一些大事件将俘获投资者想象力、引发泡沫，使得投机横行。在"杰出时代"鼎盛时期的伦敦市场，大事件便是南海公司风潮。

贩奴许可

牛津勋爵罗伯特·哈利（Robert Harley）对笛福有极大的恩情。1702年，笛福的激烈文字使得他被抓入纽盖特监狱，被判示众三天，罚款130英镑，只有交完罚款后才能出狱。哈利说服女王悄悄缴纳了罚款，从此笛福成了哈利教授的密探、宣传者和经济顾问。

在笛福于1704年创立的意见性杂志《英国国家评论》（A Review of the State of the British Nation）上，他在关于国家政治、经济的争论中发出了强有力的声音。笛福的文章表现出强烈的民族主义倾向，特别是在有关对外贸易的主题上。早在1704年，笛福就提议要挑战法国和西班牙在南美和加勒比地区的统治地位。此外，他还主张从法国手中夺取加拿大，并在南美建立一个英国殖民地。

1710年，罗伯特·哈利成为英国财政大臣，实际上的英国首相。他最大的挑战之一是巨额的国家债务，这笔债务源自与法国的战争：西班牙王位继承战争。国家担负着超过900万英镑的债务，而其中大部分是需要兑付给退伍军人的短期应付票据。进入伦敦金融家行列的约翰·布伦特（John Blunt）和乔治·卡斯沃尔（George Caswall）提出了一个解决债务问题的巧妙方法。1710年10月，他们在一封给哈利的信中描绘了一个项目，这与笛福关于开展高利润的南非贸易的观点十分契合。他们的计划与笛福挑战西班牙在南大西洋统治地位的主张实在太过相似，这表明丹尼尔·笛福确实插手了南海公司计划的制订。

在他们的建议下，政府进行了国债重组并建立了一个主要由哈利领导的保守党控制的金融公司。那时的保守党几乎无法染指当时英国主要的金融巨头公司，包括英格兰银行和东印度公司。从本质上说，这个想法是用英国南海公司的股票清偿巨额债务，包括陈旧的国库账目、海员工资、陆军和海军债券以及短期汇票。政府将用这些固定利率为6%的债券与公司交换，并通过持有公司的股份获取股利分红。公司还将享受与奥里诺科河（Orinoco）南部的包括智利和秘鲁在内的南美洲东海岸以及整个西海岸地区进行贸易的排他性特权。[5]

1711年5月，议会通过该公司项目，由哈利担任主管人，董事会主要由保守党人组成。公司最重要的特征就是其庞大的资本化程度。凭借1 000万英镑债务转换带来的巨大价值，南海公司的资产规模比东印度公司与英格兰银行联合起来还要大。布伦特、卡斯沃尔和一大群金融家们在交易中取得了不俗的业绩。在项目公布之前，他们以极大的折扣购买了 65 000 英镑债务，然后以南海股票票面价值进行交换。

1712 年，笛福撰写了《一篇关于南海贸易的评论——论对南海公司预结算问题产生厌恶与抱怨的原因调查》(*An Essay on the South-Sea Trade with an Enquiry into the Grounds and Reasons of the Present Dislike and Complaint against the Settlement of a South-Sea Company*)。在他看来，该公司的最主要价值是为英国在南美提供了一个落脚点：

> 我们要在美洲发现或找到一个能够建立英国殖民地的地方，条约规定归我们所有，这不就足够了么？这样贸易不就自然而然来了么？我们的国家不就能像西班牙那样造福民众了么？如果因为不如他们勤奋而导致我们被固定在贫瘠的土地上，那么过错在我们自身。我们为什么不像西班牙人一样去往遍地是金银、药材、可可的富饶之地呢……这是我们所理解的南海贸易，我们应当运用国家力量予以保护，抓住具备这样条件的港口、土地、领土，或国家，无论你怎样称呼它，我认为这样的地方在美洲……西班牙王室阻止不了我们的步伐。[6]

笛福极力敦促国会将南海公司作为控制和殖民南美洲的工具，以帮助英国攫取西班牙大西洋帝国的财富。

1713 年，《乌特勒支条约》(Treaty of Utrecht) 结束了代价高昂的西班牙王位继承战争，战争中荷兰、英国和神圣罗马帝国极力反对法国和西班牙联合并处于同一个君主的统治之下。作为和解协议的一部分，英国第一次收到西班牙王室的许可证——允许英国人向西班牙美洲供应非洲奴隶。这封信中同时包括有限的商品贸易权利，并要求英国在接下来的 30 年内每年向西班牙美洲供应 4 800 名非洲奴隶（西班牙国王将在这一奴隶贸易中获得 10% 的利润），此外，还有在南美洲建立工厂——贸易中心——的权利，但每处最多仅允许有 6 个英国人。[7]

奴隶贸易许可证自然应由皇家非洲公司 (Royal African Company) 接收。皇家非洲公司于 1660 年得到特许资格并在西非的对英贸易中获得了垄断地位。该公司以企业（或其上级管理公司——约克公爵手下的公司）名称的首字母为明显的商标烙印在要贩卖的奴隶身上，并在非洲西海岸线上设立了一系列的堡垒来掠夺囚犯，并积极用黄金进行交易——基尼（英国旧时金币）因此得名。虽然该公司于1698年失去了垄断地位，但仍然很有希望恢复议会对其的青睐并得到贩奴许可证。

1711年，笛福转而支持对皇家非洲公司的援助，他认为大英帝国在非洲西海岸的贸易者实际上搭了该公司的便车，因此该公司应该得到财政援助。这本小册子证明了迪福不仅是一个不折不扣的奴隶贸易倡导者，而且他也不认为南海公司和皇家非洲公司是英国大西洋计划中重要组织机构的竞争对手。

尽管皇家非洲公司仍然存有希望，南海公司还是以750万英镑的价格购得了贩奴许可证。[8]西班牙国王菲利普五世（Philip V）通过出资100万英镑的比索贷款的方式，获得了新南海公司28%的股份。安妮女王的出资份额为22.5%。

虽然成本高昂，但英国很显然将它视为进入拥有丰厚利润的南美洲贸易的跳板。尽管南海公司的主要业务是奴隶贸易，笛福和他的资助者、该公司的管理者罗伯特·哈利仍将它设想为增强英国在大西洋商业贸易中存在感的一个途径。该许可证不仅给予公司进行跨大西洋奴隶贸易的权利，而且允许它在南美洲设立工厂，从而将之转变为英国的殖民地。这份许可证让英国在战争中的盟友荷兰人感觉很受伤。荷兰西印度公司曾在苏里南建立殖民地，并在西非建立军事要塞以捕获奴隶，而西印度公司的主要商业活动就是奴隶贸易。现在英国仿照荷兰模式成立了新公司，并且拥有了接管跨大西洋贩奴贸易的权利。此外，英国显然不仅觊觎西班牙在南美洲的定居点，同时也觊觎荷兰人在新世界的殖民地。

奴隶贸易，或者至少是被许可的奴隶贸易，此时开始企业化。"杰出时代"不仅为解放人类的机械化创造提供了充足的资金，它也为列属耸人听闻的、系统化的人类罪行之一的活动提供了发展和扩大的资本支持：一方面宣扬自由，另一方面却在贩奴。这种企业形式不仅便利了企业投资人直接进行资本投资，也提供了一种特别有效的方式来瓜分利润、分配控制权和发挥政治影响力。南海公司强大的原因不在于它在航海和贸易中的相对优势，而在于它在一定程度上是英国政府势力的延伸。它集中体现了放任自由的资本主义制度的对立面，而这种资本主义制度主要解放了投资者和企业家，让他们可以在一个平台上自由地购买和卖出资本。即使"杰出时代"让新的商业计划和理念的井喷式出现成为可能，公司却成为政治偏袒和国际谈判的工具。它可能诉说着政治家们决定探索所有贸易中最可憎的部分。

1711年是著名的欧洲、非洲和美洲三角贸易开始的一年。在整个18世纪，它成为西方世界主要的经济运行模式。位于英格兰西北部的工业制造城镇生产的产品被运到非洲用来交换奴隶；非洲奴隶则由恶名昭彰的中央航道被送往加勒比岛屿进行驯服，并转售到新大陆。糖、糖浆和用奴隶贸易所获得利润购买的其他商品则被运回欧洲。

奴隶贸易研究领域的权威历史学家约瑟夫·因尼克里（Joseph Inikori）认为，三角贸易的强化促成了大英帝国18世纪机械工业化的出现，而商品和人员沿着洋流的大规模流动现象，间接地创造了现代欧洲。[9]也许事实的确如此。1711年，南海公司的投资者或许不知道这一企业将引领可能会改变世界经济的贸易活动。然而，在附上对于金、银和南美种植园的描述之后，丹尼尔·笛福的侵略主义言论足以引导别有用心者将延期付款的英国政府债务转绘成一个全新的企业投资机会，它由首相本人创立并管理，而且拥有贩奴许可证。

比尔·里斯（Bill Reese）是一个杰出的古董书商（他曾经购买和出售了《独立宣言》），他能敏锐地识别这些改变历史的文物。很多年前，他在伦敦的售卖会上发现了一册皮革封面的小册子。册中包含了一系列用西班牙语书写的文件，文件上写着"朕，即国王"（Yo el Rey），这表明它是西班牙国王签署的允许船只进入西班牙所属港口的许可证。其中的一份文件详细叙述了关于贩奴许可证颁发的特定条件。最令人激动的发现是这本小册子的装订——封面上印有金制英文字母SSC。这是南海公司持有的贩奴许可证的副本。这本他向我展示并转让我处置的小册子，是允许公司进行奴隶贸易的官方许可证，同时也是世界历史上最臭名昭著的文件之一。

南海公司逐渐启动了它的贩奴业务。首先是管理上的重组。1714年，哈利被弹劾并降级为王室财务官，这是他政治生涯开始走下坡路的转折点。次年，他以叛国罪被关进了伦敦塔中。尽管在经历了两年牢狱生活后，哈利获释，但是他不得不走下南海公司的管理岗位。他的位置被英国国王乔治一世（George I）取代。1718—1722年，由于英国与西班牙的一系列政治斗争，包括短暂的四国同盟战争，英国在西班牙控制区的航海贸易被迫中止。然而，南海公司最终与皇家非洲公司达成协议，南海公司从西非海岸的据点中提供囚犯并且派船直接进行奴隶贸易。有时南海公司也干一些打劫的勾当，拦截法国与葡萄牙的贩奴船并收缴他们的货物。南海公司在牙买加和巴布多斯建立中转港，用以接收在运输过程中存活下来的奴隶。一些健康的奴隶会在中转港被再次贩卖到波多贝罗（Portobello）、布宜诺斯艾利斯和卡塔赫纳（Cartagena）。据计算，整个南海公司时期总共有 64 000 名非洲奴隶被贩卖到西属美洲地区。笛福在非法的奴隶贸易上的计划最终结出了硕果。到 18 世纪 30 年代末，塞维利亚的商人抱怨称英国商人把他们挤出了拉美地区的纺织行业市场，致使他们在新大陆没有任何销路。[10]

"交易胡同"

当人们讨论南海公司时，很少有人会想到奴隶制度。人们往往会联想到南海泡沫——在 1720 年投机潮中爆发的股价大通胀。大多数关于南海泡沫的经济学研究聚焦于 1719—1720 年间复杂的公司金融管理：英国贵族迫不及待地抢购新发行的股票，创造并且毁灭了巨大的财富。未能将公司的贩奴业务与股价异常联系起来在某种程度上可以看作历史的选择性记忆的结果：对股市冲击过分关注，却对奴隶制度在 18 世纪经济中扮演的核心角色视而不见。然而，这也反映了当时的市场心理。股票是公司所有权的纸面凭证，它代表了一定的实物资产，对于伦敦投资者来说它远远超出了能够提供未来股利的现实资产。股票交易市场——"交易胡同"成为投资者关注的焦点。

大部分的项目创建、南海公司的股票交易都是在伦敦的"交易胡同"进行的。直到今天，该地仍值得去参观一下。从银行地铁站出发，沿着康希尔大街直走，然后拐入几栋建筑后面一条仅有 150 英尺长的小路。这一段不可思议的小路曾经是一处特殊的战略要地：它位于皇家交易所和邮局之间。皇家交易所是各种商品和证券交易的地方，邮局是各路信息汇聚的地方。事实上，通过邮局传来的信息都可能在"交易胡同"中直接生利。试想，当你打开一封信件，优先掌握了从加勒比地区出发的商船安全到岸的消息，在其他人获悉之前买入该公司股票。毫无疑问，基于同样的原因，劳埃德咖啡馆也搬到毗邻邮局的地方。有关航道和灾难天气的消息会首先到达咖啡馆，保险经纪人据此设定新赔率。

加洛韦和乔纳森这两家颇负盛名的咖啡馆直接入驻这条小路。两家咖啡馆都曾经是股票交易和新股申购的场所。乔纳森咖啡馆里挤满了那些由于大声喧哗而在皇家交易所中被赶出来的股票交易员。毫无疑问，他们在"交易胡同"里仍然继续着这些不礼貌的行为，但他们的存在创造了一个市场。

图 19-2 《起泡器之镜或者英格兰的愚蠢》(*The Bubbler's Mirrour or England's Folly*)。这是一份英文的讽刺印刷品。从 1721 年开始，这份印刷品刊登由伦敦"交易胡同"发行的股票所投资的项目内容（Courtesy of The Lewis Walpole Library, Yale University.）

市场是买卖双方同时出现并交易的场所。一个无效的市场是没有连续报价的薄弱市场，即有价无市或有市无价。一个成功市场的标志是拥有一大群人，而为市场带来秩序的主要是价格。乔纳森咖啡馆对所有股份公司的股票提供报价，诸如约翰·霍顿、约翰·弗里克和约翰·卡斯坦等记者坐在乔纳森咖啡馆里，一边喝着咖啡，一边记录价格和各种流言，然后在一天将要结束时，他们带着这些材料回到报社进行排版并出版。今天，站在寂静的"交易胡同"里，很难想象这里曾经挤满了喧闹的股票经纪人和投机者，他们熙熙攘攘，进进出出，在乔纳森咖啡馆里交易股票；在劳埃德咖啡馆周围徘徊，打听关于加勒比海上商船的最新消息；在康希尔大街购买彩票；询价报价；忙碌地奔走于买卖之间；反复地谈论新发明、新专利和新项目。在嘈杂的"交易胡同"里，即使对于一个有贵族身份的股票交易者而言，也很难保持那份该有的绅士般的从容淡定。

收紧入口：悲剧的开端

1719年年末，由于与西班牙控制区的贸易短暂中止，奴隶贸易的速度放缓，即使如此，南海公司的股票在"交易胡同"依然火爆。为了筹集超过100万英镑的政府债务，即这一时期政府的彩票负债，南海公司又一次发行了认购股。这次认购的价值主张与南海公司的构成原理类似。公债持有人可以把流动性差、难以交易的债券换成有股利收入的南海公司股票，并从跨大西洋贸易中获得未来的预期收益。1719年，基金运行良好。1720年，管理层决定往前跨越一大步——认购价值5 000万英镑大英国债中的大部分。[11]

1720年年初，公众手中持有价值1 500万英镑的难以交易的长期和短期政府债券，而私人借款人手中则持有价值1 650万英镑的到期日不同的可赎回政府债券。南海公司对二者都进行求购。在交易中，领取年金者和债务持有者可以将手中持有的设计复杂、交易困难的政府债券换成条款简便、支付股利的南海公司股票。虽然债券的利率稍低，但是流动性明显增强。除此之外，为了获得这些政府债券，南海公司向政府支付了300万—750万英镑的费用。与此同时，南海公司通过现金认购的方式向普通民众发行了一系列认购股。这样就无须再通过政府债券认购股票。像这一时期的其他认购股一样，你可以有效率地从公司借钱来买新股。

债股之间的换算比率依照股票的市场价值而定。因此，股票价格越高，南海公司需要发行的用于交换可赎回政府债券的新股就越少，留在公司里的营运资金就越多。此外，南海公司用尽一切办法抬升股价，包括给认购者提供非常慷慨的优惠。最终，有80%~85%的公债持有人非常开心地将手中的债券换成了南海公司的股票。

在第一个半年期，南海公司的股价如野马脱缰飞速上涨，从1719年9月的116英镑（此时面值为100英镑）上涨到1720年3月的310英镑，继而在6月底攀升到了惊人的950英镑。[12]无论奴隶贸易的利润多么丰厚，或是未来大西洋贸易多么成功，都很难想象南海公司的股价在短短8个月里从每股116英镑涨到950英镑的经济学原因。也许政治因素可以部分解释这一疯涨现象。

自谋划阶段开始，南海公司就是大英帝国的政治产物。哈利通过谈判取得了西班牙在航海贸易上的让步，这种让步带来的价值所有权属于英国人民，而后它被出售给英国和西班牙王室投资的、由哈利掌控的南海公司。它巨大的经济潜力来源于政治支持。1720年之前,一直如此。投资者认为政治家会利用手中的权力为政府债券再融资设置条件,因为社会上层和有权势者持有南海公司的大多数股份。投机者把守在政客变现的必经之路上,并深信他们会为了中饱私囊敲定协议。众所周知,国王及王室可以从股价上涨中获取收益。南海公司一般会通过贿赂国会议员促使议会通过南海公司关于债换股的提案。

清醒的市场观察者警告说参与者数量不会增加。国会议员阿奇博尔德·哈奇森(Archibald Hutcheson)在1720年做了一系列研究,指出民众手中持有的南海公司股票无法通过公司手中的国债带来的现金流取得足够股利。换句话说,相对于公司基本面,公司的股价太高了,至少从债务转换的基本面来看确实如此。

当代分析师得出了同样的结论。经济学家皮特·加伯(Peter Garber)研究了南海公司的债股转换方案后做出估计:当南海公司的股份以775英镑交易时,整个公司的市值高达1.64亿英镑。[13] 其中,1.07亿英镑是公司持有的国债价值,剩下的5 700万英镑或者源于非理性繁荣,或者源于对南海公司跨洋贸易所带来的盈利的投机。假定筹资方案能够被落实,那么公司筹集的资本已经超出了其购买国债的需要。这些专款必须被投入那些能获取高额收益的领域——奴隶贸易,抑或是其他议会议员所看好的企业。但事实如何呢?

南海泡沫是否是由于对跨大西洋贸易预期的突然转变引起的?事后我们知道,即使它并非南海公司主要的利润来源,这一贸易确实是桩大宗生意。我们也知道,1720年,皇家非洲公司也经历了股市泡沫,但是它没有牵涉任何债股转换计划。尽管没有获取西班牙政府颁发的奴隶贸易许可,为了满足对股票的需求,皇家非洲公司也开始发行股票。

在1718—1720年2月间的四国同盟战争中,法国、英国、奥地利、荷兰4个国家结盟对抗西班牙。战争的主要目的是挫败西班牙谋求意大利和地中海西岸其他地区的计划,但该战争的另一大后果是威胁到了西班牙在美洲海湾沿岸的利益。法国与西班牙的军队在得克萨斯、路易斯安那和新墨西哥地区交战,而英国希望通过战争控制佛罗里达地区。涉事国家均相信在美洲的活动会带来巨额回报。如果法国能够从西班牙人手中夺取得克萨斯和新墨西哥地区的控制权,那么法国的密西西比公司(French Mississippi Company)就将成为垄断海湾地区贸易的主要商业公司。英国控制佛罗里达在很大程度上可以说是一个战略妙招。虽然条约没能够规定这些令人期待的权利，但是战争向投资者们展示了美洲贸易的经济潜力。其他研究将视线转向当时的西印度群岛贸易，包括对在牙买加发现大型金矿的投机。但是这些真的能够支撑南海公司和皇家非洲公司的股价突破天际吗？

威廉·罗宾逊·斯考特猜想泡沫可能是由金融力量自身驱动的。随着股价上涨，股票持有者会明显地认为南海公司拥有更多的自由资本。这一资金池意味着南海公司可以在更广阔的领域、赢利能力甚至超过跨大西洋贸易的领域，以及"杰出时代"提供的诸多赢利领域投资。在他看来，泡沫破灭悲剧的发生并非由于资本崩溃，而是因为监管者在"交易胡同"刚一开始发挥自由金融市场的功能之时，就收紧了资本的入口。

南海泡沫

1720年6月9日，恰逢泡沫高峰期间，议会通过了《泡沫法案》（Bubble Act）。法案要求所有公司都需要取得皇家特许经营权。法案的颁布有效地禁止了企业从事与特许经营许可无关的风险项目，即使对南海公司也是如此。法案特许建立了两家海上保险公司，并且禁止未来其他公司参与保险贸易业务的竞争。法案中的语言听起来好像笛福在《论开发》中所用的那种责骂的语调，也类似于哈奇森对愚蠢投机行为的不停哀叹——哈奇森在南海计划还未实行时就预测到了这些投机行为。这一法案看起来像是对"交易胡同"中股票从业者的直接攻击，它猛烈抨击源源不断发行的新股。该法案尤其对那些未登记的股票交易构成了威胁。被抓到的违法人员将"被处以罚款、处罚、刑罚，会以扰乱公共利益罪名定罪"。[14] 在股市泡沫第一次达到高潮的时候，立法者并没有试着扑灭投机者的嚣张气焰。很不幸的是，《泡沫法案》出乎意料地发挥了这个作用。

随着7月初的到来，伦敦大部分市民都去巴斯（Bath）避暑，他们在那里享受夏日沐浴，在牌桌上打牌。虽然期货交易仍在继续，但是南海公司的股权交易登记工作关闭了近两个月。股价走低，滑落到低于每股800英镑。拉里·尼尔（Larry Neal）是研究18世纪资本市场的杰出历史学家，他认为股价崩溃可以追溯到一个细节，即股权凭证转让登记被关闭是在哪一天，以及当其重新开放时会发生什么。他把从约翰·卡斯坦的价格表《交易过程》上获得的南海公司的股价信息数字化，并绘制出每天的价格走势图。尼尔指出当股权转让登记重新开放时，泡沫在短期内会迅速破灭，那些在夏天卖出股票的投机者不得不给他们的交易对手做出补偿。由于股价又小幅下跌到343英镑，一些买入的交易者开始违约，这加剧了市场的不确定程度，即人们担忧交易对手以及谁来支付。[15]

一周内，第四批现金认购南海公司股票的订购者被要求立即交钱，否则就会失去认购权。许多人尝试撤回他们的订购，然而都是徒劳的。股价像山崩一样，到10月1日，已经从800英镑暴跌到了200英镑。荷兰和瑞士的投资者抛出股票，携带现金离开英国。借钱买股票的人则陷入绝望，报纸上开始报道一些投资者自杀的负面新闻。

一些学者推测，议会通过《泡沫法案》是为了保护南海公司的股票免受"交易胡同"里火热的首次公开发行局势的影响。由此可见，它是维护皇家专利和特权旧体制的一项措施。

政府和金融市场的争论源于一个批评，即新公司一直在瞄准被特许经营的合法公司开展的业务。而这一情况更是随着对于股票从业工作的妖魔化描述，以及人们对于新公司的轻信而加重。从这个角度看，民选议员只是在单纯地保护投资者和重申专利权。

关于《泡沫法案》的另一个观点是，它扼杀了资本市场调动资金推动创新的能力。法案颁布后，新股发行遇冷。企业随后不得不确保它们并没有宣称有限责任——一种皇室特许权。但是否像威廉·罗宾逊·斯考特分析的那样，这一情况延迟了工业革命的发生？

泡沫破灭后，政府立即对混乱的金融进行清理整顿。南海公司的高层因欺诈被起诉。他们的财产被没收，利润被用于偿还投资者所遭受的损失。但是金融活动得以继续。1720年之后，诸如卡斯坦的股票市场价格清单仍在继续出版，拉里·尼尔认为，若仅从大型公司发行的股票来看，危机后伦敦和阿姆斯特丹的市场联系更加紧密和活跃。但谁又知道有什么稀奇的新发明正在离我们远去呢？如果能够获得资金支持，英国思想家们梦寐以求的一些像机械织机、蒸汽机的装置能否梦想成真？18世纪的化学家是否已经发明出了炸药？也许其中某一位钟形潜水器的设计者已经提出了潜水艇的构思，抑或是某位经济学家可能已经创造出了一套家庭股权投资保险的理论。历史只向我们展示了一个进程，其他选择只能靠我们想象。

18世纪的形势朝着一个方向发展——跨大西洋贸易被拥有特许权的大公司或是游离于监管、生存在灰色地带的企业主（有一些是海盗）主导。经济发展和工业革命最终使得金融市场主要以银行业为基础，这与股票发行相对并促进股票的发行。我们会忍不住好奇：如果在18世纪经济没有受到诸如制造企业、金融公司、矿业企业及类似企业的影响，历史是否会被改写？以奴隶贸易为主的三角贸易是否注定或部分地导致了经济竞争者的减少？

谁输谁赢

经济史学家彼得·特明（Peter Temin）和约阿希姆·沃斯（Joachim Voth）发现了南海泡沫时期有关机构投机的数据宝库。从一份管理货币的银行的记录中可以看出，情况正如我们预期的那样。

霍尔银行（Hoare's bank）坐落在伦敦佛里特街37号。这是一幢建成于1690年的雄伟建筑，位于金瓶标志下面，距离圣殿教堂大约200码。它是一个为高净值人群管理货币的私人银行。霍尔银行由理查德·霍尔（Richard Hoare，1648—1714）创立，他也是南海公司的创建人之一。1720年，该银行由理查德·霍尔的儿子亨利·霍尔（Henry Hoare）掌管。此外，亨利·霍尔还建造了英国最宏伟的园林——斯托海德园。霍尔银行向特明和沃斯公开了其在南海泡沫时期的档案，这使他们得以追踪并分析当时与伦敦城贸易关系密切的银行的交易行为。他们的结论是什么呢？霍尔银行低买高卖！即使亨利·霍尔相信哈奇森的悲观论调，了解当时估价的通胀情况，他依然随泡沫而行，在泡沫到达峰值时瞄准时机卖出。知情的富人们充分利用了泡沫。

脆弱的银行怎样度过崩溃后的流动性危机呢？今天，许多美国银行家很想了解霍尔银行长寿且富有韧性的秘诀。霍尔银行持有充足的现金。特明和沃斯发现霍尔银行1720年的资产中有40%是现金，15%是南海公司的股票，还有一些金、银、钻石和珍珠，以及少量的贷款。在1720年"交易胡同"发展得热火朝天的同时，霍尔银行却在逐渐增持而非减持现金。[16]

笛福做出了什么样的反应呢？他是1720年南海重新筹资计划的重要支持

者。他比哈奇森更乐观，并且通过自己的计算回应议员的估值。在 1720 年的一个小册子中，他宣称，若单纯依据政府年金的发行量计算，南海公司每股股票价值为 400 英镑。至于股价崩溃，他认为，9 月的估价已经跌出了其经济价值。他以典型的笛福风格写道：

> 在这里必须坦陈我们最大的担忧，随着股价大幅跌到价值之下，并超出了对损失的所有预期，投资者展示出了人类所拥有的非理性妒忌、杞人忧天、莫名其妙的顾虑以及普遍的不明智……通过购买严重超出自身能力的股票本可以改善这种状况……现在却陷入不可避免的毁灭之中。[17]

笛福正确地意识到南海泡沫爆发的不利影响是信贷的急剧收缩，并指出这个问题的解决需要政府和个人的共同努力。

> 信用的坍塌不可避免地导致物质生产领域的衰退。农民发现没有地方可以买到所需产品，也无处发挥他们的劳动价值，进而无法支付地主租金。商人发现他们的商品没有需求，勤劳的劳动者找不到工作。随着穷人的不断增多，能够解决他们问题的措施越来越少……总而言之，我们希望有一个明智而善良的王子、忠诚而有能力的部长、干练的议员，他们能够为了所有人的共同利益共同采取措施：让我们对他们的决策贡献自己的一分力量，解决劳动力面临的困境。到时，我们的信用体系将会很快恢复，贸易将会繁荣，我们将会成为一个伟大、幸福、强大的群体，直至千秋万代。[18]

这是那个时代留给我们的启发，对于 21 世纪初面临挑战的金融体系而言尤其合适。

第 20 章　法国的泡沫

苏格兰人约翰·劳在他所处的时代，甚至在任何时代，都堪称最具雄心的金融设计师。与同时代的丹尼尔·笛福有着相似的经历，年轻时的劳也在南华克监狱中度过了一段时光，倒不是因为欠债，而是被控谋杀。1694 年，他在布卢姆茨伯里广场决斗时杀死了伦敦著名的花花公子爱德华·威尔逊（Edward Wilson）。虽然劳认罪并受到了死刑缓期执行的判罚，但是由于威尔森颇具影响的社会地位以及悲痛欲绝的亲属们的阻碍，劳几乎不可能获得被赦免的机会。在恩人的帮助下，劳逃离了南华克监狱并逃到了阿姆斯特丹，远离了他在伦敦的社会生活。

25 年后，劳成为欧洲最富有的人。他是一个庞大的企业集团的负责人，几乎把整个法国国库都私有化了。他是密西西比泡沫事件的核心人物，引发了全球范围内的炒股投机狂热。或许有人会说，劳坐上这个超凡的位置靠的不是运气，而是机遇。

约翰·劳出生在富裕的家庭，是一位爱丁堡金匠的儿子。在 17 世纪，金匠就是非正式的银行家，他们可以吸收存款，例如银币，并且向存款人开具一种叫作"金匠小票"的票据，这些票据等同于现金，可以流通。由此可知，约翰·劳的金融生涯有家庭渊源。作为一名年轻人，他是个数学天才、网球健将，外表英俊，热情开朗，魅力无限。不像他的弟弟那样在爱丁堡子承父业，约翰·劳在大都市伦敦寻欢作乐。在那里，他接受了昂贵的教育，并把获得的遗产都花在结识上层社会的朋友（也许是敌人）上，将他的前途押在上面。不久，劳遇到了一个很好的机会——他在斯劳特咖啡馆结识了亚伯拉罕·棣莫弗。

逃离伦敦之后，劳游历于欧洲的几大主要城市之中，在上流社会里消遣和娱乐，同时也免不了参与赌博投注一类的活动。这对于一个数学头脑发达、风流倜傥、温和又善于社交的年轻人来说，的确是一个很理想的"职业"。在接下来的 15 年中，他从赌博中积累了大笔财富。

约翰·劳毫无疑问是金融史上最有趣的人物。大多数的历史学家引用他早年在牌桌上的经历，把他刻画成一个轻浮的骗子。即使最富有同情心的作家在描写约翰·劳时，都会把他年轻时的赌徒形象与后来那个有思想、懂经济的政策谋划者和制定者形象拆分开。

图 20–1　金融家约翰·劳的肖像，作者为卡齐米尔·巴尔塔扎尔（Casimir Balthazar）（http://en.wikipedia.org/wiki/John_Law_%28economist%29#/media/File:John_Law-Casimir_Balthazar_mg_8450.jpg.）

安托恩·墨菲（Antoin Murphy）——约翰·劳思想传记的作者，却并不认同这种观点。[1] 墨菲指出，劳不是一个赌徒，而是一个充分利用概率实现自己利益的人。就像银行家会买进被低估的国债一样，劳的所谓赌徒生涯实际上只是利用当时他掌握的数学知识管理风险罢了。当劳开始赌博时，概率论和博弈论的核心知识还只是少数人能够接触到的理论难点，而吉罗拉莫·卡尔达诺利用概率分析抛掷骰子的早期工作也只是被数学专业的好学生了解。同样地，用于分析博弈行为的基础数学工具对于那些进行组合数学和概率学研究的人来说还没有影踪。引用当代人对于劳的一段描写：

没有人比他更精通计算和数字，他是英格兰煞费苦心研究概率的第一人，他弄清了在投掷骰子时为什么 7 对 10 或 4，比 7 对 8 或 6 对 5 的出现概率更高等诸如此类的概率问题，并在抛掷骰子时进行示范。正因此，他成为当时最杰出的赌徒。[2]

公共俱乐部

想要理解约翰·劳，我们要从威尼斯开始讲起。威尼斯的圣梅瑟教堂，被约翰·罗斯金描述为"以文艺复兴时期最基础学派中最基础的典型著称"。[3] 精心装饰的 17 世纪巴洛克风格的外观正好体现了约翰·罗斯金批判的在道德滑坡时代自我放纵的文化。圣梅瑟教堂内部装饰有用来歌颂它的赞助商在商业领域的成功的画像。

1632 年，圣梅瑟教堂的外观还是崭新的，它看起来壮观雄伟、闪闪发光。在嘉年华晚会上，灯火通明，头戴三角帽的蒙面男子、身披长袍的贵族，和发型时髦、盛装出场的女士们，在圣梅瑟教堂前的广场欢快地跳舞嬉戏，威尼斯的特别赌场里也人满为患，人们通宵娱乐，直到天明。

对约翰·劳来说，圣梅瑟教堂是一个休闲的好地方，他经常躺在靠近教堂前入口的大理石石凳上。在圣梅瑟教堂后面是摩洛哥酒店，在劳的有生之年，该酒店就像公共俱乐部 Ridotto Pubblico 一样著名。公共俱乐部宏伟高大，坐落在大运河河畔，是玩碰运气游戏和进行其他社交娱乐的场所，内有一个摆满牌桌的高大主厅以及一些玩其他游戏的小厅。由于威尼斯只允许持有许可证的居民和没落贵族运营管理牌桌并从中收取一定报酬，劳事实上是不可能在公共俱乐部经营赌博业的。但是毫无疑问，他沉浸其中，而且极有可能在那附近经营起了自己的高级牌桌。

约翰·劳时期的威尼斯已经不再是欧洲的金融中心，这一地位很早以前就被阿姆斯特丹和伦敦取而代之。但威尼斯依然还是一个历史悠久的具备金融交易机构和完备银行体系的独立国家。然而这座城市又因为国际艺术和娱乐之都的地位重新焕发生机。威尼斯是"大游学"中必不可少的一站，在那里可以开阔艺术视野。威尼斯的核心魅力是嘉年华。在作家卡萨诺瓦（Casanova）的印象里，嘉年华赌场的魅力在于性和刺激的牌桌风险，牌桌上有这座城市最流行的让人欲罢不能的雷多蒂（redotti）和卡西尼（cassini）游戏。今天，也是同样的刺激和神秘感吸引着人们前往拉斯韦加斯。威尼斯，就像拉斯韦加斯一样，鼓励人们摆脱束缚、沉迷幻想。对于劳来说，为了从赌博中获利和成为庄家，他不得不控制思绪、认真推算，在这方面，威尼斯教会了他很多。

17 世纪，威尼斯出现了一种新的对抗庄家或者对抗扮演类似银行角色的参与者的牌类创新游戏。[4] 这种游戏取代了原来的各家平等类型的游戏，庄家控制场面并对提供的服务收取费用。现代最有名的这类游戏是 21 点。18 世纪，巴塞特（Bassette）是最风靡的庄家游戏。[5] 一名拥有大量筹码的参与者成为庄家，其他人在轻微的概率劣势的状况下对抗庄家。尽管庄家有概率上的优势，然而，巴塞特允许战胜庄家，因此，游戏者们会向庄家付费以看到赔率。

约翰·劳很明显是威尼斯庄家游戏中的大师。在游历中，他把这种具有魔力的威尼斯赌博游戏传播到欧洲的其他大城市，尤其是巴黎——那里好像特别热衷这种计算概率的玩法。劳的经营使他成为富人中的富人，从高赌注赌博中获取了高额回报。在众赌徒眼中，他是令人艳羡的对象：英俊潇洒、世故圆滑、幸运缠身，获得了巨大成功。他把一个漂亮、富有、已婚的女士发展成情妇并最终娶为合法妻子，这让他在名气上比肩卡萨诺瓦这位花花公子。有传言说劳通过彩票获得了巨大的财富，多到可以买下热那亚周边的一大片土地。到他 30 岁时，这个苏格兰人已经取得了比他失去的遗产多很多倍的财富。此时，他原本可以退休了，或者继续当一个成功的赌博者。然后，他会被后人以欧洲最伟大的享乐者或者把数学用于赌博的杰出大师而铭记。然而，约翰·劳期望得到更多。

"死去的财富"

在 20 世纪 90 年代早期的某个时候，安托恩·墨菲看到了一份迄今为止还不为人所知的经济学手稿，题名为"论土地银行"（*Essay on a Land Bank*）。虽然它的出处不明，但在一次古代文献交易中重见于世，墨菲因其顶尖的经济史学家声誉得以接触该文献。他辨别出这份文献是约翰·劳作为一名经济学家的早期作品。它揭示了劳思想转变的第一步，因而具有非凡的意义。

在文章中，劳提出要在英格兰创办一家银行，用土地而非金属铸币作为信用支撑。原因何在？因为白银供给的变化多端导致白银价值会出现较大波动，但是土地的供给是固定不变的，以此为基础发行货币是更好的选择。土地银行的方案之前曾被提出过，事实上，1696年，议会曾经授权成立国家土地银行，通过向股东筹措资金支付面向土地所有者的抵押贷款。土地银行发行的纸币，与英格兰银行发行的货币形成竞争，成为英国经济中的货币来源之一。保守党提出了支持该项目的一个论点，在某种程度上，此举可以让民众以低利率获得抵押贷款，这通常会刺激经济增长，毕竟货币与信用是经济的命脉。[6]

这个逻辑听起来是让人信服的。被锁定在土地中的财富可以通过抵押重获新生。在当时的一个小册子中，作者戴夫南特（Davenant）说："2 000万可靠的土地券几乎与'死去的财富'一样好。后者是一种快速流通的股票，在人们之间不断传递从而维持着很好的流动性。"[7] 戴夫南特给信用披上了华丽的外衣，同时说明了信用如何依赖人类特有的信任品质：

> 所有生物中，信用仅存在于人类意识之中，没有什么比这更美好、更令人着迷。它从来都不是被强迫出来的，它来自人们内心的选择。它取决于人们对于希望和恐惧的激情。你不用刻意寻它，它自会到来，它来无影去无踪，很难被发现。[8]

国家土地银行未能吸引足够的支持者。有钱的辉格党人认为这是对他们控制的英格兰银行地位的攻击。另外，认购条款显然没有经济上的吸引力。根据财产权重新定义财富的金融分析工具还没有得到大的发展。

尽管早期的土地银行尝试者失败了，约翰·劳借用了这个概念并将它发扬光大。相较于抵押贷款，为什么不建立一个事实上持有土地的银行？土地可以由出资者以价值标准化的形式让银行持有，随后银行可以发行票据，而且这些标准化的票据可以赎回。这些票据将是纸币的竞争对手，从这个角度看这些票据甚至比纸币更好、更稳定："土地抵押品的价值比白银抵押品的价值更确定，票据以土地为抵押发行，这些土地票据比纸币或金匠票据都更具优势。"[9]

约翰·劳设想了一种由不动产支持的证券化纸币，而这些不动产由作为金融中介的银行持有。因为土地的供给量是固定的，也是透明的，这将会减少该机构及其所发行票据的不确定性，进而为其作为货币流通增加信用。这种货币也能够兑换成土地，因此当土地比较贵时，票据会以相对于其他商品较高的价格流通。用经济学术语来说，土地将会变成计价物。而白银，目前除了作为计价单位以外，在经济中并没有扮演重要角色，在未来会更不重要。实际上，如果杂货商会接受约翰·劳的土地银行票据，他们也就会用胡萝卜和芹菜的报价作为标准化的财产单位——基本上使用代数运算的技巧就能使经济脱离对贵金属的依赖，而贵金属在很大程度上都被西班牙通过其在新世界的矿山所控制。可惜，英国的大经纪商们对劳的计划并不热心，因此这个计划也就不了了之。

接下来的一年，约翰·劳向苏格兰议会提出了一项更为庞大的、经过细致讨论的计划，他希望这次能够得到不一样的结果。为了配合这项计划，劳的姑妈拥有的一家公司公开出版和发行了一本名为"货币与贸易"（*Money and Trade*）的小册子。安托恩·墨菲认为，鉴于《货币和贸易》一书中对货币和信用在经济中扮演的关键角色的深入分析，约翰·劳称得上是那个年代最重要的政治经济学家之一。在劳看来，贸易依赖于信用，而信用的可得性取决于经济中的货币数量。管制的低利率只会把贷款人逐出市场。然而，通过货币供给却能有效调节利率：

> 有些人认为如果通过法律降低利率，贸易会增加，商人会雇用更多工人，贸易成本也更低。这样的法律会带来很多不便，而且其是否有上述好处也值得怀疑。然而，如果低利率是增加货币发行的结果，那么借贷会更加容易并且利率会更低，这样一来，用于贸易的库存会更高，商人的交易成本会更低，也不会有什么副作用。[10]

调节货币供应量的主要途径是通过银行系统，它能依靠分级准备金制度来扩大信用并满足贸易中的货币需求：

> 承诺货币等于给定信用的银行非常确信……只要他们贷款，就会增加货币供给，进而提高就业率，促进贸易增长，并为国家带来利益。但银行本身就没那么确定了……[11]

因此，约翰·劳在《货币和贸易》一书中提出的是一种货币数量论，这种理论立足于总需求以及最优货币量与经济产出能力直接相关的观点。[12] 货币量太少会制约经济，而太多则会导致通货膨胀和银行倒闭。最好运用类似纸币的货币工具使经济在最优范围内运行，而不是依赖金属计价物的偶然有效性或者严厉的利率管控。

这是当今美联储做决策时依据的基本原则，利用通货膨胀、GDP变动和失业率等基础信息决定折现率的高低，从而确定货币投放量。当然，约翰·劳的货币数量论也是对《管子》的回应——"黄金刀币，民之通施也"（参见第8章）。尽管约翰·劳的这些说辞非常博学且精到，苏格兰还是没有建立土地银行。随着苏格兰和英格兰在1706年合并，约翰·劳再次逃往欧洲大陆，并继续他作为经济学家和银行设计者的事业。

银行家——约翰·劳

1716年，约翰·劳终于在一家银行找到了机会。像英国一样，法国经济由于破坏性的西班牙王位继承战争而陷入凋敝。约翰·劳成功说服摄政王菲利普（Regent Philippe）、公爵奥林斯（Duc d'Orleans）接受了把银行作为货币政策工具运用的好处。约翰·劳把银行开在了他家附近的旺多姆广场。和英格兰银行及南海公司一样，通用银行（Banque Générale）由国家贷款和约翰·劳的私人财产提供资本。为了促进业务发展同时建立公众信任，通用银行从摄政王以及许多上流贵族那里吸收存款。接着它依靠这些存款发行了纸币，并提供约翰·劳设想的其他银行服务。银行通过贴现商人票据提供商业贷款，同时兑现能够促进国际贸易发展的汇票。在运行了一年以后，通用银行通过降低向商人收取的利率证明了自己。随后，通用银行开始作为国家银行运营，为政府接收以纸币支付的税收。[13] 1718年，它成为皇家银行，同时其发行的纸币也变为政府发行。通用银行从约翰·劳家附近搬到了官方驻地，约翰·劳自己也成了法国财政部部长。

与此同时，约翰·劳效仿南海模式创建了另一家公司，但其拥有更宏大的设想。1717年，西方公司（Companie d'Occident，即通常所说的密西西比公司）通过公开募股将国债转换为其股份。这与南海公司所做的债务转换相同，并服务于同样的目的：减少政府债务，同时开发美洲的未来财富。它对投资者也有同样的吸引力。这些投资者当时拥有已贴现的非流动的政府贷款，并且马上看到了把它们转换为公司统一股票的优势。这样不仅能够收到直接来自王室的债务清偿，而且还会得到来自新世界的大量未来回报。这家公司拥有整个路易斯安那领地的权益。[14]

1720年，路易斯安那领地还没有被绘入地图——那要等到该地被年轻的美国购买后，由路易斯（Lewis）和克拉克（Clark）于1803年完成。然而，没有人质疑其长期的经济潜力。狭小的新奥尔良位于世界上最大的持续通航的河流之一的河口处，这条河流连接了北方法属加拿大和南方港口之间的皮毛贸易。在路易斯安那种植园经济还尚未有效建立之时，肥沃的冲积土壤无疑已经预示了集中的农业开发。对于评估未来现金流的持股人来说，幅员达8亿平方英里的北美好像一只长期的潜力股。

约翰·劳的想象力很快超越了南海公司模式。他看到了通过兼并和收购把法国所有的海外贸易权利吸纳进一家公司的潜力。随着1717年债务转换的成功，他在1719年进行了附权股票的发行，而这让他有了极为雄厚的资本基础。他的公司很快吸收了塞内加尔公司、印度群岛公司和中国公司——相当于法国的皇家非洲公司和东印度公司。在这之后，约翰·劳在所有法国长途贸易中占据了垄断地位。他掌握了烟草垄断经营、皇家铸币厂和通用农场——法国的税收征管机构。这个新型巨无霸企业集团接着以优惠条件向国家投标，承接全部法国国债。它顺利吞下了西班牙王位继承战争后的所有法国国债，并通过向投资者承诺长期权益回报把利率降到了可控水平。

在激动人心的几年内，约翰·劳取得了卓越的成就。通过对"交易胡同"金融工程的运用以及对经济中货币角色的分析，他有效地把法国的金融运作私有化了，并进而通过公开发行把它们投放到了公众的手里；他成功地把基于稀缺的银铸币的废弃货币替换为法定货币，使其能随市场需求变动；他也创造了一种能在全球化潮流中和同行有效竞争的公司治理结构；最后，他还建立了一个根本上基于金融市场的世界。

母女股票

约翰·劳的股份发行经过了认真的设计，这些股份在1719年6月以分期支付的方式公开发行，购买者每月支付10%的购买价款。这吸引了财产较少的投资者，并扩大了资本市场的客户规模。[15] 皇家银行（Banque Royale）参考公司股份进行借贷,也就相当于今天所说的可回购借贷便利,这能够确保投资者的流动性需求。约翰·劳会把公司回购股票的价格贴到银行大门上。此外,为了确保投资者对公司股票发行的信心,约翰·劳用个人资产购买公司股票——他不仅口头上说,也用实际行动做了证明。[16]

最终,劳想出了一个巧妙的股票发行结构——附权发行。第一期股份发行的认购者会得到以4:1的比例在下期发行中优先购买的权利,并且这项权利能够以合理价格执行。第一期认购的发行股票后来被称为"母股票",因此增发的股票被称为"女儿股票",而1719年第三次增发的股票则被称为"孙女股票"。这一系列的股份发行以及约翰·劳采取的支持股价的特别措施吸引了大量的关注。他不仅扩大了国内的投资客户规模,同时吸引了国际上的投机者。荷兰报纸报道了巴黎这些事件的每日进展,并提供相应的报价。约翰·劳创建了一个快速吸引国外资本流入法国的系统。[17]在几个月内发生的包括南海公司和密西西比公司上市等一系列事件,把大量非流动的政府债转变成了股票,同时降低了政府成本,扩大了投资者对股票的需求,并且实际上创造了一种基于对公司的索取权而不是铸币的货币。所有的公司都是通过吸引公众参与对新世界财富前景下注的意愿,以及对这些强大的公司会受到国会和皇权强化与促进的预期来这么做的。

大部分在法国的交易都发生在甘康普瓦,现代蓬皮杜艺术中心后面的一条小街道。有关巴黎人对股票投机如此热衷的现代解释非常像是对"交易胡同"的描述。约翰·劳成功地创造了一股热潮——一股对投机的传染性的狂热,进而推动了对密西西比公司股票的大量需求。当然,快速上升的股价马上创造了一些百万富翁("millionaires"一词也许就是在密西西比泡沫中创造的词汇),同时也营造了强烈的赌博氛围。股价从1719年8月的400里弗上升到了9月的1 000里弗,然后戏剧性地涨到12月的1 800里弗。随着股价持续戏剧性地上升,原始股的拥有者获得了巨大的利润。股票的衍生工具也在进行交易,比如看涨期权以及远期合约。一夜之间,密西西比泡沫飞涨,在巴黎开启了一个复杂的金融市场。

1720年2月,约翰·劳把这家公司和银行合并成一家大公司。安托因·墨菲认为约翰·劳一开始就在脑海里酝酿了这个伟大的设计——他看到了把法国最大的贸易公司置于独立公司下的潜力——一种更大规模的热那亚模式。墨菲认为约翰·劳设想了在未来对这一系统进行更彻底的扩展——用公司股份取代所有的铸币甚至纸币。事实上，1720年3月，约翰·劳将股份和纸币间的兑换比率固定在9 000里弗上，试图将股票变成货币。[18]

即使约翰·劳对法国进行了私有化并将国库置于股东的控制之下，他的计划也和自由放任的资本主义观念相去甚远。相反，约翰·劳是将公司集合体置于个人掌控之下。这未必是一个阴险的计划——毕竟，他的理论展示了中央统一控制货币政策对于经济有巨大好处。这甚至都不是一个极权主义的计划。如果得以充分实现的话，这项计划本来能够成为民主的一种替代形式——股东民主，在这种形式下，投资者参与到政府补助和权利借以实现的经济收入之中，也参与到全世界法国控制区域的探索和开发中去。它会成为一股一票的机制，和一人一票相对应。

相较于南海泡沫，在密西西比泡沫中失去的是创新的源泉。法国的设计者对于公共工程以及贸易公司有明确的规划，但是没有证据表明有任何其他股票在甘康普瓦街真正交易过。约翰·劳在满足公众的股票投资上显然没有成功的竞争者。股票市场的建立似乎是达到目的的手段——一种用投资者的钱建立密西西比公司的途径，而不是创建一个汇聚资源实现创新的机构。

生财之道

当1719年密西西比公司发行股票时，皇家银行正在忙着印钞票。在一系列公告中，政府努力用纸币代替铸币。从1720年1月开始，政府发布了一系列公告来阻止铸币的跨境流动，并严厉禁止宝石和金属制品的生产和展示。[19] 接着，政府试图阻止铸币的储藏。这些行为是约翰·劳斩断经济对金银依赖这一长期目标的一部分。这个逻辑放在今天来看并无不妥。法币给了政府更强的控制货币供给的权力，进而推行积极的货币政策。既要取得充足的国家公信力又要放弃铸币储备，同时还要维持货币完美的跨境流动性，这些要求无疑太多了。在法币主导的经济中，真正的危险源于印钞机。公众必须信任政府，相信他们会控制钞票的供给。安托因·墨菲认为这是约翰·劳货币系统的致命弱点。他在1720年承诺的股份和货币之间的兑换价格，意味着他必须通过印钱来赎回那些股份。因此，对股票需求的下降，甚至只是甘康普瓦街和银行价差倒置，都会引发兑换比率失衡，进而导致通货膨胀。矛盾之处在于，货币供给的控制权也从政策制定者手中被有担保的股价夺走了。[20]

1720年5月，大跌到来了。接着政府发布了一项声明：承诺的股份价格将有计划地从8 000里弗减到1720年年底的5 000里弗。同时政府也采取了其他措施来保持币值稳定。这份声明显示：维持股票价格，也就是通货膨胀的成本是很贵的，而且公众并不愿意接受。

谁是新的神

约翰·劳和乔瓦尼·安东尼奥·佩莱格里尼（Giovanni Antonio Pellegrini）志趣相投。佩莱格里尼是一位世界性的艺术家，一位生于威尼斯的壁画家，在荷兰、德国和英国工作过。如今，他会被视作一位巴洛克式或洛可可式的装饰画家。他尤为擅长天花板错视绘画：天空中充满了寓言形象，锐利的透视手法给人异常高大的错觉。如果约翰·劳在18世纪早期偷偷回到过伦敦，他可能在波特兰的圣奥尔本斯（St. Albans）公爵官邸中见过佩莱格里尼的作品，当然也可能在海牙莫瑞泰斯（Mauritzhuis）的金色之屋（Golden room）知道了佩莱格里尼。然而，最有可能的是，约翰·劳看到了佩莱格里尼在威尼斯圣洛克大会堂屋顶上绘制的圆孔，那是象征仁慈的信念火炬，能够造成一种炫目的幻觉。

像所有的寓言画一样，佩莱格里尼的画是需要诠释的。抽象概念被赋予了人类可以理解的形式，然后这些元素汇聚到一起进行想象中的互动，这种互动是通过空间关系内涵的视觉语言来表达的。不用说，这种风格是约翰·罗斯金的最爱。罗斯金视为衰微的道德所体现的东西也能被艺术诠释，进而寻求对日益复杂世界的理解。这个世界里，世俗主题和宗教观念在竞争着成为公众的关切点。

约翰·劳让佩莱格里尼承担了用壁画表现他计划精髓的重大任务。这项工作从1719年持续到1720年，正如在银行大厅中不断上演的各种事件正在改变法国的经济状况，佩莱格里尼在画布上绘制了一幅巨大的画作——长42米、宽9米，这一定挑战了很多人的观念。历史学家和经济学家大流士·斯皮思（Darius Spieth）曾提到这幅巨大的天花板壁画，并用他自己的理解描述了天花板中间的人物。这些描写值得长篇引述——这是约翰·劳自己的愿景，只是经过了试图理解他的艺术家的眼和手的加工：

> 一幅国王的画像，一侧站着"宗教"；而在另一侧，则站着一位代表"摄政王"的英雄……在"宗教"之上是一位插有翅膀的全副武装的"天才"，他手里握着"商业"，其后紧跟着"财富、安全和信用"。在"天才"的脚下，一个孩子手握"创新"之弓；弓箭朝向右侧，在"天才"的下方，可以看到"算术"在那儿，手里拿着一张演算纸。在"算术"边上的是"工业"，她的特征是身穿盔甲手握长剑……在所有人物之上，在天花板的最高点，朱庇特坐在云端之上，朱诺在稍微边上一些。他们送出"富裕"，让大家分享财富。在"财富"的左边是"塞纳河"，其正拥抱着"密西西比河"……长有翅膀的"幸福"飘到这些河流的上方，飞进云里，手里捧着燃烧的火焰；"宁静"就在她边上，以放松的姿态握着一束小麦。在塞纳河岸，有人发现了两匹马拉着的马车，工人们正在装运来自路易斯安那的轮船上的货物；河上也有载着密西西比王子的其他轮船……在入口通道的上方，一群代表围着象征"交易所"的门廊，从衣着上能看出他们来自不同国家，他们正聚在一起进行交易。[21]

这幅壁画引入了新的神和女神：商业、财富、安全、信用、创意、工业、算术和富裕。画中将密西西比河拟人化为美国财富的来源，即使这显然是和塞纳河拥抱的结果。壁画想将这些观念和地理位置放进传统的宗教化的政治秩序里，但像佩莱格里尼的其他作品一样，这些关系一定是流动的、充满活力的以及戏剧化的。

怎么才能把约翰·劳在《货币与贸易》中展现的逻辑转化成布景、神明和帷幔？怎么才够让严密的经济论证以大型装饰画的形式呈现，而且还能说得通？然而，艺术的吸引力——寓言的吸引力——是与经济金融思维不同的逻辑体系，它是一个原型的体系：善与恶、英雄主义与背叛、美与丑。约翰·劳希望在画中赋予其赞助者皇家银行某种"原型"，佩莱格里尼的巨作很好地体现了这一意图。这些形象由于代表了太多的善良而不再真实。

那么谁是长有翅膀和全副武装的，并有"创意"和"算术"侍立在侧的"天才"呢？约翰·劳是否傲慢到将他自己置于环立着主宰市场的新神的万神殿之中呢？

想象 1720 年 5 月 22 日约翰·劳和他的部长们站在这巨大的穹顶之下，发布了降低股份兑换价格的公告，这事实上相当于承认了这个系统并不能维持。他们希望能实现我们在 20 世纪 90 年代提出的"软着陆"。为了挡住冲进来要求赎回股本的股东，他们整个上午让银行大门紧闭。最终大门敞开，人群涌入，劳用他手里的钞票回购了尽可能多的股份。然而，那无济于事。在接下来的几天，骚动在利德街爆发了，石头像雨点一般砸向了银行的大门和窗户，玻璃碎片洒了一地。即使这个公告会被撤销，但约翰·劳的命运已经注定了。股价暴跌，随之破灭的是他想要建立一个基于法币和私有化国库的体系的梦想。法国也回到了原来基于年金的金融结构，并希望快速抹去约翰·劳时代的任何记忆。1724 年，皇家银行的办公室被搬出，同时，那幅壁画也被毫不客气地毁弃了。

第 21 章 "按照霍伊尔所说"

1720年7月13日，鹿特丹召开了市议会，讨论由来自伦敦的埃德蒙·霍伊尔（Edmond Hoyle）和杰勒德·路特斯（Gerard Roeters）提出的商业计划。霍伊尔先生是一位没有荷兰血统的英国人，与其说他是一个推销商倒不如说是数学家。路特斯先生来自一个与皇家有联系的著名的阿姆斯特丹商人家庭，他从头至尾做了发言。路特斯强调，鹿特丹处在越发落后于竞争对手的危险之中。现在，这座城市是一个充满活力的商业中心，拥有很多值得骄傲的东西。它拥有东印度公司1/6的席位，这让其在利润丰厚的亚洲贸易中占有股份，虽然它的股份比姐妹城市阿姆斯特丹要少。然而，其成立于1595年的股票交易所比阿姆斯特丹的要悠久。鹿特丹拥有大量成功的银行家，经营着充满活力的海外贸易以及包括保险在内的一系列金融服务。

然而，路特斯争辩说，伦敦正在发生的金融创新威胁到了鹿特丹的竞争力。一项特别的金融创新正日益凸显。利用在城市咖啡馆发行认购股份积累的大量公众资本，伦敦的金融家设立了两家保险公司。通过政治影响和直接行贿，在此之前，皇家交易所保险公司（Royal Exchange Assurance Company）和伦敦保险公司（London Assurance Company）已经从国王那里获得了在英国从事海上保险业务的排他性权利。这些公司已经在制定航运保险政策，并抢走了荷兰人的生意。因此，路特斯宣称，旧的航运保险模式已经走到了尽头。

直到那时，荷兰的海上保险都是在交易所确定的，在那里保险买家和卖家会共同达成协议。风险价格根据标准条款进行报价。海上风险就像其他商品一样可以被买卖。如果理赔有争议，当地的保险委员会，也就是由主要保险商组成的保险商会（Kamer van Assurantie），会听取争议，权衡证据并公平裁决。那时的保险商冒着损失个人资产的风险来换取适度的保险费——船只去往临近港口的话，保费为货物、商船价值总和的1%~2%左右；对于像横跨大西洋探险这种高风险的活动，为了弥补损失，保费会高达8%。因此保险需要承保人雄厚的财力以及买卖双方之间的相互信任。承保人必须相信船长不会为了获取赔偿而故意让船只失事。同时，投保人也必须相信，如果必要的话承保人有足够财力进行理赔。这表明，只有那些能够证明财力的承保人才能吸引到客户——即使那样，他们的承销能力也会受到个人资本的限制。虽然偶尔会有投资者合伙为大型探险承保，但在现有机制下，风险分担也是有限的。这是一个像德摩斯梯尼一样古老的系统。

保险是一项明确进而分散风险的生意。很少有人像荷兰或英国保险商那样精于计算海上风险或船长骗保风险。然而，规模胜过计算。如果你成立了一家足够大的保险公司并承保了大量彼此不相关的项目，那么任何单一索赔相对于公司规模来说都很小。这个简单的准则隐含在当时才发现不久的大数定律之中（见第15章）。

由于筹集到了能够一次承保数百次航海的资本，这两家英国公司威胁到了传统保险市场。事实上，它们的资本基础是无限的，因为随着生意越做越大，它们想对个人投资者发行多少股份就能发行多少。路特斯强调，除非鹿特丹的民间领袖能够立即采取行动，不然，荷兰的优势地位马上就要走到终点。

霍伊尔和路特斯提议建立能够与英国保险巨头竞争的鹿特丹公司——同时也能够和当地的对手竞争，比如阿姆斯特丹的保险经纪人和保险承销商。对鹿特丹投资者来说的好消息是，英国国王刚刚签署了《泡沫法案》。因此，新的英国保险公司不能成立，也不能享受有限责任的好处或公开发行股票。这就解释了为什么伦敦的劳合社（Lloyds）在很长一段时间内都使其投资者的资本承担无限责任。但英国的法律对荷兰并不适用，而《泡沫法案》能够限制来自英国的竞争，所以荷兰的这家新公司就能够享受到《泡沫法案》带来的好处。

在鹿特丹提案中，资本将来自城中的杰出公民——也许是市议会的成员，他们将认购公司股份。认购者不必一次性支付股票全价——他们只要先期支付10%的股价，其他的按时分期支付即可。同时，认购者能够在股票交易所出售他们的股份，可能会获得极高的收益。

鹿特丹市民已经知道股票发行是怎么运作的。荷兰的报纸定期报道英国公司在1720年合资股票发行中通过投机赚取巨额财富的新闻。报纸甚至已经给出了皇家交易保险公司和伦敦保险公司的报价——这个迹象表明荷兰的资本已经对投资创办此类创新性的公司产生了兴趣。霍伊尔和路特斯给了鹿特丹一个机会，阻止荷兰资本大批外流，并使其在新的金融秩序中占据领导地位，通过汇聚当地资本与阿姆斯特丹的保险经纪人竞争，最终，赚取可观的利润。

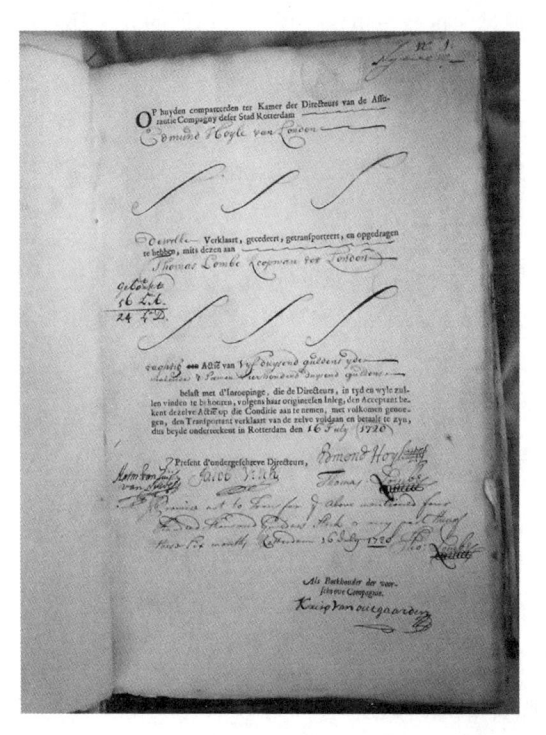

图 21-1 鹿特丹城市公司（Stad Rotterdam company）的转让书，记载了埃德蒙·霍伊尔对其新公司股份的销售。霍伊尔的股份转让给了托马斯·洛姆（Thomas Lombe），洛姆是工业革命中的首批企业家之一

市议会的讨论过程没有留下记录，不过好像发生了一些争议。同样的项目在一个月前曾在阿姆斯特丹提出并遭到了否决。显然，否决的原因之一是这威胁到了现有的与有价格影响力的垄断者之间的保险交易。雪上加霜的是，董事们对保险交易知之甚少，这导致他们在监督管理方面做得不好，并最终会将对阿姆斯特丹来说很关键的海上保险业置于"风中交易"（Wind Negotie）的支配之下。"风中交易"是一种投机性股票交易，会导致公司价值随市场偏好不断波动。

然而，霍伊尔和路特斯那天最终还是赢了。鹿特丹对一个月前阿姆斯特丹明确拒绝的项目敞开了怀抱。公司发起人为他们的公司找到了 388 位股份认购者。认购的股份在交易所交易，财富不断创造，新公司也开始披露财务状况，签发保单。霍伊尔在两周时间内悄然套现，他赚取的利润显然能让其追求真正的兴趣，霍伊尔的余生都花在研究纸牌游戏的数学计算上。几年后，他投身于写作一些如何利用概率计算在牌桌上赢钱的书，也许在其中讲出了这些年他赢钱的秘密。任何说过"按照霍伊尔所说"这句话的人，都对他表达了敬意。在他成为室内游戏的权威仲裁者之前，霍伊尔是一位企划人，一位设计师，一位概率论者，也是一位代表了时代发展潮流的金融家和投资家。

而在投资者身上又发生了什么呢？当在鹿特丹和阿姆斯特丹交易所进行交易的公司股价在8月相较于认购价上涨了90%以上之后，大部分人像霍伊尔一样，直接套现获取利润。一些投机者在一个月内实现了本金翻番。这家公司利用当时的投资热潮，马上进行第二次募股。荷兰的其他城市接着跟进，设立了类似的保险及贸易公司：豪达、代尔夫特、海牙、乌特勒支、斯希丹、纳尔登、韦斯普、梅登、梅登布列克、恩喀什、埃丹、霍伦、慕尼肯达姆、皮尔默伦德、阿尔克马尔、兹沃勒、米德尔堡、特尔维尔、多特荷西、弗拉丁、布里勒和马斯兰德，它们全都发行了能在鹿特丹、阿姆斯特丹或代尔夫特交易所交易的股票。

霍伊尔和路特斯开启了对"新时代"公司公开募股和投机的狂热，这股狂热虽席卷荷兰，但终究只是昙花一现。到了11月末，鹿特丹公司的股价大幅下跌，直至认购价溢价的17%左右，其他大多数公司跌得更加厉害。在高点进入的投机者眼看着他们的股价跌至购入价的1/4，三个月内下降了75%。那么，这些项目只是愚蠢的风险投资吗？毫无疑问，时间已经证明上市的保险公司是稳健的。有些投机公司继续经营并发展繁荣。在后来的18世纪，米德尔堡公司成为跨大西洋贸易中的一支主要力量——它推动了荷兰的证券化，实现了金融领域的创新，分散了新世界种植园的经济风险，同时助长着三角贸易时期荷兰罪恶的奴隶贸易（见第18章）。

1720年泡沫

投资者非理性这个答案似乎并不能充分解释1720年发生的事件。例如，鹿特丹公司的存续及繁荣表明，这并不是一个疯狂的计划。事实上，它利用筹集的资本签发保单，一直到1780年，每年保持5%左右的利润，在60年的时间里只有三年是亏损的。这家公司还运用其庞大的资本贴现汇票，同时利用货物作为资本提供商业贷款。此外，它还将保险业务扩展到火灾险和人寿保险。荷兰社会保险公司（Maatschappij Assurantie）和鹿特丹城市贴现公司（Discontering en Beleening der Stad Rotterdam）甚至比那两家同时设立的英国竞争对手存续得还要更久，而且几百年来，他们一直和英国保险公司劳合社进行有效竞争。当阿姆斯特丹还在坚持用传统的方式来撮合私人保险人和投保人时，鹿特丹城市公司已经成为欧洲大陆主导性的保险机构，并成长为世界范围内的大型金融组织。

如果有位投资者在1720年看到了这家公司长期成功的未来，那么采纳霍伊尔和路特斯的建议就并不是非理性繁荣，反而非常的合理。或许鹿特丹是证实上述论点的特例，但也未必。同年其他保险公司发生了什么呢，比如伦敦保险、皇家交易保险以及所有新成立的荷兰公司？奇怪的是，虽然学术研究已经持续了100多年，但关于第一次荷兰股票市场泡沫的记录仍然不为人所知。如果荷兰市场也曾为看似严谨的保险交易陷入疯狂，想理解英国1720年泡沫的前因后果，也许要从保险交易入手。而找寻这条线索的第一步就是找到相关的数据。

里克·弗里（Rik Frehen）是蒂尔堡大学的金融学教授，他也精于阅读古荷兰语。我和他以及哥特·罗文霍斯特都对1720年泡沫的起因非常感兴趣。为了研究荷兰的保险交易在1720年全球金融泡沫中扮演的角色，里克系统研读了荷兰每座主要城市的所有档案，查阅了18世纪的每期报纸，并搜集了成立于1720年的荷兰公司所有现存的记账簿。他在海牙找到了他想要的东西：一系列创刊于1719年的《莱兹新闻报》（*Leydse Courant*）。这份每周三刊的大报纸采取双面印刷，纸质很好，报道了包括股票价格在内的全球金融和政治新闻。

《莱兹新闻报》中最令人兴奋的发现或许是一系列荷兰东印度公司与荷兰西印度公司的股票报价。虽然人们早就知道这些公司的股票在1720年交易活跃，但没有人知道它们是否像法国和英国的股票那样产生过泡沫。《莱兹新闻报》为探寻1720年泡沫的第三个发生地提供了经验证据。里克和他技术娴熟的摄影师父亲合作，认真记录了报纸的每一页，并着手分析数据。

另外，似乎有些奇怪的是，荷兰报纸居然报道英国公司的股票价格，例如皇家交易保险公司、伦敦保险公司、皇家非洲公司、约克建筑公司等，而这些在现有的南海公司的研究资料中是找不到的。这个问题很快就解决了。拉里·尼尔有英股价格表的扫描版，在她的帮助下，我们补上了其余的英国公司股价。现在我们便能看出伦敦的保险公司是否存在泡沫，如果真有，何时爆发、如何爆发。

跨大西洋理论

这些新的价格序列首先使我们能够检验"跨大西洋贸易是泡沫的主要驱动力"这一假说。如果跨大西洋贸易是炒作的目标，那么我们应该预料到，无论是皇家非洲公司还是荷兰西印度公司，它们的股价也将与密西西比公司和南海公司一同上涨。这些股价为我们描述了一个令人吃惊的故事：皇家非洲公司与荷兰西印度公司的股价攀升幅度堪比1720年时的南海公司——上升了700%。相反，荷兰东印度公司和英国东印度公司在同一时期的增速相对温和。根据其他依据，我们也能够确信其他与跨大西洋贸易相关的伦敦公司的股价也存在泡沫。[1]

确实，1720年整个股市都存在泡沫，但跨大西洋贸易类公司的涨幅均名列前茅，而亚洲贸易公司和保守的英格兰银行涨幅最小。我们的结论是：笛福对英国与西班牙争夺跨大西洋贸易霸权的提议一定是南海泡沫的一个重要驱动力，但显然不是唯一的一个。

为何会是保险公司

那么保险公司的情况如何呢？我们的图表显示，皇家交易保险公司和伦敦保险公司的股价存在巨大的泡沫，它们的泡沫远大于南海公司。尽管鹿特丹公司在那年的晚些时候才发行股票，它的股价也在崩盘前冲高了一波。也许这些动向能够反映保险公司在某些特定方面的变化趋势。

保险公司上市在1720年并不是什么新奇的想法。从1716年开始，伦敦企业家一直在试图让政府批准筹集公共资本组建公司的议案。1718年，一位名叫凯斯·比林斯利（Case Billingsley）的律师向皇家上交了提案，申请成立一家具有100万英镑注册资本的保险公司，差点获得成功。提案的观点听起来很像霍伊尔和路特斯的提案，但有一点不同，这个不同之处也只有从律师的角度来看才算是优点——单一的保险公司很容易被告上法庭，然而由多个贷款方组成的合伙公司却很难被调查，因此前者更具有法律效率。[2] 总检察长和副检察长深思熟虑，最终否决了这个提案，或许是因为那些攫取了既得利益的保险商对他们进行了贿赂。比林斯利和那家保险公司又收购了一家已停业的皇家矿业公司，认为这样也许可以拓展出与该公司完全无关的业务，从而为他们新的贸易提供法律保障。但总检察长还是否决了。

许多参与比林斯利提案的人也是皇家交易保险公司的幕后人物，皇家交易保险公司在议案提出的一年之后宣告成立，并且拥有强大的政治靠山——翁斯洛勋爵（Lord Onslow），英国上议院议员，下议院前议长。这家新公司在1719年发行股份，并在翁斯洛保险的早期价格清单中出现过。后来这家公司成为皇家交易保险公司，即皇家交易所公司（Royal Exchange Company）的前身。它和伦敦保险公司（又被称为"拉姆和科尔布鲁克"或"新保险公司"）在1719年晚些时候提出了新的提案，该提案表达了更强势的政治主张。另一个有关保险的委员会于1719年1月成立，议会委员会于1719年3月成立，人们对成功可能性的期望日益高涨。

我们的数据显示，这两家公司的股价到1719年3月1日就翻番了，这无疑是因为公众对提案通过重新燃起了希望。然而，总检察长先发制人的消极报告导致股价走低。5月中旬，股票价格突然上涨了5倍。显然，有消息表示国王支持该提案，而且这个消息广为流传。

最终，签署生效的《泡沫法案》远远超出了比林斯利及其公司原有的企盼。它使这两家公司在海上保险方面获得完全垄断权，并禁止其他任何公司与它们竞争。法令的唯一漏洞是没有限制个体保险商，这些人仍然可以照常开展业务，只是不能通过筹集资本组建上市公司。《泡沫法案》将与根深蒂固的传统保险贸易的斗争推向高潮。最终，主张组建上市公司的一方获得了这场保险业恶战的胜利（也许并不光彩）。这件事的潜在影响极为深远。从此，这两家公司垄断所有大不列颠的航运保险乃至数量庞大的荷兰航运保险也并非难事。

试想在那样神奇的一年中投资者的预期是如何变化的。一家特许公司获得所有英国保险的垄断权，这在1719年年底还是几乎不可能，而1720年3月则出现一丝希望，再到1720年6月竟得以实现。这样看来，任何公共保险股票在1720年第二季度的突然飙涨便可以理解，并且是完全合理的。投资者有充分的理由预期到，这两家公司将一起担保所有英国海外贸易，而这些贸易自然包括大西洋贸易。

然而，致命弱点仍然存在。为了得到国王的青睐，这些公司不得不答应向国王支付60万英镑，这些款项将会在特许权授予后的第一、三、五、十个月时分期支付。两家公司的第一笔款项轻易地用卖保险赚取的资金筹齐了，并且这两家公司都预料当年夏季将会卖出更多的保单。事实上，公司计划在1720年9月初发行新股，而这个时间正好在另一笔主要的分期付款到期日之前。此外，为了与未来的分期付款保持同步，这两家公司还计划迅速扩大火险和人寿保险的产品线，希望能够承包英国差不多所有的保险业务，这意味着它们将承受超越特许经营范围的风险。

抓住任何可能赢利的机会

尽管《泡沫法案》在1720年6月就通过了，但是那一年各行各业都出行了大量的不管是特许的还是未经允许就成立的公司。在这其中，约克建筑协会是最大胆的。它在1665年获得了为伦敦修建水务设施的特许权。与比林斯利成立的第一家保险公司一样，该公司设立的目的是撑起一个为寻求其他的获利机会而打掩护的冠冕堂皇的幌子。如今，这家公司的业务已经包括在苏格兰购买被没收的财产，并打算出售终身年金计划。换句话说，它们打算在有限责任公司的幌子下，抓住任何可能赢利的机会。

8月18日，总检察长宣布，他要开始执行《泡沫法案》，对公司进行限制，并宣告约克建筑协会为主要违法者。[3]两家保险公司因售卖火灾险而越限也遭到点名，面临被起诉的风险。这些公司恳请议会受理它们的案件，以筹集更多的资本，但并未立即得到议会的救济。[4]

8月19日，伦敦保险公司又经历了一场变故。《莱兹新闻报》刊登了那天的伦敦新闻：12艘从牙买加前往英国的船失联了。[5]文章报道称，伦敦保险公司为这些船只提供了共计7 2000英镑的保险。而下一个向皇室付款的支付日为9月22日，需要支付5万英镑。更糟糕的是，公司的一名董事家被盗并丢失了大量财产。

8月18日，约克建筑协会、皇家交易保险公司和皇家非洲公司的股价都开始急速下挫。三天后（也就是英国到阿姆斯特丹的航行时间），西印度公司的股价开始自由落体般下跌。《泡沫法案》的实施引发伦敦股市崩盘的事实有力地表明，之前的股价上涨是由于人们存在一种预期，认为公司资本可以自由配置到其他的赢利机会上，不管这些投资机会是与保险公司密切相关的火灾保险和海上保险，还是不相关的房地产或终身年金。这些公司已经开始通过发行股票募集资本，组建战争基金，从而扩张自己的羽翼，并在业务上互相竞争。而总检察长砍掉了这些公司的羽翼。

1720 年，投资者们的热情经历了过山车般的起伏变动。更具历史意义的是，股份制企业的概念在这一年得到了确认。一方面，1720 年见证了吞噬国债的国家巨兽的创建历程，另一方面，随着保险公司的创立，分担风险的方式通过金融创新得到了彻底改变。1720 年的一系列调控措施回应了保险公司和其他更有创意的企业的侵略性公司行为。这些公司最初让投资者充分相信，公司将拥有相当大的自由。而因为这种充分的自由，公司本来可以通过进入多个行业，而非垂直经营某个分支产业来扩张增长机会。有利于新保险公司的规定在 1720 年晚春时节生效，这促使人们猜测其他公司也可能会获得新的自由。但是由于 8 月 18 日的法院命令，这些希望都破灭了。

真正的领头羊并非南海公司，而是那些保险公司。这些公司的权力随着政治风向的变动而变化，它们起初得势，之后又失宠了。8 月 18 日之后，这些公司的股价下挫引发了大范围的金融危机。

"1720 年市场的大起大落太极端了，不能用经济的基本面做出合理解释。"这个说法本身也是很有争议的。当时的英国政府首先放宽了企业经营的法律和监管环境，接着又收紧，这导致经济基本面几乎每周发生一次剧烈变化。政府的各个委员会，各种关于市场的研究、咨询以及规定，至少和基本经济指标一样重要。因为新兴金融技术的力量越发凸显，游戏规则发生了历史性的剧烈变动。金融的力量已经明显改变了法国的政治经济面貌，也将英国的政治经济推向了改革的边缘。

1720 年是社会利用金融进行改良的一个高潮，这一过程始于 17 世纪 90 年代笛福的大胆预测，他认为利用金融这一工具，社会可以得到优化，甚至抵消道德败坏产生的负面影响。《泡沫法案》完美地体现了人们对于金融技术的矛盾态度。比起其他公司，它特许的两家公司无疑能够更好地管理海上风险，但从文字上来看，法案同时也尖锐地批评了公司的投机性。人们希望金融思维能够给予他们一个没有粗鲁行为和有人情味的市场。

荷兰的演绎

站在模仿英国泡沫公司的荷兰人的角度，人们可以真正了解，是什么样的金融创新在 1720 年突破了公众的想象力。鹿特丹公司的出现确实无可辩驳地显示了新公司在分担风险中的重要性。紧接着，超过 25 家新公司在荷兰成立了。这些公司股票的申购权从这年的夏末开始交易，直到年末结束。奇怪的是，这些公司都不仅仅经营一种业务，它们都声称打算尝试多元业务。

荷兰人从英国学到的金融技术不仅是公共保险企业的概念，还有公司可以同时做许多不同事情的观念，即一个公司可以不受限制地同时从事商业、银行业、保险业、渔业、制造业，只要它们认为合适且有利可图。1720 年之前，荷兰股市由两家特许的国际贸易公司构成，这两家公司拥有垄断权，而且实际经营的行业没有交叉。突然一大批新的公司出现了，并且这些公司提出的目标使这两家公司不可避免地陷入竞争之中，而这种竞争可能同时发生在多个产业内部。就好像一种新型病毒的基因密码逃出了"交易胡同"，然后开始繁殖并向世界各地扩散。老一代的"密码"在第一次地理大发现时期创造了由重商主义者经营的特权公司。但是光荣革命之后出现了一些变化，使得公司敢于脱离监管，投身于新的方案，并互相竞争。当某国政府试图遏制它们时，"病毒"便跨过边界并在其他市场生根发芽。"病毒"的传播行动并未止步于荷兰。一家保险公司于 1720 年 7 月在汉堡成立，它同样因大肆炒作而引起了恐慌。[6] 但是，1720 年的投机交易确实为世界带来了一些深远的影响。与它的两个英国表兄弟——皇家交易保险公司和伦敦保险公司一样，鹿特丹公司创造了一种新的集聚海运风险的模式并通过筹集公众资本来覆盖风险。到了 21 世纪，保险公司开发出新的风险承担业务——比如信用违约互换和复杂的抵押贷款证券，保险交易的企业模式不论从社会角度还是从经济角度看都是有用的。

愚蠢投资者艺术

大崩溃的教训远远超过了金融体系本身。尽管公司转型发生在 1720 年，但经济崩溃却常常被记为人类愚蠢事件中的一个插曲。"*Het Groote Tafereel der Dwaasheid*"是这次大危机后在阿姆斯特丹出版的一本书的名字。这个书名可以译为"愚蠢之镜",这让人联想到伊拉斯谟的讽刺文章《愚人颂》(In Praise of Folly)。正如那位哲学家妙趣横生的作品,这本书用幽默和寓言引起了深远的影响。《愚蠢之镜》是匿名发表的,与其说这是一部有逻辑的著作,不如说它更像是一张张杂七杂八地印有文字和图片的大纸。它描述了1720年阿姆斯特丹社会看待资本市场的方式。

这本书的内容始于1720年鹿特丹复苏时的那些荷兰公司的招股说明书。每份招股书都讲述了公司的规划、财务状况以及管理模式。在这些只有金融经济学家会喜欢的干货后面,紧接着就是一系列与大萧条有关的幽默的戏剧和诗歌,这些作品刻画了栩栩如生的可笑人物,比如贪婪的傻瓜、聪明的股票经纪人,以及令人费解的原创人物哈勒奎恩(Harlequin)和博巴里奥(Bombario)——这两个人拥有超人的能力,专门盗取人类的理性,并鼓动人们购买一文不值的废纸。

戏剧的后面是插图,《愚蠢之镜》包含几十幅与股市崩盘相关的讽刺版画——这些讽喻的画面涉及人格化的名利、财富和愚蠢;描绘了阿姆斯特丹和巴黎拥挤的股市;刻画了参与这场赌博并失败的投资者的沮丧。这一幅幅有趣的、戏剧性的恢宏画面展现了金融灾难对人们的沉重打击。

作品的某页上,约翰·劳像神一样飘浮在云朵之上,股票经纪人疯狂地向风箱打气,使得一只与气球捆绑在一起的猫飘了起来——暗指其推高密西西比公司的股价。劳将一个风车戴在自己头上——风暗指劳那根本不存在的金融体系。这张纸上列出了违规的金融合约:长期票据、原始股、保险单、贷款、抽奖奖品和双倍付息。一个装满这些合约的盒子破了个洞,老鼠正在啃噬这些合约。

另一幅名叫"纪念18世纪那21年的疯狂"(Monument consacré à la postérité en mémoire de la folie de la XX année du XVIII siècle)的作品,描绘了一个盛大的游行,其中疯狂的投资者追赶着由愚蠢驱动的大车,并朝三个大门行进:救济院、医院和精神病院。游行队伍由甘康普瓦咖啡屋涌出,在这个咖啡屋的墙面上可以看到约翰·劳的形象。拉动大车的是当时主要的贸易和金融公司的人格化身:南海公司、东印度公司、密西西比公司、英格兰银行、荷兰西印度公司和皇家保险公司。车轮上的每根辐条都代表着一个新兴的荷兰贸易和保险公司——车轮象征着财富的巨轮。图中配有文字解释,股价的上升和下降随车的移动而变化。财富女神在车上方飞着,将股票与蛇一同抛出去。

车轮的下方有一位拿着公司账目的会计;有责任心的商人被疯狂的投机盛

宴压得喘不过气。人群中的小插曲也同样有趣：有的描绘了阿姆斯特丹方案中有关发行股票的尝试，还有的则展现了贷款交易。尽管存在这些孤立的细节，但是人群本身就是画面中的一股合力——这显然意味着金融危机的发生是因为乌合之众的疯狂以及人们的不理性。

图 21-2　选自 1720 年出版的《愚蠢之镜》，描述了在一个咖啡屋内，由于 6 个大公司的推动，全球市场的金融泡沫正在形成（Courtesy of The Lewis Walpole Library, Yale University.）

这本书中的一些作品参考了之前的荷兰艺术。例如，《愚蠢之镜》的艺术家们大量地借鉴了彼得·勃鲁盖尔（Peter Brueghel）和希罗尼穆斯·博斯（Hieronymus Bosch）的作品，描绘了疯狂的投资者，他们的狂热大脑中有着顽冥不化的愚蠢观念，或者说傻子们注定会长期陷入愚蠢的幻想。书中直观地再现了描绘 17 世纪 30 年代荷兰郁金香狂热的作品，将郁金香球茎炒作和金融大崩盘类比。表现郁金香狂热的作品描绘了一顶巨大的空帽——暗示无脑的投机热情。

约翰·劳这个赌徒的一生也受到了尖锐的讽刺。《愚蠢之镜》中有一整页的黑色和红色的扑克牌。约翰·劳是国王，他的夫人是各种花色的女王。英国制作了与之类似的一系列关于南海泡沫的扑克牌。这表达的信息很明确：赌博是金融危机的根源。创造灾难的设计师是赌徒，而赌博则是金融创新的概念基础。

人性与公司对峙

　　《愚蠢之镜》中令人惊讶的图片还有很多。在这一幅又一幅的图画中，受到1720年金融市场的启发，荷兰、法国以及英国的艺术家们使尽浑身解数，用寓言、幽默、讽刺和隐秘的典故来解释这次令人震惊的金融危机。而仅仅在危机发生前的几个月，人们以为他们似乎看到了一种新的金融秩序的开端。路易斯安那州立大学的艺术史教授大流士·斯皮思认为，这些画作对应着约翰·劳在巴黎皇家银行天花板上的壁画（参见第20章）。他的想法很有意思。《愚蠢之镜》整本书由一些妙趣横生、杂乱无章的寓言构成。若说劳的壁画是阳春白雪，则《愚蠢之镜》的画作便是下里巴人。前者传递了统一的愿景，后者包含了不成体系的一系列批评。佩莱格里尼诉诸高尚的情操，《愚蠢之镜》的画作则表述得较为直白。然而，它们使用了相同的寓意手法：在结构精巧的动态构图中，抽象的观念以人与人、人与社会之间的互动阐释出来。在巴洛克风格的壁画中，天空和卷云暗示着天国，即神所在的变幻莫测的世界；而在《愚蠢之镜》的画作中，云指的是像风一样的贸易，暗示着约翰·劳创造的经济繁荣只是一纸空文。

　　这两部作品，无论品位高低，都有说教意味。佩莱格里尼的壁画解释了密西西比运营模式及其优势；《愚蠢之镜》则是对子孙后代的警示，它的警示主要是关于人类行为的。由于缺乏现代社会的心理模型，《愚蠢之镜》的作者使用18世纪的模型——神话和寓言，描述了不同思维模式产生的不同思想和行为。这本书可以说是行为金融学研究的起点。它认识到，市场体现了集体的愿望以及参与者的恐惧，而且市场拥有一种特殊的力量迫使投资者按照市场自身的逻辑行事。

　　人们很乐意轻而易举地从《愚蠢之镜》这部作品中汲取金融市场失败的教训。当然，在2008年的次贷危机之后，书中的描绘又得到了印证。然而，这本书分析的局限性在于寓言的语言。正如约翰·劳根本不能用悬空的圣人来展现货币政策的微妙之处，《愚蠢之镜》的艺术家们也不能用寓言语言描绘出创新的复杂性、金融工具的复杂性、市场的复杂性、合同的复杂性以及信息流的复杂性，这些只有在伦敦、巴黎和阿姆斯特丹新兴的股票市场上才会出现。这些画作如此强大和有说服力的原因，在于它们的刻板概括。比起数学和市场的逻辑，寓言式的语言更容易深深嵌入人们的脑海之中。面对着数学思维显而易见的失败（以理性的约翰·劳和他的运营模式为代表），社会转而会用旧的语言（如寓言）来理解经济的崩溃。

我们今天面临着重蹈覆辙的风险。自从最近的经济崩溃以来，抵押贷款证券化被当作一种历尽失败、毫无发展前景又极为复杂的金融创新而受尽驳斥，社会已经将现代的危机转化为一出简单的道德剧，在剧中主要的金融机构都被当作恶棍。这种一概而论的做法是危险的，尤其是在那些参选的官员需要与选民交流的民主社会。看起来，我们脑中那惯于以神话故事思考的古老部分对理性思维怀恨已久，并嫉妒理性正在增强对人类行为的控制，它抓住了理性的失败。

1720 年，有关金融的文化辩论产生了这样戏剧化的形象，也并不奇怪。毕竟，这是人性与公司对峙的一年。1720 年的投资者受到一个抽象意象的鼓动，它并非个人，而是具有各种特权的实体。几十年前，托马斯·霍布斯所描述的联合体正是这样一种抽象概念：由国王作为利维坦来统治公民。公司就像一种新型野兽，它发展得过快，法律法规似乎都难以限制它们。它们将成长到多大？它们会涉及哪些经济领域？例如，它们真的敢接管整个保险行业？

约翰·劳的公司在过度扩张之前就几乎吞噬了法国。接着，英国公司试图摆脱监管的束缚去追求利润，无视政府命令，高歌前进；投资者预期这些不受约束的企业利润将上涨两倍、三倍、甚至 4 倍，所以他们为这些公司提供财力支持。荷兰公司则如九头蛇的新头般野蛮生长，尝试进入未曾从事过的行业。但是不管是哪里，这些公司的发展都会被民众的情绪左右。因为它们靠新的资本存活，所以很容易被饿死。这场战争并非惨败，而是以停战告终。这次的经济大崩溃暴露了企业的根本弱点：它可以因投资者的热情而膨胀到令人惊讶的规模，但这样的规模是难以持久的。而与此同时，公司令人敬畏的力量也得以显现。它超越了单个个体的力量。它可以吸取一个经济体中潜伏资本的力量，然后扩展到巨大的规模。公司分配资本的方式前所未闻。它们是新的利维坦，是一群超越人类力量的野兽，需要法律的监管和引导，才能为社会和人民服务。

结局：圈内人的游戏

经历了这次转变后，欧洲因 1720 年股市泡沫而衰退，而金融技术在随后的几十年中走上了不同的发展道路。《泡沫法案》限制了英国合资股份公司的创建和交易。但在荷兰，除了东印度公司和西印度公司的股票，公开交易的公司股票已很少见，即使是像鹿特丹城市公司这样成功的公司发行的股票也不再具有流动性。直到 18 世纪结束，股票交易量几乎为零；直到 19 世纪 20 年代，市场似乎都没有开始正式复苏。荷兰经历了一个没有股权融资的世纪，只有少数几家公司在 18 世纪获得特许权。在法国，密西西比公司的股票继续交易，但仅此一家。这段时间，没有发生过引人注意的企业公开市场发行的事件。关于工业革命，最大的讽刺在于，尽管存在股权厌恶以及英国和法国在 18 世纪与 19 世纪初的监管约束，它仍旧得以顺利展开。

是什么取代了公共股权市场？在 18 世纪的英国和法国，收费公路和运河等基础设施项目，有时也会由富有的投资者组建的有限合伙公司提供资金。这些有限合伙企业并不争取政府授予它们有限负债的特权以及进入公共资本市场的权利，但它们还是设法集聚资本来投资有价值的项目。例如在法国，钢铁工业间接由地主家族提供资金，除此之外这些人不得从事制造业和贸易。冶炼厂需要火源，火源需要木炭，木炭由木材制成，而在旧制度下只有贵族拥有森林。同样，冶金依赖于煤矿供应燃料。

举个例子，特莱内尔侯爵先生煤矿公司（the Compagnie des fosses à Charbon de Monsieur Le Marquis de Traisnel）在靠近比利时边境的阿尼什镇从事煤矿经营。该公司于 1773 年开始运营，并最终成长为主要的煤炭企业，雇用超过一万名矿工，其开采煤矿活动持续到 20 世纪初。一张于 1781 年（法国大革命之前）发行的公司股票印有侯爵徽章，公司宣布它的所有者蒙那普福伊尔（Monepevreuil）先生，有权按持股比例参加公司利润分配，只要他不是公司债券持有人，并且不会不经公司同意转让他的股份。也就是说，他不享有有限责任和股份转让的权利。在 18 世纪，至少在一些地方，公司的融资技术往后退了一步。煤矿得到了资助，冶金业在 18 世纪得到发展，冶金业对于机器和发动机的制造意义重大，并驱动了 19 世纪的工业革命。但是，能使更多的人民参与经济增长红利分配的金融工具没有得到发展，只有发展完善的股市才能提供的更大的资本池也没能出现。特莱内尔侯爵先生煤矿公司是一个封闭的公司。在 1720 年泡沫之后，股权投资又变回了一个圈内人的游戏。

第 22 章　始于荷兰：新的世界金融市场

如果说 1720 年泡沫破裂后股市倒退了一步，那么固定收益市场则迈进了一步。18 世纪的欧美经历了金融创新的非凡时期，它们转了个弯远离了股市，至少到这个世纪结束前，都专注于建立信贷金融体系。到 18 世纪结束时，纸币以许多不同的形式卷土重来，金融家开发了有担保的纸币和各种复杂的债券形式。这些复杂的金融创新提供了一种将非流动性资产改造为流动性证券的手段。

这可能听起来有点技术性，但正如我们将要看到的，安全抵押贷款的发展在美洲殖民地经济和美洲革命中发挥了重要作用。我们已经看到约翰·劳是如何发行货币从而导致通货膨胀等灾难性后果（参见第 20 章）。本章的论点是，非实体化的纸币和纸质债券使得投资者要求以实值抵押品来支持他们的投资。这种新技术涉及信托资产统筹和通过资产池发行证券。证券只不过是一项资产的重新打包和转售。重新打包可能是汇集多项资产、根据时间重组资金流来平滑未来的支付，或者利用某种方式为这些资金流分级，从而使这些资产对投资者来说更具吸引力。毫无疑问，这个故事始于荷兰。

搞不懂的荷兰公募基金

18 世纪的荷兰金融工程师以终身年金池为基础创建了第一个多元化的投资基金。在美国独立战争前后的 18 世纪 70 年代，荷兰的投资银行家开始推销类似于"少女债券"（参见第 15 章）的投资组合。这些基金和少女们的终身年金并无关系，而是由许多不同国家和不同类型的企业发行的债券组成。

例如，哥特·罗文霍斯特在开始研究现代共同基金（公募基金）起源的时候，考察了一种被称为"Eendraght Maakt Magt"的综合类有价证券。该证券是由亚伯拉罕·范凯维奇（Abraham Van Ketwich）的银行公司于 1774 年在阿姆斯特丹发行的。这是一种卓越不凡、富有创意的金融证券。它包含了各种各样的企事业单位的债权,有来自丹麦和维也纳的银行债券,丹麦和荷尔斯坦因收取的过路费,俄罗斯、瑞典、布伦瑞克和梅克伦堡发行的政府债券,萨克森州的邮政服务机构债券以及布拉班特的泥炭开采企业债券,还有西班牙和法国运河的债券,英国殖民地的债券,荷兰的埃斯奎博和伯比斯殖民地种植园的抵押贷款,丹麦属美洲群岛的贷款。这种配置混合了国际债务、地方债务和企业债务——其国际化导向达到了惊人的程度。

一些"综合证券"中的组成部分并非单纯的债券。例如荷兰殖民地的种植园贷款,它将苏里南种植园及其中的奴隶共同抵押作为担保。贷款收入来自以种植园出产的产品为标的的远期合约,合约假定产品可以卖个好价钱从而保证贷款的收益率。同样,资产组合中来自通行费、运河和邮政服务机构等的收入也能确保现金流的稳定,从而保证投资者的回报:1774年的募集说明书承诺了该证券的年化收益率为4%。持有"综合证券"的投资者会均分在债务投资组合中累计的现金流。这个债券的契约简洁地提出了"多则优"这一概念。4%的收益率对于一个针对新兴市场债权的投资组合来说看似不高——基础贷款的收益率就明显高于这个协定。但该信托从标的证券中所获的额外现金流将会被"重构"以改变协定投资者获得回报的方式。一般来说,标的债券的一部分现金流不会被用来分红利,而是被用来偿还一部分通过抽签方式选出的未偿还债券。如果你的债券是被抽中的幸运儿之一,它将以超出面值20%的溢价退出流通。同时,和你被抽中的债券在顺序上相连的债券的收益率将由4%升至6%。当年的规定就已经如此复杂,人们还觉得现在的金融产品复杂到让人搞不懂了呢!

尽管标的证券的种类多得惊人,通过抽奖将现金流分配给投资者这一方式也存在复杂性,1774年"团结证券"的基本概念却是简明的。标的债券存在着更高风险,但伯努利提出的大数定律保证了4%的收益率。坏运气可能会导致任何单个标的债券的夭折:美洲南部的甘蔗减产可能导致种植园贷款的收入减少,俄罗斯或许会违约,美洲丹麦属群岛可能被转手从而使它的债务被宣称无效。然而,如果你持有的这些潜在致命的证券足够多,大数定律将使你持有的违约债券组合的表现变得有迹可循。毕竟,这些负面情况一起发生的可能性有多大呢?

这正是在2008年出现的令人痛苦的问题。在次贷危机中,借款人的违约率异乎寻常的高。21世纪初的金融工程师精英们推出的结构性投资工具,其背后的概念与亚伯拉罕·范凯维奇在240年前使用的没有什么两样。一系列具有潜在风险的债券，通过各样的抵押贷款（如住房抵押贷款、汽车贷款和信用卡应收款）被信托机构汇集在一起，正如18世纪荷兰的证券一般，然后依靠信托中的资产发行债券。

这些21世纪的债券是被结构化的，这就意味着现金流会从标的资产流向不同的目的地。例如，一个结构化的投资工具中的第一笔收益首先会被用于偿付一个购买了初级份额的投资者。一旦初级份额的投资者完全或部分偿还，次级将开始接收现金流，这一过程照此循环。当债务人每月用大量的现金支付他们的信用卡账单、住房抵押贷款、汽车贷款和学生贷款时，现金桶——这就是投资银行家眼里受托人的形象——被注满现金并分流到不同的资金池中，用来偿付不同的投资者（也许正是这些债务人自己）。说到底，资产抵押证券被公募基金、货币市场基金和养老基金广泛持有，这些机构反过来又接受普通储户的投资。

资产证券化的原则从18世纪起一直没有变过。如果你持有足够多的风险债券，而且各个债券之间违约的风险性足够无关，那你就可以把产生的现金流中的一部分投入更安全的证券。一项资产抵押证券同时还具有对真实资产的索赔权这一额外好处。这不同于抵押支持证券的持有人必须且仅能依赖于房主的真诚承诺（来保障资产安全）。如果抵押房产的房主未能偿付本息，你可以取消他的抵押品赎回权。既然如此，资产证券化还会出现什么差错呢？

亚伯拉罕·范凯维奇和一些其他荷兰银行家还对使早期美国债务证券化的结构进行了协商。他们抱着美国独立战争可以成功的希冀，购买了美国这个年轻国家的高回报债券。当亚历山大·汉密尔顿对美国的债务进行重组时，荷兰投资者大赚了一笔，美国这个年轻的国家也从中获得了良好的金融声誉。

拿土地当银行

土地资产证券化的概念源自18世纪的金融构想。请注意，约翰·劳不光为土地银行提出了一个复杂的计划，他的密西西比公司也给了股东们一块最大的被证券化了的土地——泛密西西比河西部地区。荷兰种植园贷款由土地、奴隶和商品期货合约支撑，是新世界投资中一种更复杂的版本——仅由债务而非股权组成。正如我们将看到的一样，这些事件仅仅是一个跨大西洋现象（土地银行）的前兆。该现象发生在密西西比泡沫之后的几十年里，并且在法国大革命的余波中达到高潮。

美国人关于房地产证券化的冒险是从土地银行开始的。当土地银行的想法在欧洲基本维持在理论阶段时，在18世纪的北美却成为现实。大西洋的三角贸易使美洲人长期处于现金不足的情况，货币缺乏的窘境把美洲殖民地变成了一所金融实验室。美洲的第一张纸币出现在1690年，是由马萨诸塞州发行的一种债券，用以支付向法属加拿大远征的费用。后来，著名的"印刷工"本杰明·富兰克林成为主张用纸币系统解决钱荒这一时日已久问题的最积极倡导者之一。事实上，他开发了一种特殊的印刷工艺，在印刷过程中使用有机形式和精心设计的拼写错误来解决一直存在的、为纸币发展带来麻烦的造假问题。

不管是基于强制性、商品价值还是铸币可兑换性，没有相应抵押物的钱肯定带有通货膨胀倾向。为了消除这种倾向，殖民地提出了土地银行的理念：由殖民地的土地局将土地这一新世界十分充裕的资产作为货币的抵押。马萨诸塞州的州议会在1714年建立了一家公共性的土银行，之后其他殖民地纷纷效仿。[1] 一般而言，这些银行是通过发行纸币从而提供建立在资产基础上的贷款的公共机构，但私人银行也进行了同样的融资：1733年在哈特福德成立的一家公司就发行了纸币；无独有偶，1735年，新罕布什尔州也有一家这样的公司，也发行了自己的通货。然而，不论公立还是私人机构，土地都作为贷款和纸币的抵押品进入了公共流通领域。在1741年的马萨诸塞州，一群公民成立了一家私人土地银行，面向有正当财源的市民和"机构"提供为期20年、利率为3%的、最高可达100英镑的财产抵押贷款。[2] 银行的创始人有塞缪尔·亚当斯的父亲。贷款通过给予借款人银行印刷的纸币来发放，而抵押物即银行持有的土地。贷款本金将以"该省生产品所产生的价值"，换言之，以缴纳货物为方式进行偿还。

土地银行将急需的现金注入经济之中，从而让马萨诸塞州的人民有钱购买商品，同时也投资了促使经济增长的项目。此外，纸币可以作为可靠的支付手段流通，因为它代表了资产丰厚的组织做出的承诺：以借款人的货物为支付形式，并在他们（借款人）失约的情况下，以他们持有的土地偿还。

在一代人的时间之后，亚当·斯密在《国富论》中对美洲纸币提出了批评，因为它不产生任何利息。但他不理解为什么零利率票据会被认定为法定货币，虽然斯密承认宾夕法尼亚的货币管理良好，并以超过其以英镑换算的票面价值被交易。[3] 而相比之下,马萨诸塞州的货币价值下降到英国货币价值的20%。[4]

类似的贬值情况可能与自利交易和欺诈相关。土地银行的抵押品必须被正确估价才能正常起到效力,否则将会出现宋代中国存在的问题:票据发行人的储备金低于赎回货币所需的价值(见第9章)。估值过程可能存在主观偏误和潜在的腐败问题。即使规则要求贷款价值比率为1/2,但市场价值在本质上就是难以确定的,未开发的资产尤甚。过度放贷的隐患隐约可见。

1741年,受到来自马萨诸塞州的争论和迫在眉睫的金融危机的刺激,议会决定将《泡沫法案》的实行范围扩大至整个美洲殖民地,取缔了美洲纸币和殖民地的土地银行。在这一行动中,塞缪尔·亚当斯的父亲就是众多受其影响的人之一,他和其他董事有责任承担公司的债务。亚当斯父亲的反英情绪可能传递给了儿子。然而,在某些地方,美洲式的金融工程避开了禁令。1766年,马里兰用一种新的证券取代纸币,这种证券在英国可以兑换英镑。

开国元勋的试验场

《泡沫法案》的影响在1741年扩展到殖民地。即便存在这个监管法案,美洲企业家依然挑战了金融的极限,特别是在土地投资方面。当全球都在从股票融资业务撤出时,美国是少数几个例外的国家之一。事实上,在许多造成与宗主国不和、最终导致美国独立战争的问题中,包括从对美洲征税而美洲在英国议会里却没有代表权,到对美洲贸易的限制,最尖锐的分歧集中在英国和美洲殖民地在土地开发过程中各自所应扮演的角色之上,尤其是在西部地区(18世纪所说的"西部"是指阿勒格尼山以西的地方)的扩张问题上,双方分歧巨大。向西部地区移民的计划多以合伙制企业、公司、特许法人的组织形式构建,这些组织努力游说以增加他们对英国王室的影响,从而实现自己的愿望。

土地投机将众多美国革命领袖串联在了一起。俄亥俄公司(Ohio Company)由一批包括乔治·华盛顿的父亲和他的两位兄弟在内的弗吉尼亚富人成立。它在1748年经过皇室的特许,分配到了俄亥俄山谷20万英亩[①]的土地。华盛顿作为弗吉尼亚军团的指挥官,在英法北美战争中于杜肯(即今日的匹兹堡,也

---

① 1英亩≈4 046.856平方米。——编者注

是俄亥俄公司的赠地之所在）战役一举成名。法国对这块土地宣告主权的行为不仅是对英国统治的挑战，也是对显赫的弗吉尼亚土地投机商的财产的挑战。战争结束后，议会在《1763年公告》中决定将阿勒格尼山脉以西的土地保留给原住民部落，这使得投机商们和其他对西部开发有兴趣的投资者们大为不满。

俄亥俄公司只是众多为在西部土地进行投机而设立的公司中的一个。成立于1749年的弗吉尼亚忠诚公司（The Loyal Company of Virginia）由彼得·杰弗逊（Peter Jefferson）——这位未来总统的父亲参与。根据《1763年公告》，该公司的土地开发特许证在英法北美战争后并没有更新。弗吉尼亚人并不是唯一对西部土地感兴趣的殖民者。伊利诺伊和沃巴什公司（Illinois and Wabash Companies）于1773年成立，旨在购买和开发美洲本土土地，费城的许多巨贾都投资了这家公司。万达利亚公司（Vandalia Company）对今日为西弗吉尼亚州的土地宣告了所有权，其董事包括本杰明·富兰克林和他的儿子。弗吉尼亚人和宾夕法尼亚人为西部殖民地所有权的问题唇枪舌剑，但至少他们都同意，英政府阻止向西扩张的政策挡住了他们的财路。

乔治·华盛顿是早期美洲土地公司中最为活跃的参与者之一。据历史学家芭芭拉·拉斯马森（Barbara Rasmussen）称，他的财产包括在"沃波尔基金（Walpole Grant）、密西西比公司、冒险家军事公司（Military Company of Adventurers）和迪斯默尔沼泽公司（Dismal Swamp Company）"[5]的共计逾62 000余亩土地。

这些土地公司的基本经营思路是获取大片的肥沃土地，把它们分为许多份，在其上兴建基础设施，然后再把土地卖给美洲和外国定居者。事实上，俄亥俄公司明确提出土地应在一定时间内有人居住的要求。考虑到与美洲原住民的所有权纠纷、缺乏硬通货投资发展、购买者缺乏现金获得财产等问题，达到这一要求并不容易。为此他们必须使用金融手段：俄亥俄土地上的移民者根据融资条款将资产用作抵押物。信贷在当时是唯一能够保证土地公司的计划得以实施的手段。但对土地银行的限制也有效地限制了殖民地的抵押贷款行为。而且，对向西扩张行为的限制也使早期美洲土地公司所赖以发展的希望破灭了。

这就不难理解为什么华盛顿、亚当斯、杰斐逊和富兰克林家族都热衷于支持独立了。独立的美洲殖民地将使西部土地开发、抵押贷款发行和合意的货币政策成为可能。通过法人公司与抵押贷款及土地投机紧密联系在一起的金融，成

/ 301

为殖民地独立运动的重要推动力。独立战争后，美国人废止了《泡沫法案》和《1763年公告》，实现了美洲金融的自由化。

荷兰和法国投资者为美国革命提供了部分资金援助。从上文我们可以看到一群荷兰银行家将美国的债务池证券化、购买在本土或海外发行的美国国债并把它们集中在共同基金中销售给荷兰投资者等，为年轻的国家发行贷款。这些荷兰投资者押注于这个新生又朝气蓬勃的国家。在法国，即使自己的臣民都钦佩美国为了自由同君主统治斗争的勇气，国王仍然支持了殖民地的斗争。美国独立激励了法国人和荷兰人，从而导致了1782年的荷兰爱国者起义、1787年的法国大革命和1795年荷兰将奥兰治亲王威廉从该国驱逐并成立巴达维亚共和国。这些新的共和国也汲取了来自美洲金融业的灵感：法国模仿了以土地为抵押品发行货币的形式，荷兰效仿了土地投机。新世界的金融发明被旧体系采纳。美洲充当了想法和技术的试验场，而这些想法和技术在1720年泡沫爆发后已被欧洲人普遍拒绝。美洲殖民地原本便已被议会的管制惹怒，于是以土地银行、纸币和私营公司作为商业发展元素的想法便在美洲彻底沸腾。在美国经过改进的金融技术和对革命的热烈期盼一起横渡大西洋，带来了意想不到的结果。

马拉手里的指券

在法国，关于土地银行，即通过抵押资产发行纸币的理论，在雅各宾专政期间变成了血淋淋的现实。除了被约翰·劳和法国在密西西比泡沫后对金融工程的厌恶带来的阴影笼罩，革命雅各宾派政府还缺乏提供资金支持的渠道，也并无发行令人信服的法定货币的基础，于是就只能把目光转向资产抵押债券，用资产来支持货币。

法国政府没收了天主教教会的财产，然后开始用纸质凭单（指券）支付其账单。指券可以在公开拍卖中用来购买国有化教会的资产，在某种意义上它是约翰·劳的货币应该基于财产而不是基于黄金或白银储备这个早期设想的一个实现结果（见第20章）。他们失败的原因同约翰·劳早期实验失败的原因一样：印刷机过于活跃，指券太多而可供购买的资产太少。罗伯斯庇尔（Robespierre）拼命消灭贵绅阶层并将他们的财产国有化来实现指券价值的平衡，但这远远不够。尽管经历了财政体制改革，法国在纸币上的第二次尝试并不比第一次成功。

第三部分 欧洲大熔炉

雅克–路易·大卫（Jacques-Louis David）的绘画作品《马拉之死》可以说是雅各宾专政期的一个缩影。画中展现了一位在洗澡时被暗杀而倒下的革命家，但实际上这幅画不仅展示了一位领导人的死亡，还体现了法国大革命时期的融资问题。濒死的马拉手中所拿的是一封来自刺客的请愿书，这名刺客名为夏洛特·科黛（Charlotte Corday），来自受到雅各宾派迫害的贵族家庭。紧挨着请愿书下面的是马拉写给一个在革命中变得一贫如洗的寡妇的信，和这些一起出现在画面中的还有一张指券——马拉的个人财物。这幅画讲述了一个金融变体论的故事：从贵族那里收缴的货物被传递到工人阶级手中。对于1793年的观众而言，这幅画对指券的讽刺是显而易见的。该文件允许寡妇声明其对科黛和她所处阶级的查封财产的所有权。一名革命英雄在战斗中死亡，但战场并非其他，而是抽象的金融领域。画中描绘的垂死的革命领袖手中紧抓着的是文书而非刀剑，画家大卫借此将证券化和高尚的事物等同起来。[6]资产抵押票据的发行在法国引起了投机狂潮，投资者购买票据并设法以超低的折扣获得资产。革命确实重新分配了资产，却是将资产从教会和士绅手中分配到聪明的投机者手中，这些人知道如何在证券化的货币制度系统失控时获得好处。

图 22–1 《马拉之死》，作者为雅克–路易·大卫（1886: bequeathed by Jules David-Chassagnol, Paris; 1893: acquired by Royal Museums of Fine Arts of Belgium. http://commons.wikimedia.org/wiki/File:Jacques-Louis_David_-Marat_assassinated_-Google_Art_Project_2.jpg.）

/ 303

图 22-2 马拉手中的信件和法国大革命时期的指券的细节（Henry Lowenfeld, Investment, an Exact Science.）

荷兰的土地投机

我们早先已经看到，土地资产证券化在新世界的一个重要创新就是荷兰种植园贷款。这些债券以苏里南种植园生产的糖和可可等商品或苏里南本身的财产作为抵押。提阿非罗·卡泽诺夫（Theophile Cazenove）是一个尝试过许多商业冒险（包括苏里南）的荷兰企业家。他在国际贸易上的第一次冒险是在俄罗斯的一次商业投机——尽管有俄罗斯姻亲，但这次交易在 1770 年宣告失败。后来卡泽诺夫在伯比斯经营了一家种植园，试图在苏里南的贸易中再赌上一把。不过，在 1789 年，他被那购买助过美国债务的荷兰银行家所雇，到新生的美国寻找投资机会。卡泽诺夫在费城安顿了下来。

美国大革命之后，卡泽诺夫在费城找到了志趣相投的人。摆脱《泡沫法案》影响的美国人正在启动运河和公路等基础设施的建设，甚至在有计划地发展工业。与此同时，向西的扩张和移民已经回到正轨，卡泽诺夫会见了带着各种公司和方案的土地投机商。他最终投资于詹姆斯河公司（James River company），一个名义上以乔治·华盛顿为首的、从事弗吉尼亚州南部商业交通开发的公司。卡泽诺夫还在宾夕法尼亚州移民公司（Pennsylvania Population Company）购买了大量股份，这家公司在伊利（宾夕法尼亚州的西北部）拥有大片土地。

宾夕法尼亚州移民公司的土地来自为革命战争老兵准备的预留地。按照美国的习俗，士兵会获得以折旧凭证为手段支付的报酬。这种折旧凭证给了士兵拥有并定居于西部土地的权利，在技术上属于指券的一种变种。当然，那些不想在西部定居的人尽可以出售他们的折旧凭证，也就是土地。这一凭证最大的买家是约翰·尼科尔森（John Nicholson），宾夕法尼亚州的联邦总审计长，同时也是主管折旧凭证系统的专员。尼科尔森组织了一批投资者，包括卡泽诺夫和罗伯特·莫里斯（Robert Morris）。莫里斯曾担任美国财政部的第一任主管，基本上负责美国独立战争期间的财政工作，他也是美洲最富有的人之一和当时最出色的土地投机商。

尼科尔森的手段并不完全诚实，他用虚假的债权和假名字在西部土地上占据了庞大的资源。尼克尔森拥有很大的权力，包括对有争议的折旧凭证的裁决，甚至还因滥用这种职权被检举。但他在遭到弹劾的情况下仍坚持自己的收购，使土地成为宾夕法尼亚移民公司的资产。把股份卖给荷兰投机者是他从霸占的土地中赚钱的一种手段。

卡泽诺夫的客户于1792年在阿姆斯特丹成立了荷兰土地公司（Holland Land Company），其结构与美洲早期的土地公司大致类似。也就是说，这是一个有购买和开发西部土地意向的股份合作制企业。那一年，卡泽诺夫为他们从罗伯特·莫里斯手中购买了纽约杰纳西河流域的330万亩土地。由于荷兰人对投资美国的有价证券有强烈兴趣，荷兰地产公司财团得以将此次土地收购同发行债券联系起来。这次证券发行实际上是一个在1793年1月进行的、关乎300万荷兰盾的协定，它用100万英亩的杰纳西河流域的土地作为抵押支持，结构体系非常复杂。

投资者不仅可以获得未开发土地的所有权，还会获得从信托持有的由美国政府债券构成的投资组合中获得利息支付的保证。这样的投资组合类似于早期的共同基金，唯一不同的是今天的共同基金持有的是流动性资产，而荷兰土地公司持有的是纽约州的未开发森林。世界上为什么会有人投资于此呢？

为了解释为何投资于土地最终会产生利润，荷兰土地公司的合伙人之一，皮特·斯塔斯基（Pieter Stadnitski）在自己的著作中进行了计算，预言了西部移民潮的出现（这一预测未将与美洲土著的潜在冲突包括在内）。他希望推广美国

/ 305

梦，使之不仅对美国人有影响，还能拨动法国、荷兰和德国那些希望从欧洲移民至美洲新大陆建立新生活的人的心弦。这些来自欧洲的定居者会用公司提供给他们的贷款购买资产，而后10年左右的时间内，他们不仅会还清贷款，还将建设农场和城镇，从而进一步吸引定居者的到来。公司通过这一过程可以快速获得利润。但事实上，皮特·斯塔斯基的想法大错特错了。

荷兰土地公司的证券在巴达维亚共和国发生政治动乱（法国最终吞并了荷兰）之时大大贬值。不过，它们的价值在后来有所恢复，因为从美国债券所得的收入在刚开始时充当了支付利息收益的重要来源。但是最终，公司还是不得不回过头来与投资者做一笔新交易：为公司的股权提供债券交换。但不管这笔交易被构造得如何巧妙，一个类似于发展并移民西部荒野这样的长期项目都不会太适合债券投资的框架。奇怪的是，虽然项目看起来过于乐观，并且从一开始就几乎注定会失败——毕竟这是由从来没有见过美洲的、理想主义的荷兰商人组成的财团发起的商业投机，而且其投资被托付给了一个经历过两次企业经营失败的人和一个美洲革命史上最令人讨厌的骗子——但投资者却接受了这些条款。而更有意思的是，在接下来的50年中，美国缓慢但平稳的发展——伊利运河功不可没——带来了极高的利润回报。其实很多纽约州城市的发展都应归功于荷兰金融家的经济远见和对一个年轻国度前景的狂热信心。当然，不是所有对美洲土地的投资都收到了好的回报。

美洲的历史上充斥着投机范围超过其财务掌控能力的房地产开发商。美国的西进运动在很大程度上正是由那些投资者和投机者建立的地产公司所组织推动的。华盛顿特区的"小麦行"（Wheat Row），是一个从1794年就被保存下来的完好的联邦建筑。在某些意义上它是被当作样板房建设的：一系列的排屋展示了一个不再空旷的、发展成熟的城市会是什么样子。当白宫和国会大厦这些政府建筑本身都还在建造中的时候，"小麦行"就已经建设完成了。"小麦行"位于城市东南的第四大街，几乎是詹姆斯·格林利夫（James Greenleaf）计划的全部遗产。詹姆斯·格林利夫是个土地投机商，他大手笔地购买了哥伦比亚特区未开发的土地，帮助启动了新都的建造。他的设想与美国最大房地产公司的兴衰息息相关——这是一场因在城市建成前就将其抵押而造成的危机。

图 22-3 "小麦行"，华盛顿特区的第一座砖瓦房，建于 1794 年。当年詹姆斯·格林利夫和他的合伙人出资购买了以荷兰债券为标的的华盛顿资产。他们的企业最终破产（https://commons.wikimedia.org/wiki/File:Wheat_Row_-Washington,_D.C..jpg.）

格林利夫是一位波士顿的金融家，他在美国独立战争时期搬到荷兰的阿姆斯特丹，并帮助年轻的美国协商荷兰贷款。随后，他抛弃了自己的荷兰妻子回到美洲，开始从事土地投机活动。政府决定将其首都转移到波托马克河河畔的湿地上，这一决定成了格林利夫最雄心勃勃的计划的催化剂。1790 年的《首都选址法案》（Residence Act）建立了哥伦比亚特区，新国家的首都不再是纽约，这引发了一场土地争夺战。试想一下，这是多么惊人的机会！一个崭新的首都即将建成，不只是政府机关，还有所有与之相关的一切：宾馆、酒店、商场、街道甚至桥梁。如果你抢先行动，又怎么可能会失去赚钱的机会呢？

1793 年和 1794 年，詹姆斯·格林利夫在荷兰资本市场借钱买进新都空置的土地。他与罗伯特·莫里斯和约翰·尼科尔森携手合作，三巨头在哥伦比亚特区收购了 10 000 块土地并且在公共建筑的建设中引入了荷兰的贷款。这些不动产成为以证券形式公开发行并交易的贷款的抵押品，与荷兰土地公司的证券十分相似。然而，格林利夫的证券表现并不如意，只有约 20% 的证券售出。因此从一开始，这一为了建设新都而成立的公司便痛苦而又无可避免地深陷债务泥淖。

由于现金流紧张，格林利夫、尼科尔森和莫里斯转用一个新的公司发行股票。通过集中他们手中的资产，三巨头在 1795 年 2 月成立了北美土地公司

（North America Land Company）。他们的计划是从欧洲和美国筹集股权资从而来推动华盛顿的建设。格林利夫、莫里斯和尼科尔森各自将手下大量未开发的不动产投入公司，这些不动产包括从纽约州到佐治亚州的广阔土地。他们所有人都在西部荒野购买了土地，坚信美国疆界将不可避免地越过阿巴拉契亚山脉。北美土地公司一开始就拥有 400 万亩土地。

不幸的是，公司缺乏收入。在外流通的股份筹集来的资本利得比预期更少。而欧洲股市带来的利得和债券的一样，因受到法国大革命之后战争爆发的影响而非常不理想。到了当年 7 月，格林利夫明智地将他的股份卖回给公司以换取在华盛顿的建设用地的期票。他们庞大的、高杠杆的美国荒地帝国摇摇欲坠。他们开始无法偿还票据，这三个企业家从债权人的视线中消失，进入了债务人监狱。事实上，罗伯特·莫里斯很快宣告破产。他在为美国独立战争效力后这么短的时间就宣告破产，震惊了整个美国。此外，这也促使了美国第一个全面的破产法的通过。[7]

格林利夫、莫里斯和尼科尔森认为美国将向西扩张以及华盛顿将会是一个伟大的城市的信念是对的，他们只是低估了实现美梦所需要的时间以及所要付出的代价。如约翰·劳一般，他们所拥有的不动产在百年之后将是可观的财富。货币的时间价值是极为重要的。他们使用金融手段改造荒地，或者说创造一种新的城市的远见尤其具有美国特色。美国花了整个 19 世纪的时间向西进发，横穿了整个美洲大陆。在这个过程中，美国尝试了各类新的建筑架构并试图筹集所需的资金：草皮屋、轻型木架构房屋，还有美丽的学院派风格城市设计——如芝加哥的平原城市架构或如旧金山的山地城市架构，等等。这一大陆的快速转型过程正是在不动产投机提供的资金资助下完成的。

在欧洲人的眼中，与 1720 年的巨大股市泡沫类似的情形不容忽视。法国经济学家迈克尔·舍瓦利耶（Michael Chevalier）在 1834 年受政府派遣，研究美国的经济系统。他对美国不动产投机的见解十分精到，值得全文引用：

> 所有人都在投机，所有东西都变成了投机的靶子。最鲁莽大胆的企业反受鼓励，所有项目都能找到买家。从缅因州到红河，整个国家都变成了巨大的甘康普瓦大街。因此，如同投机蓬勃发展时会发生的事情一样，所有人都已经致富……痴迷于土地的人为北方的木材林而讨价还价；在极南

之地，密西西比地区的沼泽地、阿拉巴马和红河一带的棉花地也是竞逐对象；向西，伊利诺斯和密歇根的粮田和作物同样引发人们的兴趣。一些新兴城镇以闻所未闻的速度成为这个国家的中心，所有有利可图的地段都会引发投资狂潮。仿佛不到10年的时间内，三四个伦敦、众多巴黎和不可胜数的利物浦就将要开始展现它们的精美街道和宏伟建筑。在美国式的狂热中，城市的码头满是仓库，港口因帆船太多而显得喧嚣。[8]

舍瓦利耶在19世纪的观察和见解直至21世纪的今天仍然发人深省。

令人晕头转向的金融产品：对欧洲革新的影响

欧洲在18世纪的金融创新以中国所带来的不同寻常的实践经验为基础。这个世纪以运用概率和数学思维的创新为开端。纸币的发明、各种富有创意的法人形式共同参与了18世纪第一次大泡沫的形成。18世纪还释放了投机的野性力量，放任其扰乱社会秩序，导致了思想道德上对金融市场和金融思维的反弹式抵制。这最终致使人们努力地试图调节并控制金融的力量。在英国，人们开始限制企业、市场、银行，甚至抵押融资。

泡沫过后，荷兰金融开始带头发展复杂的金融工具，以提供给希望从债券中获得相对保险的收入的投资公众。阿姆斯特丹和其他荷兰主要城市的商人们发明了为他们的商业贸易筹资的金融手段。种植园贷款系统一开始是作为跨大西洋贸易活动的筹资途径而出现，但在这一金融创新中，领头的商人们最终变成了世界上第一批投资银行家。尽管他们仍在经营商业贸易，不过商人们发现承销或发行资产抵押证券更加有利可图。

美国独立战争在发展全新的跨大西洋金融系统中起到了至关重要的作用。我们看见了美国人是如何绕开欧洲对股权市场和纸币的监管限制的。殖民地长期缺乏硬通货的问题意味着必须要有相应的解决问题的金融工程，这正是约翰·劳的灼见。美洲殖民地通货紧缺，但土地有余，这就不可避免地导致了使用不动产作为抵押品（也就是作为潜在的价值来源）这一金融系统的出现。早期的美国土地公司继承了1720年泡沫中的公司留下的遗志。这些公司号召名门望族向俄亥俄山谷移民，这和那些在1720年如雨后春笋般出现、怀有从新大陆吸金之梦的公司的行为如出一辙。在美国革命之后，不仅美国的公司开始着手实现在新大陆发财的梦想，那些由荷兰的商业银行家们设立的公司也希望能够大赚一笔。

有趣的是，通过将年轻美国的债务证券化而发财的投资银行家同时也在做土地投机。而更为有趣的是，他们对荷兰土地公司的精明管理取得了巨大的成功。尽管这些荷兰银行家和三巨头都有生意往来，他们却免遭与罗伯特·莫里斯、詹姆斯·格林利夫和约翰·尼科尔森相同的失败。不同于美国的合作伙伴在融资或担保前就购买财产的愚蠢做法，精明的荷兰银行家想方设法尽可能地避免了华盛顿特区的惨败。承销华盛顿贷款的阿姆斯特丹家族声誉严重受损。如此我们便可以回忆起最近的那场放倒了越发鲁莽的美国银行的抵押危机。

18世纪横跨大西洋进行的纸币实验，是金融史上最具创意的发明之一。它们阐明了使用有资产支撑的货币具有多么大的潜力，论证了一家银行如何能被作为将贷款转化为货币的机构。把美洲殖民地通过抵押发行货币的土地银行与中国纸币的发明做个比较会十分有趣，中国的纸币可以被当作早期的、通过吸纳存款并针对存款写下所有权声明而建立起来的部分准备金制度。这一比较可以说明，为不同目的而开发的金融技术是如何殊途同归的。与发行指券和带有财产所有权的折旧凭证这一想法相比，以黄金或白银作为发行美元的保证这一理念显得平淡无奇。

当想象18世纪的商人、投资者、企业家和公民试图去理解一个新的世界金融市场的复杂性时，我确信，即使以我自己经历的全部现代的金融训练，在理解保险合同、要约、股票、共同基金、土地证、种植园贷款、纸币、汇票和证券发行的品种，以及所有在这个不凡的世纪蓬勃发展的令人惊叹的产品时，我也必将晕头转向。我看到了在此期间金融意识的形成以及使用数学工具以拓展这种意识的发展，这二者是十分紧要的。在那个世纪末，金融已经成为现在和未来之间的中介系统，并以许多不同的形式呈现。它曾将政府的未来收入和私人企业的未来利润转移为当下的价值。它也被用来解决法定货币（不兑现货币）的基本悖论：法定货币无法按照法定价值兑换实物。一个强有力的国家可以指定汇兑的媒介，但弱国必须以资产作为流通货币的保障。陷于长期债务的各国、资金短缺的殖民地和革命政府等政权寄希望于非流动性资产的转型，使土地等非流动性资产变成像可交易的债券或纸币那样的流动资产。

MONEY CHANGES EVERYTHING

How finance made civilization possible

| 第四部分 |

全球市场的出现

全球冲突

这部分将讲述本书故事的最后一幕。故事讲到这里，金融技术已经扮演了英雄与恶棍的双重角色——或者更恰当地说，扮演了一个对道德持不确定态度的主角。在当代，根植于金融体系中的各种问题和不确定性，使得文明在其自身的发展方向上出现戏剧性冲突。在本书第一部分，我们从最早的城邦中看到，是金融促成了复杂政治组织的出现，但这并不是没有代价的。为此，我们签订了一份关于不确定性未来的合同。比如，贷款违约会引发奴隶化的可能性。这样的制度为未来的全球矛盾和政治决裂埋下了祸根。

在第三部分，随着金融工具和金融思维在中世纪欧洲首次出现，我们看到了一种抵触情绪。这导致人们禁止高利贷，并认为金融技术天生就是不道德的。随后，从分析概率论的数学技术到创业者关于公司潜力的梦想中，我们看到了金融思维方式的诞生。创业者梦想着企业可以做成任何事情，无论是分担风险还是殖民全世界。在本书的第四部分，我们将看到对早期金融的非道德特性的重申和反对扶持金融技术（包括私有财产和创业自由）的极具诱惑力的主张。这种辩证地看待金融对社会影响的观点在20世纪早期日渐强大，几乎将世界割裂为两大阵营。

政府债券这一诞生于威尼斯的发明，历经几个世纪的发展后，最终出现了一个国家的债券能被另一个国家的国民持有的情况。殖民化便是这种金融制度的后果。当借款者是一个民族国家，而贷款者是拥有庞大现代军队的国家时，便产生了一个严重的问题。在第四部分中，我们将探究这个问题如何决定了当代国家之间的关系。特别地，我们将看到诸如英国这样的国家，是如何运用债务及其资本市场的力量，削弱当事国主权的控制力。我们从公元前3千纪乌玛与拉格什的冲突中看到的赔偿纠纷，在19世纪和20世纪的国家之间不断上演着。

图 IV-1　为筹建苏伊士运河发行的债券

世界最终解决了一部分由主权债务引发的严重问题。一些现代国际组织，如国际货币基金组织和世界银行，在一定程度上就是为了缓和金融引发的政治问题而建立的。这些国际组织致力于避免以武力方式强制执行国家间的主权债务合同。欧元区内部的政治协商过程便是一个典例。全球化债务问题在当代的发展，将是第四部分的一个主要议题。

股权的全球化

在本书的最后这部分，另一个主要议题是投资对社会各阶层的开放。1720 年展现了一种奇异的精神，它揭示了股票市场在俘获人们想象力、打开人们钱包时的惊人力量。19 世纪，随着投资市场逐渐出现在世界各地，越来越多的人开始进行储蓄和投机——为了他们未来的经济利益，或是那些一夜暴富的希望和梦想。

这种社会资产的重新配置产生了一系列制度和思想层面的后果。资本市场的开放激发了投资者对于更高额回报和更广泛多样化的追逐——这不可避免地引起跨国投资。在追逐回报的过程中，欧洲的资本开辟出通往世界各个角落的道路，但是它同样扩散着风险，导致了股权的全球化。

当资本在全球扩散时，我们应当追踪股票市场的投资过程和文化对资本扩散的反应。我们将英国、俄罗斯、中国和美国作为研究当代股票市场发展的不同案例。

我们知道，约翰·梅纳德·凯恩斯曾断言，经济发展的根本动力是动物精神——这种精神在1720年时大量上演。我们可以看到，关于金融市场的希望和绝望甚至愤怒的情绪，在本书的这一部分一次又一次地上演。对新市场和新技术涌现的乐观态度可能霍然反转。当股票价值暴跌时，人们失去了对市场的信心，也失去了随着股价波动从投资者口袋中赚钱的能力。我们从中得到的关键的教训是：对股票市场力量的信仰，对于维持股票市场是至关重要的。

现代金融领域最重要的进步之一，是关于分散投资的科学，它是一项源于概率数学的发现。一旦全球市场对全世界的投资者们广泛开放，这种关于分散化的科学就能对投资者的行为做出一些重要预测。它预言，世界上的所有资产都会被所有的投资者以相同的比例持有。这就是说，假使投资市场不存在摩擦，法国的一户家庭同加利福尼亚一家大型养老基金会持有完全相同的投资组合。这种投资组合会覆盖世界上的每种股票——确切地说是每种抵押品。理论表明，生活在这样一个全球化的社会，我们将平等地分享金融带来的好处。直到如今，较小的投资者才得以持有如此多样化的投资组合。上述理论是如何形成的，以及投资者们是如何走向这种奇怪的、平等主义的投资组合的，是这部分的另一个关键主题。

最后，我将论证股权投资的全球化引发了跨境利益冲突。它点燃了民族主义的激情，同时削弱了国内政治因素对企业的影响和控制。股权投资者和民族国家之间的这些矛盾是真实存在的，并且有待妥善解决。在这一部分的最后，我将探讨这些矛盾的前景，并提供一些可能解决这些问题的构想。

第 23 章 马克思和市场

> 一切固定的僵化的关系，以及与之相适应的素被尊崇的观念和见解都被消除了，一切新形成的关系等不到固定下来就陈旧了。一切等级的和固定的东西都烟消云散了，一切神圣的东西都被亵渎了。人们终于不得不用冷静的眼光来看他们的生活地位、他们的相互关系。[1]

资本主义毫无休止的革新浪潮对传统社会带来了巨大冲击，卡尔·马克思和弗里德里希·恩格斯如是描述。他们的《共产党宣言》一书于1848年出版，挑起了一场针对资本主义的战斗。这本书详细阐明了世界错在何处，又将如何修复。在他们看来，社会问题的根源在于：货币、储蓄和投资者。

唯有此书

很难想象燕妮·马克思看到位于伦敦苏豪区迪恩街28号的新家时心中的震惊。如今，此地被一家热闹的餐馆占据，周围环绕着高档商店和酒吧。1849年，苏豪区曾是一片凄凉的贫民区。作为一位普鲁士男爵的女儿，燕妮深知，同她满腔热血而又聪明的丈夫卡尔·马克思的婚姻将会使生活充满艰辛。尽管有他妻子显赫的社会地位，马克思还是被普鲁士驱逐出境。事实上，燕妮的哥哥是国家安全部门的主管。毫无疑问，无论以何种方式来看，卡尔·马克思都是危险人物。他曾经领导过短暂的1848年巴黎反抗运动，并且在运动被镇压之后流亡比利时。之后迁往科隆编辑一份激进的报纸，在那里，马克思两次被捕入狱——后一次是因为煽动性言论。被普鲁士和法国驱逐之后，英国成为为数不多的能够接纳他的国家之一。尽管在财务上，马克思一家得到了同时身为实业家和共产主义者的弗里德里希·恩格斯的资助，但微薄的财力只容许他们住进苏豪区一间三楼的公寓,除此之外几乎没有选择。生活对于燕妮而言并没有好转:他们的儿子死于肺结核,她不得不时常同债主商讨交涉,他们几乎没有任何家具,仅有的那些家具也一直处于被扣押的危险之中。但是就在这里,诞生了现代世界最重要的一本书。马克思在这套小公寓中构思并写下了《资本论》的大部分内容。公寓所在的位置有一个巨大优势,就是迪恩街距离大英图书馆只有一小段步行的距离,在那里马克思能够获取研究资本主义历史的无可比拟的资源。作为欧洲资本主义的熔炉和其最伟大批评者的摇篮,伦敦孕育着塑造现代世界辩证关系的新逻辑。

图 23-1　位于伦敦切尔西的房子,马克思撰写《资本论》时居住的地方

《资本论》是一部耗费数年写成的巨著,是一步一步分阶段完成的。在苏豪区居住了 8 年之后,马克思和燕妮搬离了贫民区,搬到距离恩格斯住所更近的樱草山公园附近,但是他们早年的苦难生活却给马克思的社会批判增添了额外的优势。在某种程度上,《资本论》是出于憎恶情绪的毕生劳动结晶,是对在马克思看来使得资产阶级能够迫害工人阶级的经济体系的抨击。《资本论》的第一卷于 1867 年出版,第二卷和第三卷于 1894 年在马克思死后出版,由恩格斯担

任编辑和发行人。

尽管在马克思之前,对于市场力量、银行、股票市场、贷款和投资的批判早已存在,《资本论》依旧做出了创新,它以自己的方式重新定义了资本主义,并预言了资本主义的灭亡。马克思认为,资本主义未来失败的种子埋藏于经济周期之中。最终,工业化经济体的一场大衰退将会激发无产阶级从资本家手中夺取生产资料。在此期间,资本主义会无情地、系统地榨干工人阶级的生命力。

什么是《资本论》

在马克思的世界中,所有事物的价值都是有关生产它所耗费的劳动的函数。这个观点由大卫·李嘉图的理论改编而成。李嘉图是19世纪早期的一位杰出且具有影响力的政治经济学家,他提出了价值由生产过程中投入的劳动决定这一理论。在马克思对李嘉图理论的改造中,金钱是恶的,因为它隐瞒了生产一件商品所需要的劳动总量。通过买卖商品获利的套利者进一步强化了金钱的扭曲特性。企业付给工人仅能够维持生计的微薄工资,然后转手以不能反映其劳动价值的更高的价格将商品售出,这便是企业红利的来源。资本家控制着生产资料,用它制造并囤积剩余劳动力。机械化和生产力的提高产生了更高的利润,并且引发了裁员,反过来导致了廉价劳动力的储备。然而,失业现象压低了需求,利润受到损害。生产力的提高和失业的循环,导致资本主义经济出现周期性危机。在某个节点,上述循环会被打破,工人们将控制生产资料,因而得以为自己保留自己劳动的剩余价值。以上便是《资本论》的简单概括,当然如此简短的介绍未免不够尊重马克思和持续了一个世纪的马克思主义,我对此表示歉意。

一代代学者都围绕《资本论》进行过辩论,并指出了它在论证过程中的致命缺陷,尤其是劳动价值论部分。这本书的逻辑缺陷从来都不重要——它对历史的影响是无可争辩的。

以货币的发明和第一份意大利债券的发行为开端的金融技术,对马克思的论证过程至关重要:

> 公共信用制度,如国债制度,在中世纪的热那亚和威尼斯就已产生,

到工场手工业时期流行于整个欧洲。……于是，就出现了这样产生的有闲的食利者阶级，充当政府和国民之间中介人的金融家就大发横财，每次国债的一大部分就成为从天而降的资本落入包税者、商人和私营工厂主的手中——撇开这些不说，国债使股份公司、各种有价证券的交易、证券投机，总之，使交易投机和现代的银行统治兴盛起来。[2]

根据马克思对历史的解读，威尼斯和热那亚的政府债券促进了上市公司的发展，最终促成了现代资本市场的诞生。对他而言这并不是好事，他的行文中充满了中世纪经院学者所使用的那种道德谴责。在马克思看来，债券持有者是"有闲的食利阶级"。似乎看起来，资本家和工人之间的这种差别极其理论化、极其浮夸，但令人惊异的是，它最终证明了许多国家革命的合理性，并在20世纪，使东方与西方分隔了将近50年。至少有那么一刻，在西方思想史中，一个关于社会公平的争论焦点对准了金融史的细节。

《资本论》构建了一个诠释社会各个方面的综合模型。从现代学术的角度看，它就是最终的解释文本：它提供了一种解读历史、政治、经济、人际关系甚至是家庭的方式。这是通过将人划入固定的阶级，然后赋予他们该阶级的动机来实现的。马克思借用了欧洲传统中的潜在原型，如我们在《愚蠢之镜》中看到的寓言人物（参见第21章），但他将这些原型拓展得更远。以他对储蓄者的描述为例：

> 货币的这种量的有限性和质的无限性之间的矛盾，迫使货币贮藏者不断地从事息息法斯式的积累劳动。[①]因此，货币贮藏者为了金偶像而牺牲自己的肉体享受。他虔诚地信奉禁欲的福音书。另一方面，他能够从流通中以货币形式取出的，只是他以商品形式投入流通的。他生产得越多，他能卖的也就越多。因此，勤劳、节俭、吝啬就成了他的主要美德。多卖少买就是他的全部政治经济学……[3]

马克思笔下的货币囤积者是一个守财奴的形象，但也同时被塑造成一个拜物教徒的形象，被抑制的本能欲望被转化为金钱。

在另一个时代，《资本论》完全有可能被写成史诗（但丁的《地狱》）、小说

[①] 此处为原书引用错误，原书中此句位于本段末尾，此处改为正确顺序。——编者注

（托马斯·莫里斯的《乌托邦》）或者讽刺文学（伊拉斯谟的《愚人颂》）。在这些著作中，《资本论》最接近《地狱》，二者都描绘了一个被诅咒的世界：被禁锢的灵魂，即囤积者，被资本主义体制强迫着进行着无休止无目的的劳动。在《资本论》中，马克思作为一位精神向导，深入现代工业国家的人间炼狱深处。他的目的是揭露社会的罪恶和缺陷。令人恐惧的是，《资本论》并没有指出逃离地狱的道路，它仅仅预言了地狱的最终灭亡。它提出了一个问题，然而并没有给出答案。

如果说《资本论》描绘了地狱，那么《共产党宣言》就指出了救赎之道。马克思和恩格斯从法国大革命中受到了鼓舞，接受了暴力推翻统治阶级的必要性。为达到那样的目的，他们明确表达出了共产党的目标：

> 共产党人的最近目的是和其他一切无产阶级政党的最近目的一样的：使无产阶级形成为阶级，推翻资产阶级的统治，由无产阶级夺取政权。[4]

一旦目标实现，共产党人将会建立一个崭新的，没有阶级之分的新社会。他们将没收所有的私人土地；逐步征税；将银行、债券、通信、交通、生产和农业部门国有化；把每一个人纳入工业生产大军之中，平等地参与体力劳动；把人们从城市迁入农村；消除童工；建立能够融入工业生产的免费学校。很难相信如此激进的计划竟然能够实行。可是，作为一名成长于冷战期间的儿童，我曾经经历过这段时期，那时这些政策就是国家的法律，至少设想一下，在苏联和中国是这样的。

全球化新闻

历史最大的讽刺在于，尽管对资本主义的观点很刻薄，但恩格斯生命中的大部分时间都在曼彻斯特的家族生产公司中工作。更让人惊讶的是，虽然卡尔·马克思对于汇兑业务和证券交易的投机行为持拒绝和否定态度，但他本人是一个敏锐的投机商和市场的观察者——热切地在伦敦证券交易所交易美国债券和英国股票来谋利，并且向他叔叔吹嘘他在市场中赚到的暴利。此外，两人都在《纽约每日论坛报》（*New York Daily Tribune*）担任专业记者，马克思撰写署名文章，恩格斯偶尔给他代笔。因此，整个19世纪50年代和19世纪60年代早期，在撰写史上针对资本主义的最伟大诉状的同时，马克思也在为纽约的投资者提供关于欧洲政治和经济的新闻和分析。

马克思在《纽约每日论坛报》上发表的文章包含了一些他最有趣的分析。新闻报道需要经验证据和理性阐释，然而还是给了马克思就当前形势发表主观评论的余地。马克思以坚定且充满道义的声音，公开反对诸多不公正现象：工人阶级的境况、英国对于中国的鸦片贸易、对精神病患者的虐待、美国的奴隶制度和印度的殖民地化。他称赞新兴的工会运动，赞扬朱塞佩·加里波第（Giuseppe Garibaldi）以平民反抗形式统一意大利的成功。他的新闻简练风趣而又具有说服力。我在阅读这些生动的专栏文章时，差不多能谅解他了。

马克思在其为报纸撰写的文章中描绘了一个全球联通的世界，并且描述了地缘政治的动态变化。19世纪60年代，世界金融市场已经发展到这种程度，马克思能够买卖数千英里之外的海外市场发行的债券，能够对印度殖民地债务的每日利率变动发表评论。作为记者的马克思正处于这个崭新的金融宇宙的中心：一个能够延伸至全球的市场。1720年的全球性事件，连同其中的跨境现金流动、股本发行和对全球性事件的投机行为，都只是19世纪金融世界来到前的小小彩排。

在繁荣的维多利亚时代的伦敦，更多的人阅读商业资讯，而非马克思和恩格斯的评论和宣言，商业资讯越来越数量化。伦敦的金融市场产生了海量信息。《经济学人》杂志，一本专注于自由贸易理念的伦敦商业杂志，将每月股票和债券价格的清单制成一本50页的小字号印刷品。仔细阅读《经济学人》1869年12月的那期价格清单——《投资人月度手册》（Investor's Monthly Manual），它为我们提供了一扇了解卡尔·马克思笔下的拜物教徒或囤积者——他将这些人称作"我们的阔佬朋友"——的窗口。

想象一下，在1870年新年的这个周六，"我们的阔佬朋友"花费了1先令4便士去查明他的诸多投资进展如何。或许他是从伦敦的佛里特街的一家印刷商那里购买到这份手册的，或者在更远的伯明翰、曼彻斯特、赫尔或者爱丁堡等地购得。就个人而言，我倾向于把阔佬看作晚年的弗里德里希·恩格斯，他起身出门，到摄政公园散了会儿步，在回到他舒适的能够俯瞰花园的房子之前，在一个报摊前驻足。毕竟，恩格斯在1870年前后退休，以他的投资为生，继续着共产主义斗争，并最终完成马克思的伟大事业。

翻开这份印刷品，有一点会吸引你——《投资人月度手册》与在其150年前发行的《交易过程》大不相同：它引用了全世界范围内数千种有价证券的价格。翻到第一章，阔佬们可以找到来自 34 个不同的国家或殖民地的超过 204 种政府债券。而在 1870 年 1 月，政府债券不过是世界投资组合的一部分。

阔佬们能够详细考察超过 700 种铁路证券——债券、股票和优先股，从而为除南极洲之外的每个大洲的铁路网建设提供资金。铁路投资总额度达到 11 亿英镑。银行和其他企业，包括新兴的洲际电报企业，负担了另外 5 300 万英镑。笛福和其他一些空想主义者曾设想股票市场是为改良社会而设置的巨大资金池，这些人的梦想已经实现。

投资的劳动价值论

思考一下，马克思和恩格斯会如何解读这些由资本市场产生的庞大数字。截至 1870 年，伦敦证券交易所报价的金融资产总量约达 36 亿英镑，相当于当时地球上的每个人都能分到 2 英镑。当换算成单位劳动这个马克思喜欢的价值尺度时，这个总量会更令人震惊。在 19 世纪 60 年代的伦敦，一个普通的劳动者一周能挣取 20 先令，或者说一年能挣取 52 英镑。[5] 假设劳动生涯持续 50 年，伦敦交易所的资本相当于 140 万名劳动力终身劳动的报酬。

1870 年，马克思或许已经认为伦敦资本市场吸取了大量劳动者的劳动生命，首先通过工资奴隶制榨取价值，然后将其转化为超额利润，最后将其储存为在交易所每天定价的无形纸质资本。马克思或许也论证过这些价格只是虚幻的，《投资人月度手册》上的数字并不是真正的价值。在马克思看来，真正的价值是投入其中的劳动价值。当"我们的阔佬朋友"在 1870 年的新年当天盘算着购入一家维也纳电车公司或者俄罗斯铁路公司的股份时，他是一个靠剥削世代劳动力而生的恶棍，还是一个愿意将经济前途押宝在全球基础设施现代化上的投资者呢？二者都是，抑或都不是？

假设我们把这 36 亿英镑视作英国和其他世界地区投资者节制消费，截至 1870 年得到的净储蓄。再设想一下这些资本来源于他们自己的劳动，而非对其他人的剥削。它代表了劳动价值随时间流逝的巨额转移。以伦敦日常劳动率计，积累的资本可供 140 万人生活 50 年。英国在 1870 年时的人口大致有 2 000 万，因此按照金融市场的总量计算，相当于每人能够分得 180 英镑。

上述数字带有一些欺骗性，因为这些股票和债券同样也在其他资本市场交易，如阿姆斯特丹、巴黎、柏林和布鲁塞尔，而在 1870 年，欧洲的总人口大约有 3 亿。但是无论以何种标准计算，伦敦资本市场都充当了调配过去和未来劳动力产能存量的新媒介。实际上，发行债券和股票的国家和企业，向证券持有者承诺了这些积累的资本的当前价值，甚至承诺了比其当前价值更高的价值。投资人预期这些投入可以转化为今后的更多的消费。资本不是被窃取的劳动力，而是用来抵御未来未知风险的巨大储备。1870 年的伦敦证券交易所是一个巨大的经济杠杆，将杠杆支点立于现在，平衡着过去的储蓄和未来的许诺。

市场无处不在

在维多利亚时代，资本市场在短短几十年间扩散到全球：比任何宗教扩散得都要快。1880—1910 年间，超过一半的世界市场建立起来。没有别的改变比股票交易本身的繁荣更为明显。突然之间，每个国家都需要一个资本的源泉。几乎每个主要的首都城市都建立了股票交易大楼，它是 19 世纪现代化和进步的象征，是一种建立在皇宫、立法机构大楼和法院之间的全新制度结构。世界性的交易改变了 19 世纪城市的面貌，创立了新的行政区，并饰以三角楣饰、圆形立柱和新的诸神。

虽然许多国家都建造了交易所，伦敦依然是股票和债券最频繁地流通和交易的地点。例如，尽管纽约股票交易所的历史可以追溯到 1792 年，但许多美国铁路在 19 世纪 80 年代仍在伦敦出售它们大部分的债券和股票。一定程度上，美国西部的发展是被英国投资者资助起来的。理由十分简单，伦敦就是金钱所在之地。

通用股票交易所

在伦敦中心的帕尔摩街的尽头，矗立着一座雄伟大厦。一个世纪之前，通用股票交易所有限公司（Universal Stock Exchange）就位于这里，那是一家满足伦敦投资者在世界金融市场进行投机行为需求的金融公司。相比于伦敦证券交易所，通用股票交易所有两大优势：首先，它通过电报接收订单，即事实上它属于电子交易；其次，它被设计用于廉价的投机生意。交易所给交易者三个月的时间做真实的结算交易。你能够将股份进行多次交易而不用承担结算费用，不需要在惯例的两周宽限期内交付股权或者全部付清。通用股票交易所可被视作现代在线日常交易平台的先驱，而这正是马克思最大的梦魇。

亨利·洛温菲尔德（Henry Lowenfeld），通用股票交易所背后的天才，如今并未作为现代金融史上的一个伟人被人们铭记。在从波兰移居之后，通过在禁酒运动的高峰期售卖不含酒精的麦芽酒，洛温菲尔德在啤酒生意上发了大财。不久之后，他成为一个成功的伦敦剧院承包人。1889年，洛温菲尔德把他作为商人和敏锐的社会趋势观察者的天分，用在了当时流行的证券市场投机之中。当他投入经纪人业务时，洛温菲尔德杰出的洞察力必然使他劝导人们去购买更多的投资项目。他深信，投资者购买的有价证券越多样化，其所拥有的投资组合就越安全。他开创了多元化投资的现代科学。

1909年，洛温菲尔德写作了《投资：一门精密科学》（*Investment: An Exact Science*）一书，在这本书中，他提出了投资的地域分布理论。按照这个理论，一个投资组合应当包括来自世界上不同经济区的不同有价证券，包括北美洲、南美洲、非洲、北欧、南欧、俄国、中国和印度。他写道，来源于一个给定区域的债券趋于同时变动。例如，无论一个人在投资组合中持有多少种英国证券，它们全都受到同样事件的共同影响。简而言之，不要把你的全部鸡蛋放在一个篮子里：

> 资本的安全性通过将其等量地分散于许多同质健康的股票来获得，但是每种股票（即债券）[6]必须受完全不同的市场或者贸易因素支配……关于市场影响，我们指的是该股票的主要交易场所所处的宏观投资环境。[7]

通过将1895—1906年在通用股票交易所被交易的有价证券的价格趋势绘制成表，洛温菲尔德证明了他的理论。他的图表展示了不同国家的债券在该时间段内是如何发展到一种相互分离的状态：当一个国家经济下行时，其他的国家并不一定会跟随。不用在意1720年的全球危机。洛温菲尔德的注意力集中在不远的过去，那个全球市场剧烈增长的时间段。经过收集和研究，这些数据向他表明，国际化分散的投资降低了整个投资组合的风险。因此，他推断，一个真正多样化的投资组合必须分散于整个世界。同时投资者需要一个便利的交易所去建立一个理想的、现代的多样化投资组合。

洛温菲尔德仅仅利用铁路有价证券，就构造了一个漂亮的例子。来源于同一国家的同一行业的债券通常具有高度的相关性，但是洛温菲尔德的投资组合均等地投资了遍及全世界的10只铁路债券：有英国的、加拿大的、德国的、撒丁岛的、印度的、埃及的、美国的、墨西哥的、阿根廷的和西班牙的，所有债券的收益率大体相同。因此，虽然这种投资组合同单只铁路债券具有同样的预期回报，但是将国际债券整合在一起显著地降低了波动性。洛温菲尔德这个魔术师从帽子里抓出了一只兔子——投入帽子中的是一堆来自全球的迥异的有价证券，而从帽子中出来的却是一种具有惊人稳定性的投资。虽然在此后的20世纪，学者们已经将这个发现模型化并加以推广，洛温菲尔德最早提出了这个伟大的观点，连同其他事件一起，共同促进了伦敦的资本向全世界输出。这似乎有些矛盾，他证实了全球化投资看起来很危险，但又的确是一件安全的事。

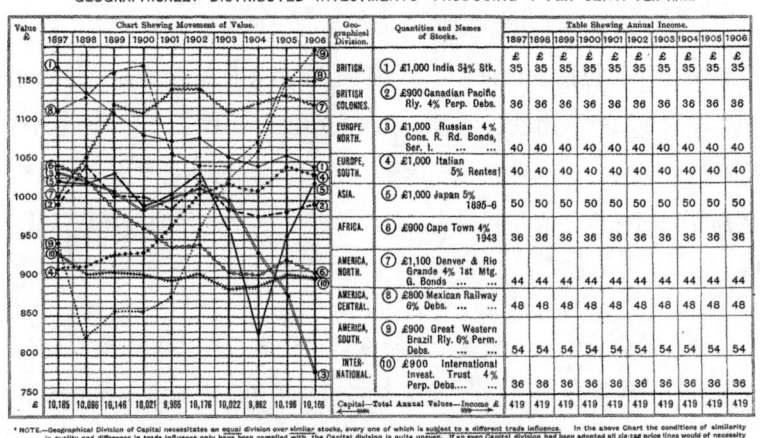

图 23-2 《投资：一门精密科学》一书的插图。体现了全球债券价格变动，以及该运动如何相互抵消从而产生平均价格轨迹和利息流（Henry Lowenfeld, *Investment, an Exact Science.*）

一个生命力旺盛的投资组合

洛温菲尔德的分析是一个极大的创新，他的通用股票交易所为投资世界市场提供了一个有效的机制。在某些方面，他仅仅是在提倡一种在荷兰和英国已经长时间实践过的投资方式。让我们回忆一下第 22 章提到的部分，荷兰共同基金是在 18 世纪为了多元化国际债券投资而创立的。在英国，相同的概念于 1868 年被有价证券控股公司海外及殖民地政府信托公司（Foreign and Colonial Government Trust，简称 F&C）引入。F&C 是由保守党律师菲利普·罗斯（Phillip Rose）建立的，该信托公司持有一个投资组合，其中大部分是高收益的国际债券，它们来自埃及、意大利、秘鲁、西班牙、俄罗斯、奥地利、土耳其、多瑙河流域国家、澳大利亚、诺瓦斯科舍省、美国、巴西、葡萄牙，收益率 5%（新南威尔士州）—15%（土耳其）不等。[8] 这些债券中的任何一个单独债券都有可能破产（事实上很多已经破产），然而捆绑在一起，便为抵御损失提供了充足的保障。金融史学家本·沙博（Ben Chabot）搜集并研究了大量关于 19 世纪英国市场的数据，仔细研究了英国第一只投资基金的表现，并得出结论：虽然它们整体滞后于市场，但它们为普通投资者提供了稳定性，更提供了广泛的多样性。[9]

这种结构显然在今天也很稳定。在经历了两次世界大战、大萧条、2008 年金融危机之后，如今的 F&C 公司仍然管理着价值数十亿美元的投资资产。该公司的投资组合早已转向专注于权益类投资，而不是固定收益产品。然而，它从开始运营就形成的基本特征是通过信托获取资本、通过债券市场流通、通过分红维持运营，并允许投资者卖出股票套现。创立于《资本论》第一卷出版后第一年的 F&C 公司，尽可能地减少了投机性风险投资。比起那些在股票市场上争输赢的机构，F&C 公司只努力使投资人赚取平均收益。但是，正如亨利·洛温菲尔德的统计分析结果显示，在经济繁荣时期，平均收益往往就已经足够好了。

与卡尔·马克思相反，洛温菲尔德写到了公共证券市场给社会带来的巨大好处，认为它是普通储户可以参与全球扩张和经济增长的途径，也是为社会生产性投资筹集资本的方法。他主张全体社会成员都参与到投资中来，特别是工人阶级。投资于资本市场的钱越多，行业增长就越快，工人也就有更多的就业机会。最终，通过运用正确的多样化投资工具，可以为未来的退休生活准备养老金。在马克思看来，金融资本主义是工人阶级的噩梦；而在洛温菲尔德看来，它却是安全的手段。然而，它确实产生了意想不到的政治后果。

霍布森的帝国主义

在本章中，我们研究了公司财务与政治生态如何对现代的全球冲突和改革产生影响。它开始于自我批评的英国自由主义传统。"一战"爆发前，英国海外投资的首席发言人是经济学家约翰·A.霍布森（John A. Hobson）。霍布森如今是公认的重要的经济学家和政治观察家，而在当时他被学术界边缘化为马克思主义空想家。今天，我们可以称霍布森是一个"公共知识分子"，或者说是一位前卫的世界事务评论员。霍布森于1902年创作了《帝国主义研究》（Imperialism: A Study）这部杰作。这本书接受了卡尔·马克思的观点，并提出受到资本主义追求利润的驱动，欧洲国家已经走上了一条灾难性的殖民主义道路。在付出巨大的军事和经济代价后，欧洲实现了对世界其他地区的控制。其驱动力是通过资本储蓄产生的过剩资本以及尽量减少投资者风险的需求：

> 那些把钱投往外国的人，在投资方面充分考虑与该国政治环境有关的风险，希望利用自己的政府资源最大限度地减少这些风险，以此来提高其资本价值和私人投资的收益。投资者和投机者也希望英国应该置其他国家和地区于其统治之下，以谋取高额回报的投资和投机。[10]

霍布森认为，富裕的投资者，特别是海外及殖民地政府信托的管理者，不可避免地会敦促其政府保护他们的海外投资。

然而，霍布森理论最直接的缺陷是，他认为有需求就一定有供给。尽管欧洲投资者要求其政府照顾他们的境外投资，但是新兴市场国家发行的股票和债券却是自发出现的。政府和企业按照它们自己的意愿在伦敦交易所借款。大量的证券在伦敦成交，用于现代化建设、采纳新技术和基础设施建设。北美、俄罗斯、南美、中国以及非洲的铁路、运河、电车以及电网在欧洲投资者的支持下建立起来。帝国主义和发展是同一枚硬币的两个不同侧面。金融是一个强大的全球均衡器。例如，埃塞俄比亚在国际资本的帮助下，可以修建与苏格兰一样好的铁路。所有投资者都希望能够得到合理回报，也希望贷款能够保证被偿还。

这种保证中的其中一种就是抵押品。例如，债券持有人投资中国铁路，他们认为如果政府无法偿还贷款，那么他们有权利收回铁路。中国政府也非常理解投资者的这种权利，于是选择用政府垄断盐和烟草得到的收入与财产作为担保。但问题是，政府是否有权做出这样的承诺？难道一个挥霍无度的政府可以用国家资产抵押担保然后违约，将手中的资产拱手让给外国人吗？主权债务违约引发了政权合法性的问题。

对《阿依达》的借贷

迄今为止，朱佩塞·威尔第（Giuseppe Verdi）的《阿依达》（Aida）仍是人类历史上最奢侈的歌剧。在奥斯曼帝国任命的埃及总督伊斯梅尔（Ismail）帕夏①授意下，《阿依达》于1871年在开罗上演，吸引了各国外交官。具有传统埃及色彩的华丽舞台在超过140年后依然门庭若市——我永远忘不了在维罗纳的罗马圆形剧场里看见为《阿依达》准备的巨型支柱的时刻。虽然这极其昂贵，但《阿依达》实现了伊斯梅尔所追求的东西：国际上对埃及作为一个现代民族国家的认可，以及他的国家和欧洲之间日益紧密的文化纽带。

伊斯梅尔是最积极的外国借款人之一。他在1863年成为埃及的奥斯曼总督，并马上通过建设基础设施和吸收西方文化开始了国家的现代化进程。他最著名的宣言是：

> 我的国家不会再在非洲存在，我们已经是欧洲的一部分。我们得放弃以前的做法，并采纳适应社会状况的新制度。[11]

他最伟大的成就是在1869年开通苏伊士运河——不仅对水利界，对金融界来说这也同样是一个壮举。这一项目由私营的苏伊士运河公司（Compagnie universelle du canal maritime de Suez）资助，该公司于1858年由杰出的外交官和设计家斐迪南·德·雷赛布（Ferdinand de Lesseps）建立。该公司与伊斯梅尔的前任总督达成交易，通过交换股票来获得运河的长期运营特许权。这笔交易的细节揭示了欧洲海外投资的紧张关系以及霍布森的帝国主义。

依照与埃及政府达成的协议来看，苏伊士运河公司实际上是一个埃及公司，但是遵从法国公司法。[12]当时埃及的法律基础设施不足以界定和保护股东权益。如果没有一个值得信赖的企业法人，巨大的资本就无法升值。该协议还涉及领

---

① 帕夏：埃及前共和时期地位最高的官衔。——编者注

土让步。尽管运河依然归埃及所有，但该公司有开发和经营管理其财产的充分权利。事实上，该公司从埃及政府那里获得了长期土地租赁权。苏伊士公司的董事及高层管理人员住在法国，并在那里监督埃及方面的操作。

从理论上说，尽管法国控制着这家埃及公司，但苏伊士运河公司的治理在埃及总督的控制下有效开展。埃及保留了44%的股份，获得了运河未来收入的15%。这种复杂的结构在吸引了全球投资的同时，看起来也使得埃及的领土得以保持完整。

到1875年，伊斯梅尔的债务已经成为一个国际问题。他显然错误计算了现代化和领土扩张的收益。由于无法对外国债券持有人进行支付，伊斯梅尔被迫将其在苏伊士公司的股份出售给英国。此次收购由本杰明·迪斯雷利（Benjamin Disraeli）设计，使得英国控制了运河——即使这种政治控制实质上只是使得英国在法国法律之下控制了运河。为了收回他们的投资，外国债权人协会直接控制了埃及总督的钱囊，于是伊斯梅尔于1878年进行了股权让渡。在《阿依达》成功演出短短几年后，伊斯梅尔已经将埃及的管理权转让给了英法财团。在之后的瓜分中，法国控制了利比亚，英国控制了埃及。

埃及人被外资控制激怒了，特别是因为运河带来的收入是微不足道的，现代化的好处也微乎其微。随着金融收购，埃及能够创造收入的资产主要掌握在英国人手中，埃及人逐渐丧失了财政控制力。同时，由于长期受到奥斯曼帝国的统治，埃及在欧洲收购中爆发了不满。

1882年，陆军上校艾哈迈德·阿拉比（Ahmed Urabi）领导起义试图推翻英国的占领，他的战斗口号是民主。奥斯曼帝国任命的伊斯梅尔总督让埃及人民背负了一个不可能偿还的国际债务。埃及人民在这个问题上没有发言权，但却要负责还债。埃及金融的外国管理者现在只能寻求提款来偿还债权人。

阿拉比起义开始于6月，在亚历山大港开始了对外国人的袭击，并在之后蔓延至整个埃及。英国炮艇炮击港口城市，最终在泰勒-凯比尔（Tel el-Kebir）的战斗中战胜了反叛者。发源于主权债务危机的问题不可逆转地演变成帝国主义。这一过程的助推器当然是有重要战略意义的苏伊士运河。

埃及陷入债务危机，甚至有人认为现代化本身如果有外国资本的参与就是危险的事情。曾几何时，伊斯梅尔在开罗歌剧院与欧洲政要一同娱乐，却不想转瞬之间就被剥夺了财富和权力。更糟糕的是，他的支持者要为他的无所节制而付出代价。债务和奴役的故事自古以来上演了成百上千次。但是，在现代版本里，国家主权也受到威胁。形成于 17 和 18 世纪的全球殖民地是各大贸易国大力保护国际贸易的结果，这些大国包括英国、西班牙、荷兰、葡萄牙和法国。但相反的是，19 世纪的主权丧失使得违约风险越来越高。维护投资者利益成为证明侵害他国主权的合理依据。金融合同已经到达了历史上一个重要的时点——开始参与政治控制的再分配。

奇怪的是，尽管约翰·霍布森指出了资本输出国与发展中国家之间的根本利益冲突，但是他认为，帝国主义是一个很好的调解者。在为洛温菲尔德钟爱的《金融评论综述》(*Financial Review of Reviews*)杂志撰写的系列投资文章中，霍布森指出：复杂且相互依存的国际金融市场与制度组成的复杂网络，使得没有任何大国会产生攻击其他国家的意图。[13] 在他看来，如果德国人进攻英国，德国储户受到的伤害不亚于那些英国储户。没有任何资本输出国敢于隔断与其他国家之间的金融纽带。全球市场实际上成为确保各国相互之间不受金融损害的契约。尽管埃及起义可能破坏金融世界的边缘区域，但是金融世界的中心必须保持完好。如果欧洲列强的殖民地和半殖民地只会偶尔反抗帝国主义的统治，世界必然最终趋向于金融投资者和服务于他们的国家之间的和平。霍布斯实在错得太离谱了。

第 24 章　中国的金融家

埃及的经验在其他国家也同样出现过，其中的一个例子就是中国。比较中国与欧洲金融是一个复杂而有趣的故事，它会同时反映出资本主义好的一面与坏的一面。尽管忍受着19世纪渐进的金融殖民主义，中国的官员和企业家还是迅速采用了最先进的金融技术，冀图达成自己的发展目的。因此，20世纪初，上海成为一个主要的金融中心，巨大的银行和股票市场资助了民营企业和中国的重点基础设施建设。与世界其他地方的投资者一样，中国的投资者也陷入投机的错误。随着橡胶贸易等新商业的良好预期，金融市场蓬勃发展起来，不过却随着银行和金融体系的危机而衰退。中国市场是在以个人投资者为主体的基础上扩大的。中国企业家在世界多元竞争、战争和民族危机的复杂环境下，以自己的方式开辟了道路，引领中国进入现代世界经济。1905年之前，中国官员已经采纳了公司制度并出台了复杂的公司法规，为转向成功的私人所有制企业奠定了基础。中国的金融现代化起源于较弱的中央政府和被侵害的主权，以危险的鸦片为序幕。

烟瘾：价值主张

鸦片贸易是金融史上最可耻的插曲之一。到了18世纪后期，英国东印度公司形成了一个非常成熟的贸易网络，将鸦片从印度出口到中国。这成为公司的核心业务：将鸦片作为一种天然的交换商品，用于平衡中国茶叶出口英国的贸易差额。茶叶出口贸易本应以硬通货——白银，而在广州支付，英国商人可以通过销售鸦片抵销。中国统治者已经认识到鸦片贸易的危险性。尽管有过各种禁烟的尝试，鸦片仍然是19世纪30年代世界上最重要的贸易商品之一。在当时的中国，吸食鸦片是合法的，虽然它对身体有害。英国东印度公司的鸦片贸易对投资者的利润巨大,这使得鸦片贸易更具有吸引力。中国政府也从中获得了利益。1834年,英国东印度公司失去了它的垄断地位,鸦片贸易的竞争加剧,出现了大量的鸦片贸易公司,包括怡和洋行、旗昌洋行和宝顺洋行。

虽然越来越多的中国人坚持认为英国应结束鸦片贸易,但是宝顺洋行还是通过在加尔各答购买鸦片并将其出口到广州大赚了一笔。1839年,钦差大臣林则徐受命主张中国政府的权威,停止鸦片贸易。他下令缉查英国商人兰斯洛特·颠地（Lancelot Dent）,销毁了宝顺洋行的鸦片存货。接着,林则徐迫使所有的外国商人交出总计260万英镑的鸦片。关于对缴获鸦片的补偿问题的分歧引发了第一次鸦片战争。

尽管在英国议会中有支持中国结束鸦片之害权利的同情声音,也存在对英国贸易集团赤裸裸的谋己私利之行为的全球压力,但是商业利益和外交实力最终取得胜利。英国的坚船利炮迫使中国开埠通商,继续进行鸦片贸易。1842年签署的《南京条约》使得中国向英国商人开放了5个通商口岸：广州、厦门、福州、宁波和上海。[1]于是,英国商人可以将暴利的茶叶和鸦片贸易转移到其他几个中国沿海港口。

大合流

虽然鸦片贸易是第一次鸦片战争的直接原因,但更深层次的原因是中国作为主权国家控制其边界的权利以及要求外国客商遵守其法律的要求。第一次鸦片战争代表了对中国主权的侵蚀,而第二次鸦片战争（1856—1860）则更进一步,最终洗劫并几乎完全烧毁了北京的圆明园。它迫使中国允许对外通商,并承认了一系列涉及外国商业利益的治外法权。

鸦片战争的另一后果是赔款割地：英国将长期租借香港。中国也要对英国及其盟国进行赔款,一是销毁鸦片造成的损失,二是英国的战争费用。第一次鸦片战争的赔款金额为2 100万美元,期限三年,年利率5%。在履约期间,以英国控制的中方通商口岸的海关税收作为赔款支付的保证。这实际上损害了中国主权——极其重要的财税收入的权利。对通商口岸的海关税务司进行监督成为后来中国金融的一个重要制度特征。

这种制度当然有利于中国贸易量的大幅上涨,特别是对英国公司以及美国企业来说——美国人声称自己在通商口岸也具有同等权利。通商口岸成为西方商业和金融技术进入中国的载体。虽然中国在19世纪后期产生了一些金融机构，包括本土银行系统和盐矿业及种植业等方面的少量股份公司，但都不是有限责任公司，它们的股份也不可以在交易所公开交易。现代金融的种子通过外来入侵播撒在中国市场上。然而，当这些种子开始发芽后，却又诞生了不同于西方的形态。

虽然在很长一段历史时期内，中国排挤民营企业并让政府控制商业，但是直到第一次鸦片战争，英国国内也存在限制公开发行股票的约束制度。根据衍生于1720年《泡沫法案》的英国法律体系，自由设立有限责任公司仍然严重受限。企业为回避这一限制，组建了无限责任的股份协会，但是像今天一样自由建立公司仍然是遥不可及的。少数几家已经成立的公司也不得不与议会进行协商。19世纪早期英国股权融资的脆弱制度使得在英国控制下的上海建立一个大型公司非常麻烦。

1865年，一群香港商人和英国官员，包括宝顺洋行的约翰·颠地（John Dent）、沙逊洋行的阿瑟·沙逊（Arthur Sassoon）、香港码头的管理者和大英轮船公司（Peninsular and Oriental Steamship Company）的主席托马斯·萨瑟兰德（Thomas Sutherland），发起成立了如今的汇丰银行。该公司在1866年被授予公司地位——仅仅在英国放松对国内企业作为有限责任公司经营的控制10年之后。这期待已久的自由通过一系列议会法案推行，其顶峰就是1856年的《合股公司法》（Joint Stock Companies Act）。汇丰银行需要申请特别许可，因为它位于距离英国半个地球的通商口岸，而它也最终获得了特别许可。它首先在香港发行股票，6个月后在上海第二次发行股票。

从一开始，汇丰银行就不仅是参与中国贸易的一个主要的商业银行，也是中国海关税收的存放银行。在此基础上，它根据中国政府的关税收入，给中国政府贷款。从某种意义上说，汇丰银行使得中国政府过渡到现代赤字财政。以关税收入为担保的贷款在汇丰银行成立初期多次发生。例如，1866年，闽浙总督左宗棠通过关税收入担保借款来镇压叛乱。1877年，汇丰银行承销了金额为500万两白银的中国政府首次国际融资。[2] 自从威尼斯发行政府军事公债之后（参见第10章），中国和西方就走向了金融的大分流。1877年的这笔国际融资标志着中国政府与西方式主权债券重新联结了起来。

尽管其创始人有从事鸦片贸易的污点，但扮演了存款机构、中介机构、承销商等至关重要的角色的汇丰银行，贯穿了中国现代金融转型的过程。因此，就像在欧洲一样，在中国，一个弱势政府需要金融，进而走上发行债券的道路。英国重新修订公司法后，在上海成立的这个全球性机构崛起为采用新型金融技术的催化剂。最终，一系列国际借款在伦敦、比利时、巴黎、圣彼得堡和其他欧洲国家的首都发起，资助中国 19 世纪末 20 世纪初的铁路及其他基础设施的建设，汇丰银行主持了其中的大部分。这些贷款都以中国关税收入或其他具体税收作为担保，从而减轻国际投资者对其还款能力的担忧，也最终成为中国的一个棘手问题。

企业家与中国道路

广州是第一次鸦片战争前唯一对外开放的港口城市，广州的西方企业必须通过中国官方特许经营对外贸易的中介商行才能开展贸易。这一规定在 1843 年被取消，不过这种做法实质上一直存在。贸易公司在很大程度上由中国管理人员在本地经营，这些管理人员在历史上被称为买办。买办是贸易公司的中国代理商，但他们也担任鸦片、丝绸、茶叶和棉花等商品贸易的中间商，并从中获利。作为外国公司的核心员工，买办享有治外法权，中间商的地位使得他们有机会为了自己的利益参与贸易。随着越来越多通商口岸的开放，买办制度也扩展到其他地区，而广东地区的买办一直占有优势。买办的一个关键特点是他们对接的是中国本土企业——基于信誉、担保和家族的关系网。[3] 出于同样的原因，公司买办以这个关系网为担保，取得西方公司的信任。与任何一边的交易失败都是买办的责任，而他也因此巨大责任得到很好的补偿。

许多买办变得富可敌国。然而更重要的是，他们掌握了大量的金融知识。买办不仅要精通两种（或更多）语言，也必须精通两种以上的金融体系。他们在东西方之间的套利交易覆盖所有中介商品和制成品。他们也是金融技术的中介，这种中介作用可以体现为他们参与银行业务，并发起成立了中国自己的股票交易所。

一家广东买办家族在引进新式金融技术的过程中发挥了至关重要的作用。徐荣村（1822—1873）曾担任宝顺洋行的总买办，他在丝绸贸易中为自己赚取了大笔财富，但最著名的成就是赞助中国丝绸在1852年伦敦世界博览会进行展出。因此，他不仅担任买办，同时也是一个成功的企业家。徐荣村将他的侄子徐润（1838—1911）介绍到宝顺洋行工作。徐润在1861年从他的叔叔手上接任了宝顺洋行上海总买办的位置，后于1868年离开洋行，开创了自己的多种业务——其中就包括在上海的庞大且高度投机性质的地产王国。

1865年，在徐润担任宝顺洋行上海总买办期间，宝顺洋行通过汇丰银行在香港首次公开发行股票，并在6个月后在上海再次发行。因此，徐润不仅深刻理解了宝顺洋行的商业贸易，他也很可能参与了汇丰银行在上海的股票公开发行。因此，他亲眼看到了如何创建一个公司创建以及如何发行股票。

19世纪，中国的买办阶层积极投资于众多通商口岸的公司。与欧洲1720年的金融创新相对应，这些公司包括保险和运输公司。1871年以前，中国商人大规模投资于澳门联合财产保险公司（1835）、广州保险公司（1836）、扬子保险公司（1862）、保家行（1863）和另外4家保险公司。[4] 专门研究上海交易所的历史学家W. A. 托马斯（W. A. Thomas）估计，包括商人和买办在内的中国投资者的投资额占据了19世纪60年代之后上海公司总资本的40%~50%。因此，股份有限公司的引进不仅为中国的企业融资提供了新的手段（特别是在航运和海上保险行业），同时也为中国投资者分散风险提供了一种手段。中国商人在这些由外国人成立和经营的公司里有如此巨额的投资，所以企业股权利益的分配将中国商人的利益与英国交易商的利益绑定在一起。一位在保险公司或船运公司有着大股份的中国商人将更有可能按照所在公司的特定方式参与业务。随着英国商业在通商口岸的迅速扩张，中国商人加入了对于这种扩张的资本融资之中。历史学家郝延平认为，买办不只提供了很多专业知识，而且提供了19世纪晚期通商口岸商业发展的资本。[5]

自强

随着中国经济对外开放，中国官员和商人敏锐地意识到世界上已然发生的快速技术进步——从交通现代化到国防武器装备的进步。中国的洋务运动就是在中国领导人努力采取这些新技术，并利用它们来构建一个强大的、独立的、无须依靠外国技术知识的国家的背景下出现的。洋务运动的重要领袖人物是主政中国东南部的两江总督李鸿章。该运动主要是学习国外的知识和技术专长，以及采用西式融资方式来筹集中国发展所需的资本。李鸿章资助众多中国学生前往海外学习，他的远见对后来的中国影响甚大。其中一位留学生是毕业于耶鲁大学的容闳，曾在宝顺洋行任职。

1867年，容闳回到了中国，并带来了利用上市公司发展中国关键工业的设想。他看到了美国资本市场如何引导资金建设重大基础设施，比如运河和铁路。为什么不使用同样的方法筹集资金来发展中国的同类项目呢？

容闳的设想首先从一个关键的交通工具入手：轮船。他的想法于1872年变为现实，上海成立了轮船招商局。[6]在此之前，中国的商业贸易严重依赖外国的船运公司，如大英轮船公司。尽管中国买办也对这些公司进行了资本投入，但他们认识到外国人拥有公司所有权是国家的关键薄弱点。

图 24–1　轮船招商局大楼，位于上海外滩。轮船招商局成立于1872年，是近代中国第一家公开募股集资的新型股份制企业（Swire Chin.）

容闳的昔日同窗唐廷枢是怡和洋行的买办，但他辞去该职位，成为轮船招商局总办。李鸿章呼吁其他著名商人出资，其中最主要的是徐润。徐润作为公司股票的主要推动者和承销人，不仅自己购买，而且鼓励其他上海商人跟随他一起交易。他曾经一度直接或间接地为招商局筹集到一半之多的所需资本。

徐润的经验起到了作用。他看到汇丰银行通过将实力强劲的外国公司吸纳为自己的创办人，从而在中国金融市场取得主导地位。从某种意义上说，汇丰银行就是其主要股东的融资工具。同样的原理也可以使轮船招商局变得强大起来。如果上海的主要商家既持有轮船招商局的股份，又使用轮船招商局的服务，那么他们的交通费将通过红利的方式有效偿还。

该公司的一个新特点是它的附带性条款，即股份只能由中国公民持有。该企业的目的是采用西方融资手段，让中国的基础设施实现现代化。类似的中国公司也陆续成立，用于资助矿山、工厂、军械库和电报公司。因此，在一段类似"大爆炸"的公司发展阶段，中国产生了一系列西式公司，领导中国企业的现代化建设，并从西方人手里夺回控制权。此外，这种模式也在不断完善中越来越好。轮船招商局创建了一种独特的中国式的组织和管理方式。

轮船招商局和其他国内股份制公司都采用官督商办的模式，明确为政府官员保留董事会席位。这种联合政府和商人的治理结构是从盐业专卖制度的基础上发展起来的，即商人提供资金，政府官员控制生产配额。[7]这种结构反映了一种古老的理想模式——由开明的官员管理暴利行业，以确保公众利益。当然，我们已经在早期中国的历史中看到了这种股份制结构的根源（参见第9章）。它可以合理地被视为一种金融创新——一种新的公司治理模式，调和了中国传统的政府控制和现代公司制对利润的追求。现在的问题是这个新实验是否会成功。

两个问题出现了。首先，官督商办的制度需要一个开明的而不是利己的政府官员。如果不满足这个条件，这种结构将产生剥削。例如，1895年负责监督轮船招商局私有化进程的官员最后得到了一大笔公司股票。[8]其次，政府总是设定高水平的分红。这些公司倾向于分配而不是保留利润，因此官股获益良多，这会使得公司的资源减少，损害其长期增长潜力。

李鸿章本人认识到政府过度控制的危害。在早期，他能够保护公司不受干预，但最终政府仍能施加控制，结果就是管理不善、滥用资金，以及糟糕的股东回报。[9]事实上，政府对企业的干预导致难以吸引投资者。19世纪70年代与轮船招商局一起建立的为数不多的企业一直在运营，但股票市场没有能够立刻解锁那些私人资本。这些私人资本本来可以刺激中国经济中的大量民营资本，以建立能与西方分庭抗礼的企业。

尽管李鸿章认识到股份制公司吸引资金的强大潜力，不过他主办的公司之所以得以幸存，是因为他个人的保护以及准垄断地位受到投资者追捧，而不是公司本身的潜力。当他卸任总督的时候，他就不能在市场竞争中继续保护自己青睐的企业。

中国公司制资本主义的第一次尝试既享受到官方保护的好处，同时也深受其害。大权在握的官员能够规劝商人进行投资，也同样能够为政府投资谋利。然而，这种结构并不稳健。

在整个19世纪，中国经历了通过国内金融制度结构支持企业发展的进程。例如在19世纪80年代，中国试图创建一个官商合办的结构，给予商人和私人投资者更多的自治权，但并没有完全成功。真正激励中国股票市场发展的是中日甲午战争的战败以及《马关条约》的签订。《马关条约》允许日本不仅仅在通商口岸进行交易，而且可以在中国组建自己的工商企业。这一条约签订后，中国政府将同样的权利扩展至本土企业。

因此，1895年之后，出现了建立私人企业的浪潮。以1895—1916年间为例，这一时期共新增了35家新棉纺织厂、80家新纱厂和35家新矿厂。相比之下，官商合办企业则很少。

哈佛商学院的中国历史学家柯丽莎认为，应该从公司实际运作的细节来思考中国早期企业出现的原因。柯丽莎的研究课题之一是分析大型纺织企业——在《南京条约》影响下于1895年建立的大生纱厂。大生纱厂起初是由政府资助的企业，厂址位于上海北边的南通。[10]当时的一位激进的政府改革者张謇发起成立了该企业，并将这一企业改造为官商合办的模式。此外，公司还受到另一位改革派官员——两江总督张之洞（1837—1909）的鼎力支持，但是张之洞并不直接参与公司管理。中国企业模式从官督商办到西式私人企业的转型使得张之洞在大生纱厂的重要性下降。大生纱厂是按照西方模式经营的：发行股票，每年开股东大会，会计账目也要被审计。它于1905年根据当时的公司法注册，并在1907年被确认为有限责任公司。

尽管脱离了政府的控制，但是大生纱厂并不是一个真正意义上的股东民主制的企业。虽然张謇和他的家族拥有股权不多，但是他们依然控制着公司。柯丽莎发现股东们积极抵制张謇家族使用公司资源。股东们经常开会抱怨使用公司的资金去支持张謇家族的通海五属公立中学（即今南通中学），抱怨管理人员的报酬以及从公司内部选拔出来的审计人员缺乏独立性。公司董事会提供了一个讨论这些事情的平台，这一意见分歧也被忠实地记录下来。这些都可以被认为是股东民主制的萌芽。但是，董事会篡改了最直言不讳的股东们的发言。

非常有趣的是，大生纱厂今天依然存在。尽管这家公司已经被国有化，叫作江苏大生集团有限公司，是一个非常成功的纺织品生产商，但在它的网站上，还可以看到创始人张謇的名字。

铁路和革命

另一个股票市场的繁荣时期是1904年以后，当时中国政府采纳了基于西方模式的公司法。很多中国的铁路公司在这时成立，为的是与外国的铁路公司展开竞争，那些外国铁路公司可以在国际资本市场上发行股票和债券。成立这些公司的灵感部分来源于中国人对欧洲铁路融资的观察。马建忠是容闳下一代的中国海外留学生，毕业于法国的政治私立学校（École Libre des Sciences Politiques）。1876年，他给自己的赞助者写回信，提到了巴黎债券市场的力量：

> 看起来这些公司可以吸引像河流水源一样巨大而广阔的资源。它们是怎样带来如此繁荣的景象的？第一，它们确保自己能够得到人民的信任；第二，它们有着很清楚的借款规则；第三，它们在一个固定期限内归还贷款。[11]

1894—1911年的清末收回铁路利权运动激发了由本国控制快速发展的铁路网络的民族热情。在此运动之前，中国的大部分铁路是由非本国企业融资建立并控制的。中国政府在铁路权利上对法国、比利时、德国、俄国、美国等公司进行让步，允许它们在中国大部分地区铺设轨道，享有治外法权，并独立于中国法庭。

中国的企业家们认为他们可以通过组建公司，争取获得这种特许经营权。本土铁路公司激发了强烈的民族情感，也激起了投资者们的热情，但最终由于缺乏资金和专业知识而失败。

例如，一家铁路公司于1905年由官方和商人共同发起成立，用于修建连接中国湖广地区的两个主要省份——如今的湖南和湖北的铁路。投资者财团成功地说服政府取消了一个由摩根财团资助的外资企业的筑路权，因为它没有赶上截止日期。这一中国项目获得了大量投资者的热情支持。《北华捷报》这样报道：

不仅是有钱的阶级疯狂购买股票，就连贫困者中最贫困的人也购买越来越多的股票，即使他们已经没有任何闲散现金，甚至难以维持生计。[12]

收回铁路利权运动使自我融资实现增长的梦想扩展到了草根阶层。中国股东赋权的观念不仅仅是少数几个通商口岸的中国商人的梦想。收回铁路利权运动的影响波及全国。这不仅标志着铁路技术可以连接一个庞大的国家，而且意味着中国通过释放潜在的自我融资储蓄的能力，夺回了自主发展的控制权。这些储蓄是中国普通百姓的储蓄，他们知道自筹经费就是自主激励。

不过，本土企业组建匆忙且缺乏有效管理。尽管它们中的一部分吸引了极其优秀的人才，例如耶鲁大学毕业的工程师詹天佑，他建造了中国国内第一条自筹资本修建的铁路——京张铁路，但是，这些企业深受腐败以及缺乏管理和专业技术之害。

意料之中的是，新成立的铁路公司并没有完全得到朝廷的支持。朝廷更愿意就发展权与类似摩根财团的大型国际金融公司讨价还价，而不是将这项权利给予地方企业，收取少量利益。

1911年，表面上由于施工进展缓慢（也可能是由于国际金融利率的外部压力），中国政府国有化了所有本土铁路公司。这是在本质上终止了收回铁路利权运动。随后政府发行了由摩根财团组织的湖广铁路债券，用于支持一个由外国人管理的湖广铁路公司。这笔借款以两湖地区的厘金以及盐税和农业税作为担保。事实上，这项借款收回了对于本土投资者的授权——这个授权是在1905年由无论贫富的国人怀着急切的心情共同达成的——而后将授权交给了外国人，并以百姓所缴纳的税收作为抵押。

民众迅速做出了回应。四川成都的人民跑到总督衙门请愿，反抗铁路的国有化。军警对民众开枪，32人死亡。四川的人民拒绝缴纳税赋。政府派兵镇压，将军和总督全都被杀。四川于1911年9月宣布独立。清帝逊位，大清帝国被中华民国取代。

张之洞和张謇在这场革命中扮演了重要角色。张之洞是参加武昌起义的新军的缔造者，而张謇在1913年被任命为北洋政府的农商总长。因此，中国的辛亥革命与大生纱厂之间存在一个有趣的联系。中央政府与地方政府围绕控制中国经济和商业发展的纠纷导致了忠诚度的下降。

在金融作为颠覆性技术的众多例子当中，这是最引人注目的一个。尽管导致帝国覆灭的起义不能简单归因于铁路权利的纠纷和民众对繁重的湖广铁路借款的不满，但金融制度的快速变迁和从地方到全球控制的巨大动力转换一定是重要的催化剂。中国已经迅速地采用了股份制融资工具，与之相伴随的是忠诚的重新界定和来源广泛的股票市场参与者的期望变化。中国股东民主制实验的一个意外后果是在为新型技术融资的同时，既不容易受官督商办控制，也不能被帝国授权和收回授权所控制。中国人已然自由买进金融产品，而且许多人希望通过这些金融工具参与国家的快速转型。

通过买办制度和派遣中国留学生到海外学习金融和科技的现代化，中国花了40年左右的时间迅速吸收企业资本主义的发展经验。中国商人和官员很快学会了发行股票、设立银行、修建铁路，并进入政府债券的全球市场。与此同时，中国经受着始于鸦片战争的侵略，以及侵蚀中国主权和贸易控制权的赔款和治外法权。

人们很容易将这种描述解释成为一种证据，用来支持金融创新是政治软弱无力的结果这一假说。然而，一种更保守的观点认为中国在19世纪出现了金融创新的快速发展，20世纪早期更是产生了令人惊讶的和意想不到的后果。在这方面，1911年的中国革命与18世纪的美国革命有着更多的相似之处。在美国的案例中，地方官员有对经济发展有自己的想法，并且为自身处于中央政府的控制之下而感到烦恼。在美国，税收、土地公司，以及在对外贸易方面的约束都是激化这种矛盾的因素。在中国，朝廷对发展的高压控制发挥了重要作用。

徐润破产：上海股票市场的缩影

民国新政府的成立对中国资本市场有哪些影响呢？既有有利影响也有不利影响。中华民国的总统袁世凯没有恢复地方铁路的本土权利。相反，财政拮据的政府被迫通过国外资本市场借款恢复运作。1913年的中国善后大借款是由英国、德国、法国和俄国的财团提供的，美国拒绝参与。贷款使得中国新政府在实际上做出了极端的让步，包括承诺不会对贷款国设防。

辛亥革命后，中国在政治上极其不稳定，这一时期被称为"军阀混战时期"。尽管主权债务由海关税收持续支付，但是到1921年时，中国仍然拖欠了许多主权债务。到 1939 年，几乎所有的中国债务都处于拖欠状态。有人可能会认为中国金融已经奄奄一息。然而事实并非如此。截至 1939 年，上海是当时重要的世界金融中心之一，坐落在上海的银行成为商业融资的主要来源。在世界著名的上海外滩，雄伟的金融大厦构成一堵宏伟的楼墙。这些金融大厦大多面向江边，始建于 20 世纪初。尽管当时政治和经济局势动荡，但是中国的商业和金融基础设施却能蓬勃发展。

回想一下，汇丰银行于 1865 年通过发行股份筹资，而且随着 1872 年轮船招商局的创立，只能由中国人持股的股票市场也逐渐兴起。从此以后，国内股和外资股交易活跃，并且同时被报道于中、英文报纸上。

到 1870 年，例如，《北华捷报》共报道了 31 家公司的股价，其中包括 6 家银行（包括汇丰银行）、7 家航运公司、3 家码头公司、5 家海洋保险公司、3 家火险公司、2 家桥梁公司、1 个球类俱乐部和 1 个"娱乐基金"。到善后大借款发生的 1913 年，报告股价的企业数量已经增至 109 家。同年，纽约报纸日常报价的企业数量也不过 66 家，不过英国股市的名单要长得多。截至 1939 年，尽管日军的占领限制了正常的市场运作，但是上海交易所依然是一个主要的股票市场。几乎所有报价的企业都在上海和东亚做生意，包括银行、房地产公司、码头、公共事业、上海制造企业和橡胶公司等。

由李鸿章、徐润和其他中国现代化改革者创建的中国股票市场走上了一条完全不同的道路。我们能够知道这么多有关早期股份发展过程的信息要归功于一位耶鲁毕业生李周，他从《申报》上搜集了 1882—1887 年和 1908—1912 年的大量价格数据。

1882 年，徐润帮助建立轮船招商局 10 年之后，33 家中国本土公司的股份在上海交易所进行活跃交易，包括采矿业、保险业、日用品、公用事业、制造业、交通运输和房地产等领域的公司。大多数交易以面值成交。这意味着，这些股票的售价与原来的发行价几乎持平。而有些采矿和运输业企业的股价已经高于发行价 1/3，甚至 1/2，这意味着即使存在高额分红和相对低效的官督商办的治理结构，股价在第一个 10 年已经稳步增长。

1883 年，金融危机带来了股市的衰落。由于对战争的恐惧和一家丝绸公司的倒闭，金融危机在新年后开始发生。中国的银行根据股票发放贷款，同时也贷款给土地投机者——徐润是这些土地投机者中最突出的一个。1883 年 10 月，大量中国银行倒闭，那些以往面对中国公司扩大信贷规模的外国银行都撤回了贷款。这是一个典型的金融危机，与2008年危机不同，它是从以资产和债券为抵押的银行贷款开始的金融危机。当股价暴跌，金融的系统性使得其余金融市场随之坍塌。徐润在他的自传中也很详细地回忆了这件事。他损失了100万两白银，不得不以极大的折扣清算自己的资产组合。他还列举了他在股票上的损失：在轮船招商局损失了近50万，再加上矿山、纺织厂、玻璃厂、乳制品厂、糖精炼公司，以及三个土地开发公司的损失，作为上海首富的徐润就这样极具戏剧性地破产了。

到了1885年1月，大多数国内公司都在以低于面值一半的价格出售股票。当年年底，仅有极少数企业的股票还在维持报价。这和我们在1720年大危机时看到的一样。危机不仅降低了价格，同时削弱了投资者对于股票的兴趣。国内股票市场的流动性已经枯竭。市场的主要倡导者徐润的巨额财富无疑曾让许多中国投机者梦想在股市中发财，不过，现在徐润破产了。

如果没有1883年大危机，徐润很可能作为上海的J. P. 摩根而被人们铭记。就像摩根一样，徐润作为一个金融家，其威望和影响力是在最初买卖国内股票的时候建立起来的。事实上，摩根在1907年也曾经历过类似徐润所面临的危机。随着股市暴跌，摩根告诉他的经纪人不断买进，从而最终避免了市场彻底崩溃。摩根成了华尔街的英雄。但是，假设摩根的这次行动最后失败了呢？也许，纽约金融市场本身将不复存在。或许这两位金融家，抑或是说两地股市，他们的差别可能仅仅在于运气。

中国的国内市场在1883年后并没有消失。尽管没有一家国内铁路公司在《申报》上积极地发布价格行情，但是事实上，正如我们所看到的，国内市场在1905年恢复过来了。除了轮船招商局与开平煤矿，名单也在扩充，包括金融机构在内。中国通商银行成为上市公司。即使像汇丰银行这样的境外注册公司也可以报价。虽然中国还存在名义上的贸易壁垒，但在20世纪，中国公司和海外公司都能够在《申报》和《北华捷报》上报价。到1935年，在上海的主要市场上仍然保持了少量纯粹的华资企业，但对于大多数企业来说，在外国注册和国内股票市场上市已经成为主流。

有趣的是，华资公司的存在导致了对国外注册公司中的中国投资者的法律反击。1897年，中国信托银行的中国股份持有者承担的承诺资本量引起了一场纠纷，这次纠纷凸显了之前条约中关于如何管理外国企业中的中国投资的模糊性。上海的地方法官认为，中国的国内股票不能允许外国人持股，反之亦然。所以，事实上法官取消了对外国企业中中国投资者的法律保护，使他们不受中国法律的保护。这是一个必须在1902年条约中纠正的问题。[13]

短短几年间，中国已经崛起为资本市场创新的先锋，而且是通过自己的经验做到的。它已经摆脱了鸦片贸易时的金融结构，也不再受控于少数实力强劲的外国商业银行，而是转变为一个重要的世界性资本市场，为国际贸易、制造业和发展融资。买办阶级是一个快速接受和改进西方金融工具的主要载体。虽然中国清朝和随后的民国政府因为始于鸦片战争的侵略而财力匮乏，不过，西方国家强加给中国的开放贸易，却意想不到地使得中国商人和金融阶层强盛起来。

19世纪末20世纪初，中国崛起融入现代全球化的世界再次强化了我们在金融史上看到的一个反复出现的教训。金融技术能够快速扩散并且适应既有的环境，即使它带来了各种新的可能，最终依然是破坏性的。中国国内股市的繁荣和1720年泡沫的相似之处体现了一种模式。股市是一个打开更广阔的资本市场的机制。普通人可以打开报纸，看到盈利颇丰的新企业的股票潜力。股份制公司可以俘获人们的想象力，并打开投资者的钱包。在中国，铁路利权运动让人们怀揣了一个希望，那就是中国投资者——甚至是那些收入微薄的投资者——可以参与国家科技的快速自我发展。市场成为一种重新界定国家的工具，使一个被英国人羞辱过的衰落的半殖民地国家，转变为一个具有创业精神的国家，不仅主宰自己的命运、用自己的术语界定公司，而且用庞大的国内资本推动自己前进。鉴于中国拥有悠久的中央集权统治历史，这些成就应该归功于维新派——政治家和企业家，他们共同掌握了现代金融工具，同时再也无法忍受朝廷的沉重枷锁。

20世纪二三十年代的上海抓住了变革精神之所在。变革体现为观念的现代化和经济文化的全球化。中国可以吸收世界文明提供的一切，也能够根据自身条件改造一切：现代银行、股票市场、摩天大楼、消费类产品、交通和通信系统、教育机构、艺术和文化。金融资本在醒目的文化表达中占据重要地位。不过，金融和社会变革之间的关系在中国下一个大变革中依然起着重要作用。这场变革就是1949年的共产主义革命。

第 25 章　俄国熊

本章我们将转向另一个国家，它是 19 世纪后期欧洲投资的焦点：它接受政府资助，接受外国债券和股票持有人，利用外部资本进行基础设施建设从而发展本国工业。然而，这个国家最终还是拒绝了现代金融，至少拒绝了资本主义的金融技术，并引领整个世界走向一条截然不同的意识形态道路。俄国革命不仅否认了外资所有权和特许权，同时也转而接受了一种否认投资基本原理的经济学理论。

不可忽略：圣彼得堡股票交易所

圣彼得堡的建筑仍然体现了其创建者彼得大帝的理想愿景。这里是俄国的入海口和海上贸易门户，城市分布在众多岛屿上，有些岛屿间由桥梁连接，其他如宏伟的凯瑟琳大帝夏宫所在的岛屿则需要船来通航。冬宫和俄国国家博物馆等恢宏的城市建筑分布在美丽的河岸，仿佛巴黎的塞纳河畔。

十月革命前，圣彼得堡的证券交易所坐落在位置绝佳的海滨，是一座极美的白色新古典建筑。虽然众多学者已经对纽约证券交易所的早期历史进行了深入研究，但极少有学者注意到纽交所在圣彼得堡的对应机构，事实上金融在俄国 19 世纪的经济发展中也处于中心地位。同其他欧洲国家一样，俄国在 1720 年左右也出现了创设公司的浪潮。俄国最早的有记录的股票融资企业可追溯至 1704 年，直到 19 世纪 30 年代在由过度投机引发的恐慌中被变卖。投机高峰发生在 1869 年和 1893 年，后一次投机高峰由宽松的股票信贷管理导致。因此，俄国股票市场的发展历史与美国在某些方面极为类似。

图 25-1 圣彼得堡股票交易所，由法国建筑师托马斯·德·汤姆恩（Thomas de Thomon）设计，建造于 1805—1810 年 [©Valeriya | Dreamstime.com-Porticoof the Old Saint PetersburgStock Exchange (Bourse) Photo.]

19 世纪的圣彼得堡交易所是伦敦股票市场的一个缩影，与纽约证券交易所的规模及上市公司数量大致相当。虽然交易所在几十年前已开始进行交易，但官方统计报告始于 1869 年，记录了 46 只股票，包括在阿拉斯加进行殖民统治的俄国美洲公司（Rossisko-Amerikanskaia kompania, Russian-American Company）。这家由皇室特许的企业成立于 1799 年，从事北美毛皮贸易，在北太平洋沿岸建立了南至加利福尼亚的一系列基地。1867 年，当俄国将阿拉斯加出售给美国的时候，俄国美洲公司停止了美国境内的经营活动，尽管它仍以圣彼得堡交易所上市的贸易公司继续经营。与俄国美洲公司一道在圣彼得堡交易所上市的其他早期公司从事金融、保险、航运、铁路、贸易、制造业和公共事业等行业，截至 1917 年 2 月，在圣彼得堡交易所上市的公司数量增至 635 家。无疑，它已成为一个庞大的市场。

用数字讲述的故事非常有趣。虽然俄国市场极为动荡，但 1869—1917 年俄罗斯股市的增速却近乎美国同期市场的两倍。圣彼得堡股市在日俄战争和俄国 1905 年革命期间崩溃，又在 1910 年戏剧性地复苏。此后至"一战"，俄国资本市场展示了金融发展和经济繁荣的美好前景。俄国有自己的股票市场，它被积极运用于为发展现代基础设施筹集资金。个人投资者也通过股票市场实现了资产配置的多元化。

俄国的债务市场也具有创新性和活跃性。政府发行了一种形式巧妙的债券，能同时吸引储蓄者和投机者。一方面，它是支付固定利息的储蓄工具；另一方面，1864年俄国债券中包含可分离的彩票，它可以用来吸引投机者。[1]这些彩票形成了单独的市场，当一些幸运的中彩人证明中彩票并非不可能后，国家发行的彩票就成为俄国的重要事件了。

尽管国内金融市场较为成熟，但是同美国公司一样，大多数俄国公司还是习惯从海外交易所募集资金。事实上，19世纪及20世纪早期，很少有新兴国家像俄国这样激进地运用资本市场。通过政治联盟，它在巴黎证券交易所发行大量的主权债券。英国投资者也因为投资于私营采矿企业而卷入俄国投资。跨西伯利亚铁路、圣彼得堡电气化建设和巴库油井平台，这些都由欧洲投资者融资建设而成。截至1917年，近一半的俄国资产由外国人所有。由于可能威胁国家主权，这些外国资产面临着被没收的潜在违约风险。对于俄国而言，中国和埃及——同样是处于现代化进程中的、具有一定世界性的大国——它们的经历不容忽略。

金融与芬兰车站

弗拉基米尔·列宁，沙皇统治的反对者，在多年政治流亡后于1917年4月3日成功到达圣彼得堡芬兰火车站。他一直推动的革命终于爆发，俄国人在"一战"中废黜了沙皇。列宁在4月3日回到俄国时，带回了在苏黎世流亡时完成的手稿。他的作品《帝国主义是资本主义的最高阶段》，将"一战"描述为列强瓜分全球市场的最终冲突。本着马克思主义精神，列宁设想这次最后的世界大战将终结资本主义，马克思在《资本论》中预言的金融危机将使得工人和生产资料重新联合起来，取回储藏在全世界富豪们投资组合中的劳动价值。

列宁认为，帝国主义是竞争资本主义向垄断资本主义的过渡，最终生产资料将被少数全球金融寡头控制，他们分割全球市场以减少代价高昂的竞争。列宁明确表示他的书最初是受到了霍布森于1902年写成的《帝国主义》的启发，但是随后就用马克思关于资本主义终结的颠覆性思想取代了霍布森的资产阶级和平主义。列宁的《帝国主义是资本主义的最高阶段》一书尖锐而简洁，但是缺少马克思拓展开来的哲学论述。列宁更依赖数据。在这本篇幅不大的书中，列宁从霍布森以及其他处在世纪之交的经济学家的著作中精心挑选了大量的数据，用来说明全球银行财团崛起、世界证券交易所内不断增发的股票，以及英国、法国、德国向亚洲、非洲和美洲的巨额资本输出。一些数据可能是加总《投资月度手册》中的信息得来的。列宁使用资本主义的出版物来证明全球金融规模的急剧扩大。

列宁使得读者惊讶于金融证券的巨额投资。列宁在书中描绘了一个急速变化的世界，短短几十年间，金融寡头通过信托基金和卡特尔控制了全世界的银行和工业。在列宁看来，飞速发展的金融市场，是实现资本联合的工具，帮助寡头迅速获取用于并购的资本。列宁时代的金融寡头改变了规则以及对于商业和竞争的正常预期。举例来说，以下是列宁对于标准石油公司的批判：

> 既然大企业变得十分庞大，……既然原料的依次加工直到制成许多种成品的所有工序是由一个中心指挥的，既然这些产品分配给数千万数万万的消费者是按照一个计划进行的（在美、德两国，煤油都是由美国煤油托拉斯销售的），那就看得很清楚，摆在我们面前的就是生产的社会化，而绝不是单纯的"交织"；私有经济关系和私有制关系已经变成与内容不相适应的外壳了，如果人为地拖延消灭这个外壳的日子，那它就必然要腐烂——它可能在腐烂状态中保持一个比较长的时期（在机会主义的脓疮迟迟不能治好的最坏情况下），但终究不可避免地要被消灭。[2]

具有讽刺意味的是，现代俄罗斯不择手段地在资本市场上利用其在国际市场上的影响力重组一体化石油天然气公司的努力，并没有受到人们的欣赏。

无人喜欢垄断者

列宁的一些论述对当代读者来说依然有价值。他所攻击的排斥竞争的垄断也被稍后的美国反垄断法约束。标准石油被拆分为若干公司，避免了经济体中的主要部门被大公司控制。

列宁保留了他对于铁路及其融资银行的独到批评。他记录了同样惊人的铁路资本的增长速度，与我们之前在《投资人月度手册》中见到的相同（参

见第 23 章)。铁路资本的规模快速增长,足以和外债的规模相比:

> 铁路是资本主义工业最主要的部门即煤炭工业和钢铁工业的结果,是世界贸易和资产阶级民主文明发展的结果和最显著的标志……建筑铁路似乎是一种普通的、自然的、民主的、文化的、传播文明的事业。在那些由于粉饰资本主义奴隶制而得到报酬的资产阶级教授看来,在小资产阶级庸人看来,建筑铁路就是这么一回事。实际上,资本主义的线索像千丝万缕的密网,把这种事业同整个生产资料私有制联结在一起,把这种建筑事业变成对 10 亿人(殖民地加半殖民地),即占世界人口半数以上的附属国人民,以及对"文明"国家资本的雇佣奴隶进行压迫的工具。
>
> 资本主义已成为极少数"先进"国对世界上绝大多数居民实行殖民压迫和金融扼杀的世界体系。瓜分这种"赃物"的是两三个世界上最强大的全身武装的强盗(美、英、日),他们把全世界卷入他们为瓜分自己的赃物而进行的战争。[3]

日本成为帝国主义强国是值得注意的。俄国在 1905 年日俄战争中战败,圣彼得堡和莫斯科发生街头暴动,遭到沙皇的残酷镇压。列宁在俄国的读者了解到帝国主义力量将会威胁俄国的国家独立。责任不在于俄国本国人,而在于外国的股东和债券持有人。虽然俄国也是义和团运动之后帝国主义瓜分中国的参与者之一,但是中国这个邻国丧权辱国的教训也仍然历历在目。在帝国主义世界,政治壁垒正在让步于经济统治。如果一半的俄国工业资产由外国人所有,一旦俄国无法偿付其债务,将会发生什么?德国是否会占据巴库油田,法国是否会占据铁路,日本是否会占据俄罗斯东部土地,英国是否会占据矿山?

列宁在"一战"期间回到俄国,并立即向德国求和,之前德国曾帮助列宁从苏黎世安全回国。二月革命时布尔什维克还是一个少数党,但到当年 10 月,他们已经掌握政权。在列宁的领导下,俄国通过割让波罗的海诸国、白俄罗斯、乌克兰、格鲁吉亚、亚美尼亚、阿塞拜疆,与德国达成和平协议。然而,和平的到来仍需漫长时间。

俄国内战从 1917 年延续到 1923 年。列强支持白俄军队对抗布尔什维克政府。1919 年,美英联军入侵了北部的阿尔汉格尔斯克(Archangel),日本占据了东部的海参崴,法国暂时控制了南部的敖德萨。最终所有的入侵者都被击退,但代价巨大。布尔什维克不仅获得了内战的胜利，也意外地取得了抵抗列强的胜利。他们拒绝承认沙俄的一切外债，对所有的工业实行了国有化。英法投资者对俄国的基础设施、油田、工厂没有任何索取权。这个新成立的国家甚至不承认私有产权，更不用说外国资本家的所有权。到了1923年，列宁开始着手把俄罗斯建设成马克思主义国家的样板。1924年列宁去世，这一任务留给了他的继任者斯大林。

布尔什维克革命创造了世界上第一个共产主义国家，它是资本主义的对立面。苏联成为一个构建没有金融家、股东、投资者和储户的国家的实验室。它谨遵马克思的理念，由无产阶级掌握政权。然而，俄国人还是得吃饭。这个国家需要在内部解决融资问题，还要完成庞大的中央计划任务。全世界的资本家都不相信苏联能够真正做到。

他们很难相信这种对于资本主义的极端观点能够获胜。例如，1917年12月，克什特姆矿业公司（Kyshtim Mining Corporation）的主管莱斯利·厄克特（Leslie Urquhart）试图减轻公司股东们的担忧：

> 关于俄罗斯发生的事情会如何影响重大利益或者说我们的财产，我可以肯定地说，不用理会荒诞的布尔什维克篡位者们否认合约的声明；他们是一群失去理智的疯子……难道所有的人都打算放弃他们的继承权和私人所有权，以满足疯子关于社会主义的狂言和城市无产阶级的贪婪？……我非常肯定，现在这一切的混乱、无政府状态都将被净化之火消除，俄国将更加纯净、更加强大（说得对，说得对）。[4]

直到1918年，克什特姆矿业公司的股票仍在继续交易，尽管它的铜矿已经被布尔什维克政府征用。或许厄克特也在那些敦促英国政府派军支持白俄军队的人之列。然而，这次未能奏效。

货币"饥不可食"

尽管拒绝承认外债，也击溃了世界领先的资本主义投资国的入侵从而挽救了十月革命，俄国仍然需要筹集资金。耶鲁大学的历史金融档案中有一张印刷纸币，尺寸有如今美元的两倍大，纸币正面的图案是一位农民在耕地。纸币上的文字显示它是1923年的短期贷款：这是一张政府的债务凭证。奇怪的是，它并未承诺以卢布支付，而是可以兑换一袋黑麦面粉。卡尔·马克思一定很骄傲。年轻的苏维埃政府勇敢地消灭了货币拜物教，解开了隐瞒真实价值的面纱和鼓励资本积累的邪恶驱动力。作为替代，理想主义的布尔什维克引入了一种更基本的价值来源作为投资和交换的媒介。唯恐俄国人认为粮食本身存在价值，政府在纸币上印刷了反映劳动价值论的农夫播种谷物的浪漫田园图案。商品的价值在于商品种植和收获时使用的真实劳动数量。但是档案无法说明这张纸币是否代表法定货币，它是否能被真正赎回。如果它实际上只是用于兑换一袋黑麦面粉的短期凭证，那就存在信息缺失：它没有说明何时何地能够交换黑麦。也许它真是劳动价值论的表现；或者，它可能是年轻的苏维埃政府无力的表现。俄国在20世纪20年代早期经历了恶性通货膨胀，国家的需求超越了其拥有的资源。也许黑麦券证是一种抗通胀的货币。那么，谁知道政府赎回了多少黑麦债券，或者说，它们是否被兑换了？事实上，现在你可以以低于50美元的价格买到这种债券，这就意味着它们未被赎回。

客观主义的种子

阿莉萨·季诺维也夫娜·罗森鲍姆（Alisa Zinov'yevna Rosenbaum）出生于1905年的圣彼得堡。她的父亲是一名药剂师，他那红砖砌成的药店坐落在城市中心附近的一个主要十字路口，现在那里仍然是一家药店。阿莉萨的家人住在药店楼上，他们都是1917年革命事件的目击者，因为他们居住的屋子面对着首都的街道。作为12岁的孩子，阿莉萨目睹了革命的暴力和混乱。在布尔什维克接管了家族药店后，阿莉萨和家人逃到克里米亚。1921年，阿莉萨最终回到故乡，那时的她已经成为一个年轻女子。阿莉萨见证了俄国从一个相对自由的市场到一个集体主义的中央计划经济的转型。20世纪20年代，她居住的公寓靠近涅瓦大街，距离圣彼得堡国立大学只有一段很短的电车路程。阿莉萨在那里主修历史和政治理论课程。[5]一些如"历史唯物主义"等课程深受马克思主义理论的影响，其他如"中世纪史""近代史"和"中世纪贸易史"则反映了俄国革命前经济和金融史上的学术成就。

1926年，这个聪明的年轻女人搬到美国，立志成为一名编剧。她给自己起了一个美国名字——艾恩·兰德（Ayn Rand）。兰德后来终于成为一名成功的编剧，但她真正的声望源于她的政治小说《阿特拉斯耸耸肩》(Atlas Shrugged)。该书被广泛认为是20世纪最有影响力的小说之一。《阿特拉斯耸耸肩》于1957年在冷战高峰时期出版，强烈反对苏联式的集体主义，并用"客观主义"取而代之。"客观主义"是一种倡导自由放任资本主义和自我激励理性经济行为的自由主义哲学。《阿特拉斯耸耸肩》促使美国未来的企业家、首席执行官等经济精英去对抗那种鼓励平庸主义的政治偏袒体制和在华盛顿特区密室里制定商业决策的制度。

兰德的故事描绘了由善意的集体主义导致的道德、社会以及科技衰败，显然这是她年轻时在圣彼得堡所见证的俄国社会和经济衰败的反映。在《阿特拉斯耸耸肩》一书中，市场崩溃，精英们归隐田居，国有铁路分崩离析。《阿特拉斯耸耸肩》已成为现代美国自由主义思想的基础。兰德极力主张自由市场，但她的思想面临着和马克思、恩格斯、霍布森以及列宁著作相同的不足。兰德在书中主要对集体主义系统进行了批判，充满了令人鼓舞的言辞，但最终缺乏实际的政治解决方案。的确，兰德把政治描绘为规则的敌人。卡尔·马克思可能会同意这一点，但是列宁通过实施极权主义来创造理想的马克思主义国家的观念却违背了马克思主义，列宁让党而不是无产阶级掌握了生产资料。

兰德的书显然反映了当下金融市场的倡导者和批判者之间的某种辩证联系，尽管她肯定会拒绝这种观点。没有市场，就没有马克思；没有马克思，就没有列宁；没有列宁，就没有艾恩·兰德。每一方都持有不同的论据，但几乎每个论调都不具有天然的说服力。情况也只能如此，因为每个人都试图构建一种深入的、持久的、冲突的社会模式。

20世纪初，俄国成为现代金融体系的战场。然而出人意料的是，在前所未有的世界大战期间，一个革命党取得了一个人口超1亿的国家的政权，并打败了列强。俄国否定了历史悠久的金融创新以及依赖全球资本市场的传统，抛弃了资本主义，实现了《共产党宣言》中描述的景象。该书在自由放任资本主义的堡垒伦敦被禁止出版。20世纪的巨大割裂难以在短期内弥合。

人们能预见世界因为宗教偏执而分裂，毕竟，十字军还在部分伊斯兰世界行动。但是，金融理论，尤其是关于投资者的社会作用的争论，可能将全世界分成两个阵营的现实却很难预知。现在我们知道，世界上有两种不同路径。

/ 351

1949年的中国在相似的毁灭性的世界大战和内战后跟随苏联的脚步进行了马克思列宁主义革命。古巴、朝鲜和越南同样如此。我从小就害怕预示核攻击的防空警报声，它是东西方在经济金融体系之上的历史分裂的回声。

亨利·洛温菲尔德认为由来自世界各地的证券构成的投资组合将提供稳定回报的观念部分正确。他的理论建立在一个罕见的资本主义黄金时期的市场统计分析的基础上，这是"一战"、俄国革命、"二战"、列宁和毛泽东之前的资本主义黄金时期。地理上分散的投资组合可能受制于布尔什维克党和新中国的国有化、"二战"后日本和德国的市场崩溃，以及铁幕将欧洲一分为二时东欧的资产损失。除非全世界同时遭遇危机，资产的全球多元化配置似乎是一个不错的主意。

第 26 章 凯恩斯的救赎

布尔什维克革命不是"一战"的唯一后果。被协约国和俄国军队打败后，德国的殖民地、船队、入海通道、大片生产性领土都被剥夺，同时还背负着无法偿还的债务。这一债务最终引起了人们对于建立在主权债务基础上的国际金融体系的关注。

剑桥大学经济学家约翰·梅纳德·凯恩斯作为英国代表参加了战后谈判。1919 年，他作为英国财政部首席代表出席巴黎和会，并于当年 6 月辞职以抗议对德国过于苛重的和约条款。

凯恩斯写过一本极受欢迎的关于《凡尔赛和约》的著作——《和平的经济后果》(*The Economic Consequences of the Peace*)。在他看来，《凡尔赛和约》是战争以经济方式的延续。尽管"一战"给英国造成了巨大的伤亡，凯恩斯仍在书中恳求协约国对德国网开一面。德国人将会饿死，因为他们难以支付战争赔款，也无法进口足够的粮食来维持生存。这将导致可怕的政治后果。协约国要求德国支付 2 690 亿金马克的赔款。根据我的计算，赔款总额约为 2 万亿公升的大麦，相当于拉格什对乌玛的赔款的一半（参见第 2 章）。从拉格什和乌玛到《凡尔赛和约》，民族国家的债务奴役从金融债务的起源一直延伸到成熟的现代金融技术。

《和平的经济后果》充满了人文主义、哲学、金融和八卦流言。对好奇《凡尔赛和约》如何产生的世人而言，凯恩斯的揭露令人振奋。他勾画了世界大国领导人的生动肖像。在凯恩斯看来，伍德罗·威尔逊（Woodrow Wilson）未能形成现实的解决办法源于他呆板的"长老会"式风范，以及对其对手谋略的失察；劳合·乔治（Lloyd George）是一个有着不可思议的技巧而又精明的魔鬼，他经常戏弄乏味的威尔逊；法国总统乔治·克列孟梭（Georges Clemenceau）被描绘成一个冷漠、强硬，且与德国不共戴天的人。三人一道，成为《麦克白》中三个女巫的现代化身。

图 26-1　1908 年格温德琳·雷夫拉特（Gwendolen Raverat）所画的约翰·梅纳德·凯恩斯画像（National Portrait Gallery, London.）

虽然这本以纪实手法描述"一战"后和谈的著作娱乐了读者大众，但就本质而言，凯恩斯将巴黎和会谈判的失败归结到了资本主义的缺点和现代社会心理学不足的问题上。在这个方面，他与马克思、霍布森、列宁相同。在他看来，现代投资市场使得人类能够超预期地在统治阶级控制下为未来储存资本：

> 当前社会模式下，大部分增加的收入转移到了最不想消费它们的阶级手中。19 世纪的新富人群并没有什么大的支出，相较于直接消费的乐趣，他们更喜欢投资给他们的权力。事实上，正是财富分配的不平等，使得稳固财富和资本改良的累积成为可能，这也是这个时代不同于其他的原因。事实上，这是资本主义制度的主要优势。[1]

对凯恩斯而言，资本主义制度虚实并用的"双重诡计"天生不稳定。他抱怨最多的是统治阶级的吝啬，即对储蓄的癖好。凯恩斯对延迟消费、将经济价值从现在转移至未来等观念的批判，是他尖锐地批判巴黎和会的原因。

凯恩斯把战争看作一个新金融秩序的转折点。它向工人阶级展示了他们所失去的东西，也使得资产阶级意识到他们的积蓄在面临极端不确定的未来时毫无价值。他认为，这两个阶层的心理都将倾向于注重消费和当前的生活品质。在他看来，花费一部分储存的资本主义资产是通向更好未来的道路。凯恩斯的著述因其可怕而又准确的预言而闻名。"一战"后灾难接连出现,包括通货膨胀、法西斯主义和作为马克思主义极权国家的苏联。

《和平的经济后果》一书的批评者指出,实际上德国经济恢复得比凯恩斯预测的要好,而且最终赔款额大幅减少。[2] 不管怎样,主权债务的政治影响这个根本问题已经令全球读者瞩目,也被纳入当时的马克思主义理论体系之中。

在这一章中,我们不仅会探讨凯恩斯对"一战"后金融重塑的贡献,同时也将探讨他作为一名金融思想家和政策专家的作用。凯恩斯是现代金融史上最重要的人物之一,因为他处在三个重要主题的连接点上,即主权债务问题、情绪之于市场的重要性,以及股票市场投资冒进的问题。

来自希腊的谢意

作为一名年轻的经济学家,凯恩斯引起了世界范围内对国际债务中霍布森选择效应问题的关注。"二战"之后很多年,他帮助建立了解决或至少试图减轻金融市场失灵现象的金融组织。1944年7月,在美国新罕布什尔州的布雷顿森林,共有29个同盟国参加谈判,首次建立起了一个国际金融架构。会议效仿凯恩斯在其1933年的文章《通往繁荣之路》(*The Means to Prosperity*)中提出的"世界经济会议",会议的目标是建立共同的世界货币及其管理机构。在11年后的布雷顿森林会议中,凯恩斯不仅代表英国利益,也代表了全世界的观点。他提出了在债务国和债权人之间嵌入一个国际制度框架的计划。

虽然最后的协议内容并不是由凯恩斯提供的那份计划,但二者的基本结构相同。该金融系统的关键组成部分是国际货币基金组织和国际复兴开发银行(世界银行前身),二者为国际社会提供了应对主权债务问题的新手段。国际货币基金组织的目的是解决国际收支平衡问题,简单地说,就是帮助一些超额外币负债的国家,为其提供贷款并引导其重回收支平衡。国际货币基金组织是与存在货币问题的国家进行集体谈判的新方式。各个国家先将资金汇集形成资金池,而后任何收支不平衡的国家都可以从中借款。

国际货币基金组织的一个重要特点是,它免除了旧式的主权债务抵押。不会再出现类似占领鲁尔区作为强制支付担保的情形,也不再需要将进口关税或运河收入作为对别国的直接债务予以抵扣。相反,国际货币基金组织将宏观经

/ 355

济的基本面设定为未来贷款的条件，并要求陷入严重债务危机的经济体进行结构调整。解决方案是由宏观经济学家而不是自利的债券持有人和银行贷款人设计，内容包括货币贬值的紧缩性政策、增加出口和贸易自由化以及对自由市场与私有化政策的引入。

接受国际货币基金组织强制条件的国家有时会抱怨它们所处的困境和"所开药方"的失败。例如，最近国际货币基金组织对希腊的紧急救助。国际货币基金组织和欧盟施加的经济紧缩条件并没有挽救希腊经济，反而导致了更高的失业率与更加艰难的情况。然而，比较现代希腊债务违约与其1898年的债务重组，我们会发现，国际货币基金组织的存在，至少使得国家的完整性和主权得以保留。在克里特岛和土耳其的战争失败后，当时的希腊同现在一样无法支付其国际债务。不过彼时的希腊政府没有向国际货币基金组织寻求帮助，而是与法国、德国和英国的债券持有人委员会进行了协商，结果是希腊财政的控制权被移交给一个国际委员会，就像1878年英国对埃及的控制（参见第23章）一样。这个委员会直接将用于偿付债券持有人的收入从战后对土耳其的战争赔款中转移出来。虽然凯恩斯并不是这个新结构的唯一"设计师"，但他肯定是主要的力量之一。参与1919年巴黎和谈的经验使他坚信这是正确的事情。现代希腊应该对凯恩斯表示感谢，因为他为对于混乱国家的紧急救助奠定了基础，并至少保持其作为一个国家的完整性。

世界银行：远离自由市场？

布雷顿森林体系设立的第二个主要机构是一家旨在为经济增长融资的银行。正如我们看到的，全球金融市场基本上支持了全世界的基础设施建设。对投资者获得抵押品的行为进行规范和调整，从政治角度看是可取的，但这会影响放贷的意愿。在新的国际借贷规则下，大型项目将如何筹得资金？国际复兴银行（后成为世界银行）的成立就是为了填补这一潜在的资金缺口。世界银行不仅为发展中国家提供贷款，还为一些如减轻贫困、改善健康和促进教育等高尚目标提供支持。

在后殖民时代，世界银行承担了以前殖民国家扮演的角色：将资本、知识、法律和教育机构以债务融资的方式向发展中国家输出。

世界需要一家世界银行吗？这一问题已成为近几年来讨论研究的主要话题。越来越多的证据表明，世界银行在完成其在发展中国家的使命方面是相对低效的。纽约大学教授、世界银行前经济学家威廉·伊斯特利（William Easterly）认为，世界银行只是照例行事，将大量资金投入贫困国家，却没有取得什么成效。伊斯特利和他的同事们认为对外援助、投资与经济增长并无直接关联。[3]世界银行发放的贷款基本上就是一种援助，因为这种贷款不仅利率低，并且强制还款的条件也较为宽松。在接受了相当数量贷款和援助的非洲，过去几十年里外国援助和人均增长之间实际为负相关关系。虽然世界银行是善意的，员工也拥有非常理想主义的情怀，但是作为一个自上而下的为改善世界而积极融资的机构，它并没有什么成功的故事可以宣扬。

伊斯特利和他的同事认为，世界银行失败的根源在于凯恩斯的假设——自上而下的规制机构比市场的无形之手更能有效地为项目配置资源。伊斯特利的论据很简单，他认为调整激励机制能够比控制指挥更显著地促进增长。当然，凯恩斯在解决未加抑制的金融全球化泛滥和不良储蓄习惯导致的市场分裂问题时，为政府设定了一个假设的核心地位。世界银行这一金融架构是凯恩斯的遗产，它用集体化的投资机构切断了贷款人和主权借款人间的联系，以减少殖民剥削的可能。布雷顿森林体系将世界从帝国主义复苏中拯救出来了么？它让更多的国家实现繁荣了么？无论是或不是，它都不可避免地改变了国家之间和国家与资本市场之间的互动机制。

引入国际货币基金组织和世界银行作为最后贷款人，这种方式减少了对于会带来主权损害的国际条款的强烈需求。人们认为，这样做使得世界远离了金融合约的自由市场，从而降低了资本市场效率。正如梭伦宣称的雅典人不得订立买卖人身自由的合同一样。

即使凯恩斯从来没有写过一本书，作为一个真正的金融创新者，他的遗产仍然保留在布雷顿森林协议中。几十年来它一直在为世界服务。像许多以政府为基础的解决方案一样，它是不完善的、低效的，被以各种方式滥用，还经常受到施惠者和受益人的批评。不过，正如其他制度性工具一样，它们在一开始时可能只有一个目的，但都逐渐发展适应，以满足不断变化的经济形势需要。如果顺利的话，国际货币基金组织和世界银行也将保持足够的灵活性，实现同样的发展路径。

情绪的重要性

事实上,凯恩斯确实还完成了另外几本著作。没有任何书本可以媲美凯恩斯的巨著对经济思想的影响。出版于 1935 年大萧条期间的《就业、利息和货币通论》(The General Theory of Employment, Interest and Money)试图解释经济为何被困在一个看似无休止的萧条之中。这种观念(即囤积是经济问题的根源)的萌芽可以在《和平的经济后果》一书中找到。当就业率下降、前景黯淡时,人们储蓄更多、消费更少,从而导致就业率进一步下降。凯恩斯认为,政府行动可以改变这种循环:降低利率可以刺激投资,在极端情况下,如大萧条时期,能够增加就业机会的政府工程项目可以刺激需求,从而促进生产和就业。政府可以帮助经济摆脱停滞状态。

也许这本书最著名的部分是市场心理学在改变平衡中起到关键作用这一理论。凯恩斯观察到市场由动物精神驱动。对于凯恩斯而言,这种自发的共同的希望,即使由非理性或至少是过于乐观的未来期待驱动,也已经成为新的经济状况的主要特点。他认为,人类的"动物精神"是一个基础的、必要的力量。如果没有这种非理性,人们将过度储蓄,消费会下降,生产会减少,工资会减少,然后人们会决定储蓄更多。凯恩斯的推导建立在过度乐观的基础之上:

> 商人们在玩一种既靠本领又靠运气的游戏。终局以后,全体总平均结果如何,参与者无从得悉。如果人天性不喜欢碰运气,或对建设一厂、一铁路或一矿本身(即除利润之外)不感乐趣,而仅靠冷静盘算,则恐怕不会有多少投资。投资的实际总平均结果,即使在进步繁荣时期,大概还不及事先之期望。有很大一部分,与其说是决定于冷静计算(不论是在道德方面、苦乐方面或经济方面),不如说是决定于一种油然而发的乐观情绪。[4]

换句话说,如果所有的投资都是基于净现值的理性评估,那就不会产生新的东西。技术进步以商人愚蠢的投机行为为基础。天晓得凯恩斯受约翰·劳的影响有多大。但回想一下,1720 年的泡沫也是基于对新技术,以及能够控制民众精神和资本的新公司的梦想和希望。仿佛在这非凡的一年,投机频率的大增预示了一种隐藏的、新奇的自然之力,使资本市场突然能够克服金融惯性,开创各种新的可能性。

凯恩斯认为存在着能够影响经济的强大潜在力量，而且政府可以利用这种潜在力量改变宏观经济的平衡。他认为经济政策可以管理公众预期。改变人们对于未来的看法，人们就会打开钱包，在当下消费。由于非理性的恐慌，市场情绪可能会抑制经济发展，但如果管理得当，市场情绪可以成为强大的力量。

凯恩斯建议政府在泡沫达到顶峰时介入，通过刺激和情绪管理阻止恶性循环，而不是通过消除繁荣来抗击衰退。他的计划是保持经济永久地处于准繁荣的状态。当投资收益率开始下降、股价下跌、投机者不得不清算头寸，以及工厂订单开始大量减少时，凯恩斯认为政府可以在一根棍子的末端绑根胡萝卜来促使驴子继续向前，即让它看到奖励，避免让它筋疲力尽。

当然，投资者对于保持这种准繁荣状态具有重要作用，但他们的作用并不长久。如果经济被管理得当，投资者就只会是一种暂时的存在。一旦利率下降，充分就业成为常态，依靠剥削工人阶级为生的富翁、囤积者和资本家，就会变得不那么重要。

> 食利者以及无用投资者的安乐死，一点也不意外，仅仅只是最近英国发生的事情的一个渐进的长期的延续，并且不再需要革命。……但即便如此，国家机构的公共储蓄仍然能保持在一定水平，保障资本增长到不再稀缺的程度。[5]

凯恩斯预测，个人投资最终将让位于公共储蓄。国家将管理我们的存款，使其达到充足状态。同时要指出的是，就算那一天终将到来，凯恩斯仍然是一个精力旺盛的、成功的、自利的投机者和食利者。

股市上的冒进

> 我想经营一条铁路或组建一个信托，或至少诈骗投资大众；掌握这些事情的规律是那么容易而有趣。[6]
>
> ——约翰·梅纳德·凯恩斯，1905年

1905年，自信而年轻的凯恩斯在信中这样告诉他的朋友利顿·斯特雷奇（Lytton Strachey），当时的凯恩斯还在剑桥大学读本科。凯恩斯从一开始就打算

投机挣钱。作为经济学家的凯恩斯对自由市场体系持悲观态度，然而作为个人的凯恩斯却热切地接受了自由市场。

在凯恩斯彻底改变宏观经济学、为全球金融体系绘制新路线的同时，他还投资于信托业，积极进行股票和大宗商品投机，并把机构投资移回到股票市场。直到最近，作为金融家和投资者的凯恩斯的事迹才为人所知。这要感谢剑桥大学教授戴维·钱伯斯（David Chambers）的努力。凯恩斯在剑桥大学留下了诸多遗物。

凯恩斯不仅是剑桥最著名的经济学家之一，还曾管理剑桥大学的捐赠资金。在教授经常从事行政服务类工作的时期，凯恩斯在世界金融史的动荡之时，担任过国王学院的财务主管。1921—1946年，凯恩斯掌管剑桥大学国王学院的投资组合。在此期间，凯恩斯逐步形成了对于投资、储蓄和动物精神的观点。

钱伯斯在回归学术之前也是一位金融家。他很好奇投资组合与凯恩斯理论的发展如何相互反映。凯恩斯关于市场情绪的理论是基于他20世纪二三十年代记录市场盛衰的个人经验吗？他对于技术创新预期评估有个人经验么？凯恩斯是一个囤积资金购买债券的食利者，还是一个不顾企业前景和自身评估真正风险能力而乐观地购买新企业股票的投机者？

戴维与他的挚友兼导师——伦敦商学院的埃尔罗伊·迪姆松（Elroy Dimson）一起，进入国王学院档案室，重塑凯恩斯的投资史。他们发现同其生活中的一切其他事情一样，凯恩斯的投资行为是反传统的。他偏离了剑桥学院捐赠管理的世纪传统，由房地产和固定收入投资转向股票投资。即使在股票组合中，他也很冒险，更专注于少量股票而非进行广泛多元的投资。这一战略颇有成效。在凯恩斯管理捐赠资产期间，凯恩斯投资组合的收益轻松击败英国股票的加权平均组合收益。他是从债券投资快速转移到股票投资的真正先锋。

《就业、利息和货币通论》包含了凯恩斯对投资政策的一些洞见。凯恩斯提倡对中长期、生产型企业进行投资。从债券市场上撤出资金，并投资于创业项目与这种观点是一致的。他认为，如果投机成为市场投资的主要原因，它将打击现存企业。然而，他的投资同时依赖于现存企业和投机。钱伯斯和迪姆松观察到，在20世纪30年代中期之前，凯恩斯试图记录市场起落的时间。也许凯恩斯相信他能够预测非理性，但我们之前提到的有效市场理论认为这是不可能的。

事实上，凯恩斯对有效市场理论是不屑一顾的。他不仅强调市场情绪可能会推动价格偏离基本价值,他也不相信朱利·荷纽随机游走理论的统计基础。凯恩斯最学术的著作《概率论》(*A Treatise on Probability*),是他在巴黎和谈后回到剑桥完成的。书中表示,统计学家不应该假定数据有集中趋势。回忆第 16 章提到的荷纽的例子,很多人都关注同样的股票进而形成了有效的市场价格。凯恩斯警告说,这种机制可能无法应用于市场。例如,不可能所有的人都关注相同的股票,或者他们中的有些人可能拥有更好的洞察力。他认为,当你看到市场信息时,你需要深入了解数据是如何产生的,因为前提条件很重要。因此,当其他人假定市场随机游走时,一个精明的分析师能够识别出趋势。

可惜的是,凯恩斯对市场时机的判断并没有十分奏效。特别是他未能预见 1929 年的市场崩溃。20 世纪 30 年代市场的迂回曲折最终导致凯恩斯转变了自身的人生观,他成为一个基本面投资者——寻找具有可靠基本面和长期赢利前景的公司进行投资。他专注于少数几家偏爱的公司:矿业公司、一家船运公司和一家汽车公司。这一策略成效显著。

凯恩斯与马克思

在以新颖而引人注目的方式解释资本市场方面,凯恩斯几乎与卡尔·马克思一样重要。两人各自定义了经济思想的两个学派,两个人都改变了世界。

在我来看,他们的说服力不仅源于他们的文学天赋,同样源于他们的经济学逻辑。他们都持有很深的刻板印象——尤其是将储户视为吝啬的囤积者。这些刻板印象与公众的想象产生了极大共鸣,因为两位作家的创作时间恰好处于人们对现代世界的未来存在极大不确定和公众焦虑之时。人们需要的不仅仅是对这个时代的经济学分析,还需要一个能够满足其潜意识的故事——一个能够同时满足大脑两个半球的解释。

对于马克思来说,工业化带来的社会混乱和全球资本市场新现象的出现,以及胜负分明的世界新秩序,与他激烈的批判言论和他将经济重塑为集体企业的激进建议形成了共鸣。

凯恩斯的批评只是更为巧妙。作为一名年轻人,他撰写了一份自以为是的攻击现代金融冲突的宣言。作为一位成熟的经济学家,他的巨著出现在大萧条期间,批判古典经济学,称其为一个失败的范式。他不仅对合理优化提出了挑战，还重新引入了人性中的古老幽灵——《愚蠢之镜》中的精灵、恶魔和狂热，这些形象仍然在发出回响。

不同于马克思，凯恩斯从现实的状况出发提供了救赎方案。而对于马克思来说，拯救源于革命。凯恩斯的《就业、利息和货币通论》认为中央政府应该在挽救低迷经济中起突出作用。在这个意义上，《就业、利息和货币通论》是十分乐观的。由于信贷周期和低效投资决策导致的现代经济起伏波动，是可以由政府通过利率政策，甚至直接提供就业的方式来控制管理的。凯恩斯预期中的未来经济只有高点而没有低谷。它打破了原有的过剩引发经济危机的道德观点，因而在大萧条之后成为经济政策讨论的核心也就不足为奇。

新世界会是什么样子

当凯恩斯开始他的职业生涯时，伦敦是世界金融中心，而在他的职业生涯过程中，他目睹了世界金融中心向新大陆的转移。"一战"之后的巴黎和会奠定了英国、法国和美国的领导地位，这标志着美国进入世界强国的行列。布雷顿森林会议在美国召开，人们普遍认为协商新的金融体系的过程使得凯恩斯和美国财政部副部长亨利·德克斯特·怀特（Harry Dexter White）产生了矛盾。那时的凯恩斯是在为英国争取金融利益，他的国家再也不能像原来伦敦作为世界金融中心时那样设置和解协议条款了。凯恩斯认为美国超越英国是件困难的事情，但他确实意识到金融史的新篇章已然翻开。他感兴趣的是这个由美国主导的新世界会是什么样子。凯恩斯对此早有充分的考虑。

第 27 章 新金融世界

  美国人过分喜欢推测一般人对于一般人之看法，这个民族性弱点，亦表现于证券市场。据说美国人极少为所得而投资（目前许多英国人还是如此）；除非他希望以后会有资本增值，否则他不会十分愿意购买一投资品。这就是说，当美国人购买一件投资品时，希望所寄，主要倒不在该投资之未来收益，而在该投资之市价（因循成规的市价）波动于他有利；换句话说，他就是以上所谓投机者。投机而仅为企业洪流中之一点小波，也许没有什么害处，但设企业而为投机旋涡中之水泡，情形就严重了。设一国之资本发展变成游戏赌博之副产品，这件事情大概不会做得好。如果认为华尔街之正当社会功用，乃在引导新投资入于最有利（以投资之未来收益为标准）途径，则华尔街之成就，不能算是自由放任式资本主义之辉煌胜利。这亦不足为怪，因为——假使我的看法是对的——华尔街之最佳智力，事实上也志不在此，而用在另一方面。[1]

——约翰·梅纳德·凯恩斯，《就业、利息和货币通论》

美国的方式

  研讨会的房间是经典的哈佛样式：木板墙、方格天花板，以及一个狭长的漂亮餐桌。教授和研究生走进房间，按照惯常的长幼次序入座，主要位置留给资深教授，靠墙的椅子留给博士生。一位年轻的历史学家大步走进房间，坐在了长桌的尽头。她翻开纸捆，等待房间安静下来，然后从她的包中拿出了一颗手榴弹。她一言不发地拉开了手榴弹，在场的其他人不知道是该笑还是该逃。无论如何，朱莉娅·奥特（Julia Ott）成功地让别人注意到了她。[2]当天她在哈佛大学商学院主持的研讨会主题是美国人应当如何投资股市。那颗手榴弹来自"一战"——这提醒人们，美国对待投资的态度形成于"一战"之后。

20世纪20年代，战后俄国向着马克思主义国家迈进，美国则怀着特有的理想和激情在与俄国相反的方向上大步前进。朱莉娅·奥特演讲的主题，以及她众多论文的主题，是美国人对股市投资问题观念的深刻变化。欧洲人（尤其是英国人）曾长期依赖于资本市场，并将其作为储蓄和投资手段。与此不同，美国家庭的投资行为只在"一战"期间显著增多。美国政府发行储蓄国债以资助战争行为，而美国人出于爱国义务购买了部分国债。随着美国政府这笔债务的到期，投资者开始寻求相应的金融替代品，经纪商也开始寻求其他的产品。

朱莉娅·奥特目前是位于纽约市的社会研究新学院（New School of Social Research）的历史学家，同时也是研究美国20世纪初股权崇拜现象的专家，在她看来，这种现象就是"股东民主"。小额投资一般会被打压，而不是被促进，在初始阶段尤其如此。当20世纪20年代俄罗斯人被教育要拒绝金钱和储蓄这些资产阶级思想的时候，美国的经纪商和银行家将小额投资视为新的赢利市场，为美国人引进了一个复杂的资本新世界。市场投机的时代思潮终于越过大西洋。

纽约证券交易所自1792年开始运营，19世纪时就已经充斥着华尔街投机商和铁路巨头的多彩故事，但直到20世纪美国一直是资本的净输入国。然而一旦普通投资者的力量被利用，美国便迅速地成为世界金融大国。美国人认识到英国资本市场如何为维多利亚时代的英国帝国主义保驾护航，并自认为是昔日庞大帝国的天然传承者。但是，帝国主义绝对不是小额投资的驱动力。

朱莉娅·奥特指出，在20世纪20年代对美国公司的投资变成了自我提升、自立和自我激励的实现方式。通过购买股票，投资者成为一个大型公司的有表决权的合作伙伴，并成为该公司未来的利益相关者。这些主题并不是在美国社会中自发出现的；相反，它们经由华尔街精心培育，特别是通过纽约证券交易所进行推广。朱莉娅·奥特对交易所档案的研究为"股东民主"观念的产生和运行问题提供了大量资料。当时的推广者们通过演讲和宣传稿，同时利用类似金融漫画的大众媒体，以简单易懂的形式向普通民众阐述复杂的金融操作，并呼吁家庭财务安全和自我提升的愿景。

与战前由丹尼尔·德鲁（Daniel Drew）、科尔内留斯·范德比尔特

（Cornelius Vanderbilt）和 J. P. 摩根这些业内人士代表的华尔街的主流观点相反，20 世纪 20 年代的纽约证券交易所强调公平性。在股市投资的"新时代"，美国的小投资者不再是业内人士操纵市场的受害者，纽约证券交易所成为公平投资交易的保证。如果普通股曾经是投机活动和密室交易的代名词，经过一段热情高涨的爱国时期，加之人们在短时间内熟悉了证券经纪商和投资组合的知识，现在的普通股变成了美国家庭重要的新"家具"。美国的散户市场发展是有些晚，然而一旦美国人开始尝试，投资旋即成为全国性的娱乐。

费雪的判断

凯恩斯是对的。20 世纪 20 年代，股市以一种与英国维多利亚时代的投资者运动截然不同的方式吸引了美国的投资者。亨利·洛温菲尔德在大多数对伦敦的全球多样化的研究中，用债券来体现稳健的投资策略。F&C 公司广受欢迎的原因在于人们都想追逐较高的平均债券收益率，而不是股票的资本增值。凯恩斯是将股权视为金融未来的早期倡导者之一，但他的思想在当时的英国有些超前了。然而在美国，民众的投资兴趣突然转移至股权。美国人依旧会购买债券，但人们越来越谨慎。债券的通货膨胀风险使得债券在当代的安全性不足。

"一战"后德国的恶性通货膨胀震惊了世界。1921—1924 年德国物价涨幅超过 1 万亿倍：1924 年的币制改革使流通中的货币缩水了近千亿。纸币还不如印刷用的纸贵。疯狂的通货膨胀将一切归零，人们携带整车的现金到商店购物，用纸币糊墙，这些画面动摇了人们对政府的信任。全世界都意识到，随着金本位的崩溃，没有一种货币是真正安全的，没有一个国家可以不受影响。

耶鲁大学经济学家欧文·费雪（Irving Fisher）甚至推测普通人无法察觉货币贬值的可怕后果。作为对马克思提出的"货币拜物教"的奇妙的又或许是无意识的回应，费雪创造了"货币幻觉"的概念，用来描述人们倾向于相信货币的"名义"价值在某种程度上固定可靠。他认为人们应当使用"真实"的价值，即扣除通货膨胀后的价值。费雪认为人们沉溺于将货币价格作为商品价值的参考点，却忽略了货币价格是由货币流通量决定的。他对于储户的建议是：远离货币和债券。未来美元可能一文不值，最好购买实实在在的东西，例如真正的公司。美国公司的股票承诺的不仅是红利现金流，还有与企业有形资产相连的重大利害关系。当政府发行货币时，这些资产的货币价值会自动随之上升。与凯恩斯一样，费雪是一个改革者，他相信经济学家可以帮助解决世界问题。他将经济学的数学方法引入美国，并因他的货币数量论和"债务—通货紧缩"理论而闻名。

费雪对金融经济学的贡献巨大。他把现值（首先由斐波那契规范化）数学化并将其应用到投资决策中。在费雪的分析中，为了实现股东利益最大化，企业管理者应该选择净现值最高的项目。净现值不仅要考虑资金的时间价值，还要考虑项目的风险。学过费雪金融学课程的耶鲁毕业生将学会如何运用这个理性的决策标准。费雪的净现值计算公式是如今所有现代财务分析的重要工具。

费雪对公司的研究，以及他对通货膨胀影响的分析，使他强烈地支持股票投资，反对债券投资。他自己也是这么做的，他将大部分的个人财富和他的妻子及妻子家人的财富，投向了股市。

被遗忘的费雪

埃德加·劳伦斯·史密斯（Edgar Lawrence Smith）是一位于20世纪20年代初在华尔街工作的债券分析师。出于对股市热潮的兴趣，他进行了一个研究，看股票投资的收益是否高于债券投资。这跟亨利·洛温菲尔德几十年前的研究完全不同。史密斯不关注全球投资市场和风险本身，只对回报率感兴趣。股票和债券谁的表现更好呢？

史密斯的研究很简单。他检查了19世纪30年代—20世纪20年代期间，股票投资获得的实际现金流能否覆盖对债券持有人的付款。他发现，长期来看，股票收益总是优于债券收益。他还认为，股票能够提供与市场价值同比增长的稳定股息。史密斯于1924年12月将研究结果结集出版——《普通股作为长期投资》(Common Stocks as Long Term Investments)。

这本书一炮而红。一开篇，史密斯就提出了与传统意义上安全投资观点不同的观点：曾经被认为是保守的、安全的债券，现在被认为是高风险的。他和他的书引领了一个新金融时代，该时代的后继者大胆、睿智、有思想，并指引市场参与者参与到美国工业增长和科技创新的进程之中。卖出铁路债券，投资航空企业！史密斯的实证分析充满了图表和数字，美国投资者认为它是革新未来储蓄方式的有力论据。20世纪30年代的基本面价值投资者本杰明·格雷厄姆（Benjamin Graham）和戴维·多德（David Dodd），嘲讽地说《普通股作为长期投资》"注定要成为新时代股市的官方'教科书'"。[3] 约翰·梅纳德·凯恩斯在1925年积极肯定了这本书。欧文·费雪甚至更为乐观，他认为史密斯已经开启了从根本上改变股票和债券相对需求的趋势。

埃德加·史密斯在他的里程碑式的研究结果出版之前设立了投资者管理公司（Investors Management Company）。公司为其提供的服务设计了严格的收费标准——消除了一些其他公司存在的极端利益冲突。与华尔街的大公司不同，投资者管理公司不做证券承销，将损失限定在投资信托基金的范围之内。

该公司提供两款产品：基金A和基金B。两只基金都允许投资者持有普通股的多元投资组合，组合主要根据史密斯在书中概述的原则选择构成。基金A计划每年支付5%的分红，这是史密斯基于历史分析得到的可持续收益率。基金B允许投资者利用盈余对更多的普通股票进行再投资。史密斯不仅证明了股权投资是一种更好的长期投资方式，而且通过推出自己的投资基金，他也为美国人基于他的研究获得收益提供了工具。虽然投资者管理公司的两只基金并不是美国最早的共同基金，但它们都非常成功，立即吸引了模仿者。

就像突然沉迷于购买股票一样，美国人又爱上了投资信托基金。集中投资者的资金，购买多元化证券投资组合的想法是伟大的，但这并不是一个新的想法。毕竟，是荷兰人发明了共同基金的每一个细节。英国模式的美国基金在20世纪20年代被广泛承认，其中包括著名的F&C基金。信托甚至被称为"英式"投资。美国的创新之处是注重股权投资。欧文·费雪也是投资信托基金的忠实"粉丝"：

> 普通股的风险可能会降低，或被多样化投资冲销……投资信托和投资委员会倾向于降低普通股投资者的风险。这个转变形成了对这类股票的新需求，并提高了价格，同时，它使得债券的需求和价格不断下降。[4]

注意一下这个声明所预测的内容。费雪的理由是，随着小投资者开始以多元化的投资信托基金持有股票，其投资组合的风险将下降。从历史上看，只持有一只股票的风险是持有股票组合的风险的两倍。如果你在同一家基金公司购买资产组合和购买个股一样方便，那么你就可以在保持风险不变的同时使你的股市投资增加一倍。

费雪预测，因为这种分散效应，小投资者会抛售债券，买入股票。这将推高股票价格，市场将达到一个"永恒的高地"。20世纪20年代，世界普遍持乐观态度，费雪预见到了基于股票和投资信托的金融新秩序。大小投资者都会持有能够提供多元化投资组合的投资信托基金。他们将为美国公司的股票提供持续不断的需求。

不幸的是，费雪是在1929年夏天做出的这一预测，美国公众永远也不会忘记它。欧文·费雪不仅失去了自己的毕生积蓄，同时也失去了他姻亲的储蓄，而且他非常后悔鼓动了全美的小投资者跟随他一起投资。

耶鲁大学购买了费雪在纽黑文展望街的豪宅，将他保释出来，并将房子回租给他，直到他于1947年去世。费雪对市场预测的阴影也跟随至最终离世。事实上，这个阴影在他去世后仍然挥之不去。我出生在纽黑文，小时候曾在欧文·费雪豪宅的前院玩耍，他去世后，豪宅被改造为一所学校。从来没有人告诉我这是美国最伟大的经济学家的住所。在他去世后十多年，纽黑文市的人认为欧文·费雪最好被遗忘。

让土地物有所值的机器

> "我喜欢看到一个人站在摩天大楼脚下，"他说道，"这使得他像只蚂蚁一样——这难道不是这种情形下的正常反应吗？该死的傻瓜！正是人类创造了它——令人惊叹的石头和钢铁的组合体。它并没有矮化人类，而是让人类比建筑更伟大。"[5]
>
> ——艾恩·兰德，《源泉》

对艾恩·兰德来说，没有什么比摩天大楼更能体现美国的个人主义了。拒绝平庸的梦想家的非凡力量创造了美国的伟大标志，给世界留下了印记。20世纪20年代，当苏联在莫斯科为有特权的党员建造冷冰冰的结构主义的住宅大厦时，美国人在建设曼哈顿。摩天大楼是一种全新的建筑秩序：美国的城市网向上延伸到天空。摩天大楼和爵士音乐代表着美国的世纪。评论家查尔斯·布拉格登（Charles Bragdon）在1925年这样写道："摩天大楼不仅仅代表了美国躁动不安的、离心的、处变不惊的精神文化，同时它也是建筑界唯一的真正的原创开发，无人可以否认。"⁶20世纪20年代初具规模的曼哈顿震惊了世界。

1929年，乔治娅·奥基弗（Georgia O'Keeffe）在她位于谢尔顿酒店30层的公寓朝南的窗户边安放了画架和颜料盒。她有一块特殊的画布，高是宽的两倍，垂直的画布也许是为了呼应垂直的窗口。在开始绘画前，奥基弗并没有在画布上草拟出画面。她试图去感受它，她的视线穿过纽约众多的摩天大楼。夜幕降临，她挑选了距离最近的建筑——伯克利酒店作为焦点。伯克利酒店成了她复述建筑史的线索。故事从顶部的金色宝塔开始：基础的建筑、屋顶、门和墙壁。宝塔之下的小圆齿状城堡上点缀着一扇玫瑰窗，这是哥特式的设计风格，与大教堂和巴黎圣母院类似。除此之外的画面则代表着未来：一条大路，伴随着灯光闪亮，一直向南方无限延伸，直至地平线。它成为现代与古代的对应点，它的棱角牵引着伯克利酒店，向左延伸到另一座摩天大厦，或许是克莱斯勒大厦的优美尖顶。在右边，奥基弗想象了一栋还未被建造的建筑：窗户上的朴实网格、数字化的表面，这是一个直到20世纪50年代才实现的概念。但在奥斯弗看来，这也许是一种新的美国艺术形式的最终体现。

奥基弗和她的丈夫，摄影师兼画廊老板阿尔弗雷德·施蒂格利茨（Alfred Stieglitz）都是"曼哈顿悬崖洞人"（Manhattan Cliff Dwellers）。他们接受了这个新的垂直的城市。奥基弗用她的第49街视角，激发了一种全新而又独特的绘画风格：基础、朴素，同时又奇异地混合了甜美和性感。她在1924—1929年绘画的摩天大楼展现了新颖和大胆的风格，但比这更重要的是，它们找到了一个新的美国原型，一些原始的格式或主题会将奥基弗从学院派的学术约束中解放出来。

谢尔顿酒店很适合奥基弗。它是原本可以由艾恩·兰德笔下的人物霍华德·罗克（Howard Roark）设计的那种建筑："结构看似严肃而简单，直到有人看着它们，并意识到怎样的功效、怎样复杂的方法，以及怎样的思想张力才能达到如此简单的境界……这些建筑不是传统式的，不是哥特式的，也不是文艺复兴式的，它们就是霍华德·罗克式的。"⁷如今看来，谢尔顿酒店是一个令人惊叹的未加装饰的建筑，以鲜明的功利形式存在着。事实上，这是第一个满足所有纽约的高层建筑需要远离街道这一建筑准则的主要建筑：纽约人担心，紧挨高楼会遮挡光线。他们强迫建筑师遵守远离街道的原则。奥基弗在她的画作中向谢尔顿酒店的后退表示了致敬：这既是她的艺术主题，也是她的新的、垂直的、高科技秩序的源泉。

图 27-1 著名画家乔治娅·奥基弗在 1927 年的作品《夜色下的暖炉大楼》(*Radiator Building, at Night*)。20 世纪 20 年代的摩天大楼由新的投资工具融资修建，美国人也在股市飞涨中欣喜若狂（Alfred Stieglitz Collection, co-ownedby Fisk University, Nashville, Tennessee, and Crystal Bridges Museum of AmericanArt, Bentonville, Arkansas. Photograph by Edward C. Robison III.）

奥基弗的代表作是《夜色下的暖炉大楼》，描绘的是著名建筑师雷蒙德·胡德（Raymond Hood）最伟大的作品，至今仍矗立在布莱恩特公园——那是一座表面为黑色的高塔形建筑，楼顶装饰华丽。建造它是为了宣传美国暖炉公司（后来的美国标准公司），该公司为建筑行业提供水暖设备和固定设备。摩天大楼标志着美国房地产创新的世纪。这种特有的美式风格代表着一个关键转折点：城市开始向高处而不是外部扩展。第一批摩天大楼出现在纽约（1870 年）和芝加哥（1891 年），而到了 20 世纪 20 年代，它们已经完全改变了城市建筑。钢筋结构使得建筑物墙壁从承担上层楼体负荷的作用中解放出来，建筑物的外层变得更薄，同时消除了垂直延伸的极限。拉伸的钢筋取代了砖石；电梯成为这个巨人的新循环系统。最后，供热、制冷和照明的集成系统完成了对美国办公楼的重新定义与对美国城市的重塑。

为现代性融资

摩天大楼还需要某种"新时代"的资金筹集方式。几乎所有的摩天大楼都是通过一种新式的、将抵押贷款证券化的债券融资而建成。不同于银行持有抵押贷款，美国的房地产金融家想出了直接从散户投资者手中借钱的方法。20世纪20年代的美国投资者至少和一种债券"坠入了爱河"，那就是摩天大楼债券。

这种债券采取了如下的运作方式：开发商成立一个公司，借入建造建筑物所需的大部分资金。由一个抵押贷款公司承销债券，利用战争债券的分销系统将债券以零售方式卖给小投资者。这家抵押贷款公司将买下未能出售的债券，承担借款人潜在的违约风险；然而，房地产市场的大部分风险由个人投资者承担，这些人购买的是面额小至100美元的债券。

对于那些太过谨慎而不敢投身于20世纪股市泡沫的投资者来说，摩天大楼债券似乎是审慎和现代性之间的完美平衡。毕竟，即使开发商违约，债券持有人也不会损失什么，贷款人将获得这份资产：一个巨额的、公共的、可以转售的实体资产。公司的资产似乎是完全透明的：你可以步行到市中心，看看支持你债券的实际建筑。它们也是面向美国城市的新技术的投资：建筑物将美国大都市改变成三维的体系结构，不久将由人行横道、飞机和飞船连接。

超过1 000种新式抵押贷款债券被发行，票面价值超过40亿美元。1922—1931年，被建成的高于200英尺的建筑物数量空前绝后。1925年，建筑业收入占国民收入的1/8。[8]电梯的发明、钢架结构的发展，以及对密集的特定位置商业运营的需求使得建筑物向上发展成为可能。摩天大楼使主要的大都市得到了迅速的复制。这些大楼成为当地的标志性建筑。伟大的建筑物，例如由卡斯·吉尔伯特（Cass Gilbert）设计的哥特式风格的伍尔沃斯大楼，成为自己的活广告。摩天大楼为公司声誉建立了新的度量标准：令人眩晕的高度和极佳的视野。最后，用吉尔伯特的话说，从象征主义和肖像角度出发，摩天大楼就是"一个能使土地物有所值的机器"。[9]事实也确实如此。

每一座新的摩天大楼都是一个用于出租的巨大的"夹心蛋糕"。随着商业在像纽约、芝加哥和底特律这样的城市蓬勃发展，租户选择长期租赁这些钢筋水泥机器间的楼层。因此，每个建筑都是由承租人承诺的长期未来现金流的组合。抵押贷款证券将这些现金流入转化成债券的利息，然后支付给投资者。摩天大楼抵押债券将新型的"空中租金"转化为货币资产。

当然，摩天大楼债券并非凭空出现。20世纪20年代之前，抵押贷款证券就有悠久的历史，芝加哥的S. W. 施特劳斯公司（S. W. Straus & Co.）宣称已经于1909年开发和完善了单体建筑的抵押贷款证券化。[10] S. W. 施特劳斯最开始是一家中西部的抵押债券公司，但它后来成为摩天大楼债券的主要发行商。20世纪20年代的高峰期，摩天大楼债券市场被三家公司主导：芝加哥的S. W. 施特劳斯公司、纽约的美国债券和抵押贷款公司（American Bond & Mortgage Company）以及同样在纽约的G. L. 米勒公司（G. L. Miller & Co.）。债券公司在证券化过程中发挥了核心作用。它们不仅设计债券条款、支付时间表、票面利率和抵押要求来发行债券，也向公众出售债券并提供相关服务。它们向借款人收取租金，并向投资者支付债券利息。安全是它们的标志。例如，S. W. 施特劳斯公司就突出宣传其连续32年发行抵押债券的历史。

2008年的金融崩溃使我对美国商业抵押贷款证券的历史感到好奇。我隐约觉得早在20世纪20年代就已经存在交易商业抵押贷款证券的公开市场。事实上，出于好奇，我已经在易贝上购买了一些早期的债券。这些互联网上的发现激起了我的学术兴趣。我刚刚知道，如今为建造建筑物发行债券被认为是一种创新。如果20年前想购买以芝加哥的约翰·汉考克中心作为支持的债券，我无法做到。只是在最近，金融工程师才恢复了摩天大楼的证券化市场。在20世纪20年代，这个庞大的单体建筑债券市场究竟发生了什么事？这样的市场为什么会消失了几十年？

奇怪的是，美国抵押贷款债券市场是其自身成功的受害者。早在20世纪20年代之前，这个新时代的抵押融资方式的弱点就暴露出来。哈里·S. 布莱克（Harry S. Black）是一家参与新泽西州发展建设的主要公司的总裁，他曾在1911年指出：

> 纽约下城区的摩天大楼问题吸引了更多的关注……市政厅下的众多大

型办公室建筑很难取得合理回报的问题,加上最近一两年新建建筑引发的激烈竞争昭示着,就写字楼、剧院和酒店而言,纽约已经过度建设了。[11]

20世纪20年代,战前的金融问题有所缓解,办公楼宇的建设恢复了繁荣。很多新发行的债券都是小面额的,以吸引相对保守的小额投资者,其绝对数量甚至震惊了房地产行业的领导者。李·汤普森·史密斯(Lee Thompson Smith),建筑业主和经理人协会会长,曾这样抱怨1926年由于债券发行而非基本需求导致的写字楼市场的完全投机和市场泡沫:

> 不管是否需要,建筑物的建设完全为了方便投资商行发行债券……由于有投机者不顾投资回报而借入全部的建设成本,造成了产品过剩。然后,他们卖出建筑物获利并继续在另一个地方重新开始……我谴责那些建设成本全部依赖于借贷、投资商行本身只占有极少部分股权的融资方案。这是不科学的,而且十分危险。[12]

史密斯当然是对的。整个美国的证券市场已经主次颠倒。这方面的一个极端例子,是1926年7月G. L. 米勒公司面向火车司机兄弟会(Brotherhood of Locomotive Engineers)控制的财团的一次销售。[13] 劳工们牵扯其中的原因是什么?是将房地产债券直接销售给工会成员的潜在可能性。社会大众对抵押贷款债券的需求是如此之大,以至债券发行商本身被认为是金钱机器。

1926年8月6日,发生了一件奇怪的事情。G. L. 米勒公司承担了571公园大道公司(571 Park Avenue Corporation)的债券发行任务,尽管证券销售非常成功,却未能使米勒公司继续发展下去。恰恰相反,它宣告破产了。G. L. 米勒公司已将发行所得款项用于其他事项,比如向早期的债券持有人支付利息。正如金融史学家、债券市场评论员、《心灵的金钱》(Money of the Mind)的作者詹姆斯·格兰特(James Grant)所说:"米勒公司的行为是一种庞氏骗局。"[14] 在20世纪20年代同期发生的还有1925年佛罗里达州土地泡沫的破灭。直到今天,当有人提出购买佛罗里达州的沼泽地时我们依然会发笑。我们应该认真考虑,也许曼哈顿建造的摩天大楼才是真正的泡沫,它是由对债券的需求驱动的,而不是由对摩天大楼这个让土地升值的惊人的新机器的需求驱动的。

S. W. 施特劳斯公司直到1932年才破产。事实证明,它最终也使出了拆东墙补西墙的招数。即使在大量债券违约之后，S. W. 施特劳斯公司仍然陷入了代表抵押债券持有人的利益而呼吁取消违约借款人的抵押品赎回权的反常境地。S. W. 施特劳斯公司本身持有建筑公司的股票，因而当它试图牺牲放款人的利益补偿借款人时，会存在巨大的利益冲突。该公司的行为令人震惊，进而引发了新成立的证券交易委员会的第一次重大欺诈调查。

如果建筑价值的崩溃和广泛的违约没有完全摧毁抵押贷款债券市场的话，对信心的全面侵蚀则完成了最后一击。数以百万计的小投资者凭借他们对市场的信念从S. W. 施特劳斯、G. L. 米勒以及其他公司购买了债券。他们对毫无瑕疵的交易记录和抵押品的价值抱有充足的信心。这些公司的破产，同样推倒了对"法律制度可以保护投资者"的信仰。美国证券交易委员会在1936年发布了题为"房地产债券持有人委员会"（Committees for the Holders of Real Estate Bonds）的调查报告，明确指出了广大抵押贷款投资者一直被愚弄和欺骗的多样化手段。[15]

例如，位于中央公园西街附近的大华公寓是一座雄伟而充满装饰艺术的大厦，由著名建筑设计师欧文·S.沙南（Irwin S. Chanin）于1930年设计完成。公寓坐落在第72街和第73街之间，由S. W. 施特劳斯公司在1930年6月为其发行债券。S. W. 施特劳斯公司认购了其中6%的债券，价值共计940万美元。尽管该公司通过团队竞赛的方式促销，但到当年10月时仍有超过200万美元的债券未被售出。一份由S. W. 施特劳斯公司纽约负责人在美国证券交易委员会的证词揭露了未被售出的建设债券究竟被做了怎样的处理：它们被S. W. 施特劳斯公司重新包装为名为"施特劳斯–曼哈顿"的短期票据。这是典型的新瓶装旧酒式的欺诈，债券被投入市场，但投资者不知道债券是以可能无法变现的未建成的商品房的产权为担保。大华公寓的债务在1931年12月出现违约，"施特劳斯–曼哈顿"债券于1933年步其后尘。

美国证券交易委员会的报告利用一个个详细案例揭露了S. W. 施特劳斯公司和其他几个主要公司是如何只顾自身利益而不顾投资者权益的。当调查尘埃落定后，美国证券交易委员会得出的结论是：破产程序中的根本缺陷导致公债持有人遭受了剥削。制度失灵的阴云笼罩在了经济崩溃的上空。

奥基弗对摩天大楼的兴趣也随着大崩盘而消退。1929年之后，奥基弗放弃了摩天大楼，转向她标志性的牛头骨和花卉画，并成为一位更加著名的西方艺术家，一位较于城市喧闹更喜欢美国西南部简单生活的智者。话说回来，也许她认识到了美国至少暂时结束了与摩天大楼的悲剧恋情。

1929 年的"残骸"

对许多人来说，1929 年的经济危机和大萧条似乎证明了资本主义的失败，至少是不受监管的市场经济的失败。凯恩斯视之为美国人过度投机倾向的结果。约翰·肯尼思·加尔布雷思（John Kenneth Galbraith）是关于 1929 年华尔街股灾最有意思的分析家之一，他认为 1929 年大危机是玩世不恭的华尔街推销商与非理性投机行为的共同结果，而前者掠夺了小投资者们的希望和梦想。随之而来的大萧条被归咎于 20 世纪 20 年代的经济泡沫破裂和股票市场衰退所造成的经济回落。

20 世纪 20 年代华尔街的股市确实随着美国人对股票市场前所未有的热情而繁荣，这种热情因为股票经纪人、投资信托基金和投机获利的梦想进一步被点燃。1929 年 10 月 28 日（"黑色星期一"），人们的美梦破灭了，股价的单日跌幅达到了 13%，一个多月后，伦敦股票交易所的股价彻底崩溃。那些借钱在股票市场上投资的人损失惨重，持有股票作为抵押品的银行遇到了麻烦。经济危机之后，股市经历了大约 10 年的极端动荡，推翻了之前人们认为股票安全而债券有风险的预测。

并不是每个人都对市场失去了信心。《财富》杂志在 1930 年 1 月发行了超级昂贵的创刊号，它的封面描绘着财富的轮盘，主题与《愚蠢之镜》遥相呼应，不过这次并未带有任何讽刺意味。我的祖父和许多其他投资者在 20 世纪 20 年代形成了乐观的预期，坚持持有股票，甚至购买更多的股票。但其他人则认为 20 世纪 20 年代无非是非理性经济泡沫的破裂，是没有理性基础的投机狂热时期。

哈佛商学院的经济学家汤姆·尼古拉斯（Tom Nicholas），最近提出了一个有趣的方式来检测 20 世纪 20 年代的股票价格是否基于对未来承诺的理性评估。尼古拉斯研究了股票市场的技术创新。他的理论是，20 世纪 20 年代的股票价格繁荣是由于当时非凡的技术变革和投资者在创新方面投入的高价值。股市繁荣难道是因为收音机的发明、汽车的广泛应用、公共航空旅游的出现和无数其他现代生活的变化吗？当旧技术逐渐退出舞台而新技术取得胜利之时，投资者也许对领先的公司进行了溢价投资。当然，这也是20世纪90年代科技股泡沫的形成原因。新兴经济的股票会在其将成为龙头公司的期望下节节上升。

尼古拉斯通过一个有趣的方式测试了他的理论。[16]他把美国所有企业在20世纪20年代申请的专利罗列出来，然后追踪几十年后，哪个专利被证明是有价值的。他将此称为"知识资本"。尼古拉斯发现拥有最多知识资本的公司在20世纪20年代更有价值。20世纪20年代的市场把创新当作股票定价的主要因素，这一点在1929年3月—1929年9月的经济危机前夕的最后一段繁荣期体现得尤其明显。没有专利的公司远远落后于那些拥有知识资本的公司。不仅在高科技行业，所有产业内部都是如此。20世纪20年代，投资者认为全球经济的许多领域都处在重要的转折点，他们重视那些拥有知识资本的企业，并充分利用这些变化获利。

尼古拉斯还发现，虽然广大公司在股市崩溃后仍继续在研发方面投入，但投资者不再像1932—1939年那样重视知识资本的价值。他的结论是：20世纪20年代，由投资者将其股价推高的公司，就是之后我们所知道的拥有更多知识资本的公司。20世纪20年代股票市场的陡峭上升凸显了变化的世界中创新的重要性。投资者当时真的是在投资股票的未来。他们错了吗？道琼斯指数从1921年的63.90美元攀升至1929年的381.17美元的峰值，然后在1932年跌至41.22美元。对知识资本的估值为什么会改变得如此突然？

或许凯恩斯是对的。也许是投资者预计到了随后的金融和经济问题。专利是专门针对未来技术的设计，只有产品已然生产并出售之后，专利权才会带来收益。这与人们已经习惯的像香烟一样的产品不同，它们的价值随着未来消费的前景而大幅波动。例如，20世纪20年代的一家公司可能拥有制作彩色照片的新工艺的专利。在高消费的时代，产品能够快速开发和销售，全世界都在追寻可供消费的新鲜玩意儿。然而，在这样一个失业隐现、人人考虑自身安危和财产安全而非消费新鲜事物的世界，公司将不得不推迟产品开发。产品的专利仍然很棒，但它们的经济价值随着能够迅速带来收入的希望而下降。

费雪的净现值准则将告诉你，使得公司搁置大多数创新项目的突发意外事件，无疑会导致股票价格下跌。将一个有利可图的项目推迟10年，将导致其现值下降大约一半。如果这个项目是高风险的，同时也是最具创新性价值的，那么10年的推迟将导致其价值损失80%。当人们口袋里还有钱的时候，那些不可思议的专利很值钱，也许20世纪30年代早期股票价格的下降反映的就是专利还需要很长时间才能产生未来回报。

持相反观点的是布拉德福德·德隆（Bradford DeLong）和安德烈·施莱费尔（Andrei Shleifer），他们都对市场有着深刻的认识，认为是投资者对市场的愉悦感推高了股价，使其超出其基本的经济价值。[17] 德隆和施莱费尔通过搜集20世纪20年代投资基金的交易价格和其持有的股票的价格来验证他们的想法。教授们发现投资者为获得股票通常支付了60%的溢价。然而，他们本可以以更低廉的价格进入市场。由此得出的结论便是：如果投资信托被高估，那么股票市场的所有事物都会被高估。推动20世纪20年代股票市场发展的是投资者的情感，而非理性投资。

埃德加·劳伦斯·史密斯的投资基金比他的作家身份更不容易被人们遗忘。尽管他在强调股票投资的好处中起到了重要作用，他的名字在20世纪20年代家喻户晓，但最终只成为金融史上一个可有可无的注脚。然而，史密斯继续了他针对市场的研究。当笔者正在研究一个名为"气候效应"（股票市场在阳光明媚的日子上涨的特殊趋势）的奇怪事物时，我发现史密斯在1939年出版了名为"人生事业的潮汐现象"（*Tides in the Affairs of Men*）的著作。这本书认为气候变化和股票市场波动是紧密联系的，都由太阳黑子驱动。史密斯相信天气本应预测到了1929年的华尔街股灾。但我不确定他是对还是错。

对预期的测试

1929年华尔街股灾的一个主要影响是美国人丧失了股市狂热，尤其是对华尔街的信心。费雪并不是唯一预期到市场突然逆转的"预报员"。正如上文所提到的，股灾的发生动摇了凯恩斯对自己所持方法的坚定信念。另一位受到相似影响的是阿尔弗雷德·考尔斯（Alfred Cowles），他是芝加哥一家报社的继承人。考尔斯在科罗拉多斯州普林斯的一家肺结核疗养院遇到了费雪。他们花了大量时间谈论这场崩盘式的股灾。考尔斯是一位投资顾问，在20世纪20年代管理家族可观的投资组合。与许多处境相同的人一样，他在1929年损失惨重。考尔斯想知道为什么华尔街聚集了如此多的精英，却仍未能警告投资者们灾难的到来。或许华尔街的分析师们并不比自己的客户更聪明。

考尔斯开始利用数据验证这个想法。首先，他搜集了各大经纪公司在20世纪20年代末和30年代初提出各种的投资建议。他比较了投资建议与随机选择证券的历史股价和分红信息。他的结论是对市场预测行业的毁灭性打击。考尔斯认为股票市场的分析师们根本无法预测股价波动，向分析师求助还不如直接掷骰子。[18]尽管朱利·荷纽在近一个世纪前得出过相同的结论，但像考尔斯这样的投资者直到1929年才吸取了教训。之后的研究人员观察现代分析师的预测和现代共同基金的绩效表现，通常会得出相似的结论。没有证据表明作为一个整体的从业人员在收取佣金之后能够创造更高的价值，虽然低成本、多样化的股票投资组合仍是更好的选择，但与典型的共同基金相比，选择免费的随机选股方式的结果也不差。

考尔斯还检验了股票市场的随机游走模型，他再一次没有意识到他的前辈朱利·荷纽（或布朗运动方程）的存在。考尔斯关注着不同持有期限下股票市场的回报，探究它们是否遵循预测的趋势。答案是肯定的也是否定的。似乎存在一些促使市场价格变动的动力。对于期限在三年内的投资，以往的趋势似乎能持续下去，而非反转，但其所需的交易费用可能会抵消收益。

当然，确实有一种方法预测到了华尔街的崩溃——道氏理论（Dow Theory）。道氏理论是一个周期性的股市趋势模型，它的建立归功于《华尔街日报》的创始人和道琼斯工业股票平均价格指数的创造者查尔斯·亨利·道（Charles Henry Dow）。其理论追随者这样解释道，道氏理论将市场的运动分为三个部分：基本趋势（持续超过一年）、次级趋势（持续几个月或几个周，可能偏离基本趋势）和三级趋势（股票的每日波动）。这一理论识别基本趋势的方法是利用基于道琼斯工业平均指数和道琼斯运输业平均指数的股票价格变动：工业和运输指数一致向上或向下波动被认为是基本趋势的信号，以及值得买入或卖出的信号。这个理论并非没有道理——事实上，数学家们已经在利用这种综合不同频率曲线的基本直觉为不同类型的自然现象建模。但是，道氏理论与原来的有效市场不可预测的理论是矛盾的。

1929年夏末，《华尔街日报》的社论作家威廉·彼得·汉密尔顿（William Peter Hamilton）曾利用道氏理论来预测牛市或熊市，得出的结果是悲观的。他宣称市场将要衰落，而道氏理论的追随者幸免于难。这对考尔斯来说是一个特别有趣的现象，因为道氏理论并不是某种模糊的假设，它的追随者是如今最重要的金融杂志的读者们。考尔斯投入了很多的精力,来检验这个理论的合理性。

考尔斯搜集了1907—1929年12月(汉密尔顿于当月逝世)汉密尔顿职业生涯中的所有预测数据,来检验道氏理论对1929年华尔街股灾的成功预测是否只是一次幸运的碰巧。考尔斯的结论是,依据道氏理论进行股市操作的结果并不会优于简单的、被动的持有股票投资组合,这便形成了类似虚无主义的结论,即:甚至连最优秀、最聪明的人也无法预测股市的崩盘。这样的结论当然可以冷冰冰地安慰他的朋友欧文·费雪。然而,他的结论并没有引起广泛的讨论。如今人们对道氏理论的了解远多于阿尔弗雷德·考尔斯。

考尔斯作为研究员和捐赠者,确实对金融学术研究的未来产生了巨大的影响。他对现代金融最大的贡献是对数据搜集和统计研究的专注。为了测试他的理论,考尔斯创建了一个始于1872年的完整的美国股票和红利数据库。数据的整理工作难度极大,以致他根本无法使用人工计算器来完成(当时电子计算机尚未出现,人们只能手动进行数学计算)。但考尔斯创造性地使用了打孔卡技术来构建他的股票市场指数模型。

考尔斯与朱利·荷纽有着有趣的相似性。考尔斯是金融从业者,却对统计学有着极度的热爱和非凡的直觉。他的有关市场预测和股票市场指数中的时间序列模式的论文,已经成为股票市场效率实证研究中具有里程碑意义的文章。考尔斯接过了荷纽的火炬,将随机游走理论引入了新的时代,发展了许多新的研究方法来进行实证检验。而作为金融研究的捐赠者,考尔斯甚至有着更大的影响力。如今在耶鲁大学就有一个由他捐赠的金融市场研究中心——考尔斯经济研究委员会。委员会出版了考尔斯的大量一手研究,同时汇集了许多对市场的社会作用感兴趣的学科带头人。这些研究成果的共同点在于,其中都蕴含着考尔斯将数学和统计工具与对市场的强烈好奇相结合的个人热情。

令人遗憾的是,事实证明,考尔斯对道氏理论的判断是错误的。如果依据考尔斯的建议和研究成果,考虑风险和回报,投资者的投资组合每年会增加4%的收益。

难道朱利·荷纽的随机游走理论没有说那是不可能的?或许是这样,但我们发现预测能力需要一定的基础。在深入研究汉密尔顿基于道氏理论的预测后,我的同事们——迈阿密大学的阿洛克·库马尔(Alok Kumar)和纽约大学的斯蒂芬·布朗(Stephen Brown)发现道氏理论的预测是基于以往的市场趋势。通

/ 379

过一些技巧，例如神经网络算法等，我们便可以重构隐含在道氏理论中的规则。这是一个市场动量交易策略。

毫不奇怪，道氏理论在价格下降的几周内预测到了熊市的出现。其他几种价格形态也包含在了对牛市或熊市的预测中，这使得道氏理论更为复杂，而汉密尔顿并没有使用一个复杂的"量化"模型。无论如何，即使是在道氏理论预测到1929年股灾很多年后，这仍然是件很了不起的事情。尽管汉密尔顿带着道氏理论的秘密于1929年年底去世，其理论模型依旧在70年后产生了优秀的拟合结果。

这会动摇我对随机游走理论的信心吗？是的，但也许只有一点点。正如上文所述，大部分的高科技现代金融都建立在不可预测性的基础之上。好像所有的"零件"都很好地整合在一起，但它们之间的"缝隙"却为研究提供了开放的可能性，也给予了投机者希望。

理念高于市场

道氏理论激励着一代又一代的分析师在证券市场趋势中寻找隐藏着的金融结构。1949年3月，社会学家阿尔弗雷德·温斯洛·琼斯（Alfred Winslow Jones）为《财富》杂志做了一个有关科技股市场预测的调查。随着不断上涨的股市一去不复返，投资者都期盼能够从专家那里获得在股票市场中赚钱的建议。琼斯指出，股市信息简报并不是基于股票的基本估值，而是源于图表和统计数据，例如交易量、股票的涨跌比、投资者的情绪指标，当然也包括以往的市场走势。他写道：

> 然而，在过去的10年里，众所周知金融市场已经从底层出现了问题，判断市场趋势的旧方法已经失效了。此外，当下股市盈利的竞争比喧闹的20世纪更为激烈，因此需要更具创新性的方法来回应时代的转变。[19]

琼斯研究的技术分析新领域，几乎是对1929年股市突然崩盘的纪念，以及通过理性方法预测下一次市场危机的回应。

技术分析基于这样一种信念：统计可以发现一些隐藏在市场随机运动中的真实趋势。这种对数学确信不疑的追求可以回溯到雅各·伯努利。

有效市场理论和诸如道氏理论等市场可预测理论的信徒之间的分裂,将投资市场分为了价值投资和技术投资这两大派别。琼斯在他的文章中提到,一位专注于价值投资的记者"不断对技术投资者进行精心的嘲弄,将他们与巫师、占卜师、占星家、太阳黑子的追随者和周期理论家划为一类"。[20]

另一种对于1929年股市大崩盘冲击的回应是基础研究。如果经济泡沫和崩溃是由于市场过度兴奋以及其后预期的破灭,那么自然的结论便是,股票价格会偏离基本价值。应对市场波动的一个方法是去寻找单个证券的错误定价。本杰明·格雷厄姆和戴维·多德在1934年出版了他们的著作《证券分析》(Security Analysis)。格雷厄姆最著名的学生——沃伦·巴菲特的成功,在数十年内不断增强着人们对于《证券分析》的广泛兴趣。但这本书的吸引力在于其假设,在深度大萧条时期,即使市场价格波动,仍可以通过仔细、全面又敏锐的研究,发现一个公司的内在价值。这本书提供了在公司会计报表和营收基本面之外,了解其基本经济面的研究方法,并对其未来赢利能力进行合理预测。《证券分析》不认为可以轻松获利,因为证券分析是一门需要仔细研究的学科。它不仅需要掌握定量方法,也需要培养良好的定性判断能力。

像许多鼓舞人心的著作一样,《证券分析》充分利用了强大的原型假设。书中构建了一个大胆独立的人物角色——一个拥有坚定信仰,能够应对市场反复无常的变化的投资者。本杰明·格雷厄姆和戴维·多德笔下的证券分析师并不是一个愿意承担风险损失的投机者,而是一个有原则的投资者,坚持自己做出的少量但经过深思熟虑的承诺,并坚定完成它们。最接近这样特点的投资者应该是艾恩·兰德的小说《源泉》中的霍华德·罗克:一个拥有出色洞察力和不妥协的正直人格的人,不论所处世界的风格如何变化,始终坚持自己所做的工作。格雷厄姆和多德笔下的证券分析师在市场动荡和恐慌的新时期,是一个完美的英雄。

20世纪20年代和华尔街股灾的遗产

20世纪20年代的美国人对于股票市场的投资热情是由以下几个因素驱动的:自力更生的精神,股票收益超过债券的历史证据,华尔街为填补战争债券遗留下的产品缺口而对股票进行的营销,多样化投资组合使得小额投资者面临更小的风险,以及混杂着投机快感的、由技术加速发展带来的知识资本溢价。

在某些方面,美国人对股票的痴迷和发生在英国、中国、俄罗斯的股权投资的全球性重新兴起并无太多区别。但一个关键的区别是,美国股市的出现与美国成为一个重要的世界强国几乎是在同一时间。企业精神、股东民主和资本主义成为美国形象的一部分。1929年股市的崩盘,不仅使得股票作为一种投资产品受到质疑,同时也削弱了美国对自身金融结构的信心。在大萧条最严重的时候,美国政府通过建立证券交易委员会重建对金融市场公平性的信心以解决危机。但是股票价值能够迅速改变的事实,引发了民众对股票能否真正成为一种合适的长期储蓄工具的怀疑。由于这些质疑的存在,很久以后美国人才重新开始理性审视股市是否是一个好的投资选择这一问题。

尽管今天美国最美丽的建筑大多数都是在20世纪30年代设计和建造的,但大萧条之后,对于摩天大楼的狂热也迅速降温。

图27–2 纽约洛克菲勒中心大厅里的西班牙艺术家何塞普·马里亚·塞特(Josep Maria Sert)所绘制的壁画细节(© Ann Parry/Ann-Parry.com.)

拥有宏伟的无线电城音乐厅和高耸的美国无线电大楼(现在属于通用电气公司)的洛克菲勒中心,从1928年开始规划建设,直到1932年才最终建成。无线电大楼大厅中喧闹的壁画体现了时代的转变。洛克菲勒家族委托墨西哥壁画家迭戈·里维拉(Diego Rivera)进行创作,他的大作《在十字路口的人》(Man at the Crossroads)反映了20世纪的社会转型。这是一种人文主义的视野,关注的是无产阶级出身的科学家对与现代性相联系的不同科学分支的控制，比如：机械学、生物学、天文学。里维拉描绘了两种社会观：一种是在烟雾弥漫的房间中打牌、喝鸡尾酒的精英；另一种是列宁、托洛茨基和正在哺乳的母亲。迭戈·里维拉暗含的问题是：你选择哪一种未来？

洛克菲勒家族在大厅里绘满了壁画，《在十字路口的人》被何塞普·马里亚·塞特的一幅壁画取代，塞特是萨尔瓦多·达利（Salvador Dalí）的朋友，也是一位当之无愧的卓越壁画家。他创造了一种令人赞颂的经典学院派风格，画作中充斥着正在建设宏伟摩天大楼——曼哈顿大教堂的肌肉强健的工人，飞机盘旋在通往天堂的圣道。画作的关注点是全球化、机械化和美国工人。然而，它缺乏的是20世纪20年代那种闪闪发光的乐观情绪。画作的整体格调阴郁，动态和错视效果令人恐惧。它的漩涡和远景似乎在抵抗弯曲但冷漠的直线型艺术装饰风格的大堂设计。如今，当你走进通用电气大楼，你仍然会感觉你被困在一个人类被投入建筑炼狱的可怕的梦魇之中，既不能上达天堂，也没有堕入地狱。它精准地把握住了20世纪30年代的美国精神。

第28章 再造未来

1929年的华尔街股灾提醒了美国人金融市场的不确定性，经济大萧条凸显了宏观经济的巨大风险。这些风险呼唤着金融解决方案。20世纪30年代大范围的失业和贫困明确揭示，美国面临着严重的储蓄和社会保险危机。在大萧条之前，私人保险，各种个人储蓄工具，联邦、州、市和企业养老金计划都存在于美国社会之中，但经济危机显示了它们的脆弱性和暴露在系统性冲击下的可能。20世纪初，美国把希望寄托于公司，但经济衰退导致了许多公司破产，就业和养老金计划随之失败。那么有什么可以代替公司成为现在和未来需求的供给者呢？答案就是政府。

1930年，作为纽约州州长的富兰克林·罗斯福推出了州立养老金计划。他把这个概念当作总统任期中新政的主要元素。在这一章，我们将关注20世纪30年代美国的金融改革。与本书中讨论过的许多金融创新一样，变革用新方法解决了重要问题，但同时也给未来留下了新的困难。我们依旧在使用20世纪30年代创立的金融体系，国家仍在努力克服这一体系引起的制度问题。这是金融史上最具活力、最有趣的时期，它的遗产仍旧是现代金融框架的一部分。

惊人的恩惠：社会保障

> 每个人都开始意识到我们必须要为那些工作了一辈子、生养孩子而在晚年身无分文的老年人做些什么。当他们设想自己的晚年生活时应该感到宽慰而不是恐惧。我们建议，自60岁开始，每个人都应该能够从政府那里取得一份养老金。
>
> ——休伊·朗（Huey Long），1935年参议院记录[1]

来自路易斯安那州的、有魅力的平民参议员休伊·朗倡议"分享财富"。他的计划是将华尔街百万富翁们的财富重新分配给人民。这份计划的核心是保证年收入低于1万美元的每个人都有退休金；其资金来源于对富人的税收而不是工作者的缴纳。朗认为政府应该是社会的均衡器和供给者。相比之下，富兰克林·罗斯福设想了一个员工自筹资金、政府运营的养老金计划。在1935年6月的一场关于社会保障的辩论中，朗在参议院指责罗斯福未能筹齐所需要的30亿美元而使得养老金计划无法按照预期执行。然而最后，朗投票支持该法案，社会保障成为一项法律。

社会保障最初的设想是为退休的低收入员工提供终身年金，但是很快就被修正为面向几乎所有劳动者的计划。美国的社保制度有一些不寻常的特性，这可以从20世纪30年代美国人关于个人责任与集体保险的态度中找到些许印证。罗斯福和朗关于如何构建一个养老金计划的争论导致了美国特有的社保体制。

从退休直到死亡，基于收入最高的35年的月平均工资（没有工作的年份记为0），社保系统每月向参保人员支付津贴。它的好处是补贴金额会随着生活成本的变化而做出调整。这个系统是强制性的，员工们必须向社保系统支付部分工资，实际上就是通过税收筹集资金。社会保障是一种你可能愿意私人购买但发现不可能买到，或其价格会非常昂贵的商品：因为它是剔除了通胀影响的终身年金，由世界上最强大的国家担保，背后是纳税人的支持。这是一项惊人的恩惠。

社会保障的结构与20世纪20年代的金融自主思潮有很大关系。社会保障的安全网特征与美国的个人主义精神互相冲突。然而，储蓄计划的特点在于唤起美国人的个人投资理念。这种双重性质使得富人和穷人对此都乐于接受。到了20世纪30年代，许多西欧国家也采取了社会保障安全网计划。而美国的方法不一样，因为它必须适应社会中关于金融作用的不同观点。

接下来（也是现在正面临的）问题是如何提供足够的资金。最初的构想是由工人出资建立一个基金作为养老金未来支付的资金来源。然而，这在当时看来似乎很荒谬。你将如何利用这笔来自工薪阶层的上百万甚至上亿的钱来投资？买股票？谁来选股？谁来控制这笔巨额财富？《财富》杂志在分析了当时对社会保障的各种建议后，估计1940年养老基金的规模会达到750亿美元——休伊·朗称建立这样一个储蓄是"金融白痴的第一次试水……这样量级的资金几乎不可能拿来投资"[2]。休伊·朗当然更愿意直接从美国千万富翁的投资

/ 385

中"征用"资金。

是运营好一只基金，还是简单地将款项的上缴和划拨视为联邦政府的收入和义务？在对二者相对优势进行过几次辩论后，后者胜出。社会保障实行"随收随付制"：投资者对社保系统的贡献将进入财政部的金库，然后用于支付退休人员的每月工资。然而，社保系统中的资金并不只是存放在银行，它们还被用来购买美国政府的债券——政府用你的工资税投资自己的证券。这种债券类似于一种会计手法——是政府长期保障的占位符。它们并不是严格的投资基金，虽然如果政府选择出售并购买其他资产的话，它们可能被用作投资基金。

从一开始，对社会保障的讨论就主要集中在它是否会破产这一问题上。该法案背后的推动者是劳工部部长弗朗西丝·珀金斯（Frances Perkins）——罗斯福新政的关键设计者之一。她把这份工作交给一个经济学家委员会。执行董事埃德温·维特（Edwin Witte）是威斯康星州的一位经济学教授，其他的学者包括威斯康星大学教授约翰·康芒斯（John Commons）、加利福尼亚大学教授芭芭拉·阿姆斯特朗（Barbara Armstrong）和普林斯顿大学的J. 道格拉斯·布朗（J. Douglas Brown）。[3] 这一智囊团为社保制度建立了基本架构，并对计划的近期和长期的财务可行性进行了计算。当然，这些数字并没有起太大作用。

图 28-1　弗朗西丝·珀金斯，经济学家、美国社保系统的设计师。拍摄于康奈尔大学工业与劳工关系学院（Kheel Center, Cornell University. Photographer: Alan J. Bearden, ca. 1963.）

1935年3月发行的《财富》杂志指出了该委员会面临的基本的财务问题。它不是一个真正意义上的保险计划，因为它没有提供一个可以支持未来支付的资产池。《财富》杂志的文章认为退休人员比例增加、出生率下降、预期寿命增长等因素将不可避免地导致项目在1980年之前——即成立45年后就会出现资金不足的问题：

> 整个计划实际上是这样的……实施的最后保障是政府的总体征税能力。实质上，法律规定任何人只要履行了指定的义务，就有权利对抗政府的强制要求。[4]

制度的设计者们充分认识到，未来的纳税人最终将为这套体系负责。养老金历史学家西尔维斯特·伊沙贝尔（Sylvester Scheiber）认为罗斯福起初并不打算实行随收随付的制度，但是政治进程迫使他不得不采取这样的缓兵之计。他指出，设计者完全知道20世纪末期社会保障金的支付将会消耗掉联邦预算中的一大部分，但是和新政更迫切的需要相比，这个问题被放在了第二位。

如今的人们认为我们将会给子孙留下一笔可怕的债务遗产。尽管祖辈对现代人口趋势后果的视而不见为当代人留下了债务，但没有人会因此而责怪他们。虽然祖辈们确实把社会保障的财政赤字强加给了我，但我年迈的父母和其他亲人至少会得到最低限度的关爱，这让我有些许安慰。

社会保障是一个非凡的金融创新，它注定要破产，或至少最后要使用税收来激励未来的立法者修改其结构，以保持当未来债务超过政府承诺拨款时计划的可行性。1935年社保制度的创建巧妙地突出了金融历史的教训。回忆一下18世纪的欧洲政府是如何通过发行定价错误的终身年金来获得资金的。精算数学对未来民族国家的生存能力至关重要，怎么能够被忽视呢？目前，20世纪美国社保体系的设计表明那时的错误定价并不是因为忽视了长期成本，而是因为政治框架优先考虑如何解决短期纠纷。

金融社会工程

由政府保证的提供给全美工人的退休终身年金，这样重要的创新一定会对人们的行为产生深远的影响。它会如何影响储蓄率、风险承担、个人主动性、家庭结构、就业决策以及众多与未来经济长期规划相关的因素？这很难说。如果我缴纳的工资税被用于购买与通胀指数挂钩的年金，我就不太可能自行购买与通胀指数化债券了。事实上，我可能储蓄得更少，因为我知道65岁以后我会得到社会保障支付的现金流。现金流的支付与工作年限和工资有关，这会刺激就业和争取更高的工资。然而，最低社会保障金制度的存在意味着即使工作没几年依然有钱可拿，这可能会导致一些人在努力工作几年后一直偷懒。以保障退休人员生活为出发点的制度也会鼓励退休。没有退休金的工人将尽可能长时间地坚持工作。社会保障也被视为为新的、潜在的、更有效率的工人提供就业机会的方法。它会给单身的人提供一个保护网，这样他们就不需要在年老时转而依靠家庭的赡养。可以预期，执行社保制度后，两代人一起生活的家庭会更少。当政府，而不是子女成为社会保险的主要形式时，人们会要更少的孩子。

生活让金融的框架更加丰满。社保制度的规则不仅改变了经济行为，也改变了人们的生活方式和家庭结构。当然，很难检验社会保障对社会的影响，因为我们没有一个可以用来对比的平行世界。然而，这并不意味着经济学家不能预测。目前，一些研究人员正在研究社会保障如何影响人类行为，以及不同形式的储蓄有着怎样不同的潜在影响。

德博拉·卢卡斯（Deborah Lucas）是她这一代人中最重要的金融经济学家之一，她非常关注国民服务。卢卡斯是麻省理工学院的教授，曾在白宫管理和预算办公室工作，她利用金融工程技术计算出美国政府做出的各种担保实际上用了纳税人多少钱。她的一个项目是研究社会保障对人民和金融市场的影响。在与芝加哥大学的约翰·希顿（John Heaton）和哥伦比亚大学的斯蒂芬·泽德斯（Stephen Zeldes）合作的研究中，卢卡斯用理论模型来检验民众选择投资股票或债券时储蓄率会发生什么变化，以及证券价格会发生什么变化。理论有点像用粗线条刻画人物：有时简化的表示可以捕捉到要点，但当细节相当重要时，就很难判断理论是否是对现实的合理解释。

基于这一点，他们的研究表明，拥有政府年金的投资者将减少非社会保障储蓄，有的大量减少，有的仅少量减少。市场允许储户为社会保障计划"松绑"，他们也应该选择这样做。德博拉·卢卡斯和她的同事们发现的另一件有趣的事情是，《财富》杂志中最开始表达的对于社会保障资金流的投资不可能实现的恐慌很可能被夸大了。无论股票和债券由政府还是私人持有，对资产价格都不会有太大影响。当然,在国有情况下公司是否会经营得更好则是另一个更深层次的问题。

重建信心

尽管罗斯福新政是通过建立政府养老体系来消除对于未来的巨大的不确定性,它也支持获取民众储蓄的私营金融工具。现代的共同基金公司是罗斯福新政的最大遗产之一。当埃德加·劳伦斯·史密斯于1925年设立他的投资信托基金时,他几乎要从零开始进行制度设计:谁来管理它,如何缓解经理和客户之间的冲突,投资者如何买进和卖出等诸多现实问题。随着投资信托变得流行,华尔街在基本框架的基础上创造出了各种各样的聪明变体,有时会使一个好主意变得极端危险。

最臭名昭著的投资公司是1928年的高盛贸易公司,这家公司堪称一个涉及多家公司、运用复杂的金融工程的非凡"项目",最终使其老板戈德曼掌握了一个高杠杆率基金的控股权。这只基金在1929年年初被按照远高于资产组合市场价值的价格出售。公司破产后的参议院听证会记录清晰地证明了这一点:

参议员卡曾斯:戈德曼、萨克斯和高盛公司一起组织了高盛贸易公司?

萨克斯先生:是的,先生。

参议员卡曾斯:它是否向公众出售股票?

萨克斯先生:部分出售。公司最初投资了发行总价的10%,价值1 000万美元。

参议员卡曾斯:其余90%出售给公众?

萨克斯先生:是的,先生。

参议员卡曾斯:现在的股票价格是多少?

萨克斯先生:大约是原来价格的3/4。[5]

高盛贸易公司在约翰·肯尼思·加尔布雷思非常有趣的书《1929年大崩盘》(*The Great Stock Market Crash of 1929*)中占有重要位置。这本书可以被视为《愚蠢之镜》的最佳伴侣,这两本书的创作思想是一致的。

加尔布雷思称,在1929年的经济危机中,戈德曼的基金从每股104美元的发行价暴跌至每股1.75美元。任何人都会好奇首席执行官戈德曼在第二年年终获得了多少奖金。通过把焦点转向高盛贸易公司，加尔布雷思委婉地将股票市场泡沫部分归咎于投资信托基金的出现。然而，加尔布雷思强调了一个根本性的问题，这一问题同时存在于2008年和1929年：金融创新有时以客户、委托人和投资者为代价拓展边界。在金融快速创新的时期，风险并不总是容易评估，或者更糟糕，风险很容易被了解它们的人向投资者刻意隐瞒。20世纪20年代，因为高调的参议院听证会和华尔街金融工程中那些耸人听闻的故事而受到关注的投资信托，其过高的杠杆率和内部交易行为使所有的基金都声誉扫地。

美国证券交易委员会开始通过规范其结构并展开治理来解决"信托公司的信用问题"。1932年在参议院听证会上发现的问题之一是，一家公司在承销股票的同时也在出售包含这些股票的基金。例如，如果银行向公众出售新股票有困难，它可以把这只不好的股票放进它的一个基金里。证券交易委员会将证券担保人从投资信托基金经理中剥离出来。为了处理戈德曼的金字塔式控制，证券交易委员会下令禁止基金持有其他基金中已有的股票。1940年的《投资公司法》和《投资顾问法》也限制了杠杆、回扣、内部控制以及允许投资基金向公众销售的证券类型。杠杆和控制问题可以进一步防止后来人重蹈高盛贸易公司灾难的覆辙。

基金公司可以持有多元化的股票和债券的组合，并允许投资者购买和出售组合中的股票份额。这些公司往往有一个独立于公司的治理结构来管理这些钱。起初它们不能收取任何费用，除了固定的服务费。这些基本而普通的产品是在1928年和1929年达到市场营销峰值的多种产品的简化版，那个时期新设立的信托基金比新公司还多。

一个衡量美国共同基金是否成功的方法是看它能否在长期给客户带来收益。例如，我们可以看看埃德加·劳伦斯·史密斯的投资者管理公司的情况如何。这只基金实际上至今仍在运营，你可以追踪它从1932年至今的每日波动。公司的赞助者——美国基金（American Funds），仍然保留着每日的价格和股息记录。1932年一美元基金投资的再投资股息（不含税）已增长为2010年的2 747美元，约合10.7%的年复合收益率。这与美国大型股指10.9%的投资收益相近。你不太可能打败市场，但正如埃德加·劳伦斯·史密斯预测的那样，你可以在近80年中获得巨大回报。这80年包括美国的4次主要战争（"二战"、朝鲜战争、越南战争和海湾战争），包括大萧条和大衰退时期，还包括宽松和紧缩的经济政策、共和党和民主党执政、两位数的通货膨胀时期，以及泡沫和危机时期。

20世纪20年代创立的美国股票信托基金，在20世纪30年代转型为共同基金，实现了为顾客提供跨越数十年的长期投资增长工具的承诺。埃德加·劳伦斯·史密斯的投资者管理公司的遗产基金是一个"活化石"，其血统可以用来追溯久远的金融史，它的业绩记录就是达尔文适者生存进化论的最好证明。相比于过去被证券交易委员会根据《1940年投资公司法案》审查的基金，今天的共同基金结构多了一些修饰，但是我们现在有了充分利用那些经受住了时间考验的金融工具的机会。尽管人们一直希望基金公司能够在提供同样产品的情况下更便宜一点儿，但事实是，这种投资结构已经凭借其透明性和简单性成为世界典范。

顺带说一下，《1940年投资公司法案》并没有使其他形式的投资产品非法化，只是使它们很难向散户投资者出售罢了。那些对《1940年投资公司法案》设立的限制感到愤怒的投资经理人，他们可以自由管理非公众的资金。只要他们没有向更多的投资者募集资金，他们仍然可以做他们想做的事情。有趣的是，除了将某些投资工具排除在零售市场之外，该法案还创造了现代的对冲基金业。美国证券交易委员会对散户投资做出了界定，并对其进行了清理和规范。或许会出现关于这种处理同样赶走了一些好的想法和好的管理者的争议；然而，期望中的积极影响是使美国人重返金融市场。

因此，到了20世纪40年代，美国的金融体系已经在很大程度上重建了。对储蓄的影响总体上是积极的。政府为大部分工人设立了政府安全网和终身年金计划。这并没有取代个人投资决策，尽管它可能在边际上挤压了一点点个人投资。监管机构根据1929年的股市崩盘，对多元化投资工具进行了简化和标准化，打破了金融机构间不利于投资者的紧密关系。金融市场作为不确定的未来的保险机制，人们对它的基本信任在20世纪30年代发生了动摇，但也为危机后全新的金融世界打下了基础。

/ 391

第29章　金融的未来何在

1952年，哈里·马科维茨（Harry M. Markowitz）受邀进入考尔斯基金会，该基金会位于芝加哥大学。马科维茨对经济学和被称为"运筹学"的应用数学领域颇感兴趣，运筹学是战时用数学来解决操作运算问题的副产物，如轰炸行动和海军护航的战略管理。运筹学家后来发现，他们可以将这些技术广泛应用于各个领域——制造业、运输业，甚至社会和战略互动问题都可以通过数学方法来分析。

马科维茨认为可以运用数学来解决的最重要的金融问题之一，是选择最佳的投资组合。马科维茨这样说道：

> 当我选择自己的论文主题时，一次偶然的谈话启发我注意到将数学方法用于股票市场的可能性。我向马尔沙克（Marshchak）教授征求意见。他认为这是可行的，并进一步说阿尔弗雷德·考尔斯本人也一直热衷于如此应用数学。他把我引荐到马歇尔·凯彻姆（Marshall Ketchum）教授那，凯彻姆教授给了我一份阅读清单作为了解当时金融理论与实践的入门读物。[1]

马科维茨把这个想法发展成为一个非凡的模型，由此改变了20世纪全世界的投资活动。20世纪中叶，就连华尔街都已经开始从简单又庞杂的投资组合转向各种预测方法和基本面证券分析，考尔斯和费雪植入美国金融业的数学与统计的种子开始成长，并导致了一次新的金融革命。在本章，我们将探讨马科维茨模型和紧随其后的资本资产定价模型，它们复兴了全球投资框架，在金融和民族国家之间引发了新的不可预见的冲突。

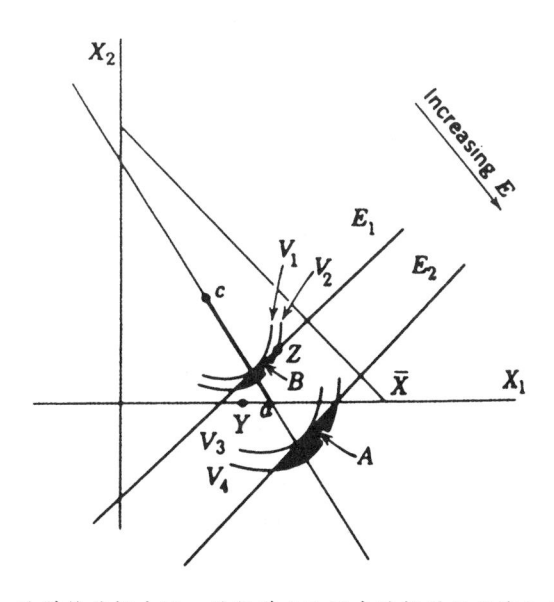

图 29-1 哈里·马科维茨提出了一种数学方法用来选择最优投资组合。上图说明了马科维茨"优化"在实践中的效用。曲线显示在一组由股票和债券构成的投资组合中，每种投资组合都有一个预期收益水平（Markowitz, *Portfolio Selection: Efficient Diversification of Investments*, John Wiley & Sons Ltd.）

投资和精密科学

本质上，哈里·马科维茨是将统计方法应用到了先前亨利·洛温菲尔德和欧文·费雪的研究之上。他为合理配置多样化股票写下了一个精确的公式。虽然洛温菲尔德曾建议投资组合应当实现在不同国家、不同种资产形式间的均衡，费雪也曾建议充分多元化的投资信托，但马科维茨提出的问题是如何制定出最佳与最分散化的解决方案。

这个问题的答案取决于股票之间的相关关系。选择彼此不相关的股票提高了组合的多元化程度，也降低了风险。通过测量每个资产与其他资产间的联动效应及其风险和收益，马科维茨证明人们是能够分辨出最低风险的投资组合的。

当股票猛烈下跌时，债券有时候会上涨，这种相反的表现意味着一种资产可以"确保"冲销另一种资产的风险。马科维茨模型承接了一种简单的直觉，即不要把所有的鸡蛋放在一个篮子里，并且告诉你如何最好地在篮子中分散你的风险。比如它会告诉你，你是否应该配置60%的债券和40%的股票，而不是一样一半。马科维茨完全淘汰了投资组合中的猜测，并用某个确定答案取而代之。

马克维茨的方法值得注意之处在于，他完全无视基本面投资和深度研究的原则。他假设这些信息已经被反映在股票的价格与预期收益中。马科维茨型的投资者唯一需要的信息是：股票的期望收益率、股票的波动性（朱利·荷纽的"振动"）和相关性（即每只股票与其他股票的协同变动）。他把投资管理从一种对公司进行深度研究的职业转变成了一种数学运算。

考尔斯的研究项目在20世纪50年代转移到了耶鲁。马科维茨在1958—1959年把他的投资理论写成了一本书《投资组合选择：有效分散化》（Portfolio Selection），作为16本考尔斯基金会专著之一于1959年出版。该书的风格与格雷厄姆与多德关于基本面投资的名著截然不同，它反映了20世纪30年代以来金融工具发生的深远变化。

富于抽象思维的科学家有电脑程序和线性代数作为工具，这让英勇而孤独的基本面分析师相形见绌。原子时代的新金融英雄向我们展示了一条通向最优化的道路。《投资组合选择：有效分散化》出版后几十年间，随着计算机的不断普及，对于养老金、大学捐赠和其他庞大储蓄基金的经营者而言，使用马科维茨模型越来越具有可行性。当然，与所有数理模型一样，其应用的前提是输入数据的质量及假设的可靠性。有了这些附加条件（其后也发展出了解决这两个问题的方法），马科维茨模型成为世界上所有机构投资组合管理者的主要工具。令人惊讶的是，哈里·马科维茨并未为其申请专利或版权，相反，他将这一模型作为书中附录公诸世人。

完美的投资组合

在马科维茨投资组合优化模型引入金融领域并引起轰动的同时，比尔·夏普（Bill Sharpe）也进入了经济学领域，他在圣莫尼卡的兰德公司（Rand Institute）与马科维茨紧密合作，并撰写出了自己的学位论文。圣莫尼卡是"二战"后数年间在运筹学领域享有盛名的圣地。夏普在其论文中实质上探讨了这样一个问题：一个所有投资者尽皆实现投资组合最优化的世界有着怎样的逻辑内涵？假设马科维茨模型得到普遍应用，那么股价将会发生怎样的变化？人们最关心以及首先关心的是这些资产怎样联动：股票的联动程度越低，抗风险能力就越强。人们可以利用股票固有的联动倾向作为充分分散投资组合的基础。

这个联动指数现被称作"贝塔"。现代投资者用贝塔系数来衡量单个股票是否会增加整个投资组合的风险。相较于低贝塔系数股票，高贝塔系数股票会带来更大的风险。

比贝塔系数更有趣的是，夏普发现投资者们会回归到一个共同的风险资产组合。夏普的理论预测了这个通用的投资组合：在他的理论框架中，一家投资信托基金持有世界上所有公司的股票，而世界上的每个人，无论贫穷或富有，都持有这家信托基金的份额。我们每个人都把投资决定权交到一个能够掌控一切的大型共同基金公司经理手中，然而，我们并不会平分这些财富，比如，我的个人收益就远少于沃伦·巴菲特得到的收益，这就好像我们吃的是同一张馅饼，但巴菲特分到的那块更大。

当然，由于资本资产定价模型只是一个理想化的模型，它只能预测不确切存在的世界。但当现实条件趋同于资本资产定价模型的假定条件时，该模型显示人们会倾向于选择一个范围广且多元化的投资组合——显然，19世纪晚期的伦敦市场就是如此，那时投资者有机会接触全球范围内的资产。追随洛温菲尔德提出的在世界范围内实现多元化投资的准则，在全球化的黄金时代，作为群体的伦敦投资者手中持有的资产，似乎已接近于马科维茨模型中给出的最优比例。[2]

资本资产定价模型不仅仅是一个优美（尽管有些抽象）的理论，而且在金融领域也得到了广泛应用。该模型对高贝塔系数股票和低贝塔系数股票预期收益率的均衡状态做出了预测，而这一预测现在被用于公司的决策制定和风险分析上。该模型还预测了人们对资产加权投资组合的普遍需求，这引致了一种新型投资产品——指数型基金——的发展。

指数化：投资者的依靠？

20世纪70年代，两组学术研究的融合使得被动式指数型投资开始发展。第一组研究与市场投资组合的资本资产定价模型有关。因其能够预测人们对于一个简单产品的广泛即期需求，夏普模型成为投资者的梦想。第二组研究则是对股权投资的再思考。

/ 395

20世纪70年代，在埃德加·劳伦斯·史密斯几乎快被世人淡忘之时，两名芝加哥的年轻教授，罗杰·伊博森（Roger Ibbotson）和雷克斯·辛克菲尔德（Rex Sinquefield）决定回归基本问题，即股票是否是一个理想的长期投资方式。他们运用了芝加哥证券价格研究中心的数据库，还搜集了美国政府债券的相关数据。同时，这两位教授还开始衡量20世纪二三十年代史密斯和其他分析人士未曾研究过的股权溢价——股票收益超过债券收益的部分。他们的发现是什么呢？1926—1976年，股票的收益率每年都会比短期国债高出6%。但令人意外的是，他们采用的样本完全独立于埃德加·劳伦斯·史密斯的研究，不仅包括大萧条时期和"二战"时期的数据，还包括20世纪70年代初严重滞胀时期的数据，当时美国股票的真实价格跌幅高达50%。

伊博森与辛克菲尔德不仅证明了股票有长期的积极表现，而且还进行了一项大胆的预言：基于既往经验，他们对未来25年间（1976—2000）的股票、债券、国库证券和通货膨胀的趋势做出了预测。尽管他们的观点与20世纪70年代的市场怀疑论相悖，但令人惊讶的是，他们的预测十分准确。时至2000年，股票行情只比伊博森与辛克菲尔德预言的略好一些。即便经历了股票不景气的10年，直至今天，这个于1976年做出的预测仍然适用。历史数据成为股票投资长期收益率的极佳预言者。

正如20世纪20年代那样，20世纪70年代同样见证了另一种新型投资基金的出现：标普500指数共同基金。威廉·夏普与位于旧金山的富国银行合作，推出了与资本资产定价模型市场投资组合相呼应的低成本指数型基金。在美国东海岸，先锋集团（Vanguard）于1976年提供市场指数信托基金（Market Index Trust）来适应（而非打赢）市场，只收取极少的管理费用。其以捕捉股权风险溢价原则为基础，并以标普500指数收益的长期历史数据为行动依据。通过指数化投资，你可以赚取和伊博森—辛克菲尔德研究所评估和预测的同样高的收益。这使得长期计划和投资大为简化：投资者可以选择一只便宜的普通股基金，并且避免选到糟糕经理所带来的风险。这是基于有效市场理论和资本资产定价模型发展出来的一个简单、优越的金融产品。

让众多投资管理机构震惊的是，先锋集团的市场指数信托基金在接下来的35年间每年的表现都好于大多数证券投资基金，尽管那些基金的经理无疑是既聪明又有经验、受过良好的教育且具有奉献精神的管理人员，并且报酬取决于业绩的好坏，但这些都不重要。对于长期投资者来说，相较于把钱交给一个积极的基金经理，投资指数型基金是个更好的选择。正如国际象棋大师加里·卡斯帕洛夫（Gary Kasparov）被"深蓝"计算机所打败一样，遵循"持有和公司规模成正比的股权"这样一种低成本、机械化的规则，最终会比大多数基金经理表现得更好。即使某些积极的基金经理偶尔会在长期收益上好于市场一般水准，但是很难事先找到这样的经理人。为什么指数化的策略能把它的竞争者轻松碾压呢？原因很简单：低费用和低交易成本。积极投资的基金经理收费很昂贵：他们要做很多研究，还要搜集和挖掘信息；同时他们要维护一个能够分析多种行业未来前景的团队；此外，他们还要监视那些可能影响其持有的有价证券价值的经济发展动态。

指数型基金则恰恰相反：每种股票按照比例买一点就好。指数型基金的投资组合内部太多元化了，以至即使投资组合中存在些许垃圾股，也不会产生太大影响。通过公司规模调整权重，就没有通过买卖股票再平衡投资组合的必要。与个人证券升值和贬值一样，它是一个自动的过程。但是，为什么不是每个人都选择指数型基金呢？可能是人们内心深处的一种毫无由来且无法抑制的想要做得更好的希望（比如人性）在作怪。

不过，指数型基金也有一些不好的地方。随着富国银行、先锋集团和其他投资公司鼓吹指数型投资的长处，投资于标普 500 指数的"基准"投资组合的钱越来越多。矛盾的是，指数基金中的成分股实际上被高估了。当投资者选择一直追随标普 500 指数中的成分股，其价格就会随之上涨，但并非因为公司本身有更好的收益前景，而仅仅是因为人人都想持有该指数基金的成分股。然而，这种"指数效应"只是总体正面的金融创新所带来的一个微小的、无关痛痒的（如果是无意的）后果。

因此，直至 20 世纪 70 年代中期，美国终于再度发现了投资股票市场的好处，以及一个廉价且多元化的投资组合的吸引力。这种基本的投资风格在 50 年后再度变得流行，这一事实是很具有说服力的。股市崩盘会极大地改变公众的观点：1720 年的大崩盘改变了欧洲 18 世纪的金融走向，而 1929 年的崩盘则动摇了人们对多元化市场投资的信心。重新学习或重构一项投资技术要花费几十年的时间。即便充分多元化且低成本的投资方式的回报率并不算高，对于打败市场平均水平的希望却一直与投资行为相伴而行。

全球金融的未来

孔多塞侯爵和其他预言家关于金融让未来更美好的梦想在 21 世纪正在接近实现。世界在构建一个未来储蓄体系的进程中取得了重大进展。世界银行有一个由多名研究人员组成的智囊团,他们追踪研究世界各国养老金体系覆盖面不断扩大的进程。其 2012 年的一项关于国际养老金体系的报告可能令孔多塞为之振奋:几乎所有国家的政府都建立了某种意义上的养老金体系,为退休人士提供资金支持。正如孔多塞侯爵设想的那样,其中许多养老金都是由工人出资筹集起来的。当然,这项研究也表明我们还有一段很长的路要走:高收入国家提供的养老金计划的劳动力覆盖率高达 85%,而在撒哈拉以南的非洲,养老金的劳动力覆盖率只有 10%。高收入国家的养老金支出占其 GDP 的约 7.5%——富裕国家为赡养退休老人花费巨大。

其他关于未来金融的设想也渐趋成熟。欧文·费雪设想了这样一个情景:通过持有共同基金,小型投资者实现了多元化的投资。世界银行的另一项研究追踪了共同基金行业在 20 世纪 90 年代后期的发展,发现该行业有着令人惊叹的增长速度。尤其是在发达国家,共同基金资产的份额在 GDP 中占了不小的比例。[3] 例如,1998 年,共同基金资产达到 5.5 万亿美元,上演了自 1929 年大崩盘以来的颇为强劲的一次复苏。甚至连资本资产投资模型也即将成为现实。乌帕尔·巴塔查里亚(Utpal Bhattacharya)和尼尔·加尔平(Neal Galpin)教授于 2011 年开展了一项研究,旨在追踪价值加权投资组合在世界范围内的普及程度。他们发现,在过去 30 年,朝着这种理论上的理想形态发展的趋势很明显,尤其是在发达国家。[4]

还记得凯恩斯预言的国家投资基金终将取代个人投资者吗?一些国家设立了主权财富基金,这使得该预言正逐渐变为现实。主权基金起源于自然资源丰富的国家,这类基金能让政府从石油开采活动中获得收入。以科威特和迪拜为代表的海湾国家需要把石油变成金融财富的工具,以应对未来石油资源枯竭的时期。第二波主权基金兴起于试图通过投资增加中央银行资产的国家。那么凯恩斯是正确的吗?这就是世界金融的未来吗?

挪威：地理财富与金融资产

20世纪晚期挪威海岸附近发现的石油，彻底改变了这个国家的经济。大量的石油成为主要的经济要素。北海地区发现的石油对于挪威来说是笔飞来横财，某种意义上又是一种挑战：面对飙升的收入如何保持传统的价值观？

挪威议会做出了一个非比寻常的决定：创设一只国家储蓄基金——挪威全球养老基金（Norwegian Pension Fund Global），旨在造福其子孙后代。该基金每年只支出一小部分资产，剩下的资金则投资于全球金融以赚获取股息和红利。凯恩斯可能不会认可这种节俭的方式，但是它却符合挪威的传统价值观。

挪威将钱投资于股票和债券资产组合的政策是一个好主意吗？这是一个复杂的政治经济学问题。一个全球性的投资组合是否应成为一个理想国家的一部分？约翰·劳会如何认为？卡尔·马克思又会如何看待呢？

21世纪，美国国内的股权崇拜已蔓延至全球。股票投资已经转变为国家政治战略而非个人投资选择。对挪威而言，真正重要的不是全球性投资市场是否边际有效，而是将地理财富转变为金融资产是否有意义。

举世瞩目的金融创新

主权财富基金代表了一次举世瞩目的金融创新，它可能重塑世界经济和外交的格局。这或许能够解释其他国家何以纷纷采取这一举措——虽然一开始是由石油生产国引领的潮流，但近来其他国家也决定创设主权财富基金。新加坡、韩国、中国和俄罗斯都拥有数十亿美元的基金。尽管部分资金来源于出售自然资源和税收，还有一部分来自其所持有的用以还债的美元储备。一个家庭可能将一部分钱储存在活期账户上，并将剩下的钱用于投资，同理，拥有主权基金的国家也要在流动性和长期资产增值之间做权衡取舍。这种权衡取舍有几分道理，但它也产生了一些有趣的新问题。

为什么不把钱归还给纳税人？在一个挪威那样拥有透明民主制度的国家，民众对政治运作的信任度很高。即便如此，还有代理问题有待解决。拥有主权基金的国家在民主进程和政治透明度上存在广泛的差异性。即使是在美国，围绕巨额国家养老基金的政治偏好及影响也是普遍存在的——政府基金无疑意味着一份由政府来管理基金资产的合同，如果美国也成立主权基金，我们该让谁来管理它呢？又该给首席投资官提供多高的年薪呢？

一个更为基本的问题是政府责任和家庭责任之间的对立。美国人对股权的极大热情建基于自给自足和独立的意识。20世纪20年代，股票和基金投资扩展到了普通公民领域，持有股票开始与为自己的退休生活负责密切相关。一个正常的美国人的观念是告诉政府把钱返还给纳税人，让纳税人自行决定钱的用途。定期开展的关于美国社会安全保险的辩论，往往在一个无解的路上发生分歧：即个体投资账户与政府基金间的矛盾。个体账户可以让公民自行决定承担多大的金融风险或者是否选择提早（而非推迟）消费自己的资产。政府投资基金固然可使人们不再为投资决策而发愁，但其本质上却是一种家长式的管理。家长制和个人主义的矛盾是贯穿金融史的主题。根本来说，采邑、年金、政府债券、公司股票、共同基金和公共资本市场都含有个人投资决策。以国有养老基金的出现为肇始，而目前以主权基金为表现的储蓄的制度化则挑起了储户与金融市场之间的冲突。

委托决定权：社保体系的未来？

机构化投资好的一面是使人们免于遭受自己带来的麻烦。我们知道，大多数投资者认为自己擅长选择股票，然而事实却并非如此；我们也知道指数型投资对大多数投资者来说是个明智的选择，然而人性总是阻碍他们做出理性选择。芝加哥大学的理查德·塞勒（Richard Thaler）教授是行为金融学领域的领军人物之一，他与加州大学洛杉矶分校的什洛莫·贝纳茨（Shlomo Benartzi）教授合作进行了一项关于养老金决策行为的研究。[5]他们发现了一种令人失望的情形：人们似乎并不了解股票和债券之间的区别，人们倾向于把资金等比例地投资于401（k）养老金计划提供的选择，组成一个投资组合，而不论其中是债券基金多一些还是股票基金多一些。此项研究以及其他类似旨在测试投资者基本资产配置技能的实验，结果都显示人们可能无法很好地管理自己的投资。对普通民众而言，如果有人替他们做出投资决定，他们的未来可能会变得更好。然而如果顺着这个逻辑发展下去，会导致一个剥夺个体权力的家长制国家。这同美国人的价值观和早期股东民主的主旨是对立的。或者，我们能不能不剥夺人们的决策权，而只是稍微引导他们朝正确的方向行进呢？塞勒和贝纳茨提议建立这样一套程序，给出有益于普通民众的存款分配比率默认值。这个默认值当然可以被改变，但设计这种无须个人进行决策的决策对普通民众有好处。理查德·塞勒与其另一位合作者凯斯·桑斯坦（Cass Sunstein）为此创造了一个新术语："助推"。[6]

你希望政府代替你思考，助推和诱哄你将一半储蓄投入股票中去吗？如果政府是在考量福利的基础上设定好了各种规范与标准的话，我猜想我倒不会太介意。你怎么看待美国国家税务局从工人工资中扣除税款的行为？抑或你更愿意选择每周从工资里拿出一部分钱作为税款，然后写一张在4月15日到期的支票来缴纳未付税款？在将来，以下二者间的平衡将成为个人理财的核心，一方面是公民自由和保护公民权益的责任，另一方面是政府直接托管和引导人们的储蓄行为。主权财富基金可能会取代个人储蓄，政府也可能会用主权基金来支付退休人士的应得收入。这可能就是社保体系的未来了。

谁将拥有公司

一个关于主权基金的引人注意的事实是随着主权基金不断壮大，它们无疑将会成为世界上所有上市公司的最大股东。即使以当下的规模来看，挪威基金就已持有欧洲每家公司大约2%的股份。每家上市公司的董事长首先要向少数主权基金经理汇报的时代马上就会到来。这种将所有权集中于国家基金手中的办法有利有弊：当所有权集中化后，公司经营者就被紧紧束缚住了，少数几个大权在握的股东就能毫不费力地开除不诚实或不称职的首席执行官。而在所有权充分分散时就很难做到这一点。

然而，国家利益有时会与优质企业的经营决策相冲突。例如，2008年金融危机期间，美国政府成了通用汽车公司的主要股东，尽管有利可图，但企业将生产业务外包至海外的真实前景却十分黯淡。想象这样一个场景：来自中国、韩国、俄罗斯三国的主权基金代表齐聚丰田汽车公司的董事会，商讨下一个高科技产业集群的落户之地！你又是否能够设想，英国石油公司的董事会中挤满了来自阿联酋的主权基金投资者呢？如今的世界已经被迫迅速适应外资拥有并控制本土公司了：2007年，迪拜试图收购一家经营数个美国港口的公司，这令人不由地倒吸了一口冷气。而英国人一想到他们最喜爱的糖果供应商吉百利公司的所有权落在了美国人手中就不寒而栗，法国人则对百事公司觊觎其酸奶生产商达能集团的行为十分愤怒。

人们对此的担忧是什么？目前围绕外资控股公司展开的讨论主要分歧在于：一种观点认为主权基金和其他任何股东的目标一致，都是追求利润最大化；另一种观点则认为有迹象表明，这些外国控股者会利用其股份进一步扩大其国家利益。我认为在董事会决议时，多数时候支配主权基金决策的因素是利润最大化，但也不排除其为本国利益而行使权力的潜在可能性，这可能引发人们的担忧。产生这一现象的原因就是治理结构。国家对本国公民负有信托责任，但对公司的其他股东则无此责任。在特定情况下，他们会面临利润最大化与国家利益之间的权衡取舍，而优先为公民服务是唯一正确的选择。每个国家都需要思考的问题是：未来主权基金是否会成为一种外交必需品？没有主权基金，美国是不是就无法发展？如果美国未能在世界各大公司内持有主要股份，是否意味着在讨论一些诸如公司应该如何应对气候变暖等重大问题时，美国连一席之地都没有？

或许我们夸大了公司治理的重要性。毕竟，公司本就是为了允许投资者委托管理责任而发展起来的，我们总是希望委托人占据主导地位。然而，由于存在参与竞选的政治家为赢取选民支持而承诺干预企业政策的可能性，民主就显得十分敏感而脆弱。

勿忘马尔萨斯

如果说养老金、共同基金和主权基金的发展至少部分实现了孔多塞侯爵于避难期间（1794年）写下的梦想，那么也有证据表明，马尔萨斯牧师在一定程度上也是正确的。世界银行报告一方面大加赞扬养老金体系在全球范围内的推广，同时也警告，各国越发无力支付这笔费用了。

20世纪，尽管资源愈加丰富，但马尔萨斯预言的人口增长趋势却因生育率下降而减缓了。无论是由于国家政策（如中国）还是个人选择（如美国），20世纪家庭生养孩童的数量都要比这位18世纪著名的乖戾老人预言的要少。然而现代人口情况对养老金融资模式的影响是毁灭性的。美国的社会保险模式在全球不断被复制，几乎没什么大的变化。随着预期寿命的延长以及生育率的下降，在职员工与退休员工的比例正走向令人无法承受的水平。世界银行称，目前美国的抚养比率约为20%，而世界平均水平为12%。至2050年，发达国家的抚养比率将升至33%：也就是说每三个劳动力就要抚养一个退休人士。

劳动人口和退休人口之间的这种动态平衡几乎影响着一切。例如，如果养老金已经完全到位了，那么世界上越来越多的资金将归于或被承诺归于老龄人口所有，将为他们的利益而投资。可以想象有产者和无产者之间的争议了，老年人是有产者，而年轻人是无产者。然而更有可能出现的情况是，政府只是承诺将资产用于承担巨额养老金。我们知道，20世纪30年代的美国未能履行现收现付制，而在18世纪70年代，由于法国政府的承诺无异于空头支票，其终身年金系统不得不部分违约。历史几乎是未来的一个模板。也许具有讽刺意义的是，马尔萨斯在某种程度上是正确的，因为退休储蓄和社保机制仅仅依靠精准的数学计算和概率预测是行不通的。最后，金融体系可能会失灵。金融运行的根本是承诺用未来资金换取现有资金的契约合同。这一方式始创于5 000年前的美索不达米亚并沿用至今，但作为全球范围内管理退休金的机制可能就不太可行了。虽然过去10年间全世界都在关注2008年的金融危机和制度体系的重构，但眼下世界面临的最基本挑战是关于储蓄的金融与政治问题。

美国金融危机的未来已近在眼前。近来底特律市宣告破产，使得退休人士与在职人士之间的冲突越发尖锐。退休市政人员——警察、消防员、教师和环卫工人——面临着这样一种可能性：这座城市在他们急需用钱之际会背弃其对养老金的承诺。遗忘法国大革命是不明智的。违背政府与公民之间就最基本的关于储蓄方式订立的契约，会给整个政治体系造成无法弥补的破坏。表面看来只是债务重组，但它无论对受益者而言，还是对那些正在思考自己与政府关系的年轻人而言，都有着更深层的潜在含义，而且会激起人们不同的情感反应。

结　论
MONEY CHANGES EVERYTHING

　　本书广泛探索了作为一项技术的金融的发展历史以及它如此重要的原因。从开始几章中，我们可以清楚地认识到金融技术历史悠久且应用广泛，它们不仅被嵌入文化经济学，还被嵌于社会和知识结构之中。金融工具和复杂社会的协同发展是一种在很多层面上互相妥协的过程。多样的金融方案带来了一些最重要的文明成就：书写、概率论、储蓄和投资机制，以及和谐的全球关系。与此同时，金融技术也造成了一些严重问题：奴隶制、赔款支付、帝国主义和金融危机，它们都与债务机制紧密关联。以一种长历史视角来看待金融本质的二重性是十分重要的，至少它能为我们思考如何设计未来的金融制度提供指导。

　　本书的另一个论点是，金融思维并不易理解。尽管今天金融家所采用的许多复杂技术可回溯至千年以前，甚至更久，但与传统相比，金融常会被视为舶来品或与传统的对立。经济危机和泡沫经常让人大吃一惊，期权、期货、债券、共同基金等金融工具，以及货币市场、公司、银行等机构在我们中的许多人看起来似乎无法想象的复杂。我认为原因（至少部分原因）是金融思维发展较晚且依赖于专业化的分析工具。从德摩斯梯尼提出的复杂的法律机制，到现代投资组合理论中高等数学的应用，皆为这一点的佐证。

　　同其他技术一样，金融发展得越成熟，就越是要求人们有更高的专业化水平去了解和实践。由此类推，如果金融市场衰退，可能对每个人都产生重大影响，而不仅仅是金融家。社会常常在金融危机到来之际集体怀念金融出现之前的世界，但本书中的很多例子证明，人类文明往往正是依靠金融工具来实现价值传承，并化解无数的经济风险。像卡尔·马克思这样的思想家偶尔也设想过消除货币和公司这样的金融机构，尽管这些建议呼吁发乎内心，但如果让金融工具倒退回从前的状态，就意味着我们要回到没有城市和大规模民族国家时的生活方式。

本书所持的另一观点是，金融问题可以通过许多不同方式解决。中国的金融史就为我们提供了对于比较发展进行研究的机会，尤其是政治环境如何决定技术方案。例如，中国货币和铸币的发展轨迹与希腊、罗马世界的完全不同，不过最终东西方都把货币作为一个重要的国家工具。

在一定程度上，公司是现代全球经济中最重要的企业单位，跨文化比较同样显示出公司的出现在多大程度上是一种非比寻常的现象。古代中国没有出现任何形式的公司，却拥有几千年的灿烂文明。这或许能够解释（或许也解释不了）18世纪晚期—19世纪早期欧洲和中国在工业发展上的差异。本书第10章探讨了李约瑟之谜。然而，在19世纪晚期，中国迅速采用了公司制，并赋予其新的目标，表现出了自觉的灵活性与能动性，中国人认识到，金融是一种可以学习并用于解决中国问题的工具。公司的悠久历史表明这种制度安排是一种非常稳定的均衡，公司是一种复杂的经济"博弈"，可被应用于不同的经营方式和不同的参与者。当全球金融体系朝着如主权基金类似的大规模集体性投资转型时，公司能否足够稳健地存活下去，我对此持怀疑态度。

从全球金融发展这样一个更大的背景看来，欧洲的与众不同之处在于其对资本市场的极度依赖。我认为这个特殊传统根源于中世纪欧洲各国的四分五裂和衰弱。这一情况更深广的暗示在于，全球金融市场体系可能是包含有组织的官僚体系的强大中央集权政治体制的替代品。如今，金融市场与政府并存互补，但也不时发生冲突。金融史为理解这种动态变化提供了一个框架。

历史本身就是有趣的，但历史作为衡量现在的标尺以及引领未来的向导的作用也同样重要。随着世界向一个集体性的全球文明转型，更大比例的人口融入了一个复杂的社会，金融工具也需与时俱进。我们从共同的金融历史中收获的经验与教训具有更强的关联性。历史向我们展示了以风险分担和跨期支付为目的的金融机制，以及这些金融工具的多种变化形式何以适用于不同类型的社会，我们可以重新利用过去的成功经验，并且从失败中学习应予避免的问题。长达5 000年的金融创新历史更是显示，金融和文明将永远不可分割。

注 释

导 论

1. Goetzmann, William H. 2009. *Beyond the Revolution: A History of American Thought from Paine to Pragmatism.* New York: Basic Books, p. xii.

第 1 章 城市、语言、法律、合同和数学：金融与文字

1. Jacobsen, Thorkild. 1976. *The Treasures of Darkness: A History of Mesopotamian Religion*, vol. 326. New Haven, CT: Yale University Press, p. 196.

2. For the historical background of its discovery and translation, see Foster, Benjamin R. (trans.). 2001. *The Epic of Gilgamesh.* New York: W. W. Norton and Company.

3. Schmandt-Besserat, Denise. 1992. *From Counting to Cuneiform*, vol. 1. Austin: University of Texas Press.

4. Aubet, María Eugenia. 2013. *Commerce and Colonization in the Ancient Near East.* Cambridge: Cambridge University Press.

5. Leiberman, Stephen J. 1980. "Of clay pebbles, hollow clay balls, and writing: A Sumerian view." *American Journal of Archaeology* 84(3): 339–358.

6. Englund, Robert. 1988. "Administrative timekeeping in ancient Mesopotamia." *Journal of the Economic and Social History of the Orient* 31: 121–185.

7. Englund, Robert. 2004. "Proto-cuneiform Account Books and Journals," in Michael Hudson and Cornelia Wunsch (eds.), *Creating Economic Order.* International Scholars Conference on Ancient Near Eastern Economies, vol. 4. Bethesda, MD: CDL Press, pp. 32–33.

第 2 章 居民、契约和利息：金融与城市化

1. See Van De Mieroop, Marc. 2005. "The Invention of Interest: Sumerian Loans," in William Goetzmann and K. Geert Rouwenhorst (eds.), *The Origins of Value: The Financial Innovations That Created Modern Capital Markets.* Oxford: Oxford University Press, pp. 17–30, p. 19.

2. Van De Mieroop (2005), p. 29.

3. See Nissen, Hans J., Peter Damerow, and Robert K. Englund. 1993. *Archaic Bookkeeping.* Chicago: University of Chicago Press, p. 97.

4. See Van De Mieroop (2005), p. 20.
5. See Garfinkle, Steven J. 2004. "Shepherds, merchants, and credit: Some observations on lending practices in Ur III Mesopotamia." *Journal of the Economic and Social History of the Orient* 47: 1–30. Garfinkle, Steven J. 2012. *Entrepreneurs and Enterprise in Early Mesopotamia: A Study of Three Archives from the Third Dynasty of Ur*. Bethesda, MD: CDL Press. Van De Mieroop, Marc. 1986. "Tūram-ilī: An Ur III Merchant." *Journal of Cuneiform Studies* 38(1): 1–80.

第 3 章　从苏美尔到美索不达米亚：金融架构的出现

1. For details of this ancient financial district, see Chapter 5 in Van De Mieroop, Marc. 1992. *Society and Enterprise in Old Babylonian Ur*. Berlin: Dietrich Reimer Verlag, pp. 121–167.
2. Darling, M. L. 1925. *The Punjab Peasant in Prosperity and Debt*. London: Oxford University Press.
3. Goddeeris, Anne. 2002. *Economy and Society in Northern Babylonia in the Early Old Babylonian Period (ca. 2000–1800 BC)*. Leuvin, Belgium: Peeters.
4. Goddeeris (2002), p. 153.
5. See Van De Mieroop, Marc. 2014. "Silver as a Financial Tool in Ancient Egypt and Mesopotamia," in Peter Bernholz and Roland Vaubel (eds.), *Explaining Monetary and Financial Innovation: A Historical Analysis*. Financial and Monetary Policy Studies, vol. 39. Cham, Switzerland: Springer International Publishing, pp. 17–29.
6. See Aubet, María Eugenia. 2013. *Commerce and Colonization in the Ancient Near East*. Cambridge: Cambridge University Press. Veenhof, Klaas R. 2010. "Ancient Assur: The city, its traders, and its commercial network." *Journal of the Economic and Social History of the Orient* 53: 39–82.
7. Larsen, Mogens Trolle. 1977. "Partnerships in the old Assyrian trade." *Iraq* 39(1): 119–145.
8. See Veenhof, K. R., and J. Eidem. 2008. *Mesopotamia: The Old Assyrian Period*. Saint Paul, MN: Academic Press Fribourg, p. 267.
9. Eidem, Jesper 2003. "Apum: A Kingdom on the Old Assyrian Route," in Klaas. R. Veenhof and Jesper Eidem (eds.), *Mesopotamia, The Old Assyrian Period*. Orbis Biblicus et Orientalis, vol. 160/5. Saint Paul, MN: Academic Press Fribourg, pp. 265–352.

第 4 章　美索不达米亚的黄昏

1. Stolper, Matthew W. 1985. *Entrepreneurs and Empire: the Murašû Archive, the Murašû Firm, and Persian Rule in Babylonia*. Istanbul: Nederlands Historisch-Archaeologisch Instituut te Istanbul.
2. Slotsky, Alice Louise. 1997. *The Bourse of Babylon: Market Quotations in the Astronomical Diaries of Babylonia*. Bethesda, MD: CDL Press, p. 7. See also an economist's perspective: Temin, Peter. 2002. "Price behavior in ancient Babylon." *Explorations in Economic History* 39(1): 46–60.

3. Slotsky (1997), p. 19.

4. Van der Spek, R. J., Jan Luiten van Zanden, and Bas van Leeuwen (eds.). 2014. *A History of Market Performance: From Ancient Babylonia to the Modern World*, vol. 68. London: Routledge.

5. See Jursa, Michael. 2014. "Market Performance and Market Integration in Babylonia in the 'Long sixth century' B.C.," in R. J. Van der Spek, Jan Luiten van Zanden, and Bas van Leeuwen (eds.), *A History of Market Performance: From Ancient Babylonia to the Modern World*, vol. 68. London: Routledge.

6. Huis, Joost, Reinhart Pirngruber, and Bas Van Leeuwen. 2014. "Climate, War and Economic Development: The Case of second century BC Babylon," in R. J. Van der Spek, Jan Luiten van Zanden, and Bas van Leeuwen (eds.), *A History of Market Performance: From Ancient Babylonia to the Modern World*, vol. 68. London: Routledge.

第 5 章　雅典的金融

1. Fleck, Robert K., and F. Andrew Hanssen. 2012. "On the benefits and costs of legal expertise: Adjudication in ancient Athens." *Review of Law & Economics* 8(2): 367–399.

2. Figueira, Thomas. 1986. "*Sitopolai* and *Sitophylakes* in Lysias' 'Against the Grain Dealers': Governmental intervention in the Athenian economy." *Phoenix* 40: 149–171.

3. Dunham, Wayne R. 2008. "Cold case files: The Athenian grain merchants, 386 BC." *Cato Journal* 28: 495.

4. Lysias. *Oration XXII*. Available at: http://www.gutenberg.org/cache/epub/6969/pg6969.html.

5. Moreno, Alfonso. 2007. *Feeding the Democracy: The Athenian Grain Supply in the Fifth and Fourth Centuries BC*. Oxford: Oxford University Press, p. 32.

6. The Dnieper river, in what is now Ukraine.

7. Demosthenes. 2004. "35 Against Lacritus," in *Demosthenes, Speeches 27–38*, Douglas M. Macdowell (trans.). Austin: University of Texas Press, p. 137, paragraphs 10–14.

8. Demosthenes (2004), p. 144.

9. Cohen, Edward E. 1997b. *Athenian Economy and Society: A Banking Perspective*. Princeton, NJ: Princeton University Press.

10. Garland, Robert. 1987. *The Piraeus from the Fifth to the First Century B.C.* Ithaca, NY: Cornell University Press, p. 92.

11. Cohen (1997b), p. 9.

12. Millett, Paul. 2002. *Lending and Borrowing in Ancient Athens*. Cambridge: Cambridge University Press, p. 199 and ff.

13. Millett (2002), p. 64.

14. Cohen (1997b), p. 123. Demosthenes. 2004. *Demosthenes, Speeches 27–38*, Douglas M. Macdowell (trans.). Austin: University of Texas Press, p. 21.

15. Demosthenes. 1939. "Against Aphobus," in *Demosthenes with an English Translation by A. T. Murray*. London: William Heinemann, speech 27, paragraph 9. Available at: http://data.perseus.org/citations/urn:cts:greekLit:tlg0014.tlg027.perseus-eng1:9. For currency conversion: 1 talent = 60 minas = 6,000 drachmas.

16. Aeschylus. 1926. *Aeschylus, with an English Translation by Herbert Weir Smyth*, vol. 1: *Persians*. Cambridge, MA. Harvard University Press, lines 234–239. Available at: http://data.perseus.org/citations/urn:cts:greekLit:tlg0085.tlg002.perseus-eng1:232-248.

17. Davis, Gil. 2014. "Mining money in Late Archaic Athens." *Historia* 63(3): 257–277. See also: Sverdrup, H., and Peter Schlyter. 2013. "Modeling the Survival of Athenian Owl Tetradrachms Struck in the Period from 561–42 BC from Then to the Present," in *Proceedings of the 30th International Conference of the System Dynamics Society*, vol. 5. St. Gallen, Switzerland: Systems Dynamics Society, pp. 4024–4043.

18. Xenophon. 1892. *The Works of Xenophon*, H. G. Daykins (trans.). London: Macmillan and Co., p. 331.

19. Aperghis, G. G. 1998. "A reassessment of the Laurion Mining lease records." *Bulletin of the Institute of Classical Studies* 42(1): 1–20.

20. Papazarkadas, N. 2012. "Poletai," in *The Encyclopedia of Ancient History*. http://onlinelibrary.wiley.com/doi/10.1002/9781444338386.wbeah04267/full.

21. Camp, John McKesson. 2007. "Excavations in the Athenian Agora: 2002–2007." *Hesperia* 76(4): 627–663.

第6章 货币革命

1. Van Wees, Hans. 2013. *Ships and Silver, Taxes and Tribute: A Fiscal History of Archaic Athens*. London: IB Tauris.

2. Quoted in Seaford, Richard. 2004. *Money and the Early Greek Mind: Homer, Philosophy, Tragedy*. Cambridge: Cambridge University Press, p. 204.

3. Plato. 1967. *Plato in Twelve Volumes*, Vol. 3 translated by W.R.M. Lamb. Cambridge, MA: Harvard University Press; London: William Heinemann Ltd. Gorg. 515.

4. Sverdrup, H., and Peter Schlyter. 2013. "Modeling the Survival of Athenian Owl Tetradrachms Struck in the Period from 561–42 BC from Then to the Present," in *Proceedings of the 30th International Conference of the System Dynamics Society*, vol. 5. St. Gallen, Switzerland: Systems Dynamics Society, pp. 4024–4043.

5. Thucydides. 1910. *The Peloponnesian War*, Richard Crawley (trans.). London and New York: J. M. Dent and E. P. Dutton, 2.13.2–4.

6. Schaps, David M. 2004. *The Invention of Coinage and the Monetization of Ancient Greece*. Ann Arbor: University of Michigan Press, p. 93.

7. Schaps (2004), p. 5.

8. Schaps (2004).

9. Bresson, Alain. 2006. "The origin of Lydian and Greek coinage: Cost and quantity." *Historical Research* 5: 149–159.

第 7 章　罗马的金融

1. Rathbone, Dominic, and Peter Temin. 2008. "Financial Intermediation in First-Century AD Rome and Eighteenth-Century England," in Koenraad Verboven, Katelijn Vandorpe, and Véronique Chankowski (eds.), *Pistoi dia tèn technèn. Bankers, Loans and Archives in the Ancient World*. Leuven, Belgium: Peeters.

2. Tacitus, *Annals*, Book 6, Chapters 16 and 17.

3. Verboven, Koenraad. 54–44 BCE. "Financial or monetary crisis?". Edipuglia, 2003.

4. Rosenstein, Nathan. "Aristocrats and agriculture in the Middle and Late Republic." *Journal of Roman Studies* 98 (2008): 1–26.

5. Tacitus, *Annals*, Book 6, Chapter 17. A sestertius was a Roman coin and unit of account worth a quarter of a denarius.

6. Rodewald, Cosmo. 1976. *Money in the Age of Tiberius*. Manchester, UK: Manchester University Press, p. 11.

7. Harris, William V. (ed.). 2008. *The Monetary Systems of the Greeks and Romans*. Oxford: Oxford University Press, p. 188.

8. Dio's account of the bailout differs a bit. He says Tiberius "gave the public treasury twenty-five million [sc. denarii, the equivalent of 100 million sesterces] to enable senators to make loans to applicants." See Rodewald (1976), p. 2.

9. Von Reden, Sitta. 2007. *Money in Ptolemaic Egypt: From the Macedonian Conquest to the End of the Third Century BC*. Cambridge: Cambridge University Press, p. 284 and ff.

10. Schmitz, Leonhard. 1875. "Argentarii," in William Smith (ed.), *A Dictionary of Greek and Roman Antiquities*. London: John Murray, pp. 130–132. Available at: http://penelope.uchicago.edu/Thayer/E/Roman/Texts/secondary/SMIGRA*/Argentarii.html.

11. S.J.B.Barnish. 1985. "The wealth of Julius Argentarius." *Byzantion* 55: 5–38.

12. Temin, Peter. 2013. *The Roman Market Economy*. Princeton, NJ: Princeton University Press, p. 182.

13. Seneca. "On Taking One's Own Life," in *Epistulae Morales*, R. M. Gummere (trans.). Cambridge, MA: Harvard University Press, epistle 77.

14. Jones, David Francis. 2006. *The Bankers of Puteoli: Finance, Trade and Industry in the Roman World*. Stroud, UK: Tempus.

15. Jones (2006), pp. 97–99 gives a complete account of these tablets and his reconstruction of the respective roles played by the signatories.

16. Casson, Lionel. 1980. "The role of the state in Rome's grain trade." *Memoirs of the American Academy in Rome* 36: 21–33.

17. Andreau, Jean. 1999. *Banking and Business in the Roman World*. Cambridge: Cambridge University Press, p. 75.

18. Temin, Peter. 2006. "The economy of the early Roman Empire." *Journal of Economic Perspectives* 20(1): 133–151.

19. For a discussion of the role of slavery in Roman business, see Bruce W. Frier and Dennis P. Kehoe. 2007. "Law and economic institutions," in Walter Scheidel, Ian Morris, and Richard Saller (eds.), *The Cambridge Economic History of the Greco-Roman World*. Cambridge: Cambridge University Press, pp. 113–143.

20. Hansmann, Henry, Reinier Kraakman, and Richard Squire. 2006. "Law and the rise of the firm." *Harvard Law Review* 119(5): 1333–1403.

21. Malmendier, Ulrike. 2005. "Roman Shares," in William N. Goetzmann and K. Geert Rouwenhorst (eds.), *The Origins of Value: The Financial Innovations That Created Modern Capital Markets*. Oxford: Oxford University Press, p. 38.

22. Cicero, M. Tullius. 1891. "Against Publius Vatinius," in *The Orations of Marcus Tullius Cicero*, C. D. Yonge (trans.). London: George Bell & Sons, part 29.

23. Badian, Ernst. 1972. *Publicans and Sinners: Private Enterprise in the Service of the Roman Republic*. Ithaca, NY: Cornell University Press, p. 103.

24. Verboven, Koenraad. 2003. "54–44 BCE. Financial or Monetary Crisis?" In E. L. Cascio (ed.), *Credito e Moneta nel Mondo Romano*. Bari, Italy: Edipuglia, pp. 49–68, p. 57.

25. Kay, Philip. 2014. *Rome's Economic Revolution*. Oxford: Oxford University Press, p. 15.

26. Kay (2014).

27. Harris, William V. 2006. "A revisionist view of Roman money." *Journal of Roman Studies* 96: 1–24.

28. Harl, Kenneth W. 1996. *Coinage in the Roman Economy, 300 BC to AD 700*. Baltimore: Johns Hopkins University Press, p. 125 and ff.

29. Harl (1996), p. 130.

30. Rubin, Jared. 2009. "Social insurance, commitment, and the origin of law: Interest bans in early Christianity." *Journal of Law and Economics* 52(4): 761–786.

31. Silver, Morris. 2011. "Finding the Roman Empire's disappeared deposit bankers." *Historia* 60(3): 301–327.

32. Davis Jr., R. A., A. T. Welty, J. Borrego, J. A. Morales, J. G. Pendon, and J. G. Ryan. 2000. "Rio Tinto estuary (Spain): 5000 years of pollution." *Environmental Geology* 39(10): 1107–1116.

33. Rosman, Kevin J. R., Warrick Chisholm, Sungmin Hong, Jean-Pierre Candelone, and Claude F. Boutron. 1997. "Lead from Carthaginian and Roman Spanish mines isotopically identified in Greenland ice dated from 600 BC to 300 AD." *Environmental Science & Technology* 31(12): 3413–3416.

第二部分　中国的金融遗产

1. Mao, Tse-Tung. 1965. *Selected Works of Mao Tse-Tung*, vol. 2. Oxford: Pergamon Press, p. 309.

第 8 章　中国的第一次金融潮流

1. Chou, Hung-hsiang [翔周鴻]. 1970. "Fu-X ladies of the Shang Dynasty." *Monumenta Serica* 29: 346–390.
2. Translation modified from David S. Nivison. 1996. "'Virtue' in Bone and Bronze," in *The Ways of Confucianism: Investigations in Chinese Philosophy*, edited with an introduction by Bryan W. Van Norden. La Salle, IL: Open Court Press.
3. Watson, Burton (trans.), 1971. *Records of the Grand Historian of China. Ttranslated from the Shih chi of Ssu-ma Ch'ien*. New York: Columbia University Press, p. 344.
4. Watson (1971), p. 435.
5. Watson (1971), p. 436.
6. Watson (1971), p. 436.
7. Peng, Xinwei, and Edward H. Kaplan. 1994. *A Monetary History of China*, vol. 1. Bellingham: Western Washington University, p. 95.
8. Peng and Kaplan (1994), p. 96.
9. Peng and Kaplan (1994), p. 96.
10. Peng and Kaplan (1994), p. 95.
11. Peng and Kaplan (1994), p. 100. Peng's translation from *Strategems of the Warring States, Strategems of Qi*.
12. This and the problem following are from The *Suàn shù shū*. C. Cullen (trans.). 2007. *Historia Mathematica* 34(1): 10–44.

第 9 章　大一统与官僚体制

1. Ebrey, Patricia Buckley (ed.). 2009. *Chinese Civilization: A Sourcebook*. New York: Simon and Schuster, p. 36.
2. Biot, Edouard. 1851. *Le Tcheou-li: ou rites des Tcheou*. Paris: Imprimerie nationale. Translation of the beginning passage of Book 1 by Matthew Landry, unpublished manuscript.
3. Hansen, Valerie, and Ana Mata-Fink. 2005. "Records from a Seventh Century Pawn Shop," in William N. Goetzmann and K. Geert Rouwenhorst (eds.), *The Origins of Value: The Financial Innovations That Created Modern Capital Markets*. Oxford: Oxford University Press, pp. 56–64.
4. Goetzmann, William N., and K. Geert Rouwenhorst. 2005. *The Origins of Value: The Financial Innovations That Created Modern Capital Markets*. Oxford: Oxford University Press, p. 62.
5. Elman, Benjamin A. 2013. *Civil Examinations and Meritocracy in Late Imperial China*. Cambridge, MA: Harvard University Press, p. 176.
6. Von Glahn, Richard, "The Origins of Paper Money in China," in William N. Goetzmann and K. Geert Rouwenhorst (eds.), *The Origins of Value: The Finan-

cial Innovations That Created Modern Capital Markets. Oxford: Oxford University Press, pp. 65–90.

7. For an excellent account of the role of government enterprise in the Song, see Smith, Paul J. 1991. *Taxing Heaven's Storehouse: Horses, Bureaucrats, and the Destruction of the Sichuan Tea Industry, 1074–1224*. Harvard-Yenching Institute Monograph Series, vol. 32. Cambridge, MA: Council on East Asian Studies and Harvard University Press.

8. Polo, Marco. 1920. *Marco Polo; Notes and Addenda to Sir Henry Yule's Edition, Containing the Results of Recent Research and Discovery, by Henri Cordier*. London: John Murray. Project Gutenberg. Chapter 24. Available at: http://www.gutenberg.org/ebooks/10636.

第 10 章　金融大分流

1. Lin, Justin Yifu. 1995. "The Needham Puzzle: Why the Industrial Revolution did not originate in China." *Economic Development and Cultural Change* 43(2): 269–292.

2. Zelin, Madeleine. 2005. *The Merchants of Zigong: Industrial Entrepreneurship in Early Modern China*. New York: Columbia University Press.

3. Pomeranz, Kenneth. 1997. "'Traditional' Chinese business forms revisited: Family, firm, and financing in the history of the Yutang Company of Jining, 1779–1956." *Late Imperial China* 18(1): 1–38.

4. Allen, Robert C. 2005. "Capital Accumulation, Technological Change, and the Distribution of Income during the British Industrial Revolution." Discussion Paper. Department of Economics, University of Oxford.

第 11 章　圣殿与金融

1. Delisle, M. Leopold. 1888. "Mémoires sur les Operations Financieres des Templiers." *Mémoires de l'Institute National de France*. Academie des Inscriptions Belles-Lettres, Paris 33: 11.

2. Delisle (1888), p. 47.

3. Delisle (1888), p. 48.

4. Forey, A. J. 1973. *The Templars in the Corona de Aragon*. Oxford: Oxford University Press, p. 22.

5. Delisle (1888), p. 87.

6. Forey (1973), p. 113.

7. Forey (1973), p. 115.

8. Bisson, Thomas. 1984. *Fiscal Accounts of Catalonia under the Early Count Kings*. Berkeley: University of California Press, p. 82.

9. Bisson (1984), vol. 2, p. 211.

10. Bisson (1984), vol. 2, p. 222.

11. Bisson (1984), vol. 2, p. 222.

12. See Munro, John H. 2003. "The Medieval origins of the financial revolution: Usury, rentes and negotiability." *International History Review* 25(3): 505–562.

第 12 章　威尼斯：人口年金、政治危机与权力手段

1. Ruskin, John. 1867. *The Stones of Venice*. New York: J. Wiley & Son, vol. 1, p. 17.

2. See Norwich, John Julius. 1982. *A History of Venice*. New York: Alfred A. Knopf, pp. 104–106.

3. Mueller, Reinhold C., and Frederic Chapin Lane. 1997. *The Venetian Money Market: Banks, Panics, and the Public Debt, 1200–1500*. Baltimore: Johns Hopkins University Press, vol. 2, p. 461.

4. Mueller and Lane (1997), vol. 2, p. 466.

5. Reinhold Mueller notes that charities were prevented from using real estate as an asset to support perpetual endowments, because too many properties were passing into "dead" hands. Financial assets were thus an ideal substitute.

6. The research of historian John H. Munro of the University of Toronto focuses on the intellectual foundations of financial revolution of the Middle Ages and the philosophical framework of public and private loan contracts. This quote is taken from his article. It appeared originally in Benjamin Jowett (trans. and ed.) 1885. *The Politics of Aristotle: Translated into English, Volume I: Introduction and Translation*. Oxford: Oxford University Press, p. 19: *Politics*, Book I.10, 1258, p. 5.

7. Goetzmann, William N., and K. Geert Rouwenhorst (eds.). 2005. *The Origins of Value: The Financial Innovations that Created Modern Capital Markets*. Oxford: Oxford University Press, p. 5.

8. Cited in Munro, John H. 2003. "The Medieval origins of the financial revolution: Usury, rentes and negotiability." *International History Review* 25(3): 505–562.

9. Le Goff, Jacques. 2004. *From Heaven to Earth: The Shift in Values between the 12th and the 13th Century in the Christian West*. A. H. Heinecken Prize for History Lecture Series. Amsterdam: Royal Netherlands Academy of Arts and Sciences.

第 13 章　斐波那契与金融

1. Goetzmann, William, and K. Geert Rouwenhorst (eds.). 2005. *The Origins of Value: The Financial Innovations that Created Modern Capital Markets*. Oxford: Oxford University Press, p. 131.

2. Goetzmann and Rouwenhorst (2005), p. 134.

3. Goetzmann and Rouwenhorst (2005), p. 135.

4. Van Egmond, Warren. 1980. *Practical Mathematics in the Italian Renaissance: A Catalog of Italian Abbacus Manuscripts and Printed Books to 1600*. Monografia n 4, Annali dell'Istituto e Museo di Storia della Scienza di Firenze Firenze 1 (1980). Florence: Istituto e museo di storia della scienza.

第 14 章　不朽的债券

1. Lieber, Jeffrey, and James V. Hart. "Tuck Everlasting," a screenplay adapted from a book by Natalie Babbit. Quote identified from the Internet site http://www.whysanity.net/monos/tuck.html.

2. The story of risk has been told eloquently by others—particularly by Peter Bernstein, the noted Wall Street investor, journal editor, and writer. Peter's book clearly shows that the mathematician's desire to understand games led to a set of unique mathematical tools: Bernstein, Peter. 1998. *Against the Gods: The Remarkable Story of Risk*. New York: John Wiley & Sons.

第 15 章　从游戏到科学：接近必然的可能性

1. Cardano, Girolamo. 2002. *The Book of My Life*, Jean Stoner (trans.). New York: New York Review of Books, p. 50.

2. Kavanagh argues convincingly that gambling was deeply influential in the evolution of intellectual culture in Europe. Kavanagh, Thomas. 2005. *Dice, Cards, Wheels: A Different History of French Culture*. University Park: University of Pennsylvania Press.

3. Bernoulli, letter to Liebnitz, April 20, 1704, in Bernoulli, Jacob, and Edith Dudley Sylla. 2006. *The Art of Conjecturing, Together with Letter to a Friend on Sets in Court Tennis*. Baltimore: Johns Hopkins University Press, p. 40.

4. Bernoulli and Sylla (2006), p. 44.

5. Halley, Edmund. 1693. "An estimate of the degrees of mortality of mankind, drawn from curious tables of the births and funerals at the city of Breslaw, with an attempt to ascertain the price of annuities upon lives." *Philosophical Transactions London* 17: 596–610. Available at: http://www.pierre-marteau.com/editions/1693-mortality/halley-text.html.

6. De Moivre, Abraham. 1756. *The Doctrine of Chances: Or, a Method of Calculating the Probabilities of Events in a Play*, third edition. London: Millar, p. viii. Reprinted in 1967, New York: Chelsea Publishing.

7. Velde, François, and David Weir. 1992. "The financial market and government debt policy in France, 1746–1793." *Journal of Economic History* 52(1): 1–39.

8. Velde and Weir (1992).

9. Needham, J., and L. Wang. 1959. *Science and Civilisation in China*, vol. 3. Cambridge: Cambridge University Press, p. 133 and ff.

10. Elvin, Mark. 2005. "Why Premodern China—Probably—Did Not Develop Probabilistic Thinking." Working paper, Australian National University.

11. From the final chapter of M. de Condorcet and Marie-Jean-Antoine-Nicolas Caritat. 1796. *Condorcet's Outlines of an Historical View of the Progress of the Human Mind, Being a Posthumous Work of the Late M. de Condorcet*. (Translated from the French). Philadelphia: M. Carey.

12. Malthus, T. R., Donald Winch, and Patricia James. 1992. *Malthus: An Essay on the Principle of Population*. Cambridge: Cambridge University Press, p. 47.

第 16 章 "看不见的手": 如何调节和对抗市场

1. Annual Report of Berkshire Hathaway, Inc., 2002, Chairman's Letter, p.15.
2. Jovanovic, Franck. 2001. "Does God practice a random walk? The 'financial physics' of a 19th-century forerunner, Jules Regnault (avec Philippe Le Gall)." *European Journal of the History of Economic Thought* 8(3): 323–362.
3. Jovanovic, Franck. 2006. "Economic instruments and theory in the construction of Henri Lefèvre's science of the stock market." *Pioneers of Financial Economics* 1: 169–190.
4. William Sharpe, John Cox, Stephen Ross, and Mark Rubenstein.
5. This is Money. 2008. "Nassim Taleb and the Secret of the Black Swan," *Daily Mail*, November 3. Available at: http://www.thisismoney.co.uk/markets/article.html?in_article_id=456175&in_page_id=3#ixzz16idvBHe7.

第 17 章 欧洲, 股份有限公司

1. Fratianni, Michele. 2006. "Government debt, reputation and creditors' protections: The tale of San Giorgio." *Review of Finance* 10(4): 487–506.
2. Mundy, John. 1954. *Liberty and Political Power in Toulouse 1050–1230*. New York: Columbia University Press, p. 60.

第 18 章 航海探险: 从私人企业到国家工具

1. Scott, William Robert. 1995. *Joint Stock Companies to 1720*. Bristol: Theomes Press, p. 19. Original edition 1910–1912.
2. Scott (1995), p. 18.
3. Tyson, Peter. 2006. "Future of the Passage." Available at: http://www.pbs.org/wgbh/nova/arctic/passage.html.
4. Dari-Martini, Guiseppi, Oscar Gelderblom, Joost Jonker, and Enrico Perroti. 2013. "The Emergence of the Corporate Form." Amsterdam Law School Legal Studies Research Paper 2013-11.
5. See Neal, Larry. 2005. "Venture Shares in the Dutch East India Company," in William N. Goetzmann and K. Geert Rouwenhorst (eds.), *The Origins of Value: The Financial Innovations That Created Modern Capital Markets*. Oxford: Oxford University Press, p. 167.

第 19 章 "杰出时代"

1. Richetti, John J. 2005. *The Life of Daniel Defoe: A Critical Biography*. Oxford: Blackwell, p. 11.

2. Defoe, Daniel. 1697. "Author's Introduction," in *An Essay upon Projects*. London: Printed by R. R. for Tho. Cockerill. Available at: http://etext.library.adelaide.edu.au/d/defoe/daniel/d31es/part3.html.

3. Francesca Bray. 1999. "Towards a Critical History of Non-Western Technology," in Timothy Brook and Gregory Blue (eds.), *China and Historical Capitalism*. Cambridge: Cambridge University Press, p. 167.

4. Scott, William Robert. 1995. *Joint Stock Companies to 1720*. Bristol: Theomes Press, Bristol, vol. 1, p. 395. Original edition 1910–1912.

5. For details of the founding of the South Sea Company, see Dale, Richard. 2004. *The First Crash*. Princeton, NJ: Princeton University Press, p. 46 and ff. Carruthers, Bruce. 1996. *City of Capital. Politics and Markets in the English Financial Revolution*. Princeton, NJ: Princeton University Press, p. 152 and ff.

6. Defoe, Daniel. 1712. *An Essay on the South-Sea Trade with an Enquiry into the Grounds and Reasons of the Present Dislike and Complaint against the Settlement of a South-Sea Company*. London: J. Baker.

7. Dale (2004), p. 49.

8. Thomas, Hugh. 1997. *The Slave Trade*. New York: Simon and Schuster, p. 235.

9. Inikori, Joseph E. 2002. *Africans and the Industrial Revolution in England*. Cambridge: Cambridge University Press.

10. Thomas (1997), p. 246.

11. See Temin, Peter, and Hans-Joachim Voth. 2003. "Riding the South Sea Bubble." MIT Working Paper, Cambridge, MA.

12. Neal, Larry. 1993. *The Rise of Financial Capitalism: International Capital Markets in the Age of Reason*. Cambridge: Cambridge University Press, p. 235.

13. Garber, Peter M. 1990. "Famous first bubbles." *Journal of Economic Perspectives* 4(2): 35–54.

14. Banner, Stuart. 1998. *Anglo-American Securities Regulation*. Cambridge: Cambridge University Press, p. 76.

15. Neal (1993).

16. Temin, Peter, and Joachim Voth. 2006. "Banking as an emerging technology: Hoare's Bank, 1702–1742." *Financial History Review* 13(2): 149–178.

17. Defoe, Daniel. 1720. *The South-Sea Scheme Examin'd: And the Reasonableness Thereof Demonstrated. By a Hearty Well-Wisher to Publick Credit*, third edition. London: J. Roberts, p. 8.

18. Defoe (1720), p. 13.

第 20 章 法国的泡沫

1. Murphy, Antoine. 1997. *John Law: Economic Theorist and Policy-Maker*. Oxford: Oxford University Press.

2. Quoted in Murphy (1997), p. 38.

3. Ruskin, John. 1867. *The Stones of Venice*, vol. 1. New York: John Wiley & Sons, p. 328.

4. Like many financial innovations, this one also likely has an Eastern precedent. House gambling profits were limited by law in ancient India—implying that house games were common long before they appeared in Venice.

5. Schwartz, David. 2006. *Roll the Bones: The History of Gambling*. East Rutherford, NJ: Gotham Books, p. 94.

6. An interpretation advanced nicely by Ludovic Desmed. 2005. "Money in the 'Body Politick': The analysis of trade and circulation in the writings of seventeenth-century political arithmeticians." *History of Political Economy* 37: 1, to whom I am also indebted for the following quotes.

7. Davenant, Charles. 1942. *Two Manuscripts by Charles Davenant: (A) a Memorial Concerning the Coyn of England (B) a Memorial Concerning Credit*. Baltimore: Johns Hopkins University Press, p. 213. First published in 1696. Quoted in Desmed (2005), p. 1.

8. Davenant (1942), p. 75.

9. Murphy (1997), p. 60, quoting Law.

10. Law, John. 1750. *Money and Trade Considered: With a Proposal for Supplying the Nation with Money*. Edinburgh: R. & A. Foulis, p. 35. First published in 1705.

11. Law (1750), p. 50.

12. Murphy, Antoine. 2005. "John Law: Innovating Theorist and Policy Maker," in William Goetzmann and Geert Rouwenhorst (eds.), *The Origins of Value: The Financial Innovations That Created Modern Capital Markets*. Oxford: Oxford University Press, 2005, pp. 225–238.

13. Murphy (2005), p. 163.

14. Murphy (2005), p. 167.

15. Neal, Larry. 1993. *The Rise of Financial Capitalism: International Capital Markets in the Age of Reason*. Cambridge: Cambridge University Press, p. 75.

16. Murphy (2005), p. 189.

17. Neal (1993), p. 67.

18. Murphy (2005), p. 228.

19. Murphy (2005), p. 221.

20. Murphy (2005), p. 320.

21. Spieth, Darius. 2013. "The French Context of Het Groote Tafereel der dwaasheid, John Law, Rococo Culture, and the Riches of the New World," in William N. Goetzmann, Catherine Labio, K. Geert Rouwenhorst, and Timothy Young (eds.), *The Great Mirror of Folly: Finance, Culture, and the Great Crash of 1720*. New Haven, CT: Yale University Press, p. 231.

第 21 章 "按照霍伊尔所说"

1. Interestingly enough, the source is a print from 1721 titled "The Bubbler's Mirror."

2. Martin, Fredrick. 1876. *The History of Lloyds and of Marine Insurance in Great Britain*. London: Macmillan and Company, p. 90 and ff.

3. *London Gazette* no. 5879, August 20–23, 1720.

4. Frehen, Rik G. P., William N. Goetzmann, and K. Geert Rouwenhorst. 2013. "New evidence on the first financial bubble." *Journal of Financial Economics* 108(3): 585–607.

5. An interesting detail is that scholarship long had the date for this loss at sea wrong—mistakenly attributing it to October 1720. See, for example Martin (1876), p. 101, citing Postlethwayt, Malachy, Jacques Savary des Brûlons, Emanuel Bowen, Thomas Kitchin, Charles Mosley, and Richard William Seale. 1766. *The Universal Dictionary of Trade and Commerce*. London: Printed for H. Woodfall, A. Millar, J. and R. Tonson, et al.

6. Sombart, Werner. 2001. *The Jews and Modern Capitalism*, M. Epstein (trans.). Kitchener, Ont.: Batoche, p. 68. Originally published in 1911.

第 22 章 始于荷兰：新的世界金融市场

1. Thayer, Theodore. 1953. "The land-bank system in the American colonies." *Journal of Economic History* 13(2): 145–159.

2. Sumner, William G. 1896. *A History of Banking in All the Leading Nations: The United States*, vol. 1. New York: Journal of Commerce and Commercial Bulletin, p. 10.

3. Smith, Adam. 1921. *An Inquiry into the Nature and Causes of the Wealth of Nations*, vol. 2. London: J. M. Dent & Sons, p. 423.

4. Thayer (1953).

5. Rasmussen, Barbara. 1994. *Absentee Landowning and Exploitation in West Vrginia: 1760–1920*. Lexington: University Press of Kentucky, p. 28.

6. Spieth, Darius A. 2006. "The Corsets Assignat in David's 'Death of Marat.'" *Source: Notes in the History of Art* 30: 22–28.

7. See Mann, Bruce H. 2002. *Republic of Debtors: Bankruptcy in the Age of American Independence*. Cambridge, MA: Harvard University Press, p. 203. For an excellent account of early American land speculation, see Sakowski, A. M. 1932. *The Great American Land Bubble*. New York: Harper and Brothers.

8. Chevalier, Michael. 1839. *Society, Manners and Politics in the United States; Being a Series of Letters on North America*. Translated from the third Paris edition. Boston: Weeks, Jordan and Company, pp. 305–306.

第 23 章 马克思和市场

1. Marx, Karl, and Friedrich Engels. 1906. *Manifesto of the Communist Party*. Chicago: Charles H. Kerr and Company, p. 17.

2. Marx, Karl, 2007. *Capital: A Critique of Political Economy—The Process of Capitalist Production*. New York: Cosimo, p. 827.

3. Marx, Karl. 1921. *Capital: The Process of Capitalist Production*, Samuel Moore and Edward Aveling (trans.), Frederick Engels (ed.). Revised and amplified according to the fourth German ed. by Ernest Untermann. Chicago: Charles H. Kerr, p. 150.

4. Marx and Engels (1906), p. 33.

5. Porter, Dale H. 1998. *The Thames Embankment: Environment, Technology, and Society in Victorian London*. Akron, OH: University of Akron Press.

6. The British term for a debt instrument is "stock" and for an equity instrument is "share." This is confusing for Americans used to calling equities "stocks."

7. Lowenfeld, Henry. 1909. *Investment: An Exact Science*. London: Financial Review of Reviews, pp. 11–12.

8. Hutson, Elaine. 2005. "The early managed fund industry: Investment trusts in 19th-century Britain." *International Review of Financial Analysis* 14: 439–454.

9. Chabot, Benjamin, and Christopher Kurz. 2011. "Trust Me with Your Money: English Investors and the Precursor of the Modern Mutual Fund." Available at: http://citeseerx.ist.psu.edu/viewdoc/summary?doi=10.1.1.195.459

10. Hobson, J. H. 1902. *Imperialism: A Study*. London: Cosimo, p. 63.

11. Scham, Sandra A. 2013. The Making and Unmaking of European Cairo. *Journal of Eastern Mediterranean Archaeology and Heritage Studies* (1)4: 313–318.

12. Piquet, Caroline. 2004. "The Suez Company's concession in Egypt, 1854–1956: Modern infrastructure and local economic development." *Enterprise and Society* 5(1): 107–127.

13. Cain, P. J. 2002. *Hobson and Imperialism: Radicalism, New Liberalism, and Finance, 1887–1938*. New York: Oxford University Press.

第 24 章　中国的金融家

1. The modern Romanizations of the names of these cities are: Guangdong, Xiamen, Fuzhou, and Ningbo, respectively.

2. See Goetzmann, William N., Andrey Ukhov, and Ning Zhu. 2007. "China and the world financial markets 1870–1939: Modern lessons from historical globalization." *Economic History Review* 60(2): 267–312.

3. See Pui Tak Lee. 1991. "Business Networks and Patterns of Cantonese Compradors and Merchants in Nineteenth-Century Hong Kong," *Journal of the Royal Asiatic Society Hong Kong Branch* 31: 1–39.

4. Thomas, W. A. 2001. *Western Capitalism in China*. Burlington, VT: Ashgate, p. 88.

5. Hao, Yen-p'ing. 1970. *The Comprador in Nineteenth-Century China: Bridge between East and West*. Cambridge, MA: Harvard University Press.

6. Now the China Merchant's Group, a major Hong Kong conglomerate.

7. See Goetzmann, William N. and Elisabeth Köll. 2005. "The History of Corporate Ownership in China," in Randall Morck (ed.), *A History of Corporate Governance around the World: Family Business Groups to Professional Managers*. Chicago: University of Chicago Press, p. 157 and ff.

8. Goetzmann and Köll (2005), p. 158.

9. See C. K. Lai. 1992. "The Qing State and Merchant Enterprise: The China Merchant's Company, 1872–1902," in J. K. Leonard and J. R. Watt (eds.), *To Achieve Security and Wealth: The Qing Imperial State and the Economy, 1644–1911*. East Asia Program. Ithaca, NY: Cornell University Press, pp. 139–155.

10. This account is taken from Goetzmann and Köll (2005).

11. Bailey, Paul. 2013. *Strengthen the Country and Enrich the People: The Reform Writings of Ma Jianzhong*. London: Routledge, p. 74.

12. Lee, En-han. 1977. *China's Quest for Railway Autonomy, 1904–1911: A Study of the Chinese Railway Rights Recovery Movement*. Athens, OH: Ohio University Press, p. 104.

13. Thomas (2001), p. 89.

第 25 章　俄国熊

1. Ukhov, Andrey. 2003. Financial Innovation and Russian Government Debt before 1918. Yale ICF Working Paper 03–20, May 5.

2. Lenin, V. I. 1963. *Imperialism, the Highest Stage of Capitalism*. Lenin's Selected Works, vol. 1. Moscow: Progress Publishers. Originally published in 1917. Available at: https://www.marxists.org/archive/lenin/works/1916/imp-hsc/.

3. Lenin, V. I. 1917. *Imperialism, the Highest Stage of Capitalism*, Preface to the French and German editions. Available at: https://www.marxists.org/archive/lenin/works/1916/imp-hsc/pref02.htm.

4. *Times*. 1917. "COMPANY MEETINGS. Kyshtim Corporation (Limited). Mineral Resources of the Estates. Metallurgical and Commercial Industries," December 15, p. 12.

5. See Sciabarra, Chris Matthew. 1995. *Ayn Rand: The Russian Radical*. University Park: Pennsylvania State University Press.

第 26 章　凯恩斯的救赎

1. Keynes, John Maynard. 1920. *The Economic Consequences of the Peace*. New York: Harcourt, Brace and Howe.

2. See Guinnane, Timothy. 2005. "German Debt in the Twentieth Century," in William Goetzmann and K. Geert Rouwenhorst (eds.), *The Origins of Value: The Financial Innovations That Created Modern Capital Markets*. Oxford: Oxford University Press, pp. 327–341.

3. Easterly, William. 2003. "Can foreign aid buy growth?" *Journal of Economic Perspectives* 17(3): 23–48.

4. Keynes, John Maynard. 2006. *General Theory of Employment, Interest and Money*. London: Atlantic Books.

5. Keynes (2006).

6. Quoted in Chambers, David, and Elroy Dimson. 2013. "John Maynard Keynes, investment innovator." *Journal of Economic Perspectives* 27(3): 213–228.

第 27 章　新金融世界

1. Chambers, David, and Elroy Dimson. 2013. "John Maynard Keynes, investment innovator." *Journal of Economic Perspectives* 27(3): 213–228.
2. Ott, Julia C. 2011. *When Wall Street Met Main Street*. Cambridge, MA: Harvard University Press.
3. Graham, Benjamin, David J. Dodd, and Sidney Cottle. 1962. *Security Analysis: Principles and Techniques*. New York: McGraw-Hill, p. 409 note.
4. Fisher, Irving. 1930. *The Theory of Interest*. New York: Macmillan, pp. 220–221.
5. Rand, Ayn. 2005. *The Fountainhead*. London: Penguin.
6. Chave, Anna C. 1991. "'Who Will Paint New York?': 'The World's New Art Center' and the skyscraper paintings of Georgia O'Keeffe." *American Art* 5(1/2): 87–107.
7. Rand (2005).
8. Shultz, Earle, and Walter Simmons. 1959. *Offices in the Sky*. Indianapolis, IN: Bobbs-Merrill, p. 143.
9. Gilbert, Cass. 1900. "The financial importance of rapid building." *Engineering Record* 41: 624.
10. Grant, James. 1992. *Money of the Mind*. New York: Farrar, Straus and Giroux, p. 159.
11. Quoted in Shultz and Simmons (1959), p. 73.
12. Shultz and Simmons (1959), pp. 143–144.
13. Grant (1992), p. 164.
14. Grant (1992), p. 165.
15. *Report on Protective Committees of the Securities and Exchange Commission*. 1936. Part III, *Committee for the Holders of Real Estate Bonds*. Washington, DC: US Government Printing Office, p. 67 and ff.
16. See Nicholas, Tom. 2008. "Does innovation cause stock market runups? Evidence from the great crash." *American Economic Review* 98(4): 1370–1396.
17. De Long, J. Bradford, and Andrei Shleifer. 1990. *The Bubble of 1929: Evidence from Closed-End Funds*. No. w3523. Cambridge, MA: National Bureau of Economic Research.
18. The following paper was read before a joint meeting of the Econometric Society and the American Statistical Association, Cincinnati, Ohio, December 31, 1932. It was reprinted in Cowles, Alfred. 1933. "Can Stock Market Forecasters Forecast?" *Econometrica* 1(3): 309–324.
19. Jones, Alfred Winslow. 1949. "Fashions in forecasting," *Fortune*, March, pp. 88–91.
20. Jones (1949).

第 28 章　再造未来

1. Senator Huey P. Long, addressing the 73rd Congress, on February 5, 1934. Congressional Record, v. 78, pt. 3. Quoted in "Social Security History," on Social Security, Official Social Security Website. Available at: http://www.ssa.gov/history/longsen.html.
2. *Fortune*. 1935. "Social Security by any other name," March, pp. 86–87.
3. For an excellent account of the origins of the social security system, see Scheiber, Sylvester J. 2012. *The Predictable Surprise: The Unraveling of the U.S. Retirement System*. Oxford: Oxford University Press.
4. *Fortune* (1935).
5. Senate Hearings of Stock Exchange Practices, 1932, quoted in Galbraith, John Kenneth. 1997. *The Great Stock Market Crash of 1929*. Boston: Houghton Mifflin Harcourt, pp. 64–65.

第 29 章　金融的未来何在

1. Marowitz, Harry. 1991. "Autobiography," in Tore Frängsmyr (ed.), *Les Prix Nobel. The Nobel Prizes 1990*. Stockholm: Nobel Foundation.
2. See Goetzmann, William N., and Andrey D. Ukhov. 2006. "British investment overseas 1870–1913: A modern portfolio theory approach." *Review of Finance* 10(2): 261–300.
3. Klapper, Leora, Víctor Sulla, and Dimitri Vittas. 2004. "The development of mutual funds around the world." *Emerging Markets Review* 5(1): 1–38.
4. Bhattacharya, Utpal, and Neal Galpin. 2011. "The global rise of the value-weighted portfolio." *Journal of Financial and Quantitative Analysis* 46(3): 737.
5. Benartzi, Shlomo, and Richard H. Thaler. 2001. "Naive diversification strategies in defined contribution saving plans." *American Economic Review* 91(1): 79–98
6. Thaler, Richard H. and Cass R. Sustein. 2008. *Nudge: Improving Decisions About Health, Wealth and Happiness*. New Haven: Yale University Press.

译后记
MONEY CHANGES EVERYTHING

金融是当代中国的显学和热门话题。然而，金融究竟是什么呢？人们对于金融的认识还处于不断深入的过程之中。甚至有一种观念将金融简单地与钱联系起来，彷如金融充满了铜臭味。对于讳言财利的传统中国来说，这也许是一种有利于市场化的进步，不过却显然构成了对于金融的一种偏见。《千年金融史》有利于我们扭转对金融的各种偏见。

《千年金融史》告诉我们，金融具有四个关键要素：在时间上重新配置经济价值，重新配置风险，重新配置资本，扩展了资源重新配置的渠道和复杂程度。这事实上说明了金融直接面对的乃是资源优化配置问题。既然这样，金融绝非简单的钱，而是要跨越时间和空间去解决资源有限性与人类欲望无限性这个矛盾。金融更关乎的是人类文明的进程。

《千年金融史》向我们展示了从文字的出现、城市化、数学等人类文明起源与金融的关联，也让我们看到了古代两河流域文明、埃及文明、印度文明、中国文明、希腊文明、罗马文明兴起背后的金融创新，以及威尼斯人口年金、圣殿骑士团、特许公司等代表并推动欧洲兴起的金融创新，更让我们看到了20世纪以来金融的大变革以及对于金融未来的展望。这种广博的视野对于人们更加全面地认识金融无疑是最可贵的。

《千年金融史》包含了许多中国古代金融创新的内容。作者对《管子》和管仲的推崇、对交子和中国买办阶级的努力的肯定等都有利于我们重新认识中国古代辉煌的历史。当然，作者也提出了东西方金融大分流的问题，有助于读者重新认识历史上的中国与世界。

金融不复杂，关键需要创新，需要包容。金融本质上就是包容，将多种要素纳入分析框架之中。中国在未来需要变革的不是器物，也不仅仅是金融技术，还有思想。因为有容乃大，创新才是未来。只有让金融包容更多的要素，金融的张力才能体现，中国的未来才有生机。

在此要诚挚地感谢威廉·戈兹曼教授。他是一个纯粹的学者，也是一位金融家，曾应邀参加了在清华大学举办的量化历史讲习班。他欣然应我们的邀请撰写了中文版序言，从中可以看到他对中国浓烈的情感和兴趣。实际上，本书花费大篇幅介绍有关中国的内容早已经显示了这一点。

感谢陈志武教授对两位译者的指导和鼓励，并撰写了推荐序。陈志武教授是威廉·戈兹曼在耶鲁大学的同学和同事，两人交情匪浅。本书作者对于中国金融史的兴趣，很大程度上源于陈志武教授的影响。

感谢参与翻译和校对的所有人员。北京大学经济学院中国经济思想史研究课程班的同学认真研读并讨论了原作，他们是禹思恬、范文琪、侯思捷、戴骊颖、杨懿、李婉婧、符妍舢、赵小萌、殷无弦、张菁窈、张逸昕、郭钰伦、王敬瑜、李文广、唐晟博、林浩、韩伟男、孙嘉泽、钱林凯、金亮、周曦彤、田宝光、尹洋标、赵宇、李锦烨、周缘、闫日、赵志浩、薛京欣、王哲、刘宇君、黎旭桃、刘倩岑、陈博凯。北京大学经济学院的杨扬、刘伟光、刘晟亚、吕昊天、沈博、蔡纪龙、刘思源、张千杨、秦臻为译稿提出了许多宝贵的意见。中国政法大学青年教师学术创新团队支持计划资助项目成员潘影、徐洪日、唐琦璐、何渊、高璇、仇博、杨济菡、胡斯棋，以及刘宣佑、黄立平等老师也为译稿的完成做出了重要贡献。

坦诚地说，本书对翻译人员的知识结构要求非常之高，错漏在所难免，不足之处由译者全部承担。